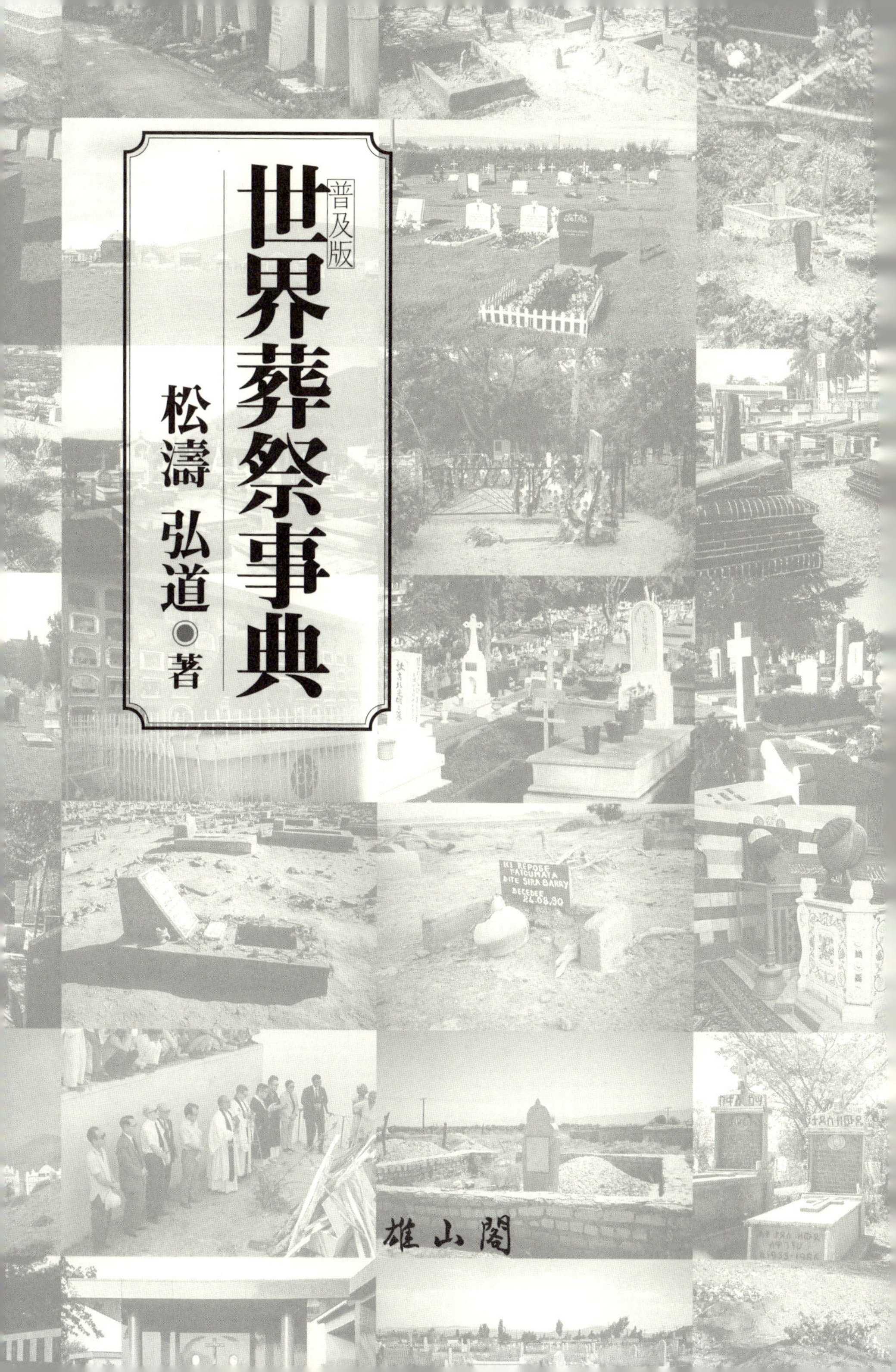

普及版

世界葬祭事典

松濤弘道◉著

雄山閣

本書は、小社刊【改訂増補】世界葬祭事典を底本に、
普及版として再刊するものです。

【刊行履歴】
最新　世界の葬祭事典　二〇〇〇年刊
【改訂増補】世界葬祭事典　二〇一〇年刊

はしがき

現在、世界各地で行われている葬送慣習は、一見不規則で気まぐれのようにみえるものもあるが、いずれの形式をとるにせよ、それを採用する背景には、特定の地域に住む当事者同士の暗黙の了解のもとに、関係者がそこでの気候風土、国情、人種、信仰、社会、政治、経済状況を勘案して、お互いが納得の行く形で行われる文化的行為なのである。

こうした葬送慣習の違いを比較研究して行くと、それぞれのお国柄や民族色、地政的環境、そして宗教的、社会的伝統、あるいは個人の人生観や世界観などが窺い知れて興味深い。

従来、こうした世界各地の葬送慣習の研究は、主に文明化の遅れた辺境の地の事例を中心に、考古学者や文化人類学者が断片的に行ってきたもので、今日、世界各地で現実に営まれている葬送慣習を概観したものは寡聞にして聞かない。第二次世界大戦後、各国の政治、経済、宗教、文化などの地域研究や国際間の比較研究熱が飛躍的に高まり、世界各地の葬送慣習の研究もその一翼を担って宗教学者や民俗学者、社会学者などが手掛けるようになったが、世界各国全体を網羅したものではない。

世界各国の過去から今日に至る死にまつわる葬送慣習を瞥見してみるに、そこには当該地域内の人々の政治的、経済的、宗教的、美学的、社会的価値観が集約されており、そこでの社会の裏面を映し出す鏡であるといってよいであろう。また、かつて米国の宗教社会学者ロイド・ウォーナーが「共同体の儀礼の中心は墓地である」と述べたように、そうした慣習を形象化したものとしての墓地を垣間見ることによって、当該地の人々やその社会の実態がわかるような気がしてならない。

そこで、わたくしは過去三十年来、海外での日本人乗客と共に、国籍、民族、宗教、文化的背景の異なる多数の外国人乗客が乗り合わせた航空機墜落事故の際に、要請を受けて事故現場に急行し、事後処理と慰霊にあたった経験から、今日行われている世界各国の葬送慣習に関する情報が不足していることを痛感し、その調査、研究を進めてきた。その結果の一端をとりあえず『世界の葬式』と題して一九九一年に新潮社から、引き続き一九九七年に中国語版を台湾の大展出版社から、さらに一九九八年に英語版を米国のグリーンウード出版社から拙版させていただいた。そしてそれらを踏まえた上で二〇〇〇年に『最新世界の葬祭事典』を雄山閣より上梓したが、本書はその内容をその後の最新の情報に基づき改訂・増補したものである。

いかに今日の情報化時代に直面しても、文化の基層部分にある世界各国の葬送慣習は、そう簡単に変化したり消滅するものではない。しかし、近年の運輸・通信機関の飛躍的な発達による各国間の政治的、経済的、文化的交流や人口の移動が頻発化し、従来のとかく閉鎖的な地域社会に地殻変動が活発に起こり、特にインターネットの世界的普及により、どんな僻地にあっても情報が瞬時に伝達可能となり、世界各国で行われてきた葬送慣習が今後どのように変化するか予断を許さないものがある。しかしそうであればあるほど、過去の伝統的文化遺産としてのバラエティーに富んだ葬送慣習が、画一化したり自然消滅しないうちに記録に留めておく必要を痛感した。

そうした意味で、本書に記述する世界各国の葬送慣習の概要は、それに関連するアンケート調査をわたくしが各国の在日公館およびわが国の在外公館に配付して行った資料、内外諸国から出版された参考文献（巻末にその主なものを列記）、海外に居住ないし旅行した友人知己からの聞き取り、そしてわたくしの海外での実地調査を踏まえて、収集した情報を整理したものである。

なお、不幸なことであるが、現在も宗教や民族問題などを原因とした紛争により政情不安を抱えている地域がこの地上で二、三にとどまらない。そうした地域では、今日存在した国家や政府が明日には崩壊し、それにともなって信教や葬祭に関わる公的な保障制度が消滅する危険性を孕んでいる。もとよりそのことが当地に伝統的な葬送慣習までも短時日のうちに一変させてしまうとは考えられないが、前記のインターネットによる情報化社会の浸透とともに、その影響は無視できないであろう。その意味で、本書の内容は本書刊行時点における世界の葬祭事情であり、事態は常に流動的であるということをご理解いただきたい。

本書を上梓するにあたって実に多くの関係諸機関や先輩諸兄の御指導と御助言を仰ぎ、参考文献を参照させていただいた。紙面の関係でいちいちその名を列記しないが、ここに改めて深甚なる謝意を表したい。それらなくしては到底、本書は生まれなかったであろう。記述には正確を期したつもりであるが、間違いやわたくしの主観的な思い込みもあろうかと思うので、今後よりよきものにするためにお気づきの点があったら切に御指導、御叱正をお願いしたい。内容的にはまだまだ不十分のそしりは免れないが、国際化、グローバル化の時代にあって、世界各国の人々の人生の最後にある死と、その事後処理のあり方を理解する一助になれば幸いである。

本書の出版・編集にあたり、株式会社雄山閣の羽佐田真一氏やＰＥＰＰの坪井一氏をはじめ、その他多くの方々に大変お世話になりました。ここに厚くお礼申し上げます。

露の身は　ここかしこにて消ゆるとも　こころは同じ　華のうてなに

法然（一一三三〜一二一二）

平成二十二年（二〇一〇）新春

日惜舎にて

筆　者

目次

世界葬祭事典【普及版】

序論

死は人間にとって避けることのできない普遍的現象で、いずれは誰にでも訪れ、最愛の人や財産や地位や名声や功績のすべてをこの世に残して一人で訣別しなければならない。その死に方は人によって千差万別である。ある人は老衰や病死や自殺で、ある人は戦争や犯罪や天災地変の事故に巻き込まれて不慮の死に遭い、死を直前に意識する者もいれば、無意識の内に死に至ることもある。その結果、ある人は誰にも看取られることもなく一人淋しく去り、ある人は大勢の人に惜しまれ悲しまれて去ってゆく。ある人は土葬にされ、ある人は荼毘《だび》にふされ、ある人は大地に晒《さら》され、遺族や関係者によって何らかの別離の儀式が営まれ、遺体や遺骨は墓地に葬られたり、山河に撒かれたりする。その時に見送る人々の心も千差万別で、惜別の念止みがたく号泣したり、悲哀を心に秘めたり、なかには生前中の憎悪の対象者の死を内心喜ぶ者がいるかもしれない。

今日、世界の人口は六十五億を超えると推定され、その内、年間七千万人が世界各地で死亡している。そして、たとえそれが遺族や会葬者たちを十分満足させないまでも、世界各地でさまざまな葬送慣習が現に行われている。

遺体の事後処理にあたって関係者の間で共通している点は、別離の際に惜別の念を個人的にも社会的にも何らかの形（儀礼や墓）を通して表現して納得したいという願望があることである。これをフランスの社会学者エミール・デュルケムは、「悲しむがゆえに弔う」と言い、形式や形象を通して丁重に故人を弔うことによって、その霊が安んぜられると考えられている。こうした形を伴う表現方法はいたって象徴的なもので、それを意味するものを突き詰めてゆくと最終的には何も残らないものになるが、それでも何かをせざるをえないのが人情で、ここに葬送慣習の生まれる理由がある。

従来、多くの宗教や伝統的慣習では人が亡くなるとその「霊魂は存在する」と説き、ケア次第によっては悪鬼となって生存者に危害を与えると威喝し、また善鬼となって加護を与えると奨励してきた。そして、いざ人々が死ぬ段になって、今までの信仰や行動いかんによっては、来世での地獄の苦しみか、天国や極楽での至福や来世での永生を確約して、人々を宗教的にも道徳的にも善導し、安心感を与えて精神的救済に寄与してきた。

このように、死後、霊魂の存在や来世がどのようなものか、世界の多くの人々の関心の的となり、事実、それらを真剣に信じてきた。また、各宗教の神学や宗教学や人類学などの分野でも論議されてきた。しかし、最近では、近年の科学や医学の発達により、それらの存在が疑問視されるようになり、多くの人々に戸惑いを起こさせている。ところが、最近、世界の先進諸国に伝わる諸宗教の聖職者や神学者は、霊魂の所在や来世について人々に納得のゆく説明をためらう傾向がある。また、人々も、建前上は宗教的儀式に参列し、霊魂や天国・地獄の存在を信じているかのごとく振る舞っているが、くわしく詮索をしていない。おそらく最愛の人の死に直面しても、伝統的慣習に基づいて葬儀などを経て事後処理を滞りなく終了すれば一安心し、元の生活に戻れると考えているのかもしれない。

もし、霊魂や来世が存在するとすれば、それがどこにあるのか証明しなければならないだろうし、存在しないとすれば、遺体の後始末が済めば万事終了で、アフターケアをする必要がないと考えられる。今日、論議されている霊魂や来世の存在についての問題は、三通りに分類することができるのではないかと思う。すなわち、第一は、霊魂や来世は「存在する」、第二には「存在しない」、第三には「コトとして、たとえば故人や関係者の記憶や影響の中に存在する」(これを霊性と呼ぶことがある)というものである。

この三様のいずれをとるにしても、「霊魂」「来世」の概念(意味内容)を明確にしないかぎり水掛け論に終わる可能性があり、一概にいずれが正しいかを判別し断定することはむずかしい。というのは、現代の生化学の分野では、人間の細胞に遺伝子(DNA)の存在が確認され、もしその因子に直接的ないし間接的に接触した場合、受け取り手に何らかの影響を与えることが考えられるからで、その遺伝子をモノ(構造)として解釈するか、記憶や影響というコト(機能)として解釈するかによって答えが変わってくるからだ。

したがって霊魂や来世の存在の有無を詮索することはさておき、ここでは世界各地の多くの人々が関係者の死に直面して惜別の意を表し、弔意を個人的ないし社会的に表す具体的手段として、何らかの葬送慣習を従来営んできており、また今日でも営んでいる事実を問題としたい。

人類が他の動物から訣別して人間らしい営みをするようになって以来、関係者の死を悼み、何らかの追悼の儀式を営むようになったのは今から五万年前からのことだと言われている。それ以来、世界各地で民族・人種を問わず、いろいろな形で人の死にまつわる肉体的、精神的ケアが行われ、(一) 遺体の適切な処理、(二) 遺族関係者への精神的癒し、(三) その社会的再統合がなされてきた。

その証拠に、一九六〇年にアメリカの人類学者ラルフ・ソレッキーがイラクのシャニダール洞窟内で今から五万年前に死んだと推定されるネアンデルタール人の遺骨を発掘し、その周辺に群生植物ではないアザミ、タチアオイ、ヤグルマソウの花粉を発見した。このように遺体を丁重に葬った事実は、これが人類最初の埋葬の起源であり、同時に宗教の起源であると考えられる。

われわれは誰しも自分の死に臨んで、これですべてが終わりだと考えず、死んでもあの世があり、そこで安楽に生活ができることを願っているようだ。古代人もおそらくそうした願望があり、世界の至るところで多くの人が関係者の死を悼み、なんらかの儀式を行い、死後の生活に困らないように副葬品を遺体の側に添えて墓に葬ってきたと考えられる。

狩猟生活を営む古代人にとっては、死は恐怖の対象であり、それを現出させる自然に対しては不可抗力で絶対帰依し、動物などの生贄を捧げて怒りを宥め、その自然に屈服可能なものに対しては生きる糧を満たすため、殺生与奪のその日暮らしに終始していた。しかしながら人知が進み、その働きで物財を獲得、保存する農耕生活を営むようになってからは、時間的な計画性と空間的な設計性が生まれ、専門的祈祷者に延命や永世を祈願してもらい、物財を他と交換して非常時に備え、その物財を子孫に残すことを覚えるようになった。そこで武力ある者は弱肉強食の競争に勝って、他人を働かせて生産させた物財を獲得し、余剰物を資産として他に君臨する、階級制度や奴隷制度が生まれたと考えられる。

ところが紀元前後になると、飽くことなき物財の獲得により、天然資源の枯渇や自然環境が破壊されて土地の砂漠化が進み、天災、飢饉や戦争などによって人口が激減し、物財を倹約する思想、宗教が生まれるようになった。世界的な思想であるギリシャやローマの思想や、宗教である仏教やキリスト教はみなこの頃、発生したもので、その後、貨幣による交換価値の商業生活が世界各地の都市を中心として発達するに及んで、人々の金品への関心が再び高まり、権力者により多くの資本が集中するようになった。

十七世紀以降、それまでは家族や地域社会の人々が助け合って生活してきたものが、イギリスから始まった産業革命により労働力と生産手段が分離して、蒸気機関車のような機械が労働力を代行し、被雇用者（労働者）はその労働の代価を使役者（資本家）から賃金で支払われてきた。二十世紀に入ってからは、科学の発達に伴って人知が進み、近代的工業社会に移行して合理化、都市化が一段と加速され、丁度、戦前のチャップリン主演の映画『モダン・タイムス』に象徴されるように、人間は機械の一部と化し、その運命共同体が崩壊して利益共同体に移行し、機械の奴隷になった感がある。

それ以降は欧米を中心とする先進諸国は持ち前の軍事力や経済力にものを言わせて、帝国主義的植民地獲得に乗り出し、世界を席巻してきた。そこではアメリカを中心とする連合国家とドイツやわが国などの枢軸国家が激突して後者が敗戦を迎え、その後、自由主義国家と共産主義国家が対立して冷戦を迎え、後者が敗退して「パックス・アメリカーナ」の時代を迎えるようになった。

わが国でも遅ればせながら、欧米先進諸国の帝国主義に「追いつけ追い越せ」とばかり近代的工業国家に官民挙げて猪突猛進し、軍事・経済大国にのし上がることができたが、敗戦を迎え、戦前にもまして復興したのも束の間で、経済不況の波をもろに被り、失墜のどん底に陥っているのはご承知の通りである。

最近では世界各国共にその軍事、経済力よりも情報力を優先し、その架空のグローバルな金融至上主義が肥大化した結果、不良債権のバブルがはじけて、世界中の人々が未曾有の先行き不透明な金融不安と経済不況に陥り、所得格差や環境汚染、内乱やテロの多発などを惹起している。そこでは国家、民族、宗教、企業体や個人間の利害が相反し、生存競争に打ち勝つためにはなりふり構わず自分たちの損得を優先し、人間の価値が金品に換算され、「金の切れ目が縁の切れ目」になりがちだ。われわれは誰も自分が一番可愛く、その欲望が叶えられれば満足するが、不可能になると悩みや苦しみの葛藤が起き、内面で処理できないときに他を犠牲にしてまでも勝ち取ろうとする。その排他性によって他をどれほど苦しめ、死に追いやったか計り知れない。こうした人間の飽くことなき欲望は、今日、世界各地で行われている葬祭慣習にも色濃く反映されている。

過去の歴史を振り返ってみると、先進諸国では科学や産業の恩恵によって、かつての狩猟や農耕生活の不便や不快さから脱却し、自らの欲望を拡大し、快適かつ豊かな物質生活を可能にしてきた。ところがそうした生活と反比例する形で、精神的にはかえって貧しくなったようだ。そこでは職業が分業化し、金品にものを言わせ、他の手助けなしに自立できるとの錯覚を起こし、周囲のしがらみから離れて個人的自由を享受でき、好き勝手な贅沢三昧の生活が送れて一見幸せそうに見える。その半面、私欲を満たすためには手段を選ばず、他を無視し犠牲にしてまでも勝ち残ろうとした結果、周囲から恨まれ妬まれて友情や愛情が育たず、誰にも頼れずに孤独な人生を余儀なくされつつある。開発途上国では生きるために相互扶助の精神が活かされ、利己的な人間は村八分にされてきた。そこでは今もって人知の進まないところから、関係者の死の現実を目のあたりにして、遺体にまとわりつく死霊の存在を信じ、ケガレやタタリをおそれるあまり、鎮魂の供儀を行ってきた。しかしながら最近の情報化時代にあって、このような地域も先進諸国と同様、金融至上主義に汚染されつつあり、地域社会が解体しつつあるのは悲しいことだ。

確かにわれわれは『無量寿経』に「独生独死、独去独来」と記されているように、生きるときも死ぬときも独りボッチであり、来るも去るもいつも独りボッチの「孤独」な存在であることに変わりはない。フランスの作家ロジェ・マルタン・デュ・ガールも『チボー家の人々』で次のように語っている。

「われらもまた、互いに出会うこともなく、また互いに融け合うこともなく、互いのまわりに回転しているだけなのだ。一人一人が自分ひとりで進んでいるのだ。一人一人が密閉した孤独の中に閉じこもり、一人一人が皮袋のなかに閉じこもっているのだ。人生を生きるために、そしてやがて姿を消してしまうために、不断のリズムにつれて、引きつぎ引きつぎ、人は生まれ、人は死ぬ…」と。

しかしながら、人間は所詮、自分一人だけでは生きていけない存在であり、元を正せば同じDNAの遺伝子から派生し、条件次第で異なった形でこの世に生まれてきたものである。だからこそ、自己中心の執着心を捨ててお互いが助け合い、いたわり合って、共に幸せな一生を送るべきではなかろうか。

その点、わが国では多くの人が、縁者の死の臨んで故人の霊を手厚く祀るべく、協力し合って厳粛に葬儀を営み、彼岸や盆や年忌には仏壇や墓に香華や茶菓を手向け、追善供養を行ってきた。ところが折からの家族や地域、職域社会の崩壊や少子高齢化によって孤独感や孤立感を味わい、「親孝行したいときに親はなし」ではなく「親孝行したくなくても親はおり」で、こうした崇敬の念を忘れがちのようだ。

そこでは、人間の精神的価値よりも物質的価値を優先して人の死までも商品化し、人生の最期にあたり、誰に看取られることもなく、悲しんでもらうこともなく、その葬儀では、効率よく納棺師によって直ちに遺体が処理され、司祭者や葬儀社員も虚礼化した葬儀を執り行い、会葬者も義理立てで弔問し、香典と返礼品の交換会と化しつつあるようだ。遺族関係者も、故人との別離を悼む暇もなく、葬儀もせず、墓も造らずに直葬や散葬し、死後の法的手続きや遺産相続問題に忙殺され、数日を経ずして今まで何事もなかったかのように故人の存在価値を忘れがちだ。これでは、今まで何のために生き、死んでいくのかわからず、何時しか一人寂しくあの世に旅立って行かざるをえない。

先頃、元検事総長の伊藤栄樹氏が「人は死ねばゴミになる」と喝破したように、われわれは死を迎えると、時間の経過と共にその肉体は腐敗し、異臭を放って、その挙げ句の果てには土に帰るのは事実だ。だからといって、人間は単なる物質とは異なる。こうしている間にも多くの人が誰からも惜しまれることもなく世界各地で無惨な死を迎えており、今日、わが国では年間三万人もの人が自殺に走り、それ以上の人が毎日のように交通事故や犯罪や戦争などで殺されている。人は誰しも他を愛したい、愛されたい、認められたいと願いつつ一生懸命生きているにもかかわらず、それが叶えられない暁には孤独を感じ、絶望して自他を破滅に導く衝動に駆られ、自死したり無差別殺傷に走るのではなかろうか。

こうした傾向に呼応して、最近では人の死を悼むどころか、死の現実までもがファミコンやマンガなどの普及によりカリカチュア化し、実体からかけ離れた虚像上で人の死を弄び、平気で殺したり、殺されたりしている。これは丁度、バブル期に一攫千金をもくろみ、実体のない不良債権に踊らされて信用破壊（クレジット・クランチ）に陥り、元も子も失った企業家や投資家に似てはいないか。このヴァーチャルなグローバリゼーションの波に否応なく巻き込まれ、そこから脱するすべを知らずに安閑としているのでは、いくらその非を警告し生命の尊厳を説いても、焼け石に水であろう。

われわれは今こそ、死に甲斐の喪失は生き甲斐の喪失につながることを銘記し、金融至上主義からいち早く訣別し、本来の人間のあり方を再認識し、模索すべきであろう。その点で、二〇〇八年、米国ロサンゼルスの映画祭アカデミー賞で外国語映画賞を受賞した滝田洋二監督の『おくりびと』や、二〇〇九年、直木賞を受賞した天童荒太氏の『悼む人』がマスコミで取り上げられ、死の現実から目をそらしがちなわれわれに対して人間の持つ尊厳性に目覚めさせ、最愛の人との別離に伴う悼みや癒しの重要性が見直されるようになったことはまことに喜ばしいことである。

しかしながら、はたして世界中の多くの人がそうした重要性をいち早くキャッチして、お互いが利害関係に基づく金融至上主義を排し、共生の道を歩めるかどうか大いに疑問である。その難関を乗り越えるためには、かつての不便、不快な時代に後戻りすることは至難の業であるが、良識をもって実体生活の原点に立ち帰り、止めどもなく肥大化する各自の欲望を抑制し、お互いがいたわり合いの精神を発揮できるかどうかにかかっていよう。

今後、われわれが生き甲斐ある人生を歩むには、いかなる境遇にあれ、自分のこの世でなすべきことに最善を尽くして悔いを残さず、同時にお互い心底から分かり合える人に、「貴方（女）に縁あってめぐり会えてほんとうによかった」と言ってもらえるような情愛や友情を温めることではないかと思う。そしてイザ死ぬ段になったなら、今までの人生を振り返り、生前中に培った楽しい想い出を胸に抱いて、「この世に生まれて来られてほんとうによかった」と天地自然や周囲に感謝し、その死後も縁ある人から懐かしんでもらえるならば、どんなにか心が安まり、満足感や安心感を抱いてあの世に旅立てることであろう。

第一章　アジア地域

1　インド

十億一千万人の人口を擁するインドは、北部はヒマラヤ山岳地帯、南部はインド洋に至る逆三角形の大陸である。気候的にも寒帯から熱帯まで広くわたるが、全体的には高温多湿なところが多い。住民の大部分はインド・アーリア系やドラビダ人種で、一般にヒンズー教を信奉するが、イスラム教徒やキリスト教徒、シーク教徒などもいる。首都はニューデリー。

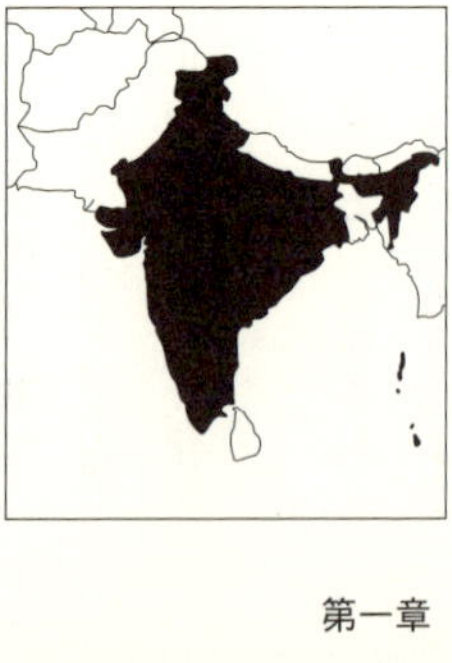

死者が出ると、医師の死亡診断書を直接、火葬場に持参して手続きをとるという簡単なもので、在留邦人の場合は、戸籍上の諸手続きのため大使館に死亡届、死亡診断書（事故死の場合は検案書）を提出する。

○ヒンズー教徒

葬送慣習は信奉する宗教や土地の慣習によって異なるが、ヒンズー教徒にとって、葬儀はこの世の生活にけじめをつけ、肉体から魂を解放して魂の輪廻転生を確かなものとするため、滞りなく行われるべきものである。転生の行く末については、この世でなしてきた業にしたがって、冥界のヤマ王が裁断を下すと信じられている。

死期が近づくと、近親者はブラフマン（ヒンズー教の僧侶・バラモン僧）を招いて、生前の罪滅ぼしに清めの儀式をしてもらう。南部ではこれを「カヴェリ」とか「サムードラ・スナーナ」といい、謝礼に金銭を支払うが、他の地方では牛などの現物を差し出すところもある。

息を引き取ると近親者は家の外に飛び出して号泣し、死神がいると信じられる南に向かって祈る。遺体は白布（女性は赤系統の布）で包み、竹などでつくった棺台に載せて、「ラーマ・ナーマ・サッチャ・ハイ」（神の名は真なり）と唱えながら野天火葬場に運ぶ。そして、親族一同で、ガンジス川の水か、それに相当する聖水を遺体の口に含ませ、

インド
ニューデリー・ジャムナー川河畔の野外火葬場風景

続いてマントラ（真言）を唱えながら、頭から足まで全体に聖水を振り掛ける。そして、遺体は積み上げられた薪の上に安置され、生花で飾られ、バラモン僧の祝福を受ける。遺体の周囲を五回まわった後で、近親者（親が死亡した場合は長男、子供の場合は父親）が点火するのだが、薪に白檀（香木）やバター油かガソリンを振り掛けて、火力を強くすることもある。

火葬にした遺灰は近くの川に流す。死者が幼児の場合は、火葬にせず遺体に石の重りをくりつけて近くの川に流す。

火葬にした日から喪に服すが、死後十日目に故人の霊が完全に昇天するといわれ、その間は毎日欠かさず儀式を行って、十一日目に喪明けとなる。喪家の男子は服喪期間中に伸ばし放題にしていた頭髪やひげを剃り、親族一同が集まり、バラモン僧を招いて祖霊祭を行い、プージャ（供養）する。これ以降は毎月命日ごとに祖霊祭を行い、一年後の祭りで一応完結する。

かつては夫が死亡すると、妻はかれに付き添ってサティ（焼身自殺）する習慣があったが、英国の統治下にあった一八二九年に禁止され、今は行われていない。

集落近郊の河畔や野原に野天の火葬場があり、首都にはジャムナ川河畔に、ムンバイにはチャンダ・ワディに電化式の火葬場がある。

遺体を火葬場に運ぶのは日中が原則だが、貧者や伝染病者の場合は時を選ばない。火葬後の遺灰は、当日（南インドでは翌日）のうちに集めて十日以内に聖なる川に流す。高貴な人の場合は、聖地とされるベナレスやナラドバー、アラハバードなどに運び、川の中央で遺灰を流す。ヒンズー教徒は、「死後に肉体は滅びるが、魂は他の人間か生類になって転生するので、墓は作る必要がない」というのである。

早朝のガンジス川のほとりに立つと、かれらの信仰を目の当たりにする思いだ。ベナレスのガンジス川河畔に立ち並ぶガート（階段広場）で、一生に一度はここに巡礼したいと願った人々が早朝に真向かいの東から昇る太陽に向かって礼拝し、祈り、そばの川で沐浴する。そうすることによって、今まで犯してきた罪は洗い清められ、功徳を積んで死後は天に行けるという。

聖地には、このように生前をよりよく生きるための巡礼者だけでなく、死後の再生を願う死出の旅を目前にして訪れる老いた巡礼者も多い。かれらは、ガートにある「シャンティ」や「ムクティ・ババン」と呼ばれる建物（死を待つ人の家）に入って死を迎える。ここは一種のホスピス施設で、家族が付き添っている。建物の内部は薄暗く陰湿で、コンクリートの床には何もないが、そこで死を待ち望む人々に再生の確信があるせいか、暗さがないのが不思議だ。

かれらが死亡すると、近くの野天火葬場マニカルニカ・ガートに遺体が運ばれ、薪の上に載せられ、ガソリンをかけて火葬にされる。遺灰は夜のとばりがおりるころ、灯油の入った素焼きの小さな皿の灯芯に火を灯し、花輪と一緒に川に流す。流れに乗った火をじっと見守りつつ故人の冥福を祈る人々の姿は、わが国の精霊流しの行事を思わせる。このようにして、故人の肉体は火や水によって浄化されるものと信じられている。

観光案内書などに、ニューデリーのラージ・ガートに「ガンジーの墓」があると書かれているのを見かけるが、あれは記念の礎石であり墓ではない。ガンジーの遺灰はヒンズー教の慣習に則って川に流されている。インド人は、イスラム教徒やキリスト教徒以外は墓をつくらない。

○イスラム教徒

イスラム教徒が危篤になると、カルマの詩句を聞かせ、息を引き取った後は清めの儀式をし、遺体を白衣に包んで木の棺に納める。ヒンズー教徒と同様、ただちに遺体を墓地に運ぶが、葬列の遺体は天使によって導かれるというので、列の先に立ちはだかる人はいない。

葬儀は近くのモスクか空き地で行うが、参列者は聖地メッカの方向に横に並んで起立し、イマーム（イスラム教の導師）の先導で「アッラーは偉大なり」というタクビール（神をたたえる祈りの言葉）を唱和するが、女性は同席しない。その後、遺体は共同墓地に土葬にされる。墓は一・五メートルほどの深さに掘り、棺から遺体を取り出し、頭をメッカの方向に向けて埋葬する。それから三日目に、近親者は墓参し、そこで一応葬儀は完結し、以後は四十日後や金曜日などに墓参する。

インド最大の墓といえば、アグラにあるムガール王朝第五代の皇帝シャー・ジャハンの妃ムムターズ・マハルのタージ・マハルをあげねばなるまい。ジャムナー川河畔にある白大理石ずくめの霊廟は、十七世紀の前半に皇帝が愛妃のために巨額の費用をかけてつくったものだ。インド人にいわせると、この壮大華麗な建物は十月の満月の前夜が最も美しいという。煌々とした月の光に照らされて前庭の池に映るタージ・マハルはこの世のものとは思えない。

タージ・マハルに次ぐものとしては、ニューデリー市内のムガール王朝第二代の皇帝フマユーンの巨大な墓がある。イスラム教聖者の霊廟も大なり小なり立派なものがあるが、これらに匹敵するものはない。

一般のイスラム教徒の墓は、土を盛っただけの簡単なものから、立派な石碑や霊廟まで千差万別で、まさに地獄の沙汰も金しだいの観がある。

また、西北部に住むイスラム教徒の多くは、隣国パキスタンのイスラム教徒と同様、シーア派に属する。圧倒的な数を誇るヒンズー教徒に囲まれるなか、アイデンティティを維持するため、彼らは強い結束力を持つ。人が死亡すると、その遺体は水で清められ、白い木綿の死衣を着せられ、ただちに墓地に埋葬される。埋葬後の三日目に「ソーヤム（葬儀）」、埋葬後の十日目に「ダスワーン」、四十日目に「チェヘルム」の追悼式が行われる。遺族はそのあいだ服喪する。
○キリスト教徒
カトリックの場合、危篤の時点で神父が終油式を行い、死後は納棺して遺体の頭部の机に十字架や燭台を安置する。通夜の翌日、教会で葬儀を行った後に埋葬する。
○シーク教徒
シーク教徒の葬送慣習は、ヒンズー教徒が遺体を火葬にし、イスラム教徒が土葬にするのに対して、そのいずれをとってもかまわないという態度をとっている。開祖ナナークによれば、「火葬か土葬のいずれがよいかは、この世を造られた神のみが知っている」からである。

頭にターバンを巻いたインド人はシーク教徒であるが、かれらはヒンズー教徒とは違った風習をもつ。死亡したときには信者のしるしである五つの具、すなわち①生まれたままの頭髪とひげ、②頭髪を束ねる櫛、③右手にはめる指輪、④短剣、⑤シャツ、これらを遺体につけて埋葬する。

○パーシー教徒

ムンバイ（ボンベイ）付近に多く居住するパーシー教徒の葬送慣習はちょっと風変わりなところがある。遺体を最もけがれたものとして忌み嫌い、ダフマ（沈黙の塔）に運んで禿鷹に食べさせるという鳥葬をすることで知られている。かれらにとっては、ヒンズー教徒のように火葬にすれば火をけがすことになり、イスラム教徒のように土葬にすれば大地をけがすことから、そうしたことを避けて直接、人間の魂が天（神の国）にたどり着くよう、何物もけがさない鳥葬という方法をとったと考えられる。まず、遺体は湯灌して顔以外の部分を白い布で包んで清めの祈禱を行った後、土間に安置する。このとき頭を北向きにしてはならず、遺体の周囲には鉄棒で三重の絵が描いてある。

やがて、鳥葬にふすためネサスサラー（遺体処理人）が訪れるが、かれはこの絵柵より中に入ってはならない。遺体は鉄製の棺台に載せられ、二人の司祭者の先導で、白の喪衣をまとった会葬者につきそわれて鳥葬の行われるダフマに運ばれる。ここで遺体処理人だけが中に入って、遺体を包んだ白衣をはずして晒し台の上に安置し、祈禱した後に去る。遺体の肉は飛来した禿鷹の餌食となる。

喪家では帰宅後に顔や手足など露出した部分を水で洗い清め、「聖なる火」を三日間遺体のあった場所に灯す。その間食事を作らず、ほかから供される。

○ラマ仏教徒

インド北部ラダック地方のラマ仏教徒は、人が亡くなると遺体を居間に安置して、家族はそこから出、女性は台所で泣きながら服喪する。死の直前から「ンガッパ」と呼ばれる行者が招かれ、死者に向かって『バルド・トドウル』（死者の書）が死後四十九日間、読まれ、葬儀の日を占う。葬儀当日は近隣から多くの人が喪家に参列し、僧侶（リンポチェ）を先頭に男性だけで葬列を組み、五色の旗（タルチョ）に包まれた遺体は野天の火葬場へ運ばれる。ここでは僧侶によって護摩が焚かれ、火葬から三日後、遺骨は遺族によって近くの人里はなれた山に撒かれ、墓はいっさいつくらない。その後、故人の遺品はすべて競売にふされ、その収入は寺への布施となる。四十九日目に故人の霊魂は自然に還って喪が明け、遺族は日常の生活に戻る。

○仏教徒

ベンガル地方に住むバングラデシュから移住した仏教徒や、戦後、階級解放主義者アンベードカルに率いられた低カースト所属層が改宗した新仏教徒などは、死者が出ると遺体を最寄りの仏教寺院に運び、沐浴させ、芳香ある香や油をすり込み、棺台に寝かせる。その四隅には花が飾られ線香が焚かれ、金属製の皿に米を盛る。そこでの葬儀には比丘（僧侶）が招かれて「三帰依文」と「五戒」が授けられ、「無常偶」や『吉祥経《マンダラ・スッタ》』などの護呪文（パリッタ）が唱えられる。終わったならば精進料理が振る舞われ、比丘には日常品などが布施される。遺体は火葬場で荼毘にふされ、遺灰は骨壺に納められるか、河川に流す。

中部アッサム地方の都市インパールの郊外に、第二次世界大戦のインド人戦没者墓地があるが、インドには珍しいものだ。石碑が整然と並んで各故人の名が刻まれている。

２　インドネシア共和国

インドネシアは南アジアのマレー半島からニューギニアにかけて五〇〇〇キロにわたる世界最大の群島国家で、スマトラ、ジャワ、カリマンタン、イリアンジャヤ、スラウェシが主な島である。一九四九年に独立し、当初は軍事政権国家であったが、自治権の拡大を求める島々の要求を武力で封じ込め、一九七五年には東ティモールを併合したが二〇〇一年に再分離独立する。国民は主にマレー、中国、インド系の多人種からなり、マレー系人の大部分はイスラム教スンニ派に属し、開祖モハメッドの教えを信奉し、非イスラム教徒は土着宗教やキリスト教、ヒンズー教、仏教などを信奉している。首都はジャカルタ。

インドネシア
ジョクジャカルタ近郊のイスラム教墓地

イスラム教徒の場合は、死者が出ると喪家ではまずイマーム（導師）や親類縁者に知らせ、二十四時間以内になるべく早く埋葬する。たとえば、午前十時に死亡したなら午後に埋葬し、午後四時に死亡したなら翌朝十時までに埋葬するという具合だ。早く埋葬する理由は、熱帯地方で遺体の腐敗が早いせいもあるが、故人の死霊がさまよい出て生存者に害を加えることを恐れるためでもある。

訃報を聞きつけた近隣の女性たちはそれぞれ米を持ち寄り、男性は葬儀用具を運び込み、故人の顎を紐で結び、腕を組み合わせてやる。

遺体は竹製のマットの上に頭を北にして横たえ、湯灌して白いモスリンの布で包み、頭、胸、足の三ヵ所を紐で結ぶ。このときそばではコーランが唱和され、出棺となる。喪家の子供は死霊の祟りを恐れて遠ざけられ、女性は喪家に残って、清めの塩を撒く習慣がある。

埋葬地である近くの墓地には葬列を組んで、先頭には故人名や没年月日の記された墓標（男性のは先端がとがり、女性のは丸みがある）を担ぐ人が、その後ろに米びつや花を担ぐ人が立って、道にそれらを撒きながら進み、その後ろには棺台に載せられた遺体や会葬者が続く。墓所では埋葬前にメッカの方向に遺体を向け、故人の耳もとにイマームが三回にわたって信仰告白をささやき、アラビア語かジャワ語で引導を渡す。埋葬式がすむと、遺体の寸法に合わせて煉瓦か石をその上に置き、頭部には墓標をたてて、会葬者はバラ、ジャスミン、クチナシなどの花を捧げる。

埋葬式を終えた後、喪家で精進落としを行って会葬者に食事を供する。死後、三日、七日、四十日、百日、そして一年、二年、千日目に忌日供養を行い、それまでの土盛りの墓から本格的な墓碑をたてる。葬儀をこの追悼式に代えることもあるが、金持ちはモスクで営むことが多い。毎年、ラマダン（断食月）の前後が墓参の日で、家族総出で草をむしり、墓標をみがく。

イスラム教が国教的地位にあるとはいえ、国民の大多数は土着の信仰と重層化した慣習を保持し、葬送慣習も各地で独特のものがある。

インドネシア
ジャワ島の共同墓地

ジャワ島に住む多数派のジャワ人は、死者が出るといちはやく葬儀（スラメタン）が親族によって準備され、会葬者と一緒に墓地まで葬列を組む。墓参はイスラム教のラマダンの前後に行われ、特に子供の死の場合には親子の縁を絶ちがたく、千日間服喪する。

スマトラ島に住むイバン人は、死者が出るとその魂は肉体から抜け出て「苦の橋」を渡り、後に死霊となると信じられている。葬儀の祈りには鎮魂のためにシャーマン（呪術師）が招かれ、毎年「死者の日」には多くの死霊が呼び寄せられ、地域全体で数日間祭りが繰り広げられる。

スマトラ島北部に住むバタック人の多くはキリスト教徒だが、古来の慣習を守り、遺体を伝統的な織物である「ウロス」で覆い、牧師による祈りの後、その遺体を共同墓地に埋葬する。また、水牛を屠殺して弔問客に振る舞い、死後数年経ってから、モルタル塗りの墓や納骨堂に遺体を改葬する。

ヒンズー教の伝統が残るバリ島では、死者が出ると、遺体は不浄（スブル）であると考えられているところから、聖水で清められる。火葬をする葬儀の日取りは現地の暦によって吉日が選ばれ、それまで防腐剤が注入されて保存されるか、一時的に墓地に埋葬される。いずれにしても火葬にしない遺体は悪霊になると信じられているので、いったん埋葬された遺体も白骨化したものを洗い、改めて荼毘にふす。

危篤に陥ると家の東側の建物に移し、死亡すると遺体を西側の中庭にしつらえた棺台（アサガン）に載せ、町内（バンジャール）の人が遺体をきれいに洗って両耳に花をさす。遺体は白い布で包み、縄でしばり、西の建物に運び入れて、頭を西向きにして横たえる。その後、司祭者（プマンク）が招かれて清めの儀式を行い、その間、墓地では埋葬の準備をする。

遺体を担いで葬列が喪家を出るときは、椰子の実を割って中の汁を門前に流し、墓地へ行くときには寺院の前は通らない。墓はたいてい村の南側（海側）にあり、埋葬後は家を聖水で清める。それで葬儀が終わることもあるが、たいていは後に改めて火葬にする。富裕な家庭では家から墓地までの葬列に牛の形をした棺を大勢の人で運び、火葬場では豪華に飾った櫓に載せた棺に午後から夕方にかけて火をともす。火葬が終わると遺灰を椰子の実の殻に入れ、司祭者によって祈ってもらった後に海か川に流す。旧家では火葬後四十二日目に「ムクル」という追悼式を行うが、一般には火葬後、霊魂は天界に昇り、やがて喪家の北東部にある祠《ほこら》（サンガー）に暦で決められた日に降臨すると信じられており、忌日に供物を捧げて祀る。

バリ島の宗教は一般にヒンズー教だといわれているが、それはインドのものとかなり異なっている。たとえばカーストという社会階層はここにはなく、またヒンズー教の多種にわたる神像も祀らない。神々もインドのように屋内に安置するのではなく、青空の下の開かれた空間に降臨する。人が亡くなったときの火葬の習慣はたしかにヒンズー教の影響であるが、インドでのように簡単ではなく、火葬場（スマ）まで柩を運ぶ葬列は盛大をきわめ、その儀式を大切にする。先祖を大切にすることもインド人以上であり、それを怠ると祟りがあると信じられており、方角や日取りについても多くのタブーがあって、それを犯すと災いがふりかかると極度に恐れている。

住民は一般に、通常の死と異常な死を区別している。異常死とは死産とか戦死や事故死を指し、特別な儀式をしないかぎり死霊は生者に対して祟ると信じられ、墓地も一般墓地から隔離されている。通常の死はその点で恐怖の対象とされず、むしろ生者を守護する存在と考えられ、特に部族の首長とかシャーマンなどは死後、追悼会を通じ、好ましい存在として追憶される。死後の世界はこの世とすべて反対で、伝統に則った葬儀を営むことによって何不自由のないあの世で安楽に過ごせると信じられている。

ボルネオ島（カリマンタン島）では、イバン、カヤン、ケンヤ人など単葬（一次葬）の習慣のあるところと、バリト人の複葬（二次葬）、すなわち数年経って洗骨後、再度葬儀を営むところがある。単葬の場合には、遺体は喪家の特定の場所で洗われ、死衣に包まれて安置され、会葬者の最後の別れを受けて埋葬される。複葬の場合には遺体は柩に入れられて一時的な安息所に安置されるか埋葬される。そして遺体が白骨化してから骨瓶に移され、儀式の後に墓地に埋葬される。しかしこうした複葬は金持ちか著名人の場合が多い。

またボルネオ島西部に住むカリス人は、キリスト教徒ではあるものの、伝統的な慣習を守っている。通夜の晩には、弔問客に酒が振る舞われ、年配の女性によって葬歌が唱和される。死者が異常死の場合、遺族は死をもたらした精霊を呪詛し、復讐する儀式を行う。

インドネシアに帰化した中国系華僑の間には仏教徒が多く、かれらは主に都市部で商業に従事しているが、その葬儀は多分に土着化し、祭文はパーリ語を用いる。

ニューギニア島イリアンジャヤ州内部で、いまだに原始的な生活を営むダニ人にとって死は、悪魔の仕業とされているが、それへの恐怖心を抱かない。

スラウェシ島南部の内陸山岳地帯に住むトラジャ人においては、近隣への人の死亡の知らせは口頭で行われ、遺体は「トンコナン」と呼ばれる家屋の居間に安置される。族長の葬儀は盛大をきわめる。葬儀当日には、大勢の弔問客のために、水牛や豚、鶏が料理される。また、まるでお祭り騒ぎのように、歌や踊りが披露される。遺体には、「タウタウ」と呼ばれる衣服や帽子を身につけた木像が添えられる。この遺体は、僻地の洞窟に彫り込まれた穴の墓地に葬られる。その後、関係者が墓参りに訪れる。

ニューギニア島やスラウェシ島などメラネシア系先住民族が住む辺境の地では、かつては原始的な葬送慣習がみられ、人類学研究の宝庫として多くの学者が現地踏査をし、その成果も発表されている。わが国でも棚瀬襄爾『他界観念の原始形態』（東南アジア研究双書）にこのへんの事情が詳しく記されている。しかし、先住民族の伝統的な葬送慣習も第二次世界大戦後は文明の波が押し寄せて、しだいに影が薄くなっている。

③ カンボジア王国

カンボジアはインドシナ半島南部に位置し、メコン川流域とトンレサップ湖の周辺地帯に平野が広がる農業国である。住民の大部分はクメール人である。

二十年におよぶ内戦やベトナムの侵攻に悩まされ、国民は不安定な生活を強いられてきたが、一九九三年に総選挙が行われ、その結果、立憲君主制を骨格として再出発し、復興に努めている。

カンボジア
アンコールワット付近の比丘の墓

首都はプノンペン。信教の自由は憲法によって保障されているが、国民の大部分は上座部仏教を信奉し、国内各地にはその寺院が宗教施設としてだけでなく、地域社会の文化や教育の中心的存在として活用されている。

首都には、そこを貫流するトンレサップ川河畔に広大な敷地を有する王宮と付属の銀寺があり、その前方に現シアヌーク国王家の歴代の墓塔がたっている。また市内の中心にあるペン丘の頂上にはプノン寺院があり、四六時中参詣者が絶えない。

世界文化遺産に指定されたアンコールワットなどの遺跡群は、国内最大のトンレサップ湖の近くにあり、付近にはジャングルの中で、いまだ手をつけられていない遺跡が存在し、修復を待っている。その中心地シェムレアップ市郊外には、ポル・ポト軍との内戦で死亡した人々の慰霊碑とその頭蓋骨を祀った塔が、わが国の曹洞宗寺院の援助でたてられた寺院の一角にある。

死者が出ると、必要に応じて医師や官憲の検視を受けることになる。遺体は喪家や近隣の人々によって整えられ、比丘《びく》（仏教僧侶）を招いて食供養をし、読経を依頼する。葬儀はふつう仏教寺院で営むが、比丘の読経と葬送音楽が奏される中で、死者の手に糸を結びつけ、参列した比丘の手の先につなぐ。死亡者と同年月日に生まれた者は参列しないことになっている。

火葬が大半で、仏教徒は葬儀の後に吉日を選んで火葬にされるが、ときには六カ月か一年後になることもある。イスラム教徒やキリスト教徒、あるいは自殺や溺死などの変死者は土葬にされる。葬儀の折には参会者はお金やお米、線香などを持参する。

一般にクメール人は、死に際して『カン・ピー』という書物により運命を占い、もし生きる望みがあれば「ハオ・ポルン」の儀式を、望みがなければ「ケー・アヨ」の儀式を行う。これらは一種の「魂よばい」の儀式である。死亡した時には新しい白衣を着せて棺に納め、僧侶を招いて葬儀を営み、三日以内に火葬にする。火葬の際には遺体の顔を西に向け、その後、東に向きを変える。これを「プレー・ルップ」という。遺灰は骨箱に入れて、富裕な者は寺院内に小塔（チュディー）や墓標（ラック・カモーイ）をたてる。また、「ルップ・カモーイ」という骨壺に入れて納骨堂に祀る。一部、沿岸地方に住むマレー系の少数民族チャム人の多くはイスラム教徒で、死亡後埋葬し、その後、洗骨して改葬する習慣がある。ヒンズー教徒のチャム人は火葬にし、遺灰は川などに流す。

シンガポール
シンガポール市内の華僑墓地

4 シンガポール共和国

マレー半島の南端にあるシンガポールは、隣国のマレーシアとはジョホール水道にかかる約一キロの橋でつながっている。首都は国名と同じくシンガポール。淡路島と同じくらいの小島だが、交通の要衝で四六時中にぎわっている。住民は人口の七五パーセントを中国人が占めるが、マレー人やインド人などの住む多人種国家で、マレー語や英語、中国語、タミル語が公用語となっており、それぞれの伝統的慣習を保持している。中国人は仏教、マレー人はイスラム教、インド人はヒンズー教やシーク教などを信奉しているが、キリスト教徒も存在する。

死者が出ると、ほかの文明国と同様、医師の死亡診断書をもって役所に届け出て、死亡証明書の交付を受けるが、変死や事故死の場合には警察医の検視を受けなければならない。葬儀の手配はたいてい私営の葬儀社に任せ、故人や遺族の教派に準じて会場を選んで行われる。

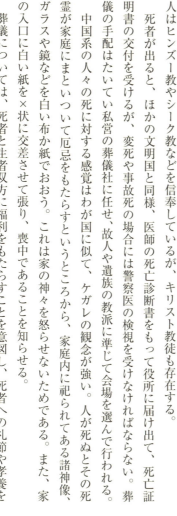

中国系の人々の死に対する感覚はわが国に似て、ケガレの観念が強い。人が死ぬとその死霊が家庭にまといついて厄忌をもたらすというところから、家庭内に祀られてある諸神像、ガラスや鏡などを白い布か紙でおおう。これは家の神々を怒らせないためである。また、家の入口に白い紙を×状に交差させて張り、喪中であることを知らせる。

葬儀については、死者と生者双方に福利をもたらすことを意図し、死者への礼節や孝養を示すとともに、その加護を願う気持ちを表す。墓地の選定は、風水説に基づいて好適地を選ぶ。一般的に墓の位置や埋葬の仕方が適切でないと不運を招くと信じられている。

まず、湯灌だが、これは買水（外の流水）を求めて、遺体に吹きかける。俗に死水という井戸水や水道の水は用いない。遺体の顔には白い布をかぶせ、口の中には真珠や銅銭を含ませる。死衣は縫い目のない白い衣で上着とズボンからなるもので、奇数の枚数を着せる。遺体を北枕にするのはまれで、足を出入口に向けて搬出しやすいようにする。遺体が玄関の柱や戸などに触れると死霊が戻るといわれ、人々は怖がり、注意深く触れないようにつとめる。

枕飯はわが国と同様に山盛りにした一膳飯に竹箸を二本真っ直ぐにたてたもので、飯の下に煮た卵を入れることもあり、弔問客はその一膳飯に二本の線香をたてる。そして、納棺の前に食事をつくって、遺体の口に入れるようなしぐさをし、縁起のよい言葉を語りかける。

通夜は一晩中行うが、喪家ではマージャンやトランプをして夜を明かすことが多い。また、納棺、出棺、埋葬となるが、そのときはいっせいに号泣する習慣も残っている。

棺は内部に漆を塗った厚手の材質で、暑さで腐敗して外に臭気がもれないように配慮されている。納棺した遺体の周囲には金紙や銀紙を詰める。出棺の際の遺族の衣装は、長男が灰白色の麻衣、女性も麻衣、婿は白色の長い衣服で、全員タスキをかける。出棺した後に喪家ではコンロに炭火を入れて、子孫が火のように燃え栄えるようにと、衣装を燃やす習慣もある。

葬列は霊柩車の後に喪家や一般会葬者の車が続くが、死者より目上の人は葬列に加わらない。墓地に着くと、白地に赤い文字の入った提灯をもち、紙銭や線香、花輪を携えて墓地内の火葬場兼葬儀場に向かう。

マレー系の人々も死という通過儀礼にケガレの感覚をもって恐れ、礼拝や儀式を行う前には確実に清浄であることを重視する。これは食事、排泄、汚物などに関連する汚れを指す「ナシス」や「ナジャサ」という概念に基づいている。したがって、葬儀や埋葬の前に遺体を洗い清めるのも同じ理由で、ほこりやごみがつかないように樟脳と白檀を混ぜて遺体に塗り、白い布で包んで埋葬する。

また、遺体の腹部には悪霊がとりつかないように鋏を置くのもわが国の習慣と似ている。死者の傍らでは香を焚いて、死者の霊を慰めると同時に、悪霊を払いのける習慣があって、これがふつう三日間続く。

死者の埋葬と関連して、今でも「クンドウリ・アルワ」という儀礼的な宴会が三日目、七日目、十四日目、四十日目、百日目に行われ、それ以降は毎年一回行われる。

シンガポールの埋葬方法は、イスラム教徒やキリスト教徒は土葬、仏教徒やヒンズー教徒は火葬が一般的である。火葬場は市郊外のマウント・ヴァーノンにある公営火葬場を用いる。ここは広大な敷地の丘陵地帯を利用して、宗教別に墓地が造成されており、墓碑もバラエティーに富んでいて、中国人の古い墓地にはオメガ（Ω）型の伝統的なものもみられる。棺は葬儀社でも手配してくれるが、市立製棺会社（上部セラングン街）やシンガポール製棺会社（ラヴェンダー街）に直接、注文することもできる。

遺体を国外に移送するときには、死亡証明書や医師の遺体防腐処理済証明書、衛生局発行の遺体移動許可書を添付し、密閉棺を用いて空港・港湾等の検疫官の輸出許可書が交付された上で、出入国税を支払わなければならないが、遺骨の場合はわりに簡単である。また、火葬した遺灰を川や海に流すことは、国が禁じている。

シンガポールは多民族、多宗教信奉であるため、各民族の宗教的祝日も国家の祝祭日になっている。五月には仏教徒のベサク・デイ（仏陀の生誕祭）、十一月にはイスラム教徒のハリ・ラヤ・ハジの祭り（聖者の祭り）がある。イスラム教徒は豚肉を、ヒンズー教徒は牛肉を食べないので、かれらと食事を共にするときは注意を要する。

島内には戦前から各所に仏教、キリスト教、イスラム教など宗教別の共同墓地が散在しているが、戦後、マンダイ地区の広大な丘陵地帯に新しい墓地が造成され、火葬場も付設されている。セラングーン地区の住宅地の一角には日本人墓地があって、現地人が管理している。

5 スリランカ民主社会主義共和国

インド洋に浮かぶ真珠といわれるスリランカはかつてセイロンと呼ばれ、紅茶の原産地としても有名である。住民の大部分はシンハリ人だが、ほかに南インド出身のタミル人も住む。首都はスリジャヤワルデネプラコッテ。

スリランカ
仏教との葬儀風景

一般にシンハリ人は上座部仏教徒、タミル人はヒンズー教徒であるが、キリスト教徒も存在する。

死者が出ると、医師の死亡診断書をもって役所に届け出て死亡証明書を受けなければならないが、変死や事故死の場合には検視官立ち会いのもとに検視を受けなければならない。

仏教徒の葬儀は、たいてい喪家か火葬場で比丘（僧侶）を招いて営まれ、ヒンズー教徒は火葬場で、キリスト教徒は教会で行う。設備の整った火葬場はコロンボとデヒワラ・マウント・ラヴィニアにしかなく、地方では特定の野天地で薪を積み上げて火葬にする。低所得者にとって火葬は費用がかかるため土葬にすることが多い。葬儀の費用はその規模によって決まってくるが、豪華なものは葬儀にも葬列にも太鼓を打ち鳴らすにぎやかな楽隊がつく。

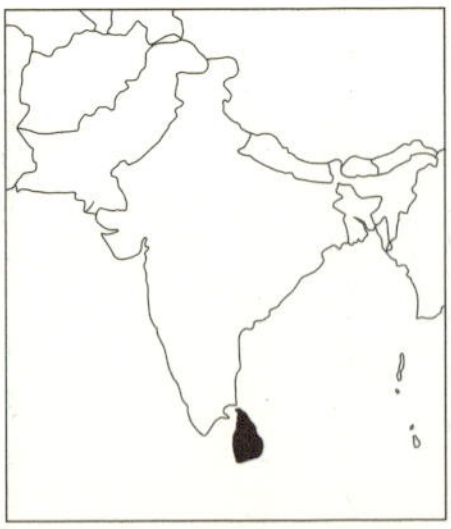

都市部には私営の葬儀社があるが、ふつうは親族縁者で手配し、葬儀の後に地域の共同墓地か教会付属の墓地に埋葬する。墓所は購入し、遺族がヒンズー教徒や仏教徒であれば白、キリスト教徒は黒の喪服を着用する。

死亡当日は喪家で遺体を湯灌し、白布で遺体を包み、白い天蓋付のベッドに頭を西向きにして横たえ、宝石で身を飾り、遺体のそばには終夜、ヤシ油の灯火を絶やさない。部屋の壁に掛けた写真類をすべて上下、表裏、逆に掛けるのはかつてポルトガルの植民地であった影響によるらしい。

喪家の女性が髪をときほぐして慟哭するのは、死者に対する哀悼の表現で、かつては四日間も続いたという。ところが、故人に対する哀悼の念があるにもかかわらず、遺体は不浄のものと考えられ、死後三カ月間は不浄な死霊が喪家に宿ると信じられていて、その期間中は食事もつくらず外から差し入れてもらう。

スリランカ北部に住むタミル人はヒンズー教を信奉し、死者が出ると床屋カーストの葬儀祭司が法螺貝を鳴らして近隣に知らせる。喪家の中庭にしつらえた棺台に遺体を安置して洗浄し、結婚式の正装服を着せる。葬儀のときに、主人を亡くした妻は古くからのヒンズー教の習慣であるサティ（焼身自殺）を模して、真紅のサリーを身につけて遺体の右隣に添い寝をし、会葬者はその回りを一周する。その後、葬列を組んで墓地に行き、穴の中に埋葬してその周囲を三周する。子供の遺体は屋敷内に埋葬する。遺族は三十日間の服喪をし、その間、慶事を避ける。

タイ
一般家庭の仏壇

⑥ タイ王国

インドシナ半島の中央部とマレー半島の北部に位置するタイは、南にタイ湾、さらにその南部はマレー半島に伸びる東南アジア有数の穀倉地帯で、年間を通じて高温多湿の日が多い。住民は大部分がタイ人だが、マレー人、クメール人、中国人、山岳民族などが住み、そのほとんどが上座部仏教を信奉しているが、イスラム教徒やキリスト教徒もいる。

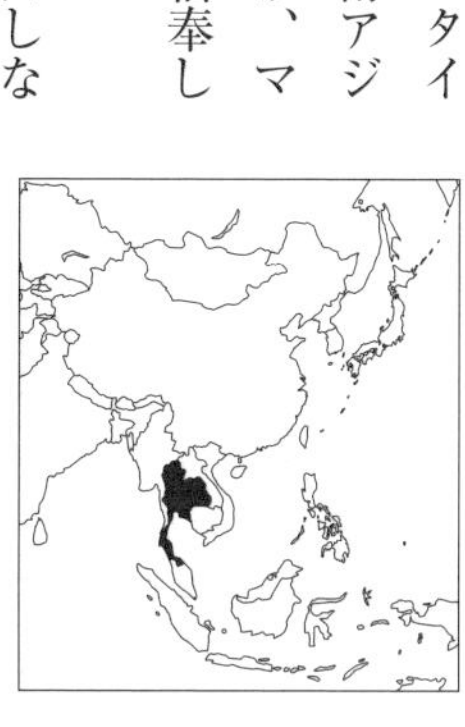

死者が出るとまず医師の死亡診断書をもらって最寄りのアンペール（役所）に提出しなければならない。死者は親類縁者で湯灌し、納棺してその日の午後四時から六時の間に、喪家か寺院で比丘を招いてバンサクーン（通夜）を行う。棺は寺院に頼めばすぐに手配できるが、葬儀費用は寺院や比丘への布施を含めて六千バーツ（一九九〇年現在）程度である。

出棺はたいてい死んだ翌日の午後、日没前に行われるが、火曜と水曜は厄日なのでこれらを避け、やむをえない場合は棺の中に卵を入れ厄払いしてから出棺する。

通夜や葬儀の当日、比丘（僧侶）が招かれ、お経を読む。功徳を与えてくれた印（タン・プン）として、遺族は比丘に真新しい黄衣という「サイ・バート」（施物）を贈る習慣がある。そこで比丘は上座部経典の『アビナパチェカーナ』（無常偈）を唱える。

朽ち果てて行くのは私の定めだ、朽ちることを超えることができない。病にかかるのは私の定めだ。病を超えることはできない。愛しいものも楽しいことも、いま私の手にあるものは、やがて他のものに代えられ、私から離れていってしまうのだ。私は自分のカンマ（業）をもっている。自分のカンマを引き継ぎ、自分のカンマのもとに生まれ、自分のカンマに結びつき、自分のカンマに支えられていることに変わりはない。私が行うであろうカンマはどれであれ、善であれ悪であれ、私が引き継いで行くことになる。このことを、いつも覚えておかなくてはならない。

こうした読経の間、弔問客は頭をうなだれ、死の現実に思いを馳せる。

火葬に先立って、葬列は右遶三匝《うにょうさんそう》（三回右回り）し、比丘による葬儀式があり、故人の昇天を祈る。遺族は水を瓶からコップに注ぎながら「この水が溢れて大海を満たすように、功徳が死者にもたらされんことを」と祈る。すると比丘は、「この功徳が親族のためにならんことを、幸いならんことを」と唱える。

出棺のときに、故人が用いていたカレー用茶碗、湯のみ、茶碗を喪主が一撃のもとに打ち砕く習慣がある。寺院内火葬場では、棺台を右遶三匝し、会葬者が序列に従って火葬台に上がって火をつけ、喪主の謝辞のあと散会となる。

喪家では翌朝ロウソク、線香、香水器、骨壺をもって火葬場へ行き、比丘を招いてサームハープ（骨揚げ式）を行い、遺灰は寺院内のパゴダに納めるか、川や海に流す。喪家では香気の強い薬草をいぶした消毒薬を撒いて清め、精進落しをする。死後七日目や三カ月、一年後には再び比丘を招いて追善供養をし、布施をする習わしがある。墓地には簡単な墓碑をたて、故人名や略歴が刻まれる。

国民の大部分が仏教徒であるところから、葬儀はたいてい寺院で行われ、境内にあるパゴダ（仏塔）風の屋内火葬場かプラマネ（野外火葬場）で火葬にする。王族や高僧の葬儀は死後しばらく経ってから日を選んで行う。櫓を組んだ上に棺を安置し、火葬後は遺灰を骨壺に入れて寺院内のパゴダ風の墓に祀る。

中国系の仏教徒は独立した墓地をもち、石碑には漢字とタイ字で故人名、没年月日を刻み、四月五日の清明節には家族揃って墓参し、供物を捧げる。

一般に中国系の人以外は墓をつくらず、家庭内の仏壇に祀るか僻地の墓地に埋葬する。特に北部の山岳地帯に住む少数民族は移動生活のせいか、墓はもたないが、もったとしてもあまり関心がないようだ。遺体はそのまま僻地に土葬にされるか、あるいは風葬の一種で、遺体を樹上にさらすなどの曝葬《ばくそう》の形をとる。たとえば、北部山岳地帯に住むメオ人は、死者が出ると木の棒でつくった台の上に遺体を寝かせて、そのまま放置する習慣がある。

在留邦人は首都を中心に、一万人近く在住している。日本人が死亡した場合、希望すれば日本人会が招聘している日本人比丘（高野山真言宗）に読経を依頼することができる。日本人がよく使う火葬場は、バンコク市スカンヴィット街のタット・ソン寺やサンヤルン街のフォランフォン寺で、市内には日本人用の納骨堂が、前述した日本人比丘の住むラジャブラナ寺内にある。

バンコク市内では華僑系の社会福祉団体「報徳堂」があり、万一、天災や人身事故が発生したときには、国籍を問わず、救急看護や葬儀業務を取り仕切っている。

タイの北部、黄金の三角地帯に住むカレン人は、人が死亡するとこの世と同じような生活をする死の国に行くと考えられている。そこでは生前によい行いをした者は裕福な生活をし、カレン人のしきたりに反した者は地獄のような生活が待っていると信じられている。遺体はただちに洗われて最上の衣服を着せられ、ほかの衣服は喪家の外の竹林に吊るされる。大勢の会葬者が集まって弔歌が歌われ、遺体は荼毘にふされるか、そのまま墓に埋葬され、その死霊（チカラ）が生者をおびやかさないように、帰り道には死霊を遮る木棚を作る習慣がある。

モン人は、人の死は人生最大の行事で、できれば喪家か部族の居住地内で死を迎えることを理想としている。死亡と同時に銃声が三回放たれ、部落中の人が喪家に弔問する。喪家では麻で作った特別の喪服が縫われて、近親者が葬儀の折に着用する。遺体の顔は他人に見られて恥ずかしくないように赤い布で覆われ、手はあの世で悪魔の手助けをしないように紐で縛る。また、死出の旅路の案内役として鶏が屠殺され、遺体の頭に載せられる。

葬儀は二人の選ばれた男性が笛と太鼓の音で村中に知らせ、村の長老によって司祭される。遺体は喪家から担架で運び出され、午後四時ごろ笛を吹く人や道順を照らす松明を掲げる女性を先頭に埋葬地の墓地に向かう。その女性は行列の途中で松明を投げ出して喪家に戻り、死霊が追従しないよう迷わせる。道の途中で何度か立ち止まり、死霊が再び喪家に戻らないよう言い聞かせる。墓地では土中に遺体を安置して土をかけ、石をその上に重ねて野獣に荒らされないようにする。担架に使った二本の竹の棒は、真ん中で折られて再び死霊がこの世に戻らないようにする。

ミェン人は、老人が死亡するとその息子は遺体の頭を三回持ち上げ、よい別世界に行くよう祈る。近親者は遺体を洗い、髪をそぎ、死衣を着せ、足を玄関に向け、竹の担架に載せて祖先を祀った神棚の前に安置する。葬儀は三日間続き、その間、紙銭が燃やされ、豚が屠殺され、ご飯や酒が会葬者に振る舞われる。司祭者とその連れ合いが招かれて祈禱の言葉が唱えられ、遺体から死霊を追い出すしぐさをする。バナナの葉でつくった船が祭壇と玄関の間に飾られ、霊魂がこの船に乗ってこの世からあの世に移れるよう祈る。

葬儀が無事に終わると司祭者を先頭に火葬地に向かい、そこで薪の上に遺体を載せて祈禱の後に荼毘にふす。司祭者や遺族、会葬者が村に帰ると死霊が戻らないように門を閉め、翌日、司祭者と男性の遺族が火葬地に行き、竹の箸で遺骨を骨壺に納めて墓地に埋葬する。

ラフ人は、人が死ぬとその霊が死の国に行くと信じられ、白い死衣に包まれて居間に安置される。埋葬の日まで、毎日、食事が遺体の傍らに供えられ「食べて下さい」とお願いする。男たちは棺を作り、遺体を入れてその上に鶏の足と羽を載せる。というのは喉がかわいたときにはその足で井戸を掘って水を飲み、暑いときには羽の蔭で涼むようにとの心掛けからである。

ラフ・ニ人、ラフ・ナ人、ラフ・シ人は土葬であるが、シェレ人は事故死を除き火葬にふす。埋葬地は卵を投げて割れたところを選ぶ。埋葬後、会葬者が帰路についたところで刺のある枝で道を塞ぎ、悪霊がついてこないようにする。喪家に戻ると埋葬地から持ちかえった枝に水を浸し、体にかけて身を清める。そして一緒にお茶を飲み、水浴して衣服を洗濯し、各自の家に帰宅する。事故死は悪霊がついたとされ、祈禱師を招いて厄払いをする。

アカ人は、その慣習に基づいた葬儀を行っているかぎりでは、死に臨んで先祖の世界に生まれ変わり、家系が存続すると信じられている。遺体の口には銀の裂片をくわえさせ、あの世で必需品を買う足しにさせる。そして黒い死衣の上に赤い布を被せ、先祖の家系が遺児や司祭者によって唱えられる。通夜には大勢の人が駆けつけ、賭博や踊りや歌が披露される。船の形をした棺桶が男たちによって彫られ、その中に赤い布に包まれた遺体が安置され葬儀に臨む。

葬儀には村の比丘が招かれ、三日間の通夜と二日間の葬儀を司祭する。生贄の水牛が殺され、遺体は葬儀の後に墓地に運ばれ、その傍らには故人の所持品が置かれて埋葬される。虎や豹に殺されたり、溺死したり、伝染病に感染して死んだ場合は「悪い死」と考えられ、特別に悪霊を払う祈禱をし、遺体の上には犬を殺して載せ、悪霊が外出しないようにする。後継者のいない人の死は悲惨で、遺体は人里離れた僻地に遺棄され、誰もが省みないのは、それだけ家系の存続を望んでいる証拠である。

リス人は、男の老人が臨終のときには子供が九粒の米と九つの銀片を口に含ませる。老婆の場合はそれぞれ七つのものを含ませる。赤子の場合は親はご飯を口に含ませる。銃声が村中に轟いて死人が出たことを知らせ、喪家に大勢の人が駆けつけて通夜が営まれ、弔歌が歌われる。埋葬の日まで毎晩続き、賭博や歌や踊りが披露され夜を一緒に過ごす。未婚の人や幼児の場合は死亡当日か翌日に葬儀が営まれ、ただちに埋葬される。埋葬地は卵を投げて割れたところが選ばれるのはリス人でも同様である。土中に埋められた遺体の上に土や石が置かれ、水を盛った茶碗がその後十日間供えられる。墓地から帰った会葬者は水を掛け合ってけがれを洗い、再び銃声が墓地に向かって放たれる。喪家ではシャーマンが司祭して遺族に糸を巻き付けて祈り、生者と死者との訣別を宣告する。一カ月後、墓に供えられた水を盛った茶碗はその後喪家に持ちかえり、祖先の霊を祀った祭壇に供えられ、ロウソクに火が灯され、線香が焚かれる。その後は一年後か三年後に墓地で追悼の祭りを行い、豚や鶏を殺して霊前に供え、その後、料理して参会者にご馳走する。

7 大韓民国

大韓民国は朝鮮半島の北緯三八度より南の部分で、日本にいちばん近い外国であり、文化的にも政治・経済的にも密接な関係にある。住民のほとんどは朝鮮民族で韓国語を用いる。首都はソウル。

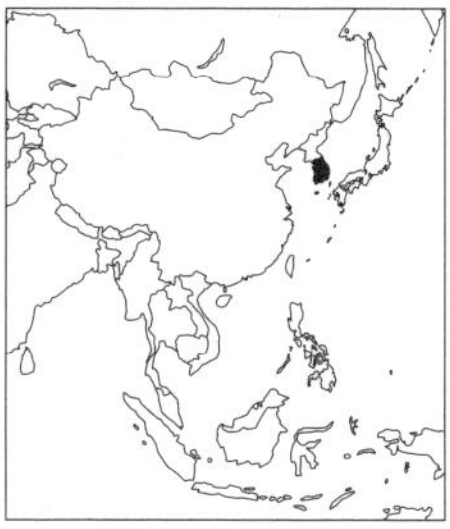

大韓民国、つまり韓国では政教が分離され、信教の自由が認められ、仏教、プロテスタント、その他の教派の信奉者がいる。かつては儒教の影響が強く、人が死ぬと一般に山や

大韓民国
伝統的墓地

丘の斜面に設けられた一家の土饅頭型の墓に埋葬していたが、最近では土地難のため、しだいに火葬にする人が増えてきている。一九九〇年において、一九・五パーセントにすぎなかった火葬率は、二〇〇九年において、六〇パーセントまでに増加してきている。これまで火葬にしていたのは仏教僧やその信者、未婚の青年子女、墓地の買えない人に多かったが、最近は自分の意志で火葬にする人が増えているようだ。韓国の火葬は遺骨にするのでなく、完全に遺灰にするもので、遺灰は川や山などに散葬される。

一九六九年に政府が「家庭儀礼に関する法律」を施行して以来、葬祭儀礼の簡素化が促進され、都市部では葬儀社が多く開設された。二〇〇九年現在の首都ソウルにおいては、葬儀の四〇パーセントが病院付属の葬儀ホールで、四〇パーセントが自宅で、二〇パーセントが火葬場で行われている。一方、農村部においては、葬儀社にとって代わって農協が廉価な葬祭業務に進出し、都会に移住した家族の墓の管理を代行するようになった。

人が亡くなると、医師の死亡診断書をもって役所に届け出ることは、ほかの文明国と同じである。たいていの地域社会には、それぞれ葬儀（喪礼）のための相互扶助組織である「行喪契《ヨンバン》」という伝統的集団が組織されており、契約員仲間だけでなくそれ以外の人々の葬儀にも役立っている。通常の死に対して葬儀は、喪礼、盧祭、小祥、大祥、忌祭、墓祭の順で儀礼が行われるが、喪礼はいわゆる葬儀で、その際遺体は墓地に埋葬されるが、魂は遺体から分離し喪家に留まって喪礼後三日間の盧祭、一年目の小祥、二年目の大祥の後に喪家を離れると信じられている。それ以降は三代祖までは命日である忌祭の時に喪家に迎えて祀られるが、それ以上の世代は毎年秋十月の墓祭で祀られる。「行喪契」は最初の喪祭のときに関与するが、その役割は喪家に行って哭《こく》を捧げ、金品を供え、訃告文を各方面に届け、斎場の設営や墓穴を掘り、棺を収めた喪輿《もこし》を葬列を組んで墓地まで運ぶことをする。

遺体の手足はまっすぐ整え、寿衣《じゅい》（経帷子）を着せて北枕に寝かせ、顔に白い布をかぶせ、親類知己に連絡する。喪家の門には「喪中」「喪家」といった表示をし、遺体を納棺するまでは「奠《てん》」といって霊前に脯《ふ》（乾肉）と甘酒を供え、焼香卓や遺影を用意する。遺体は死後二十四時間経過した後に漆塗りの木棺に納棺し、木釘を打った蓋の上には棺上銘旌《ミョンジョン》といって、故人の官名や姓名を書き、荘紙《そうし》（奉書）に包んで麻紐で棺にくくっておく。

パムセウム（通夜）には喪主や近親者、知人が集まり、手をついて礼拝をし、香を焚き、故人の遺徳を語りながら夜明かしするが、花札遊びなどをすることもある。葬儀は死亡した日から数えて三日から五日、七日目のいずれかに営むが、喪主は死者の長男がつとめ、夫や妻や子が喪主になることはない。従来、喪服は故人との親疎関係によって厳密に区別されていたが、最近では簡素化されてきて、韓国服の場合には白または黒色、洋服の場合には黒色の服に左胸に喪章か白い花をつけるようだ。

仏式の葬儀は、葬礼には喪家に僧侶を招いて行うが、これは永訣式《えいけつしき》（告別式）とは異なって一般の会葬者は参列しない。永訣式は喪家の門前で、遺棺を霊柩車または柩輿《ひつぎこし》に載せて祭床に位牌や供物を並べて香を焚き、酒を一杯だけ供え、喪主が祭祀を終えてから弔辞・弔歌が述べられ、続いて親戚や弔問客が香を焚いて閉式となる。故人が著名人の場合には、特別の会場を使うこともあるが、キリスト教葬では葬礼と永訣式をともに教会で行うことが多い。

墓地への葬列は遺影、銘旌、霊柩、遺族、弔問客の順に並び、その途中で故人の親類知人がみずから供物を準備して香を焚き、故人の霊を慰める路祭が行われることもある。遺棺が墓地に到着すると、会葬者一同は向かい合って立ったまま再拝し、石灰の塗られた墓穴に埋葬する。墓前では神饌、香、呪文を用意して杯をさしあげながら、成墳祭《せいふんさい》を行って霊魂を慰める。墓地から喪家に戻ると、返哭《へんこく》といって門前で全員が哭をし、位牌と遺影を屋外の霊座に安置して再び哭をする。

墓参は葬礼を終えて三日目に行くが、このときは供物は持参しない。毎月一日と十五日には供物を供え省墓《しょうぼ》（墓参り）をし、三カ月目には卒哭といって祭器と食物を準備し、僧侶を招いて祭祀を行い、これ以降は悲しいことがあっても哭をしないことになっている。

父母、祖父母、配偶者の服喪期間は死亡した日から百カ日とし、そのほかの人の服喪期間は葬儀の日までとなっている。一年目の命日を小祥、二年目を大祥といい、関係者を招いて祭りをし、これをもって葬儀を完全に終了する。

墓地はかつて地官《ちかん》（占い師）が風水説に則り地相によって決めていたが、最近では最寄りの共同墓地や教会付属墓地などに埋葬する例が多く、あるいは遺骨を冥府館《めいふかん》（納骨堂）に収納する人もある。墓所前には石人、石灯、石像、石獣などをたて、石碑は黒曜石や黄登石《おうとせき》、艾石《がいせき》などの正面に故人名、裏面には碑文を刻む。金持ちの墓には土饅頭型が多く、遺体を棺に入れて小さな塚をつくってその前に墓碑をたてる。

韓国では日本と同様、相互扶助の意味で葬儀の折に賻儀《ふぎ》（香典）を包む習慣があり、白紙に香典の金額、名前などを書いた紙片を封筒に入れて贈る。焼香は一般的であり、キリスト教の葬儀には献花をするが、その際は根のほうを霊前に向ける。

儒教の影響で祖先を大切にする韓国では、長男（宗孫）の家で四代目まで遡る先祖一人ひとりの命日ごとに祭祀を行う。五代より前の先祖には、陰暦の新年と十月の吉日を選んで墓の前に一族が集まり、時亨《じきょう》という祭祀を行う。そのとき、板に漆を塗った位牌（神主）は祀堂に祀られ、生前に官位のある者はたとえば、「顕高祖考判府君神位」というように明記される。官位のないものはただ「学生《がくしょう》」と書かれ、簡単な位牌として「紙傍《しぼう》」という木に紙を貼っただけのものも用いられる。宗孫はたとえ幼くても神主を祀堂から取り出す儀式を主宰し、祭祀文を読み上げる。そして参会者全員が神主に向かって再拝といって二回拝礼し、初献、亜献、終献と一族の長老から順に酒盃を献じ、最後に勧盞《かんがい》といって先祖に酒を献ずる。供物の料理にはニンニクや唐辛子はいっさい用いず、これらの酒食は後に参会者に分配される。

親が亡くなると喪主である長男は三年間の服喪をし、葬儀後一年経つと「初葬」、二年目を「再葬」、三年目を「三年葬」という。李朝時代には二年間、墓の傍らに小屋を作り、喪主は籠もる習慣があったが今はない。しかし、この期間中、喪主は位牌が祀られてある「賓所《ひんじょ》」（わが国の仏壇にあたり、部屋の片隅に白い紙で包んだ机を置く）に朝夕「常食《じょうしょく》」を供え、墓穴の土を入れた箱に清酒か水をそそぐ。そして、毎月一日と十五日には一族が集まって祭祀を行う。

中華人民共和国
広東にある墓碑

⑧ 中華人民共和国

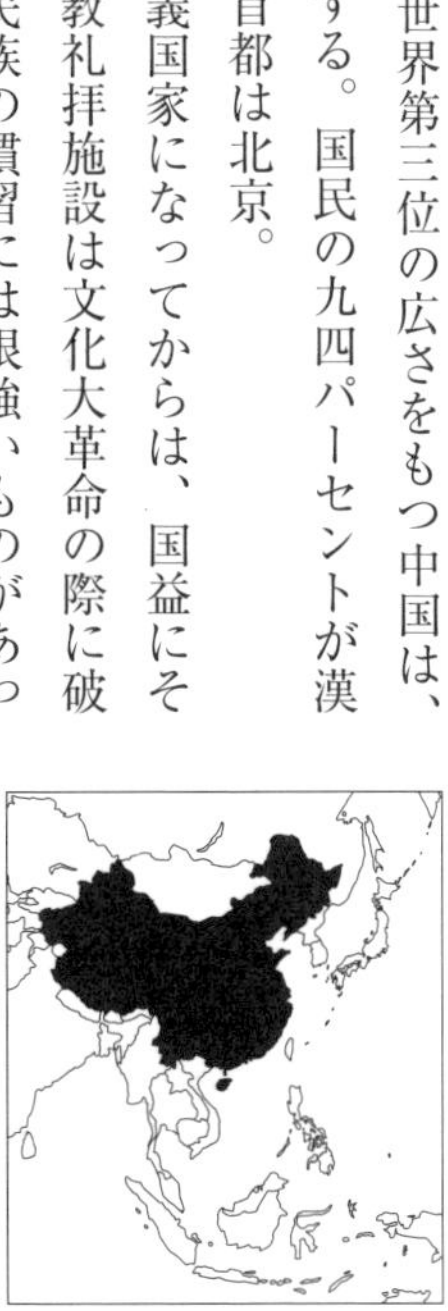

ロシア、カナダに次いで世界第三位の広さをもつ中国は、約十二億三千万の人口を擁する。国民の九四パーセントが漢民族で、少数民族は辺境の自治区に多く居住している。首都は北京。

第二次世界大戦の後、プロレタリア階級独裁の社会主義国家になってからは、国益にそぐわない宗教活動は事実上停止され、寺院や教会など宗教礼拝施設は文化大革命の際に破壊され、その指導者もまた弾圧された。とはいうものの民族の慣習には根強いものがあって、やがて信教の自由も不信教の自由も、ともに認められるようになった。それにつれて有名な仏教寺院なども再興され、宗教活動も徐々に復活しつつある。

国土が広大で慣習にも地域差があるため、一様に述べるのは不可能だが、ふつう死者が出ると、都会地では喪家が最寄りの公安局派出所に死亡届をし、その所属する職場の工会（組合）が葬儀の手配をする。遺体は送屍車（たいていマイクロバス）で地域の民生部局直営の火葬場に運んで追悼会を行う。その際には棺は用いない。葬儀は「哀楽、三礼、告別の辞」の順で終わるという、いたって簡単なものである。地方では葬儀を取り仕切るのは人民公社で、追悼の後に最寄りの墓地に埋葬する。

地方の場合、場所によっては死亡すると、喪家では遺体の足を玄関口に向け、買水（外の流水）したもので湯灌をして清潔な衣類を着せる。近隣の人々に死が伝えられると、通夜の晩には遺体の傍らで近親者の老婆が慟哭《どうこく》し、年老いた人たちが念経することもある。棺は生前に購入しておく家庭もあるが、死後に取り寄せることもある。

遺体は死亡した翌朝に納棺して蓋を釘付けし、地元の有志が担いで墓地へ向かう。葬列は先頭に弔旗をたて爆竹を鳴らしながら進むが、会葬者の多くは平服に黒の喪章をつける程度で特別の喪服は着ない。喪家に戻ってからは、会葬者に簡単な食事を供することが多い。

かつては墓地も方角や場所を占って決めていたが、国策的な四つの近代化（農業、工業、国防、科学技術）を促進する障害になるという理由で、散在する墓地は整理され、一九五六年以来の「殯祭革命《ひんさい》」により、一定の不毛地帯を墓地に指定して埋葬している。地方では年配者は古来の土葬を好むようだ。現在、中国全土には約千二百の火葬場があって、都市部ではほとんど火葬になっている。最近では葬儀の際に仏教の僧侶や道教の道士に司祭を依頼する人が増えている。

一般人の葬儀は簡略だが、国家や社会に貢献した指導者が死亡した場合は、盛大な追悼会が行われる。大きな集会場を会場にして、安置した遺体とともに遺影を飾り、供花も行う。中国独特の葬送曲が流れる中を、葬儀委員長が当人の経歴や功労を紹介し、弔辞も読まれる。たとえば元首相の周恩来の場合、人民大会堂で正式の告別式を行った後に荼毘にふし、大地や海に遺灰を撒いている。この正式の告別式に先立って、北京の労働人民文化宮で別れの儀式がもたれ、建物の入口には閣僚クラスの関係者が並んで弔問客に謝意を表した。

現代の中国人にとっては宗教儀式はあくまでも同信者間の修行の場であり、葬儀はそうした信仰と関係のない世俗的な習慣と割り切っているようだ。一般に葬儀が終わると、都会地では火葬にしてから近くの納骨堂に骨を納めるが、地方では出棺すると弔旗をたてた葬列を組んで墓地に行って埋葬し、紙銭を燃やす習慣も残っている。棺の表には赤い色を塗ったり、花模様を描いたものもあり、埋葬は二、三カ月かけて少しずつ土をかけていく。

中国政府は一九八五年に全土を沿岸地域とその他内陸部の交通不便な地域に分けたが、前者に住む人々には死亡の折の火葬を義務づけた。全国の火葬率は、一九九五年現在で約五〇パーセントとなっている。

北京では郊外にある八宝山革命公墓および殯儀館《ひんぎかん》（葬儀場）は、革命直後の一九四九年に党と国家要人の墓地として開設され、その後の一九五八年に火葬場を設け、北京の葬儀の三分の二をカバーしている。

北京においては、殯葬管理所が、十二カ所の殯儀館（火葬場）、十カ所以上の公共墓地、葬送用品の製造工場を管理しており、年間に五万五千体を超える遺体を火葬している。一方、上海においては、毎年八万体の遺体が火葬される。かつて市内にあった公営墓地は、都市の近代化によって移転を余儀なくされた。最近では、大規模な納骨堂形式の「寝園」や「息園」が郊外に開設され、海外に住む華僑のために「帰園」が、イスラム教徒用に墓地が整備されている。

とりわけ蘇州の香山、東山には、こうした墓地が造成され、上海から墓参りに訪れる人を集めている。毎年、清明節の時期などにおいては、墓参りを行う人のために、特別列車が増発され、乗車が制限されるほどである。

沿岸部や内陸部の大都市においては、国家の殯葬改革を通じて、火葬率が急上昇しているが、農村部においては、伝統的な土葬が依然として行われている。人が死亡すると、近隣に住む関係者は爆竹を鳴らし、白い頭巾を被って遺体を墓地に運び埋葬する。また、辺境に住む少数民族（ミャント族、トン族など）やイスラム教徒（ウイグル人や回族など）にとっては、土葬が一般的である。また、チベット族は天葬（鳥葬）、塔葬、火葬、水葬、土葬を行う。

遺体は、ここの礼堂での葬儀が終わるとストレッチャーに載せられ火葬炉に運ばれる。遺族は三日後に遺灰を引取り、一カ月を過ぎても引き取り手のない場合には火葬場で処分する。近くには老山骨灰堂があり、彫りのある木箱に骨灰を入れた「骨灰盒《こつばいごう》」をこの納骨堂に預ける人が多い。保存期間は三年で、希望があれば延長も可能だ。ロッカー式の棚には骨灰盒が並べられ、そこには造花や供物類を置くことは禁じられている。また、北京市郊外には福田公墓や付属納骨堂があり、個人の墓が立ち並ぶ。たいていの都市の郊外には公営墓地があり、画一的な石碑が立ち並んでいる。わが国のように家族墓はなく、せいぜい夫婦単位のものだ。

都市部での葬儀はたいてい、殯儀館で営まれ、遺族や近親者、友人が集まり、礼堂の中で遺体の両側を造花の花輪で飾り、最後の告別をする。ここで遺族は大声で泣き崩れる人もいる。遺体が係員によって火葬のために別室に引き取られると、会葬者は場外に出、持参の花輪や紙銭などを焼き、爆竹を鳴らすこともある。こうした古くからの習慣は特に地方部で残っている。霊柩車はマイクロバスやトラックが多い。上海には十四カ所の火葬場と有料共同墓地が十五カ所、有料納骨堂が九カ所ある。最近では遺灰を海や河に撒く海祭、江祭や公墓の土中に撒いて、その上に木を植える樹祭を希望する人が増えているという。

追悼会は一般に七日、四十九日、百カ日、一周忌かその前後の日曜祝日を選んで、関係者が集まって行われる。弔問式には三親等以外の人は所属の人民公社や居民委員会の許可を得て参加するが、その日の給料は差し引かれる。近親者の墓参は忌日か四月五日の清明節に墓や霊堂へ行く。このような葬祭慣習は概して都市部より地方で、青年層より老人層に、中国北部より南部の広東省などで重んじられているようだ。

社会主義国になったとはいえ、中国人の祖先を尊ぶ習慣が一朝一夕にはなくならず、長幼の序はきちんと守られているようだ。かつては、河南省安陽県小屯村付近から発掘された紀元前一三〇〇年ごろの殷墟や、湖南省長沙市郊外の紀元前二〇〇年ごろの馬王堆の木槨墓《もっかくぼ》にみられるように、権力者が死亡すると待臣が殉死したり、多くの副葬品を埋めたりしたが、死後にこうした厚遇を受けられるのは元国家元首級の毛沢東や、革命の父といわれる孫文くらいのものだ。

北京中心部の天安門広場の西側には、御影石の八角柱に伝統的な瑠璃《る》《り》瓦を配した雄壮な毛沢東の記念堂がたち、その中にはミイラ化された遺体が安置されている。孫文は一九二五年に北京で客死したため、一時郊外の碧雲寺に葬られたが、一九二九年に南京の中山陵に遺体が移されて埋葬され、相変わらず参詣の人でにぎわっている。

こうした墓と比べると、一般の人の墓は実につつましく、畑や山林のふもとに三々五々、小さな墓碑がたっているが、そこには故人名や没年が刻まれている程度だ。

海南島の内陸部に住むリー人の習慣においては、誰かが死亡すると、青年が山に行って棺を作る木材を切り、長老が風水説に基づいて葬儀の日取りや墓の位置を決める。こうした作業が通常三日間続く。遺体が埋葬される際には、弔問客に鶏や豚が振る舞われる。墓参りの際には、「殺鬼」と記された短冊が用意され、墓に突き刺される。これは、悪鬼が墓に侵入するのを防ぐために行われる。

○中国の辺境地帯

中国南部の辺境地帯には多くの少数民族が住み、昔からほかの民族と異なった伝統的な信仰や慣習を持ち、今日に至っている。

たとえば、雲南省に住むアーチャン人は、死者が出ると僧侶を招いて読経の後、出棺するときは近親者が自宅の扉の両側に脆いて、棺がその上を通るように人夫に運ばせる。これは橋をかけるしぐさで、死者の川渡りを意味する。その後、村の郊外にある墓地に運んで土葬にする。

同じく国境に近いところに住むチンポー人は、死者が出ると近隣に住む人に知らせるために銃を撃つ。葬儀には牛を殺して天鬼に供え、来賓を招待する。墓地は占い師が決め、丘の一角に石を積み重ね、その周囲に竹棹をたてる。葬儀は数日間続き、参会者はそれぞれ手に竹の片を握って、「崩冬」の踊りに打ち興ずる。

ジノー人は、死者が出ると、生前に使われたものはすべて副葬品として葬られ、墓地の上にわらぶきの小屋をたてて中に竹製の机を置き、一日三食を死後一年から三年にわたって毎日供える。また、「守墓」といって数カ月間も墓の傍らにつきそって住む人もいる。その後は、小屋をとりこわし、死者の遺骨を山野に投げ掛けてもいいという。

ミャンマーやベトナムに隣接する辺境地帯にはミャオ人、チワン人、プイ人、ヤオ人などが住んでおり、それぞれ独特の葬送慣習に従っている。

○新疆ウイグル自治区

案外見落としがちなのが、中国におけるイスラム教従の存在で、その数はおよそ千五百万人（一九九九年現在）といわれる。主に新疆ウイグル自治区や内モンゴル自治区に住み、中国人（漢民族）の社会とは一線を画して、独自の慣習を保持している。西部の辺境地帯に住むウイグル人はイスラム教従で、死者の日（クルバン）には近くの墓地に墓参を欠かさない。その他、少数民族であるウズベック人、タタール人、フイ人、モンゴル人なども住み、それぞれの葬送慣習に従っている。

かれらは伊斯蘭《イスラム》の回民《フイミン》と呼ばれ、外観は中国寺院のような清真寺（モスク）で礼拝し、五柱（六信五行）を守っている。葬送慣習もイスラム教に則り、死後、ただちに遺体を喪家や病院からモスクに運んで阿衡《アホン》の司祭によって葬儀が行われ、最寄りの墓地に埋葬する。そこには女性や子供は立ち合わず、腰に白い布を巻き付けた男性が土を深く掘って、担いできた棺から遺体を取り出して横たえ、顔はかならずメッカに向ける。そして、死後、三日、七日および四十日目に関係者を招いて追悼する。

カシュガルには中国最大のエイティガール・モスクがあり、その広場は約一万人を収容することができるという。毎週金曜日の午後には大勢の信者が一斉に礼拝する姿は壮観だ。ただしモスク内部には女性の姿はあまりみかけない。創建は一四四二年に遡るといわれ、当時は小さなモスクが立っていたが、その後、拡張を続け、一九六六年から一九七六年にかけての文化革命で一時期破壊されたがただちに修復された。

また、郊外には一六四〇年建造の緑色のタイル張りの美しい霊廟がある。ここは十七世紀にこの地一帯を治めていたアバホージャ一家とその孫娘であるイパルハン（香妃）の墓があるので有名だ。彼女は二十五年間、ときの清《しん》の皇帝の妾として仕えて一七八八年に北京で死亡した。その遺体を三年かかって故郷カシュガルまで運んだとされる御輿がここに展示されている。隣接地にはかまぼこ形に固めた市民の墓もある。断食明けのローズ節には墓参でにぎわう。

文化大革命の際、仏教徒やキリスト教徒は弾圧されたが、イスラム教徒だけは免除され、しかも、かれらの自治郷を設けて清真食品店や回民食堂をつくるなど特別の配慮がなされた。一般に中国人の好物で中華料理に欠かせない豚や猪を、イスラム教徒は嫌がっているからだ。

○内モンゴル自治区

モンゴル人民共和国に隣接する内モンゴル自治区のモンゴル人の間では土葬が一般的で、辺境の遊牧民の間ではかつて曝葬《ばくそう》もみられたが今はない。

遊牧民は、ラマ教的シャーマニズムとチベット仏教が混淆した慣習を守っている。人が死亡すると、その遺体は死衣を着せられ、棺に収められる。そして、家屋であるテント（ゲル）にラマ僧が招かれ、読経が行われる。

出棺は夕刻後か早朝に行われる。牛車（霊柩車）に乗せて墓地に運ばれた遺体は、頭を北に、足を南に向けて埋葬される。三日後に遺族の男性だけが墓参りをするが、それ以降はあまりしない。

とりわけ、一九八九年以降、遊牧民の定住化が進み、遺体は火葬された上で、共同墓地に埋葬されることが多くなった。

中華人民共和国
チベット・ラサのセラ寺の僧侶の墓

葬儀には薄絹や羊肉を供え、牛や羊の乳を煮つめてつくった油を灯した灯明を用い、会葬者は白衣や白帽子を身にまとい、墓前で叩頭《こうとう》（頭を地につけたおじぎ）をする習慣がある。かれらは今でもチンギスハンを自分たちの英雄と崇め、毎年八月四日にはエジホーロのチンギスハン陵で墓前祭を行っている。

死者が出ると、ゲル（包）の天窓を覆う紐を解き、近所に不幸を知らせる。遺体は死後、新しい服や靴下に着替えさせ、ハダック（薄絹の礼拝用の布）を足裏に供えて、無事に死者の霊がテングル（天）に昇るよう祈る。遊牧民の間では遺体はそのまま埋葬されるが、農耕民の間では棺に入れて埋葬する。かつては郊外に野ざらしにし、狼や猛鳥などに食べさせる風葬の習慣があったが、現在では禁止されている。埋葬地はラマ僧などによって占ってもらい、南斜面の日当たりのよい場所が選ばれる。年齢の高い死亡者ほど高い位置に墓地をとり、石を枕に頭を北、足を南に向けて埋葬する。会葬者には小麦粉を羊のバターで揚げた菓子や布を振る舞う。埋葬三日後に遺族は墓参に出向き、墓の周囲を三回まわり、死者の足に向かって三回拝み、それ以降は墓参はしない。そして、死者を出したゲルは別の場所に移転する。埋葬に際しては、漢民族のように葬列を作ったり、楽器を奏で、号泣することもなく粛々として営む。服喪期間はふつう四十九日間で、この間は慶事や飲食を避ける。

内モンゴル西部に住む満州人は今もってシャーマニズムの影響を受け、死者が出ると遺体は生者の出入りする普通の玄関からではなく窓から出す習慣がある。葬儀後、土葬が一般的だ。

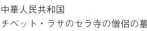

○チベット自治区

世界の秘境といわれたチベットは、一九六五年に中国の共産党政権によって解放され、当時の法王であったダライ・ラマは側近の人々とともに北インドのダラムサーラに亡命し、チベットは現在、中華人民共和国の自治区となっている。政権が変わって僧侶階級の特権や奴隷制度が廃止されたが、一般の人々の生活慣習は旧来のものを踏襲していることが多い。

死者が出た場合、祈禱僧を招いて「ポワ」という遷魂の儀式がすむまでは、誰も遺体に手を触れてはならないとされている。これは故人の霊魂をほかに移すという儀式で、霊魂が善ならば天界へ移り、悪ならば地獄界へ移ると信じられていて、祈禱によって霊魂を善なる世界へ移してもらおうというものだ。

遺体の枕飾りには故人の使ったお碗に食物を盛りつけ、バター油の灯明を絶やさない。遺族は喪をあらわすために洗顔もせず、装飾品ははずし、黒い喪服を着用する。遺体を葬送するまではギュンパ（ラマ僧）を招いて、昼夜を問わずに誓願文を唱えてもらって、故人の罪障消滅を祈る。葬儀の日取りは占いによって決められ、葬儀まではキイルジャン（遺体処理人）の手を借りて遺体の足を折り曲げ、かがませてロープで縛り、白い布でくるんで喪家の片隅の台の上に安置する。供物を供えて、白いカーテンで仕切っておく。

葬儀の前日、弔問者は午前中に近隣の寺院に参詣し、魔除けの守り刀を奉納し、喪家には戻らない。喪家で祈禱したラマ僧たちはお布施を受け取って寺院に帰る。一夜明けた葬送の日は、夜明け前の寅の刻（午前四時頃）に、野辺送りの葬列が喪家から出発するが、その前に棺台に載せた遺体は門前の香炉台のところで右に三回、左に三回ずつ回す。

ここで散会となって、会葬者は帰ってゆくが、遺体処理人は途中休まずに、鳥葬用に指定された山頂のレンガ台まで遺体を担ぎあげる。そこで祈禱した後に、近くの葬場で遺体をうつぶせにして背面の肉を切り、次に仰向けにして胸部や腹部の肉を切り刻んで、石で作った枕にロープで結び付けておく。頭蓋骨内部の脳などは食べやすいように再度石で打ち砕くという。ラマ僧が祈禱したあとで遺体処理人もともに引きあげる。やがて禿鷹が飛来して、遺体をきれいに食べ尽くす。遺体処理人は近くの水場で手や顔を洗って、お茶と麦こがし、チーズを振る舞われて帰宅するが、当日は喪家に立ち寄ってはならないとされる。主都ラサではセラ寺の近くにこうした葬場がある。

死後は七日目ごとに法要を営み、中陰明けの四十九日には大勢の人を招き、ラマ僧には種々の贈答品を贈る。世話になった人々にはお茶や酒を振る舞う。一年後に一周忌、その後は毎年、年忌法要を営み、故人が極楽に再生した喜びと感謝の意を表するようだ。

チベットでは鳥葬のほか火葬、水葬、土葬も行われるが、天然痘やライ病など伝染病で死亡した場合は伝染しない

香港
九龍の殯儀館（葬儀場）

ように地中深く埋め、鳥葬や火葬は許されない。葬り方には独自のランクがあって、宇宙生成の五元素である地、水、火、風、空の中で空が最も尊く、地が最も卑しいと信じられているところから、鳥葬などの曝葬や火葬が重んじられる。火葬の場合は、必ず火葬場で故人の兄弟が点火し、遺体の頭部から焼かなければならないとされるが、僧侶の死は火葬にかぎられる。

チベットには古くから『死者の書』という密教聖典が伝わるが、ここには臨終から再生誕へと転生する解脱の仕方が曼陀羅の絵とともに説かれている。一九二七年にオックスフォード大学のチベット学者、イヴァンヌ・ウエンズ博士の英訳によってはじめて外国に紹介されるようになったが、そこには「死ぬことを学ぶことによって、汝は生きることを学ぶだろう。死ぬことを学ばなかった者は、生きることを何も学ばなかったことになるだろう」と記されている。

○香港

香港は南シナ海に浮かぶ香港島と、中国大陸の一部をなす九龍半島や周辺の二百三十五の小島からなる。英国の直轄植民地で、一八九八年に中国と九九年間の租借条約を結び、一九九七年七月一日に返還された。住民のほとんどは中国人で、ほかに少数の白人やインド人が住み、生活習慣は中国的なものと西欧的なものが融合し、一種独特な雰囲気をかもし出している。公用語は中国語であるが英語も併用し、中国土着のシンクレチック（諸教混交）な宗教や仏教、キリスト教を信奉する人が多い。

死者が出ると、遺族または関係者が医師の死亡診断書をもって政庁で死亡の登録をし、そこで土葬または火葬許可書を受けたうえで、最寄りの葬儀社に葬儀等の依頼をする。香港島のビクトリア市内や大陸側の九龍市内には殯儀館《ひんぎかん》があり、ふつうはそこの会場で故人や喪家の信奉する宗教によって葬儀を営む。

香港は高層ビルが密集して住居も狭いため、一般家庭で葬儀をすることはめったにない。これに目をつけた蕭明《シャオミン》という棺材店の経営者は一九五一年に湾仔にあった外人経営の香港殯儀館を安く買収し、次々とほかの地にも殯儀館を増設していった。一代で大資産家となったところから、「棺材大王」とか「葬式大王」と呼ばれているという。

香港の中国人の葬儀は盛大である。かれらは娘を売ってでも親の葬儀を立派なものにすることにそれこそ生きがいを感じるらしい。生前に棺を購入して自宅に飾っておく風習があり、上質の福建省汀州産の棺材を使うと、棺一個が十万から二十五万香港ドル（一九九九年現在）もする。葬儀産業の高利益は推して知るべしであろう。

葬儀が終わると、風水説に従った墓地に埋葬することを望んでいる。元来中国人には土葬が慣例であったが、土地難のせいか、政庁は火葬を奨励している。火葬場は政庁管理のものが三カ所と私営が一カ所ある。土葬と火葬の比率は一九七六年には六五対三五であったが、一九八一年には土葬が五七パーセントに減少し、最近ではほとんど火葬である。こうした変化にともなって、いったん埋葬した遺体を再発掘して洗骨し、改葬する風習も出てきている。

香港には市内に二十四、郊外に十二の共同墓地があるが、中国大陸の故郷の墓地への埋葬を希望する遺体や遺灰、あるいはまだ墓所の定まっていない遺体は石灰詰めにして香港島の西部、大口環にある東華義荘の納骨堂に納められている。重い鉄扉で閉め切られた広大な構内には合計十七棟の棺置き場があり、室内に棺、骨壺、あるいは遺骨を納めたバスケットや缶が所狭しと並んでいる。香港の人には、「死者の館」あるいは「死人ホテル」の俗称で知られている。このような墓も、毎年四月五日の清明節には、先祖供養に墓参する人でにぎわう。墓参の際には供花や供物の習慣があるが、食べ物はみな持ち帰って参会者におすそわけする。

○マカオ

広東省南部に位置し、かつてはマカオ半島、タイパ島、コロアネ島からなるポルトガルの自治領であった。住民のほとんどは中国人で、中国語が公用語であるが、ポルトガル語も用いられている。一九九九年十二月二十日に中国に返還されたが、香港同様にマカオ特別行政区を設置して、以降五十年間は外交と国防を除く自治権が付与されている。住民の大部分は仏教を信奉し、そのほかカトリック教徒もいる。人が死亡すると最寄りの殯儀館に依頼し、そこで通夜や葬儀を営み、近郊の共同墓地に埋葬する。最近では火葬が増え、土葬の場合には改葬する習慣がある。市内にはカトリックの専用墓地がある。

⑨ 朝鮮民主主義人民共和国

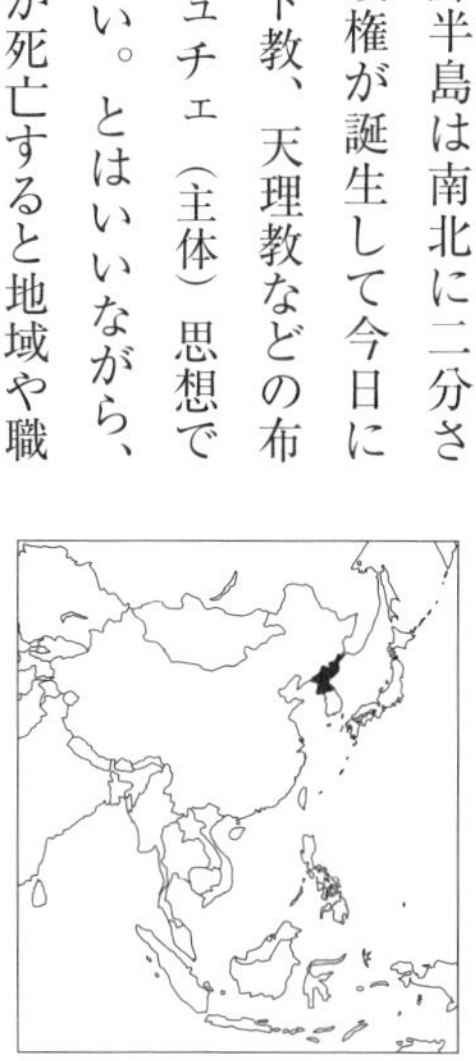

第二次世界大戦後、朝鮮半島は南北に二分され、北の半分に社会主義政権が誕生して今日に至っている。首都はピョンヤン。かつては土着宗教や仏教、キリスト教、天理教などの布教活動も盛んだったが、国策にそぐわないと制約を受けている。チュチェ（主体）思想で教育された青年層の宗教に対する関心は薄くなって当然かもしれない。とはいいながら、伝統的な葬送慣習は一朝一夕にして消え去るものでもなく、現地人が死亡すると地域や職場単位に丁重な葬儀が行われている。

地方ではまだ土葬が行われ、遺体は共同墓地に埋葬されるが、都市部では少しずつ火葬になりつつある。葬儀費用は喪家の負担が少なくなるよう工夫されており、共同体の予算から支出することもある。国家や公共団体に貢献した人の葬儀は公費で支弁し、墓碑も立派なものがつくられている。

北朝鮮における葬送慣習は、古くから続く民間行事として、宗教と切り離されている。

現地人が死亡すると、遺族は最寄りの洞か里事務所（役所）に通知する。事故死の場合は、社会安全局（警察署）に届け出る。公民証や医師からの死亡診断書を提出することで、死亡した者の名前を住民登録台帳から削除すると同時に、埋葬許可証を交付してもらう（死亡した者が労働党員である場合は、ここで党員証を返却する）。さらに遺族は職場に「死欠」（忌引きの欠勤届け）を申請して三日間の公休をとり、葬儀の準備をする。故郷が遠隔地にある場合、労働者は、年間三十日（事務職は十五日）の有給休暇を使って帰郷する。通常死後三日目に、葬儀事務所から無料の葬儀用具を借りて（柩は有料）、喪家か葬儀事務所で葬儀を営む。その際、主席の恩情による食品の特別下賜があるようだ。葬儀の折、現金（香典）授受の習慣もあるが、二〇〇九年十一月の平価切り下げで次第に減る傾向にある。

かつて北朝鮮は、「東方礼儀之国」と言われたように、儒教の教えに基づいて礼儀を重んじたが、革命の後、冠婚葬祭といった行事は簡略化されるようになった。一九六八年三月十四日に、金日成は葬送慣習について次のように述べている。「我が人民は、人が死ぬと祭祀をします。人は因縁に従って生きていますから、儀礼としての祭祀すべてに反対することはありません。しかし、故人をしのんで花束をそなえるのならまだしも、香をたき故人の前に餅を供えてなんの意味があるでしょう。これは封建時代の古い思想と習慣のあらわれです」（古田博司著『朝鮮民族を読み解く』ちくま新書参照）。このような唯物論的な思考があるとはいえ、葬儀という慣習は根強く残っているようだ。関係者の死を悼む心情を制限することは不可能だからだろう。

葬儀は特に盛大に行われるわけではない。弔辞は簡単なものが多く、遺族の男性は黒の喪章を、女性は白黒のチマチョゴリを喪服として身につけるが、それ以外の参会者は平常服で葬儀に出席する。また参会者はときに相互扶助として金品を持参する。都市部において、遺体は荼毘にふされ納骨堂に収められるが、地方においては、霊柩車のバンかトラックで最寄りの墓地に運ばれ封墳《ふうふん》（土葬）される。なお、かつて平野部にあった墳墓は撤去改装され、農地に転用されている。山間部では今もって、風水説に基づき、陽当たりのよい山の南側に墓地が作られるようだ。経済的に余裕のある人々は、墓石をセメントで作ったり、石碑を建てたりする。最近、故郷に埋葬されることを望む在日の朝鮮人は、指定された共同墓地に立派な石碑を建てている。

死後、一、三年目には関係者が集まって追悼したり、毎年、中秋の旧暦八月十五日にはわが国の盆行事のように、省墓《しょうぼ》（墓参）の習慣があり、この日は昔ながらの農産物の収穫を祝う祭でもあり、新米でこしらえた食べ物などを墓前に供えている。

一方、革命戦士や労働党（共産党）幹部が死去すると、葬儀委員会が組織され、関係者を動員した盛大な葬礼式が行われる。遺体は「大城山革命烈士陵」などに葬られる。故金日成主席の遺体は、平壌市大城区の金日成総合大学に隣接した壮大な霊廟（主席宮）に葬られた。国家が、税金をとらずに、無料の住宅、教育、医療を下賜することで、人民の生活を保障するのだから、国家のトップである主席が死んだら、国家を司る官僚（党幹部）が盛大な葬儀を営み、壮大な霊廟に葬ることは当然であるとされる。

朝鮮半島は昔から侵略を受けてきたため、朝鮮の人民は、絶えず虐げられてきたという被害者意識（ハン＝恨）と、それに打ち勝つ小中華思想をあわせ持っている。かつて彼らは、宗教を基盤にして、ウリ（身内）とナム（他人）を区別し結束力を維持してきたが、戦後においては、同国をウリ、外国をナムとみなすことで、外部を仮想敵としながら内部の統一を図っているといってよいだろう。

日本
自然石を用いた墓

⑩ 日本

わが国では死亡が確認されたら、まず立ち会った医師に死亡診断書を発行してもらい、死亡届を役所に七日以内に提出しなければならない。事故死や自殺、他殺などの変死が疑われる場合には、警察医による検視を受ける。これによって死体火葬許可証が発行され、葬儀や火葬、埋葬の準備にとりかかる。遺体は湯灌し、「死に装束」を着せ、仏式の場合には、死亡当日に遺体をそのまま寝かせて僧侶を招き枕経を営み、葬儀前夜には通夜の儀式を行う。今日、日本では死後二十四時間を経過した遺体をほとんど火葬にしており（二〇〇九年現在で約九八パーセント）、一部イスラム教徒は、許可をえて山梨県塩山市郊外のイスラム教徒墓地に埋葬している。葬儀の手配は最近では葬儀社によって行われるのが一般的で、菩提寺や火葬場に連絡して葬儀の日取りを決め、関係者に電話や手紙、新聞などによって通知する。葬儀の日取りを決めるのに、「友引」の日には友を引くからという語呂合わせからか、この日を避けている。

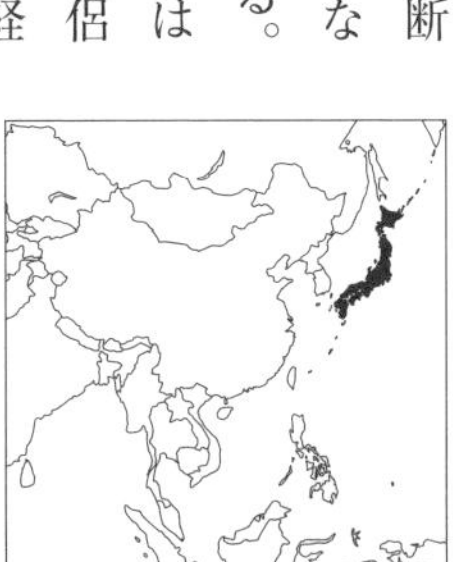

葬儀はたいてい仏教寺院か喪家で営み、最近では葬儀社の斎場で行うことが増加している。正面の祭壇には遺体の納められた棺や遺影を安置し、その周辺に供花や供物を添える。位牌には戒名（浄土真宗では法名、日蓮宗では法号）が書かれ、導師である僧侶によって故人は仏弟子となる引導を渡され、数珠を携えた遺族や会葬者が合掌して線香を手向け、弔辞や弔電が披露され、遺族代表の謝辞で終わる。会葬者は通夜か葬儀の当日、香典を送ることが一般的で、喪家ではその返礼

として後刻、引き出物を送る習慣がある。

火葬場では酸素を調節して火葬にされた遺体は焼骨となり、骨揚げの際に会葬者は遺骨を竹箸で拾って骨壺に入れる。墓地や納骨堂への埋葬は、寺院の付属墓地や霊園墓地などに葬儀後少くとも三十五日か四十九日の満中陰《まんちゅういん》までにすませることが多く、この時に僧侶を招いて読経をしてもらう。その後、百カ日、一周忌、三回忌、七回忌、十三回忌と追悼会を行い、通常、三十三回忌で故霊は祖霊になると信じられている。一部では神道やキリスト教、無宗教式の葬儀も行われているが、国民の九割以上が江戸時代以来の檀家制度の影響もあって仏式での葬儀によっている。

葬儀自体が年々、華美に走る傾向があり、葬儀や墓地に費やす料金の高騰や不明朗さから、一部の人の間では簡素化が叫ばれ、無宗教葬や友人葬を行い、焼骨の散葬を希望する場合もある。しかし、現在のところ無差別な散葬は許されていない。一九九九年の日本消費者協会の調査では、葬儀にかかる平均的費用は二百二十八万円といわれ、これには墓地の費用は含まれていない。墓地は公私営共に所有権ではなく使用権が認められ、通常、年間の管理維持費を使用者が支払わなければならない。墓参は通常、毎年、春秋の二回訪れる彼岸とお盆に行い、その他、故人の命日に寺院や墓に卒塔婆や生花や線香、供物を携えて詣で、家庭では仏壇にも香華を手向ける。

今日、墓所をつくるにはその承継者が必要で、墓所承継については民法第八九七条の「祭具等の承継」の第一項で「系譜、祭具及び墳墓の所有権は、前条の規定にかかわらず、慣習に従つて祖先の祭祀を主宰すべき者がこれを承継する。但し、被相続人の指定に従って祖先の祭祀を主宰すべき者があるときは、その者が、これを承継する」と規定している。

このように、墓所は遺産相続の対象になりえないので、その承継も『遺産相続法』によらずに「慣習に従って祖先の祭祀を主宰すべき者」となっており、戦前は家長制度が厳存して、遺産相続した長男が墓をたて承継していたが、戦後の遺産相続に関する法律の改正によって、配偶者と子供が遺産を配分するようになってからは、配偶者または子供が費用を分担して墓をたてるケースが多くなっている。実際には墓所の承継者は長男が圧倒的に多く、次に配偶者、そしてほかの直系卑属が承継しているようだ。

わが国は今後ますます高齢化が進み、死者も年間百万人台に乗った。西暦二〇一五年には百三十万～百四十万人台になると予想される。その反面、出生率は低下する一方で、平均出生率が二人に満たない状況ではいずれ誰もが長男・長女同士の結婚となり、夫婦どちらかの実家の墓は合祀されるか無縁墓になる可能性が高く、承継者を必要とする現体制の破綻は時間の問題だ。

承継者がいなくなった墓はどうなるか。現在、たいていの墓園では民営・公営を問わず承継者がいるかぎり墓所の永代使用権を認めている。しかし、その使用規制には永代使用料を払わずに一定期間（大部分が二～五年）、管理維持費を無断滞納すれば、墓所使用権を取り消すという条項がある。その場合は墓所に埋葬された焼骨を納骨堂または類似の施設に改葬している。

また、たいていの墓園では墓所の譲渡について認められておらず、何らかの理由で墓所が不必要になったときは墓所管理者に返還することになっており、その際はすでに納入した永代使用料は返却されないことが多い。今後は管理維持費滞納者と、無縁墓所の数の増えることが予想される。しかし、承継者が見当たらず、長く放置された無縁墓所だからといって勝手に除去、改葬することは許されない。その実施にあたっては関係者の宗教感情を尊重し、慎重に行わなければならないと同時に「墓地、埋葬等に関する法律施行規則第三条」（墓埋法）に基づく各種手続きの後に実施しなければならない。すなわち「無縁墳墓に埋葬された死体（妊娠四月以上の死胎を含む。以下同じ）又は埋蔵された焼骨の改葬を行おうとする者は、前条の申請書に、左に掲げる事実を証明する書類及びその墳墓の写真若しくは図面を添えて、これを墳墓所在地の市町村長に提出しなければならない。但し、当該土地の使用に関する権利が相当法令の規定に基づき、公に消滅させられ又はその消滅が公に確認されていなければならない。

一　墓地使用者及び死亡者の本籍及び住所地の市町村に対して、その縁故者の有無を照会し、無い旨の回答を得たこと。

二　墓地使用者及び死亡者の縁故者の申出を催告する旨を、二種以上の日刊新聞に三回以上公告し、その最終の公告の日から二箇月以内にその申し出が無かったこと。」

日本
沖縄の門中墓

墓所難にあえいでいる人がいる現実と、無縁墓所増加という事態に、その新陳代謝は急ピッチで行われつつある。

しかし、こうした墓所の取得や放棄も旧民法時代の慣習を基本に規定されることが多く、「○○家の墓」という具合で、相変わらず家や親族関係にしばられている。したがって、現実的に独身者や子供のない夫婦、離婚者は除外されて、行く場がない。

そこで、それらの人々のこうした問題に対処すべく、厚生省は『墓埋法』の一部改正（一九九九年五月一日施行）にふみ切った。救済策として浮上してきたのが合祀の寿陵墓《じゅりょうぼ》である。承継者がいないか、いても同じ願いをもった人同士が、生前に一定の費用を拠出して寿陵墓をたて、死んだ後はそこに合祀する方法である。京都市右京区にある常寂光寺では戦争で結婚できなかった独身女性が墓をもてない共通の悩みから、願い出て「志縁廟《しえんびょう》」をたてて永代供養してもらっている。

墓石は、かつては宇宙の元素を象徴した五輪塔や角塔をたてていたが、最近では記念塔形式のものもある。ここには各家の名前や故人の戒名、俗名、死亡年月日が刻まれている。また、納骨堂に焼骨を合祀することもある。

わが国は第二次世界大戦を終結に導いた原子爆弾の投下により、広島や長崎で一度に数十万人の死傷者を出した唯一の被爆国である。そのため、広島の平和祈念館前には、「過ちは二度と繰り返しません」と刻まれた石碑をたて、世界に永遠の平和を呼びかけている。

日本の中でも沖縄は本州と海によって隔てられ、古来、独自の文化を保って今日に至っている。亜熱帯気候の島々では、住民は夏になると猛暑や台風に見舞われるところから過酷な自然のもとでの生活を余儀なくされ、そこでは自然を畏れ、祖先を大切にする信仰がみられる。今日では人が死ぬと火葬が一般的になったが、かつては風葬にして数年後、遺骨を洗骨し亀甲墓に納める習慣があった。人の霊は海の彼方の豊穣の世界へ帰ると信じられ、毎年、旧暦の正月十六日や三月の清明節には祖先の墓に豚や豆腐を供える墓前祭が行われ、多くの親族が集まる。日常生活の変事にはユタと呼ばれる女性霊能者（シャーマン）の託宣を仰ぐことが多く、特にトートーメー（位碑）にまつわるタブー（禁忌）が根強く、男性優位の社会にあって、女性の家督相続には不幸、不運がつきまとうというものである。葬儀はたいてい近くの仏教寺院で営まれ、人々にはあまり宗派意識がない。特筆すべきことは新聞への死亡広告で、一族郎党の名前が全部書き連ねてあり、その続柄が一目瞭然とわかることだ。

今日、ごく少数のアイヌ人が北海道に住むが、かれらの葬送慣習はほかの大部分の日本人と異なる、一種独特のものがある。アイヌ人が亡くなると、村への貢献度によって「死んだ」という表現が異なる。村人の中から葬儀の役割が分担され、最初に山に墓標になる木を伐りに老人と数人の若者が出かける。その間、お互い言葉を交わしてはならない掟がある。墓標は固いチクペニ（えんじゅ）かプンカゥ（どくなら）の木を選び、喪家の前庭で、男なら先端を槍、女なら針の形に削る。葬儀の前夜は村の長老が喪家の遺体の前でユーカラ（叙事詩）を語り継ぐ。葬儀には長老がアイヌ語で引導を渡し、近くの墓地に葬るが、位牌を作ることはなく、副葬品を棺の中に入れる。しかし、こうした習慣も近年は日本化が進み、アイヌ独特の葬儀が営まれることはほとんどない。

ネパール
カトマンズのスワヤンブーナートの仏塔

⑪ ネパール連邦民主共和国

インド亜大陸北部の高原国ネパールは、世界一の高峰ヒマラヤ山脈沿いに横たわる。山あいの盆地にゴルカ人、ネワール人、グルン人など東洋系の多人種が住み、ネパール語が公用語になっている。首都はカトマンズ。

ヒンズー教徒が約八割を占めているが、仏教徒やラマ仏教徒、イスラム教徒もおり、互いに寛容に共存している。

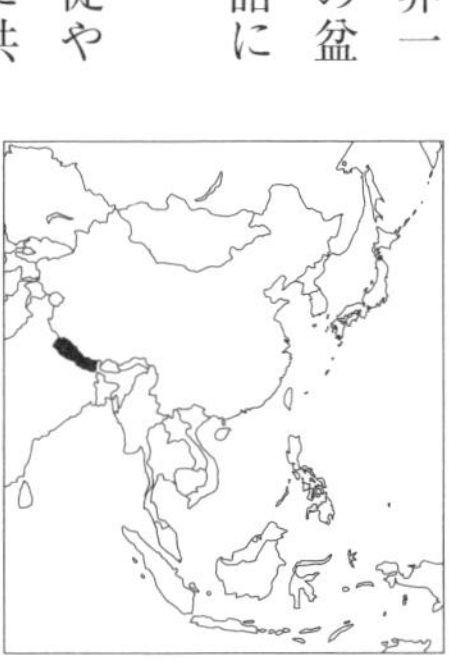

死者が出ると、わが国の江戸時代のように、最寄りの寺院に届け出る習慣がある。首都に住むヒンズー教徒の場合、臨終が近づくと医者は患者に対し、市内を

貫流する聖なるパクマティ川で死にたいかどうかを尋ね、希望するならシバ神を祀った寺院パシュパティ・ナートに移す。そこは寺院といっても名ばかりで、何の医療施設心なく、雨露をしのぐ部屋とベッドのあるホスピスである。臨終の際には遺体をパクマティ川河畔の火葬場（ガート）に移し、その水で唇をぬらし、その後、足を川の水に浸す。やがて、裸にした遺体を薪でおおい、喪家の長男が故人の口に、小さな火のついた薪を入れると、近親者も周りの薪に火をつける。

このとき、僧侶を招いて祈願してもらうが、油やガソリンはいっさい使わず、火葬には数時間を要する。遺灰はすべてそばの川に流す。服喪期間中は一日一食で、十三日間で喪が明けると遺族ははじめてひげを剃り、僧侶を招いて祈願を依頼する。僧侶にプージャ（金品の供養）をすることによって功徳があると信じられている。

仏教徒が死亡した場合は、スワヤンブ・ナートなどの寺院で葬儀を営む。寺の入口にある小舞台では、素人楽団が風琴や笛、太鼓などで御詠歌のような宗教音楽を奏し、遺体はヴィシュヌマティ川河畔で火葬にする。遺灰は「パンソ」と呼ぶ墓塔に埋め、喪家では忌日になると僧侶を招いて祈願してもらい、供養する。

ラマ仏教徒の場合は、死亡するとラマ僧や祈禱師のところへ行って、「ツイゴルゼ」という新聞大の陰暦用カレンダーで土葬か火葬の別を占ってもらい、葬儀の日を決める。一般に低所得者は水葬か曝葬で、薪代が高くつく火葬は金持ちに多い。葬儀後は七日目ごとに祈願し、四十九日目にラマ僧を招いて供養する。かつてドルポ地区のボデでは鳥葬を行い、遺体を禿鷹に食わせていたが、現在、この慣習は政府が禁止している。

ネパールには少数のイスラム教徒やキリスト教徒もいるが、それぞれのしきたりに則って葬儀を行い、遺体は土葬にしている。

⑫ バングラデシュ人民共和国

インド亜大陸の北東部にあるバングラデシュは、ガンジス川河口の世界最大のデルタ地帯にあって、国土は一部を除いてほとんど平坦である。北部には少数民族がいるものの大部分はベンガル系人で占められ、度重なるサイクロンの被害にあって生活は不安定で

バングラデシュ
ダッカのイスラム教墓地

ある。

イスラム教を国教とするが、その信教の自由は保障されていて、ヒンズー教徒や仏教徒も存在する。首都はダッカ。

大部分の住民はイスラム教徒で、預言者アリの後裔と信じられているサイード人やシェイーク人などからなり、死者が出るとなるべく早く葬儀や埋葬を行う。サイード人の男性はアリとかフセインと名付け、シェイーク人ではシェイークやモハメッドが名前の前につく。東部地方には少数民族のチャクマ人がおり、仏教を信奉して死者は火葬にする。

イスラム教徒が死亡すると、遺体は石鹸や消毒薬で洗われ、白い布を巻いて香水をふりかける。役所に死亡届を出した後に、遺族は弔問者とともに棺に付き添って墓地に向かう。その折、女性は悲鳴をあげてとりみだすことが多いので、喪家に居残るのがふつうだ。沿道で葬列を見守る人々は、死者への敬意を表すために必ず立ち上がる。

墓地ではイマーム（導師）が遺体のそばに立ち、会葬者がそれをとり囲むようにして列をなす。導師が手を耳まであげて祈ると、会葬者も同調し、続いてコーランの冒頭の句を唱える。これを四回繰り返した後に最後の祈りを唱え、遺体の頭をメッカの方向に向けて埋葬する。全能の神アッラーは、遺族の死にまつわる苦悩を喜ばないところから、コーランの章句「われらはアッラーのものにして、その御許に帰るのみ」を唱えて、遺族を慰める。

ヒンズー教徒や仏教徒は火葬場で荼毘にふした後、遺灰を川に流したり埋葬したりする。

⑬ フィリピン共和国

西太平洋に浮かぶルソン島をはじめ大小七千百に及ぶ島からなるフィリピンは、年間を通じて温度差が少なく、高温多湿の熱帯性気候で明け暮れている。住民の大部分はマレー・インドネシア系だが、スペイン系白人との混血メスチソも住む。タガログ語が国語だが、公用語は英語である。首都はマニラ。

フィリピン
マニラ近郊のマカティ米軍戦没者墓地

死者が出ると、医師の死亡診断書をもって葬儀や埋葬の準備や手続きの代行を依頼しなければならないが、地方では喪家や縁故者がそれらを取り仕切る。一般に葬儀は喪家か教会、もしくは葬儀社で死後三日から一週間くらいの間に、故人や遺族の属する教派の司祭者の先導で営む。

葬儀社は大小さまざまな規模のものがあり、首都には霊柩車や礼拝堂、霊安室、遺体保存処置室を備えたものから、単に喪家の手伝い程度の葬儀社も存在し、必要に応じて喪家が選べる。

カトリック教会での葬儀には荘重な趣があり、プロテスタント教会での葬儀は神への讃美歌が奏でられ、ともに神の愛を讃え、死者の復活を祈る儀式になっている。最近では千差万別な会葬者を考慮して、葬儀社内での礼拝堂で簡単な葬儀を希望する人が増える傾向にある。ミンダナオ島ではイスラム教徒が圧倒的に多く、葬儀にもアラビア語を用いている。

葬儀の後、霊柩車に続いて会葬者の車が墓地まで同行するが、金持ちの葬列では先頭に楽隊が立つ。マニラ市内の霊柩車はどれもアメリカ製の最高級車を使った立派なものだ。常夏の炎天下、黒ずくめの喪服の人々を乗せた車の葬列は人の歩むペースで走るので、道路はたちまち渋滞するが、沿道の人々は葬列が行き過ぎるのを静かに待っている。霊柩車の中には楽隊の代わりにステレオで葬送曲を流すものもある。

墓地は公営の共同墓地と私営の記念公園墓地があり、カトリック教徒やイスラム教徒は土葬を好むが、プロテスタント教徒や仏教徒、金持ちは火葬が多いようだ。司祭者はふつう墓地での埋葬には立ち会わない。

昔、スペイン領の時代にはカトリックが唯一の公認宗教であったため、カトリック教徒の墓地は指定され、それ以外の異教徒の墓地を隔離した名残りがあるが、その差別も現在は撤廃されている。今も、中国系仏教徒は独自の墓地に埋葬することが多い。フィリピンの墓所は霊廟や納棺室などの地上墓が多い。これは雨が多いため地下墓では浸水のおそれがあるからだという。

埋葬後九日間、喪家には縁者が集まって追悼し、会食するが、十一月一日の万聖節には花をもって墓参し、夜明かしする人もいる。

首都郊外のマカティには第二次世界大戦中に戦死した米軍兵士の広大な墓地があり、緑の芝生には白い十字架が整然と並んでいる。また、市内の中華街に隣接して華僑墓地があるが、エアコンつきの、豪荘な霊廟には驚かされる。

ルソン島北部に住むボントク人は、遺体に死に装束を着せ、喪家の居間にしつらえた「サンガツェル」と呼ばれる椅子に座らせる。通夜には、遺族や親族が輪になって遺体を取り囲み、終夜にわたって弔歌を唱える。その霊は天界にある祖先の世界に行くと信じられている。翌日の葬儀には、豚が殺されて弔問客に振る舞われる。遺体は墓地に運ばれて埋葬され、その上にサツマイモが植えられる。

同じくルソン島北部に住むイフガオ人は、自然死を不幸な出来事ではなく祝い事とし、殺人や事故による死のみを凶事とする。いずれの場合にも、豚や鶏を殺して復讐の神に捧げ、弔問客に酒を振る舞う。住民のほとんどはカトリック信者だが、伝統的な民俗宗教を同時に信奉している。墓地に埋葬されてミイラ化した遺体を、喪家の床下などに保管して祀っている。

ミンダナオ島のティボリ人は、人の死を恐れる。彼らは質素な葬儀を行い、遺体を舟型の棺に収めて墓地に埋葬する。葬儀の後、喪家はそこに住み着く悪霊を追い払うために焼かれる。

沿岸部の住民は、遺体を近くの無人島の墓地に埋葬するか、海や川に水葬する。

同じくミンダナオ島に住むマギンダナオ人では死者が出ると、イスラム教徒と土着の伝統的慣習にしたがって葬儀を営む。かれらの最大の行事はイスラム教のラマダン（断食月）であり、その前後に墓参する。同島に住むマラナオ人も大部分がイスラム教徒であるが、精霊崇拝もあり、儀式の時の祈りには現地人独特のものがみられる。

⑭ ブータン王国

ヒマラヤ山脈の中に位置する秘境ブータンは、長い間、外国人の入国を拒否し、鎖国状態が続いていたが、一九七一年に国連に加盟して以来、門戸を開放し、日本人もインド経由で観光客が増えつつある。ブータンの人々の風貌は日本人とよく似ていて、人情味が厚く、ソバも食べれば、十一という数を「ジューイチ」、十二を「ジューニ」と発音するなど、日本語との共通点も多い。首都はティンプー。

住民の大部分はボーチアス人で、ゾンカ語を公用語とし、チベットと関係が深い。各地にあるゾン（城）は役所兼寺院で、ラマ仏教を国教とする政教一致の体制が敷かれ、人々の生活と宗教は密接に結びついている。この地では、ラマ僧の果たす役割は大きく、行政、教育、冠婚葬祭などあらゆる面で指導的な役割を果たすが、住民が死亡したときもまずゾンに住むラマ僧に連絡する。

葬儀は鳴り物入りの読経で終始し、喪家には経文を記したダルシン（白旗）を死者の年齢の数だけたてる。野天火葬場で遺体を火葬にし、遺灰は川に流すが、ラマ僧以外の一般の人は墓をつくらない。ただし、遺灰の一部を「ツァツァ」と呼ぶ乾燥させた団子にしてチョルテン（仏塔）に祀る。

祖霊は喪家の二階の極彩色の仏壇に祀って、毎日の供養を欠かさない。僻地では、チベットと同様に鳥葬の習慣もあったが、最近では少なくなっている。変死者や伝染病で死んだ場合は深く掘って土葬し、すべての葬儀は弔事につけ慶事につけ、地域総出で行われることが多い。

また、少数民族であるネパールからの移民にはヒンズー教徒もいるが、インド伝来の沐浴の習慣はすたれている。

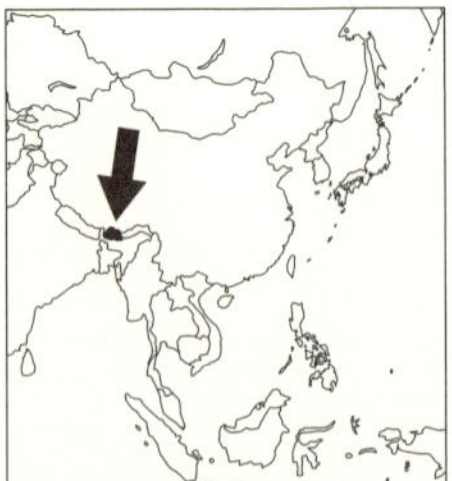

⑮ ブルネイ・ダルサラーム国

ボルネオ島北西部に二分して存在するブルネイは、長い間、英国の自治領となっていたが、一九八四年に完全独立した。住民の半数以上がマレー人で、イスラム教を国教とする。

石油の産出によりGNPは世界一、二を誇る富裕国で、国民の所得はすべて無税、教育費や医療費は無料という恵まれた環境にあり、現国王のサルタンが政治の全権を握っている。首都はバンダルセリベガワン。公共機関には必ず国王と第一、第二婦人の肖像画が掲げられており、その

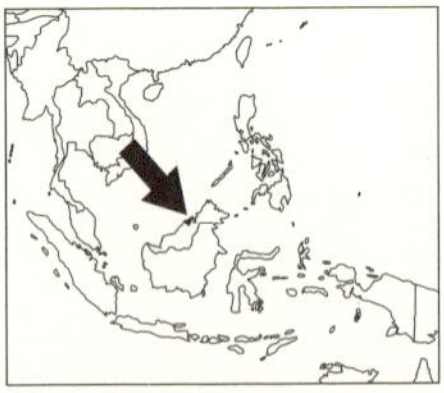

ブルネイ
市内にある王族の霊廟

威力は絶大である。その反面、国教であるイスラム教のラマダン（断食月）明けのハリラヤ祭りの第二日目には、その豪壮な宮殿を国民に開放し、いちいち謁見して食事を供するなどして、国民の信望を集めている。

死者が出ると、医師の死亡診断書を添えて宗教省ないし衛生省に届け出る。イスラム教徒が圧倒的に多いこの国の葬儀は、死亡当日か翌日に喪家でイスラム教のイマーム（導師）によって司祭され、遺体は白い死布に包まれて最寄りの墓地に埋葬される。葬儀を取り仕切る専門の葬儀社は存在しない。歴代王家の場合は、葬儀はモスクで盛大に営まれ、首都のブルネイ川河畔にある王家の霊廟に埋葬される。墓参は聖日である毎週金曜日か、ハリラヤ祭りの期間中に行われ、故人の冥福を祈る。

イスラム教が国教であるが、信教の自由は認められ、仏教徒やキリスト教徒やヒンズー教徒も存在する。中国系人は主に仏教徒やキリスト教徒で、葬儀後、遺体は市の郊外にある空港近くのそれぞれ専用の墓地に埋葬するが、ヒンズー教徒はセリヤ地区の野天火葬場で荼毘にふし、海に骨灰を流す。

僻地にはビサヤ人がおり、精霊信仰を抱き、死者が出ると死霊は儀式によって鎮魂しないと祟ると恐れられているが祖先崇拝の習慣はない。金持ちの葬儀には会葬者に大番振る舞いをする。

⑯ ベトナム社会主義共和国

インドシナ半島の東側、南北に伸びるベトナムはかつてフランスの植民地として忍従を強いられた。さらに第二次世界大戦後は南北に分裂して久しく戦争が続いたが、米軍が撤退した後、一九七五年に統一を実現し、今日に至っている。住民のほとんどはベトナム人である。社会主義国家を標榜し、長い間戦禍に見舞われ荒廃した国土の修復に全力をあげている。首都はハノイ。

ベトナム
ホーチミン市内の仏教徒墓地

キン人とも呼ばれるベトナム人は、人口の八〇パーセントを占めるが、そのほかに約五十三の少数民族がいるといわれる。それぞれが、固有の葬祭慣習を保持する。北部では死後数年経ってから遺骨を改葬する土葬が圧倒的に多く、南部では遺体をそのまま埋葬するようだ。

特に南部においては、親の生前中に、遺体を収める棺を用意することが孝行の印とみなされて、それが慣習化されてきた。各家は「祖堂」と称する祭壇を祀る。死後も死者を家族の一員とみなし、命日や清明節などには墓参を欠かさない。

北部地方は早くから反宗教的な教育を徹底させているせいか、習俗習慣にも宗教的色彩は少ないが、南部では依然として民間信仰と混淆した大乗仏教を信奉している人が多い。

死者が出ると、通常、遺体の口に米粒とコインを含ませる。そして死衣に包み、よい時間に納棺して居間の中央に安置する。棺の上には、ご飯を盛った碗とゆで卵を置き、僧侶を招いて読経を依頼する。自殺者や交通事故による死者の遺体は不吉だというので喪家の中には安置されない。葬儀当日は遺族は死者との続柄に応じて顔の額に異なった印をつけ、白衣を身に着ける。そして花輪で飾られた霊柩車に続いて墓地に向かい、埋葬の儀式に立ち会う。その折、位牌を持参し、司祭者が墨で入魂する。数年後に遺骨を洗って改葬する習慣もあったが最近ではすたれつつある。

ベトナム人は先祖のお墓を大切にし、立派なお墓が多い。特に王都のあった中部フエでは歴代の王家の墓は豪華を極め、国民の税金の三割を費やしてたてたというカイディン帝の廟が市の郊外にあり、一見の価値がある。これに匹敵するのが首都にある革命の士・ホーチミンの廟で、一九七五年に総大理石造りでたてられ、正面にはその名が赤いルビーではめ込まれ、その下に「自由と独立ほど尊いものはない」とベトナム語で刻まれている。

最近、都市部では火葬も増え、家が手狭なことから、市内の殯儀館《ひんぎかん》（葬儀場）などで葬儀を行い、郊外の火葬場で荼毘にふした後に埋葬することが多い。特に華僑などは葬儀やお墓にお金をかけ、会葬者は香典を包んで参列する。

南部のホーチミンでは解放後、旧大統領官邸（現在、統一会堂）近くに戦争犯罪展示館があり、米軍が進駐当時使った戦車や軍用機などの野外展示や残虐行為をした証拠品が館内に展示されている。街の一角にはゴディンジェム政権に抗議して焼身自殺した、フエのティエンムー寺の当時の住職の記念碑がたてられている。今日、都市部ではこうした戦争の痕跡はあまりみかけなくなったが、地方に行くと至るところに戦争当時使ったトーチカの跡が残り、各町村にはかならずといっていいくらい、立派な戦没者墓地が見受けられ、テト（旧正月）などには墓参に訪れる人が絶えない。

ホーチミンのチョロン地区にある中華街は東南アジア第一の規模で、ここの商店街や近くのティエンハウ寺は毎日、大勢の人でにぎわっている。また、近くには市民の葬儀の大部分を請け負う中国系人経営の大規模な殯儀館があり、内部には複数の葬儀を同時に行うことのできる四、五十人収容の部屋が十ほど両側に相対して並んでいる。そこでの葬儀に会葬者はそれぞれほかを気にすることなく参列し、その後、ベトナム独特の綺麗に飾られた霊柩車を先頭に、遺体を埋葬するため郊外の墓地に移る。

ラオス国境付近の森林地帯に住む少数民族ムオン人は、死者が出ると関係者が集まるまで数日間、喪家に遺体を安置し、葬儀には雄牛、水牛、豚などが屠殺されて備えられる。シャーマン（ポモ）が葬儀を司祭し、「土と水の創造」の歌を口ずさむ。

⑰ マレーシア

マレー半島の南半分の西マレーシアとボルネオ島北部の東マレーシアからなるこの国は、山岳地帯が多い。開発された土地の大部分はゴム園で、マレー人のほか中国系やインド系住民も多く住む多人種国家である。また、憲法の第三条にはイスラム教が国教と定められている。しかし、信教の自由も認められ、一般に中国系は仏教、インド系はヒンズー教を信奉している。キリスト教徒も存在する。首都はクアラルンプール。

それぞれの人種や宗教によって葬送慣習も異なるが、ふつうは死者が出れば、医師の死亡診断書を添えて役所に届け出る点では他の文明国と同じである。喪家ではその属する宗教の慣習に則って葬儀を営むが、

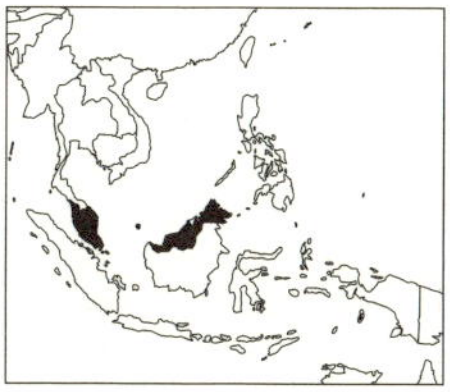

マレーシア
クアラルンプールの共同墓地

どちらかというとイスラム教徒の葬儀は質素である。

当地のイスラム教には土着のアニミズム（精霊崇拝）も混じっている。ほかのイスラム教諸国のように厳格ではないが、死者が出ると、モスク内の遺体取扱人に知らせ、親類縁者にも告げる。埋葬はなるべく早いほうがよいとされているので、午前中に死亡すれば午後には埋葬し、午後から夜にかけて死亡すれば翌朝に行う。

遺体は喪家の居間中央にしつらえた壇の上に横たえる。腕が組まれ、白い絹の布をかける。近親者によって湯灌してから樟脳や白檀を添え、縫い糸を用いない経帷子《きょうかたびら》を着せて白布に包んで納棺する。棺覆いにはコーランの聖句が書かれてあり、その上に花を飾ることもある。

遺体をモスクに運び葬儀を行うが、金持ちは会葬者に少額のお金を振る舞うこともある。ここから、さらに葬列を組んで墓地に向かう。包んだ布をほどいた遺体は、頭をメッカの方向に向けて墓穴に横たえ、遺体取扱人の祈りの後に土をかけ、頭部の部分に墓標をたてる。そばにマットを敷いて、そこで導師が埋葬の祈りを唱え、白檀の香水を墓所の頭部から足部にかけてふり撒く。マレーシアのイスラム教徒は埋葬の後にも死霊を弔う供養を行い、神の祝福が死者に与えられることを祈るが、このような習慣は正統なイスラム教徒にはなく、マレーシア独特のものだ。

イスラム教徒は、なるべく早く（二十四時間以内）墓地に遺体を運び、指導者の先導で、神アッラーに祈りを捧げて埋葬する。またマレーシアのイスラム教徒のなかには、死霊を信じる人が多い。彼らは、墓地から喪家に帰宅する際、死霊が戻らないように、家の裏口や台所から家の中に後ろ向きに入る習慣を持っている。首都クアラルンプール市などの都市部には葬儀社もあるが、ほとんどの場合、親戚の者が葬儀を取り仕切る。共同墓地は各地に散在する。タイルで囲った正方形の枠の中に埋葬し、頭部と足部に石柱をたてるのが一般的である。

中国系の人々においては、かつて人が死亡すると、占い師が風水説に則って葬儀の日どりと場所を選び、立派な亀

マレーシア
クアラルンプールの戦没者記念塔前にて

甲型の墓をたてて埋葬していたが、最近では、火葬も増えつつある。葬儀は、出身地である中国の伝統に従い、親族郎党が全員参会して盛大に営まれ、大盤振る舞いが行われる。しかしながら若い世代は次第に葬儀の簡略化を好むようになってきた。都市部にある中国系最大の葬儀社「富貴開発公司」は、セランゴール、サバ、ジョホール、ペナンといった州において、各宗教の慣習に従いながら、葬儀いっさいの業務を取り仕切る。

ヒンズー教徒は遺体を火葬にした後、かつては公海上に遺灰を散葬していたが、最近では固有の共同墓地に埋葬して墓碑を建てるようだ。

ボルネオ島のサラワク州やサバ州に住む少数民族の大部分はイスラム教徒であるが、土着の伝統宗教と混淆した独自の慣習を保持している。住民は一般に、通常の死と異常な死を区別している。異常死とは、死産とか戦死や事故死を指し、特別な儀式をしないかぎり、死霊は生者に対して祟ると信じられ、墓地も一般墓地から隔離されている。通常の死はその点で恐怖の対象とされず、むしろ生者を守護する存在と考えられ、特に部族の首長とかシャーマンなどは死後、追悼会を通じ、好ましい存在として追憶される。死後の世界はこの世とすべて反対で、伝統に則った葬儀を営むことによって、何不自由のないあの世で安楽に過ごせると信じられている。ボルネオ島サラワク地方のブラワン人などは複葬、すなわち数年経って洗骨後、再度、葬儀を営むところがある。

ブラワン人は人が死ぬとその遺体の傍らに邪霊が徘徊しないようにし、慣習に則り丁重にもてなさないと祟ると恐れられている。息を引き取るとただちに故人の配偶者と子供は、遺体の口にタバコをくわえさせ、米粒を入れる。主人を亡くした妻は十一日間、ムシロ製の遺体の安置された小屋に閉じこもり、一緒に生活をしなければならない。遺体は特製の椅子に座らせ、生きている人と同じ食事を供される。遺体が単葬のために喪家からロングハウス（集会所）に移されるまで、毎晩のように通夜が営まれ、大勢の弔問客が飲み食いする。葬儀の折にはかつては奴隷が生贄にされたが、今日では家畜が殺されて会葬者に振る舞われる。

単葬の場合には、遺体は喪家の特定の場所で洗われ、死衣に包まれて安置され、会葬者の最後の別れを受けて埋葬される。複葬の場合には、遺体は棺に入れられて一時的な安息所に安置されるか埋葬される。そして遺体が白骨化してから骨瓶に移され、儀式の後に墓地に埋葬される。しかしこうした複葬は金持ちか著名人の場合が多い。

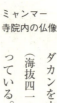

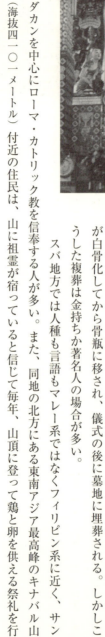

スバ地方では人種も言語もマレー系ではなくフィリピン系に近く、サンダカンを中心にローマ・カトリック教を信奉する人が多い。また、同地の北方にある東南アジア最高峰のキナバル山（海抜四一〇一メートル）付近の住民は、山に祖霊が宿っていると信じて毎年、山頂に登って鶏と卵を供える祭礼を行っている。

ミャンマー
寺院内の仏像

⑱ ミャンマー連邦

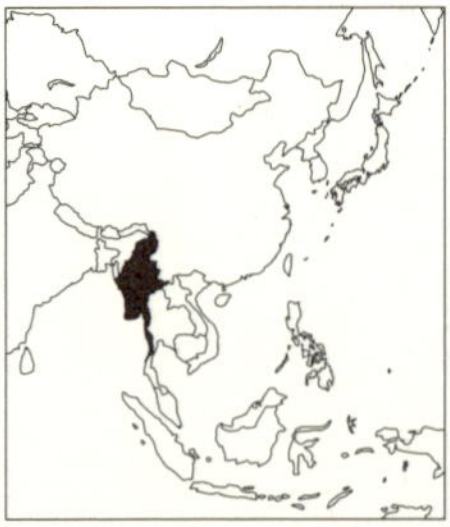

インドシナ半島の西側にあって、蒙古系人種としてインドやバングラデシュの人々と一線を画すミャンマーの約七〇パーセントはビルマ人で、ほかにカレン人、ミヤン人、アラカン人、チン人などが混在する。大多数の人々は上座部仏教を信奉するが、信仰の自由は保障されている。ネ・ウィンによる軍事政権樹立後、社会主義政策をとっているが、国内情勢は不安定で、一九八九年にはソウ・マウン政権が国名をビルマからミャンマー連邦に改称した。首都はヤンゴン。

死者が出ると、遺族は遺体をきれいに洗って下半身を白木綿で巻き、最上の着物を裏表逆に着せ、家の前にしつらえた祭壇の上に安置する。

通夜は二、三日間続くこともあるが、近所の泣き婆を雇う習慣もある。たいていその日の午後か翌日に納棺し、棺架に載せて墓地まで運ぶが、その際には最寄りの僧院から比丘を招く。葬列は施主、比丘、遺族、親族、知人の順に続く。墓地では比丘の引導を（厳密には「パーレイ」という護呪経典を唱える）受け、棺を墓穴の上で三回前後にゆり動かしてから埋葬する。

死者が比丘や金持ちの場合は、特別につくられた火葬櫓で火葬にして骨壺に納骨し、パゴダ（仏塔）のわきの小塔内に埋葬する。しかし、一般には土葬で、墓には墓碑をたてることはない。首都には火葬場が二カ所あるが、一日に三十六体しか火葬できず、地方では特定の場所で野天で火葬にする。死者が貧困者であれば、遺体は菰《こも》にくるんだまま墓地に埋葬するだけである。

葬儀が終わると、その日のうちに比丘を招いてテッピャウスン（食供養）をし、七日後にはウエッツレースン（初七日の追善供養）を行う。周忌はフネレースンというが、これはやらないほうが多いようだ。墓参の習慣もあまりないが、故人の冥福を祈るために比丘を自宅に招いて追善供養をするか、最寄りのパゴダに参詣する。

北部に住む少数民族シャン・クン人は、ビルマ人同様に仏教を信奉しているが、お互いが挨拶をするときに頭を下げてお辞儀をしたり、正座をするなど、わが国の風習に似た点がある。墓地もビルマ人が横長の墓碑をたてるのに対してピラミッド型の縦長のものをたてる。

東部山岳地帯に住むカレン人は、死者が出ると、遺体は洗浄して最上の衣服を着せ、棺をマットに包んで埋葬する。遺品にはクラ（死霊）がついているというので忌避される。墓地からの帰途には死霊の戻るのを遮る標識を道端にたてる。

⑲ モルジブ共和国

インド半島の南西の沖合に、千余りの小さな島が散在するモルジブ諸島は、海抜二・五メートル以下という平地で、一九六五年に独立した新興国である。住民の大部分はスリランカのシンハリ人だが、ほかにインド系やアラブ系の人種も移住している。首都はマレ。

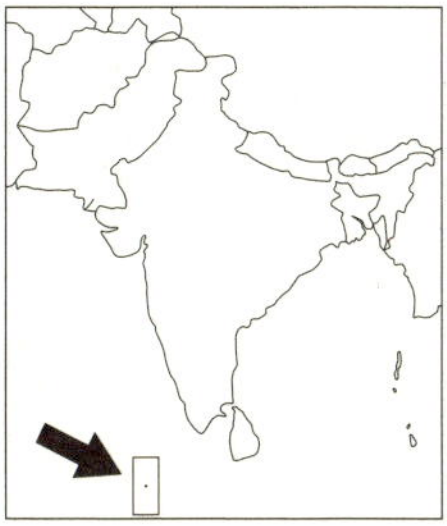

かつては仏教徒であったシンハリ人も、十四世紀以来イスラム教スンニ派に改宗し、憲

法でもイスラム教が国教と規定されている。現地人が死亡すると、各島に散在する墓地で、ただちに埋葬がとり行われる。通常、葬儀は四十二日目に、モスクか墓地で営まれ、親族知己が参列する。生活全般にわたってその宗教慣習がよく浸透し、違反した場合の社会的制裁には厳しいものがある。

ディベヒ人は、イスラム教を信奉し死者が出るとその通知が法螺貝で近隣に知らされ、イスラム教の慣習に従って遺体を洗浄し、死衣を着せて棺か樹皮の箱に納められる。葬儀後は墓地に埋葬されるが、死後の世界をあまり云々しない。

モンゴル
ウランバートルの共同墓地風景

20 モンゴル人民共和国

アジアの中央部に位置するモンゴルは、全般になだらかな丘陵地帯だが、平野も多く、南東部にはゴビ砂漠が広がっている。住民の大部分はモンゴル系で、辺境地にはカザック系の少数民族も居住する。人々はモンゴル語を公用語とし、一九四六年以来、キリル文字（ロシア文字）を採用したが、最近では民族文字に戻った。首都はウランバートル。

かつては大乗仏教の一派であるチベット系のラマ仏教が全土で信奉され、多くの寺院がたてられていたが、一九二一年に人民革命党がラマ仏教政権を打倒して社会主義政策をとって以来、寺院の国有化やラマ僧の還俗化が進められてきた。唯物論的な教育の普及によって、若者の多いこの国では、ラマ僧の呪術的な祈禱に頼る人が少なくなっているが、その生活慣習には革命以前のものが温存されている。

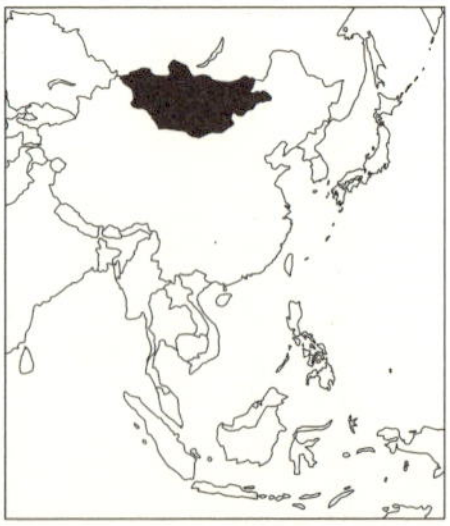

死者が出ると、最寄りのホロホリン（役所）に届け出、葬儀を営んだ後、土葬される。葬儀の日取りはラマ僧の託宣を受け、かつては月、水、金のいずれかの日に遺体を墓地に運んで埋葬した。革命以前には、指定された場所に遺体を運んで放置し、野生のオオカミやキツネ、禿鷹などに食べさせる曝葬も行われ、三日以内に骨を残してきれいに

食べつくされた場合は人徳があるとされていた。

今日では、共同墓地が街の近郊の丘陵地帯の南斜面につくられ、会葬者は遺体の頭を南向きにして埋葬し、その周囲をアイラグ（馬乳酒）などをそそぎながら右遶三匝《うにょうさんそう》する。そして墓地を去るときには振り返ってはならないとされている。喪家では会葬者に干しブドウの入った御飯を供し、死後四十九日間服喪して、その間女性は化粧や装飾品を身につけず、結婚式などの慶事を行わない。墓は個人墓で、オベリスクの上に星マークのついたソビエト風の墓石もみかける。墓参は毎年四月初旬に行うが、その折、花を持参する習慣はない。

かつて葬儀は親戚、縁者だけで取り仕切って来たが、最近、都市化、定住化が促進され、ウランバートルにはボーヤン社などの民間葬儀社も生まれ、葬祭道具などを提供して来た。火葬率も徐々に増えて、二〇〇四年には西部郊外に火葬場と葬儀ホールを併設した国営の葬祭総合センターが開設されている。火葬された遺灰は骨壺に収められ、僧侶の清めの読経の後、寺院か喪家に保存する。

ウランバートル北東郊外のダムバダルジャーには、第二次世界大戦中に当地で戦病死した日本軍兵八百三十七の遺体が眠っている日本人墓地がある。

㉑ ラオス人民民主共和国

アジアでも最も開発が遅れているといわれる内陸国のラオスは、相次ぐインドシナ半島の戦禍をくぐり抜けて、平和が戻った。住民の約半数はラオ人だが、そのほか多くの種族からなり、その多くは上座部仏教や土着宗教を信奉している。首都はビエンチャン。
国民の大部分はメコン川の周辺に住み、農業を営んで生計をたてているせいか信心深く、自然に対する畏敬の念が強い。
首都には多くの仏教寺院が存在し、その中でも傑出しているのは、迎賓館付近に隣接して歴史的に価値のあるシーサケート寺やポー・パケーオ寺だ。また、市民の葬儀や火葬施設として活用されているのが、ドンムアーン寺とタット・ポーン寺だ。葬儀はたいてい五人か九人の比丘が司祭する。遺灰は火葬後、骨壺に入れて寺院の一角に埋葬し、自宅には置かない。墓参は四十九日、百日、一年、二年後に行う。

世界文化遺産に指定されている北方の山岳都市ルアン・プラバンは、かつての王都としての伝統が根づき、寺の町といってよいくらい仏教寺院が多い。ここでは人が死亡すると椰子の水を顔にかけ、葬儀は通常三日から一週間続き、細長い織物で織った弔旗をたてる。会葬者はお金やロウソクや線香を持参する。火葬には遺族が薪を買い、近くのパンニャテップ寺まで白い綱を引いて遺体を運び荼毘にふす。遺体の口には金銀の指輪を入れる習慣があり、翌朝の骨拾いのときに、それをいち早く見つけた者の所有になるという。会葬者にはお菓子の引き物をすることが多い。

ラオス
寺院にある墓塔

少数民族であるタイ人は、十七歳未満の人が死亡するとただちに遺体を埋葬するが、それ以上の成人では約一週間にわたって喪に服し、仕事をしない。

ロー人は、遺体の頭を壁の反対側に向けて置くが、バン人では遺体はベッドに垂直に立てかけ、足は聖なる柱に向ける。僧侶は埋葬の日を『アチャン書』に基づいて占い、満月後の死亡者の遺体は死亡当日に埋葬する。富裕な仏教徒は最寄りの寺で遺体を荼毘にふし、生贄にした二羽の鶏と果物を供える。また、服喪中は生贄の豚の毛を煮ないで切り取る。

オストロ・アジア人は、死亡したときには遺体は出口に向け、使用した衣類、使用品や紙幣を切り、銀貨を口に含ませる。遺体はマットで包み、竹や木製の担架で男性二人が墓地に運び、埋葬する。そこでは豚が生贄として屠殺され、会葬者に振る舞われ、墓所は竹製の屋根で覆われる。

ミャオ・ヤオ人は、死亡者の遺体をベッドに寝かせ、遺族は床の上に坐る。比丘によって、死亡者の生年月日から換算して葬儀の日取りが占われ、葬儀の日が決まって営まれる。遺体が墓地に運ばれるときには、かならずその足は墓地に、頭は喪家に向けられる。

チベット・ビルマ人は、墓地はかならず村の西方にあり、双子や離婚者や外部者以外は埋葬を許される。通夜には弔歌が一晩中披露される。子供の死の場合には遺体は白衣で包まれ、喪家に五日間安置され、長老の死の場合には、三日間安置される。葬儀や埋葬当日は豚や水牛や鶏が生贄として屠殺される。

山岳地帯に住むラメ人などではちょっと感覚が違う。かれらに死者が出ると、喪家では三日三晩泣き叫び、死霊が他人に移らないよう、葬儀が終わるまで、喪家の戸口では焚き火を焚く。葬儀は村中総出で盛大に営んだあとで、遺体は山地の一角に埋葬する。頭と足はそれぞれ霊が宿ると信じられているところから、その上には重い石をおく。

モイ人は、遺体は「霊屋《たまや》」と呼ばれる小屋に運ばれ、ここが墓地代りになっている。

このようにラオスでは百以上の少数民族が散在し、それぞれ独自の伝統・慣習を保持しているが、交通が至便になり、外部との交流が深まるにつれて、はたしていつまでそれらが維持されるのかわからない。

外国人がビエンチャン付近で死亡した場合には、市内の中央国立病院にその旨届け出て死亡診断書をもらい、市役所および警察署で遺体処理の許可をとる。地方の場合なら、最寄りの軍か警察署で手続きをとり、近くの寺院で火葬にしてもらう。

㉒ 台　湾

南シナ海にサツマイモのように南北に横たわる台湾は、第二次世界大戦後に中国大陸から移ってきた国民党政府が樹立した国である。現在日本との正式な外交関係はないが、さまざまな面で関係が深い。首都は台北。

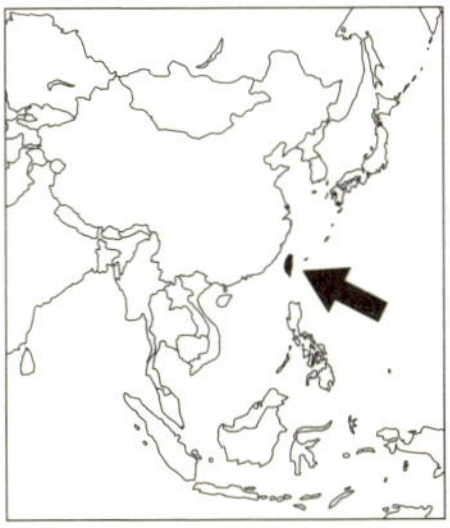

住民は台湾省民と大陸から渡った中国人からなり、大部分の人たちが仏教と道教の混淆した宗教を信奉している。台湾の葬送慣習でユニークなことは、死者が八十歳以上の場合、要するに「天寿全うの大往生」というわけで、凶事でなく慶事ととらえて、葬儀の通知も黒枠でなく、赤枠が用いられることだろう。また、葬儀は一生に一度の最大行事として盛大に行われ、墓地へ向かう

台湾
台北の殯儀館（葬祭場）

葬列も楽隊を先頭に生花を飾った参列者の車が並び、沿道の人々を楽しませるイベントの色彩が濃くなっている。金山などでは、最近まで富豪の葬列にはダンサーが雇われ、ストリップ・ショーを披露する余興を取り入れていたが、これは度が過ぎると禁止されたくらいだ。

死者が出ると、医師の死亡診断書をもって役所に届け出るが、葬儀の手配は都市部では葬儀社に任せることが多く、遺体は湯灌して経帷子《きょうかたびら》を着せ、生前もしくは死亡時に取り寄せた漆塗りの頑丈な棺に納める。僧侶によって故人の悪霊である鬼を払う読経もなされる。

台湾においては、人が死亡すると、喪家の近くにテントが張られ、祭壇に供物が飾られる。道教式に従えば、「道士」のもと、七日ごとに儀式が行われる。その後、関係者は霊柩車を先頭に葬列を組んで墓地へ向かい、遺体を埋葬する。

台湾において特筆すべきは、葬儀が親孝行の証とされ、死者の霊が死後も子孫を守るという信仰が根強い点である。また生前に「寿陵」という生前墓を購入し、墓碑銘を赤字で刻む習慣がある。

遺体は葬儀の後に公共墓地に仮埋葬し、一定の期間を経てから洗骨して、山の中腹を占い師に選地してもらい、山墳（馬蹄形のコンクリートか石造りの墓）に改葬する習慣がある。生きている間に住む住宅が「陽宅」であるのに対して、墓は「陰宅」と呼ばれ、陰宅に多額の費用をかける傾向がある。かつては埋葬の日も吉日を占ったものだが、最近は火葬が増え、特に都市部では火葬にして寺院の納骨堂に納める者が増加している。首都には、近郊の宝山に火葬場があり、ここへ向かう途中の電柱には「南無阿弥陀仏」と書かれた貼り紙が目につく。

葬儀は喪家で行う場合もあるが・市内に散在する殯儀館《ひんぎかん》（葬儀場）を用い、ここに遺体を運んで行うのが一般的だ。会葬者は黒い喪服にはちまき、黒いリボンを胸につけて参列する。教派に応じて僧侶や道士を招き、会場には生花や造花の花輪を飾る。葬儀後は霊柩車を先頭に、親類縁者はそれぞれの車を花で飾って葬列を組んで火葬場へ直行するか、仮埋葬の公共墓地に向かう。徒歩の場合は先頭に弔旗や楽隊がついてにぎやかな行列になることもある。

台湾では、葬儀の折に冥土で用いるとされる紙銭や服、模擬家屋を焼いて故人の霊に捧げるという独特の習慣がある。そのため、火葬場にはこうした金品を焼く竈が別にしつらえてある。

死亡した日から数えて七日目ごとに四十九日までの中陰《ちゅういん》の追善供養や、一周忌、三回忌、七回忌、十三回忌の供養は日本と同様に、喪家や寺院で僧侶を招いて営む。毎年四月五日の清明節や、陰暦七月十五日の中元節（俗に鬼節）には餓鬼が食をあさるというので食供養をし、冥紙（紙銭）を焼いて、故人の冥福を祈る。

かつては伝統的な墓相学である風水思想によって墓の場所が定められ、島内各地の山麓に墓地が散在していたが、最近では土地難からか共同墓地や納骨堂形式の墓が都市部の郊外に造成されるようになった。また、戦後、戦死した兵士を祀る軍人墓地がほぼ各県につくられるようになり、たとえば南部の高雄県では高雄郊外の澄清湖近くの造成地に墓地がつくられ、霊堂を中心に碁盤の目のように整然と戦没者の墓が並んでいる。また、一九六七年以来、星雲法師の努力によって開山された台湾随一の大寺院・仏光山寺の境内には幾棟にも納骨堂が立ち並び、信者の遺骨を祀っている。かつては寺院境内に墓地をつくることはなかったが、これは新しい現象である。

台湾には在家仏教徒の団体である斎教の信者も多く、かれらは死者が出るとまず椅子に坐らせ、読経してから寝かせる、九日ごとに九回回向し、その折に一行が三十三字からなる三十三行の表白文を読み、それらをすべて読み終ってから火葬にする。そうすることによって、故人は三十三天に昇天すると信じられている。

ところで、台北の南方山間部にある慈湖には蔣介石の霊廟があるが、それは慈湖が中国大陸の生まれ故郷に似ているため、「返老帰土」（故郷の土に還る）の悲願をこめて選ばれたという。

首都では死者は一九八九年以降、台北市殯葬管理処が取り扱い、市内に火葬設備のある二カ所の公営殯儀館があり、その他、私営の殯儀館（殯儀公司）もある。葬儀の日取りは陰陽五行説によって決められ、特に黄道吉日がよいとされる。葬儀までは遺体は防腐剤を注入して冷凍され、殯儀館の保棺室に保管され、そこで葬儀を営む。また、喪家の近くに幕屋を張り、一カ月余祭壇を飾って喪に服し、道教式の葬儀の場合には七日ごとに道士を招いて供養し、服喪の最終日に葬儀を営んで埋葬する。その折の墓地までの葬列にはブラスバンドの音楽隊を雇い、親戚友人は花自動車を仕立てて盛大な葬送を行う。また、土地の有効使用のため最近では葬儀の簡素化や火葬が奨励され、一九八九年以降、火葬費用は課税対象から全額免除されている。結果として、現在の火葬率は九〇パーセント以上にのぼる。

台北には現在、五十四カ所の公共墓地があるが、風水思想の影響から墓地の方角がまちまちでありほとんど満杯状態になり、最近、約一〇八万平方メートルの広さがある、区画整理された富徳墓地が市郊外に増設された。また、三芝郷地区には私営の北海福座公園霊園、桃園郷には宏禧山荘などの豪華な公園墓地も造成されている。もともと台湾には二重葬の習慣があり、埋葬七年後に拾骨して霊骨楼などの貯骨櫃に改葬することもある。

第二章　南太平洋地域

1　オーストラリア

英国系人種が人口の大部分を占めるオーストラリアは、かつて白豪主義をとっていたが、第二次世界大戦後は労働力の不足からヨーロッパやアジアにまでその門戸を広げ、あまり人種的差別のない住みよい国として知られる。首都はキャンベラ。住民の多くは気候の温暖な東部沿岸地方に住み、人口はシドニーやメルボルンなどの大都市に集中している。

住民の約三五パーセントが英国国教会（アングリカン）に属しているが、カトリックやプロテスタント諸派に属する人も多く、ここでは宗教は慣習化している。

死者が出ると、遺族や関係者はまず葬儀社に連絡をとって、医師の死亡診断書や遺体処理、葬儀の手続き、そして埋葬、知人への通夜や葬儀の連絡、新聞への死亡広告などを依頼する。病院で死んだ場合は、ふつう八時間以内に遺体を葬儀社の安置室に移すが、事故死の場合は検視官の立ち会いを求めて司法解剖を受けなければならない。

葬儀社は私営で、たいていの都市にあり米国式の設備をもっているが、地方自治体計画局の管轄下にある。米国と違うのは、遺体整形保存が一般的ではないことだろう。葬儀はカトリック教徒以外、ふつう死後四十八時間以内に行われ、遺体は霊柩車で墓地に運ばれる。

墓地は半公共的な墓地信託協会が経営管理し、火葬場が設置されているところもある。東部地方の火葬率は五〇パーセントで、さらに増加の傾向にあるが、ローマ・カトリック教会や伝統を大切にするユダヤ教徒は土葬を踏襲している。しかし、そうはいっても、どの教派も葬儀にまつわる慣習は簡略化されつつあり、かつては男性は山高帽にフ

オーストラリア
シドニーのボンダイ地区にある墓地

ロックコートを身につけ、女性は黒い喪服を着ていたものだが、平服のところが多くなり、花輪などの供花もかつては白一色だったものが、今日ではさまざまな色の花が用いられるようになった。

たいていの都市には郊外に公営ないし私営の墓地があり、最近では人種や宗教を問わず画一的な墓所を提供している。火葬が増加した結果、かつてのような立て板型の石碑よりも簡素なステンレス製円筒型の墓碑や納骨棚に骨壺を納める方式が普及し、また、バラなどが植えられた花壇に散葬するケースも増加の傾向にある。後継者や身寄りのない人は生前に葬儀社や保険会社と契約し、万一本人が死亡した場合の葬儀その他の経費を支弁してもらう人もいる。墓参はたいてい死亡者本人か宗教的な聖人のメモリアル・デイに行われている。

伝統的な墓石は立碑や霊廟などだが、近年新設の墓地には平碑もみかけるようになった。シドニーには前者の代表的な墓地としてボンダイ海岸近くの高台にクロヴェリー墓地が、後者にはマッケリー大学近くに北郊外墓地がある。

オーストラリア大陸の中央部平原や北部には少数の先住民族であるアボリジニー人が居住し、一九六七年にオーストラリア国民と認められた。その葬送慣習は部族ごとに異なるが、大半は土葬である。いったん砂地に埋葬し、一年後に白骨化した遺骨を掘り出して樹皮に包み、洞穴の中に改葬することが多い。

タスマニア島に住む先住民族タスマニア人は、死者が出るといち早く火葬にし、遺骨を埋葬する。その骨の一部は親族が首飾りにする習慣もある。埋葬当日の通夜には親族が墓所に集まり、翌朝まで号泣し、未亡人は髪の一部を切って墓に供える。

2　キリバス共和国

西太平洋中部の三十三の島からなる海洋国家で、一九七九年七月に英連邦の共和国として独立した。首都はタラワ環礁のタラワ。

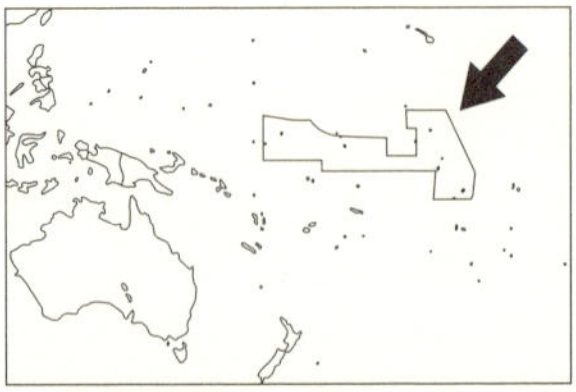

住民のほとんどはミクロネシア系キリバス人で、カトリックかプロテスタントを信奉している。第二次世界大戦中はマキン・タラワ両島が日米両軍の激戦地となったことで知られる。

ギルバート島に住むキルバツ人は、死者が出ると数日間、遺体は喪家に安置され、村の共同墓地か喪家のそばに埋葬されたが、後に頭蓋骨は取り出され、油で洗骨して供物とタバコが捧げられた。キリスト教の影響にもかかわらず、住民は今もって伝統的な神ナカが故霊を守護すると信じている。

3 サモア

サモアはニュージーランドの北東二九〇〇キロの洋上に浮かぶ火山島で、九つの島からなる。住民の大部分はポリネシア人で、サモア語と英語を公用語としている。首都はアピア。国土のほとんどを首長が所有し、政治家が生活全般にわたって大きな影響力をもつ。しかし、信教の自由は認められ、住民はキリスト教の組合教会やカトリック教会に属しているものが多い。葬儀はふつう地域住民総出で営まれるが、土葬が大半である。家の敷地内に日よけの屋根つきの石棺を安置しているが、最近では別棟の家屋内につくることが流行している。辺境地では水葬や洞窟葬もみられるが、しだいに少なくなっている。

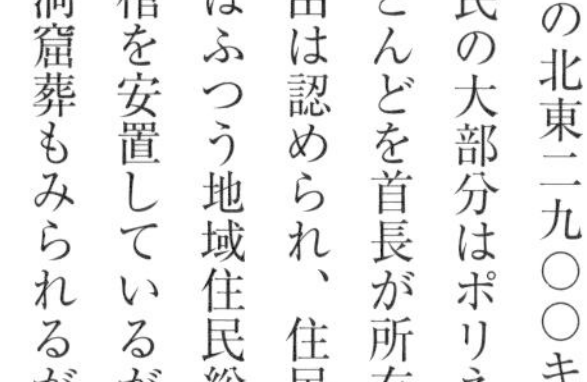

今日、住民の大部分は敬虔なキリスト教徒であるが、いまだに伝統的慣習から抜けきれず、死霊の存在を信じている。各血族集団はマタイ（家長）のもとに大家族主義をとっており、死者が出ると役所に届け出、葬儀の通知は人づてに行う。葬儀は大家族が共同で住む家の庭で営み、近隣から多くの会葬者が参列し、近くの墓地に埋葬後、カバ酒の精進振る舞いをする。火葬の習慣はない。

首都の南方五キロにあるヴェア山の中腹には、『宝島』を書いた作家ロバート・ルイス・スティーブンソンの住んでいた家（現在は博物館）とその墓がある。かれはこの地をこよなく愛し、赤茶色の屋根の大きな白い建物の二階の書斎で遠くの海を眺めながら執筆活動を続け、一八九四年十二月三日に亡くなった。その遺言により、頂上の三〇平

方メートルくらいの平らなところに石が敷きつめられ、その上に簡素な白いコンクリートの石碑が立てられている。そして、碑の北側にはサモア語で、南側には英語で次のような美しいレクイエムが彫られている。

広大な星空のもとに
墓を掘り、私を横たえてほしい
喜んで生き、喜びのうちに死に
決然としてここに横たわった
この墓碑銘を墓に刻んでほしい
想い望んでいたこの地に彼は眠る
海から帰った船乗りのように
山から帰った狩人のように

（崎山克彦訳）

サモアは十九世紀の末に植民地化される過程で、西経一七一度線を境に二分され、ドイツ領だった西側は一九六二年に「西サモア」として独立したが、一九九七年七月、「サモア」と改称している。東側はいまだに「アメリカン・サモア」といい、米国の自治領として残っている。

このアメリカン・サモアはサモアと伝統文化を共有し、その最大の島ツツイラ島に首都パゴパゴがある。ここは米国の作家サマーセット・モームの名作「雨」の舞台となった港町で、雨が多い。死者が出ると地域のチーフ（長老）に知らせ、その采配のもとで葬儀の手配をする。葬儀の場所は伝統的な円形屋根のついたファレ（集会所）で行われ、遺体は近くの墓所に埋葬される。その折、男女別々の席でカバ酒が振る舞われる。

④ ソシエテ諸島

南海の楽園タヒチは、ゴーギャンの絵によって世界的に知られるようになった。このタヒチはソシエテ諸島（フランス領ポリネシア）の主島で、ハワイ―イースター島―ニュージーランドという三角地帯を結ぶポリネシアの中心にあたり、昔から交通の要衝で、住民はポリネシア人が大部分を占める。首都はパペーテ。かつては王制が敷かれ、異人種の入植を拒絶していたが、西洋人の来航をきっかけに最後の王ポマレ二世が一八一二年にキリスト教に入信して以来、従来の慣習を捨てて西洋化し、それまでの土着の神への信仰や祭祀制度も崩れていった。

死者が出ると、口伝えで近親者に知らされる。葬儀はふつう喪家で行われ、首都には葬儀社もあっていっさいを取り扱っているが、そのほかの地区や辺境の島では近親者によって準備される。喪家の居間には色とりどりの花に飾られた遺体が安置され、周囲には黒の喪服を身につけた近親者が集まって祈りが捧げられ、女性の中には泣きわめく人もいる。

棺に入れられた遺体は翌朝喪家の庭の一角にある墓地に運ばれ、会葬者が花を遺体の上に飾って埋葬する。その後、精進落としの振る舞いがあって、会葬者は辞去する。服喪期間は長くはなく、二、三週間の後に遺族は日常生活に戻る。

ソシエテ諸島
モーレア島の共同墓地

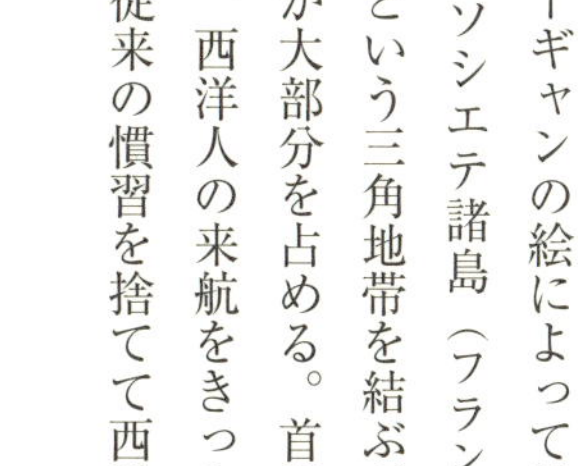

タヒチ島では二十世紀初頭から中国人労働者が移住して独自の伝統を守り、かれらが死亡すると、パペーテ近郊ピレアの丘陵地にある中国人墓地に埋葬する。最近、隣りのモーレア島では、従来、個人の家の一角に遺体を埋葬していたが、ハウミ地区に共同墓地をつくった。火葬を希望する場合は、ハワイまで空輸しなければならない。近年、観光客の急増によって、タヒチ島、モーレア島、ボラボラ島などはすっかり俗化して、昔ながらの慣習は交通不便なツアモツ島まで行かなければみられなくなった。

ソロモン諸島
ホニアラの墓地

タヒチ島の住民は不遇な死は神の怒りにふれたとされるが、長寿を全うした死は自然と受け止めている。長寿の葬儀は盛大をきわめ、遺体は数日間、埋葬前に棺台に安置されて多くの会葬者の弔問を受ける。一般に死後の世界は考えられないが、死後の霊界を信じる人もいる。マルケサス諸島の住民の間では死は悪霊の仕業とされ、死霊はしばらくの間、島中に彷徨した後に海中に没して、地下の世界に入ると信じられている。

⑤ ソロモン諸島

かつて英国の保護領であったソロモン諸島は、一九七八年に独立し、国連に加盟した新興国家で、大小百あまりの南太平洋に浮かぶ島からなっている。住民のほとんどはメラネシア系人で、英語を公用語とし、大部分はキリスト教徒だが、土着の宗教を信奉する人もいる。首都はホニアラ。

葬送慣習は地域によって千差万別だが、熱帯地方であるため遺体はすみやかな処置が求められる。

人が死亡すると、近隣には口伝えで、離島にはラジオでその知らせが伝達される。住民の多くはキリスト教徒であるが、伝統的な慣習である呪術も信じられている。

都市部を除けば、事故死でもないかぎり、その死を役所に届け出る習慣はなく、部族の長がそれを把握するのみである。

部族の長老によって日取りや規模が決められると、村の集会所か教会で葬儀が行われる。遺体は喪家の敷地内か近くの共同墓地に埋葬される。遺体は故郷に葬られることが理想とされる。絶大な権限をもつ部族の長老の死ともなれば、葬儀は一週間くらい続き、連日、参列者に飲食が振る舞われる。一般住民の墓は土が盛られるだけの簡素なものであるのに対し、長老の墓はコンクリート製である。いずれも、死後の墓参りの習慣はないようだ。

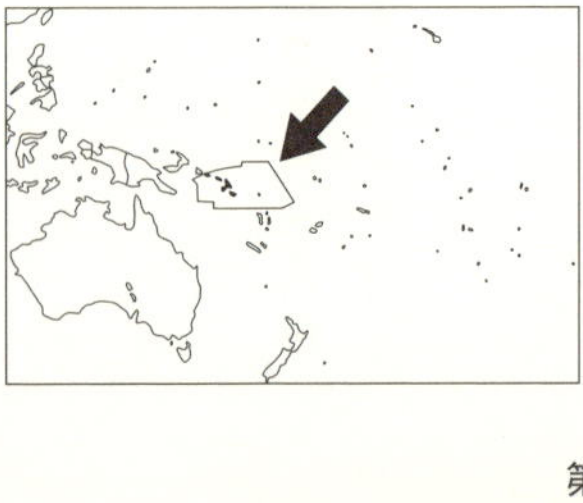

ホニアラ市内には共同墓地がある。熱帯地方であるせいか、日除けとして屋根がついた墓もある。太平洋戦争が終わると、連合国や日本の政府関係者や連携団体が入国して、戦没者の慰霊に当たった。激戦地のヘンダーソン飛行場付近や激戦地跡には、記念墓地や慰霊碑が立てられている。

かつては隣接する住民同士の戦いで、戦利品として持ち帰る首狩りの習慣があったが今はない。

死者が出ると村では「ブグ」という法螺貝が鳴らされ、焼畑に煙が上がるのはタブーとされるなど、それを聞いた人々は携わっていた仕事を止める。喪家の近くには「バラス」という小屋がたてられ、ここで数日間、近親者の男性は遺体と共に寝る。女性は、弔問客がくるたびに泣き崩れる。死者は必ず生まれ故郷に帰って教会で葬儀を行い、通常、死後三、四日後に、船の形をした棺が男性によって最寄りの墓に運ばれ、仮埋葬される。その後、一年以上経ってからセメントなどで固められた墓石の下に埋葬される。

遺体から抜け出た霊魂（祖霊）を重要視し、遺体はたんなる脱け殻にすぎないと考えられている。葬儀はしばしば数回にわたって行われ、死後はたんなる埋葬の儀式だけで、しばらくたって喪明けの儀式を行った後、約一年後に大規模な葬儀を行う。

ガダルカナル島では死者が出ると、喪家に近隣の住民が集まり会食する。遺体は水葬や洞窟葬や喪家の床下に埋葬するなど多岐にわたるが、喪家ではときには数カ月間、タブーとされる禁令を守る。埋葬された遺体の頭蓋骨は後に洗って喪家の軒下に飾られることもある。

マライタ島では住民は葬儀の折に豚を屠殺して死霊に捧げる儀式を行う習慣がある。

サヴォ島やマキラ島では水葬、ショートランド島やチョイスル島では火葬、マライカ島やサンタクルーズ諸島などでは樹上葬が行われている。

⑥ ツバル

今日では多くの住民がキリスト教に改宗して死後の霊魂の存在を信じ、伝統的慣習はすたれている。しかし、親不幸や家庭争議は死霊の

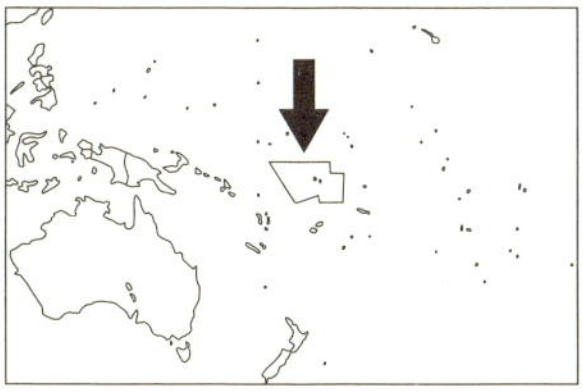

トンガ
葬列風景

祟りであると信じる人もいる。村の首長の采配による冠婚葬祭は村民総出の社会的行事で、結婚式に次いで葬儀は重要視されている。首都はフナフティ。

7 トンガ王国

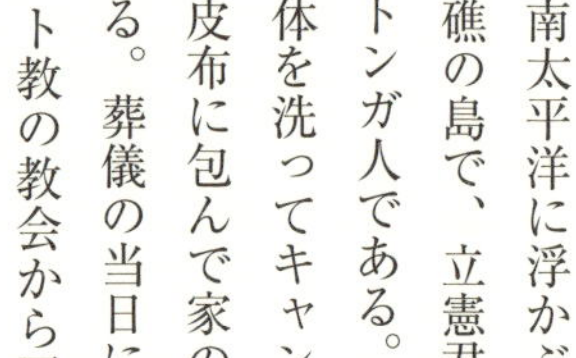

南太平洋に浮かぶ百六十九からなる珊瑚礁の島で、立憲君主制を敷き、住民の大部分がミクロネシア系のトンガ人である。首都はヌクアロファ。

人が亡くなると、その遺体を洗ってキャンドルナッツの実を噛んでその油を体に塗り、樹皮布に包んで家の中央に置かれた台のバンダナスの莚の上に載せる。葬儀の当日にはその周囲に遺族や近親者が坐り、主にキリスト教の教会から司祭者（ステワタ）を招いて祈禱してもらう。会葬者は花輪や布などの贈り物を遺体の傍らに置き、別れのキッスをして室外に出る。その間、外で見守る会葬者は弔歌を歌いつづけ、葬儀が終わるとカバ酒が振る舞われる。翌朝、遺体は新しい樹皮布に包み代えられて男たちに担がれて墓地に向かい、そこで司祭者の説教の後、棺は土の中に下ろされ、会葬者一同はその上に砂をかける。葬儀後はたいてい喪家で精進振る舞いが行われ、カバ酒が供される。かつて遺族は髪を切ったが、今ではこの習慣はすたれているようだ。ごく近しい遺族はその後十日間ほど墓参りをし、その間、慶事を避ける。一般会葬者は五日間墓参りする習慣がある。墓所の周囲を色模様の幕で覆い、花や供物を捧げ、とてもカラフルだ。火葬の習慣はない。

葬儀には故人との関係で人々の役割が厳格に決められる。男性の会葬者は「スル」という腰まきを身にまとい、黒が喪を表す色になっている。

ナウル
共同墓地

⑧ ナウル共和国

バチカン、モナコに次いで、世界で三番目に面積の小さい国で、一九六八年に国連の信託統治から独立した。首都はヤレン。住民の大部分がミクロネシア系人、メラネシア系人、中国系人で、英語を公用語としている。キリスト教を信奉する人が多く、葬儀は教会で行っている。

住民は先祖の霊や神（タブアリク）を尊崇し、祭りの祈りには供物を捧げる。葬儀は故人の信仰している宗教の慣習に従って営み、近くの墓地に埋葬する。その折、会葬者には料理を振る舞う。

⑨ ニュージーランド

ニュージーランドは赤道をはさんで、ちょうどわが国の反対の部分に位置する。南北二つの島からなるが、南太平洋のスイスといわれるにふさわしい、風光明媚な国である。住民の大部分が英国系移民の子孫で土着のマオリ人もおり、英国国教会や長老派、カトリック教会に属する人が多く、古きよき英国の面影を残している。

自宅や病院で死亡したときには、近親者は医師の死亡診断書をもって、葬儀社に連絡し、葬儀の準備にかかるが、事故死の場合は警察に通報し、検視を受けなければならない。

葬儀は、通常、所属する教会か葬儀社の礼拝場で営み、その後、火葬場か墓地に行って埋葬する。葬儀の時間は、月曜から金曜の午前八時から午後四時半までとなっていて、週末や日曜、祭日には行わない。カトリック教会では夕刻にロザリオの祈りを行い、翌朝九時に葬儀ミサをあげる。火葬にするか土葬にするかは故人や遺族の希望で決めるが、最近は火葬の希望が増加し、各都市に

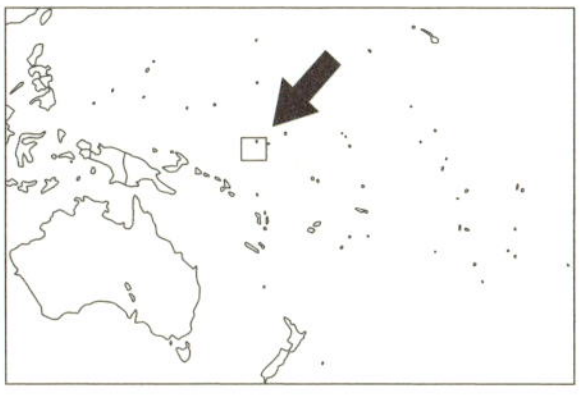

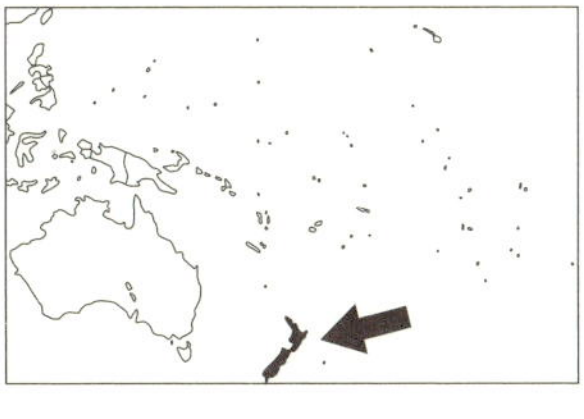

は火葬場が設置されている。首都ウェリントンにはカロリ火葬場がある。

棺はニュージーランド産のリムやタワの木製の舟形棺が用いられ、金属のものはほとんどない。埋葬するまでの時間が死後三十六時間から四十八時間以内であるためか、遺体を化粧して保存することはほとんどないようだ。墓地は教会付属のものと公営と両方あるが、個人墓所の買取り形式のものが大部分で、一部に納骨堂や合葬墓地もある。墓所にはよくバラの花が植えられ、満開の時は花園のような観を呈する。

ニュージーランド
クライストチャーチ市内の埋葬墓地

先住民族であるマオリ人は、死者が出るとマラエ（集会所）の敷布の上に三日間安置され、弔問を受ける。その間、喪家ではいっさい炊事をしないで食事を差し入れされる。会葬者は、お互いの鼻を合わせて挨拶をする。葬儀の後、敷布に包まれ近くの洞窟か墓地に埋葬されるが、数年後に遺骨は洗って改葬され、最終的な墓地に埋葬される。

今日ではマオリ人もヨーロッパ系住民と同化し、かれら独特の慣習はあまりみられないが、それでも地方では大型の棺を注文して、中に遺体と故人の遺品を納めると会葬者の女性は慟哭し、墓所に納めるところもある。また、埋葬式の前後には「タンギ」という宴会を開いて、野豚の蒸し焼きを会葬者に振る舞う習慣が残っている。

⑩ バヌアツ共和国

南太平洋のメラネシア地域に散在するニューヘブリデス諸島を中心とする海洋国家で、一九八〇年七月に英連邦内の共和国として独立した。各島では百を越える部族語が用いられているが、英語とメラネシア語の混合語であるビスラマ語が普及している。住民の多くはプロテスタントを信奉しているが、土着信仰も強い。首都はポートビラ。

マレクラ島の住民では、死者が出ると死霊は生者に危害を加えるというので恐れられ、葬儀

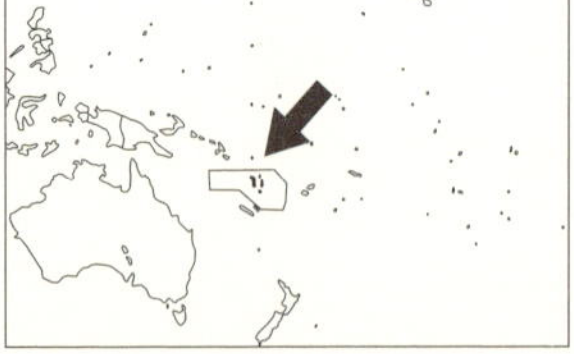

の折には豚が生贄にされ、鎮魂の踊りが鐘や太鼓を鳴らして披露される。多くの住民がキリスト教に改宗したとはいえ、セニアン人、メウン人、ルアウ人のすべてが死霊の存在を信じている。この国の最大の島エスプリッツ・サント島では、昔の伝統的生活を保持しようとする「ナグリアメル運動」があり、人が亡くなったら埋葬しないで、家の中の穴にミイラとして安置する習慣がある。

パプアニューギニア
ニューギニア島の共同墓地

⑪ パプアニューギニア

パプアニューギニアはオーストラリアの北方に位置し、ニューギニア島、ニューブリテン島、ニューアイルランド島、ブーゲンビル島など大小一万余の島々からなる。首都はポートモレスビー。気候は高温多湿で、山地が多い。住民はメラネシア系だが、約千の部族が集まっている。共通語としては英語が用いられているが、それぞれに風俗、習慣、言語が異なるため、意思の疎通が困難である。

地理的に隔絶していることもあって、葬送慣習も一定していない。一般に部族の長老が統率して、土地や財産は共有制度をとり、同一共同体出身者間の相互扶助を重んじている。弔事についても共同体全員の葬儀として行われる。

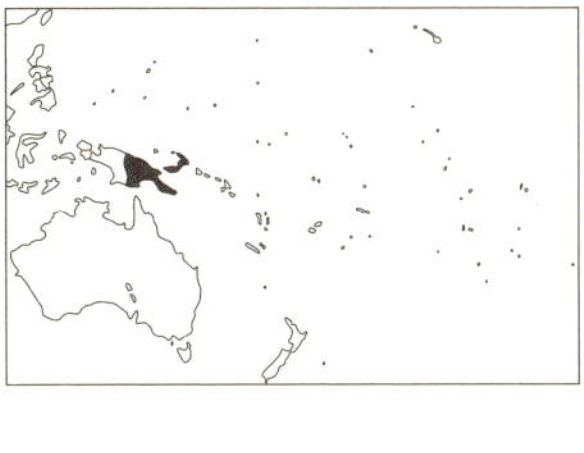

住民に対するキリスト教の布教には目ざましいものがあり、英国国教会やカトリック教会、ルーテル福音教会などが僻地にまで宣教師を派遣している。この活躍ぶりは有吉佐和子『女二人のニューギニア』（朝日新聞社刊）に興味深く述べられている。首都などの都市周辺や沿岸部にキリスト教信者が多く、そのほかの辺境部では土着の精霊崇拝が残っている。

現地人が死亡すると、都市部に住む人々は、その件を最寄りの役所に届け出、専門業者に葬儀を委ねる。たとえば、ポートモレスビー市の住民は、ボロコ区にある「フューナラル・ホーム社」といった業者とともに、所属する教会の司祭者のもとで葬儀を営んだ後、遺体を郊外にある「九マイル共同墓地」に埋葬する。

パプアニューギニア
ポートモレスビー軍人墓地

しかし地方にはそうした習慣がない。地方においては、世襲の長老が、警察署長、裁判長、刑執行人を兼務するなど、絶大な権威をもっており、葬儀もこの長老の采配のもとで行われる。一般的な葬儀は、住民全体が最寄りの集会所に集まって行うが、長老の葬儀ともなれば、隣接する部族の長も招待して行われる。それぞれの部族の長には、生きた豚が一匹づつ進呈され、参列者には、屋台に盛られた食べ物が振る舞われる。その葬儀は数日間続く。かつては、長老の継承者がその血統を引き継ぐため、カンニバリズム（食人）が行われていたとされるが、現在そういった習慣はない。また地方においては風葬が行われている。住民の遺体は、特定された僻地の岩窟内に放置され、白骨化する。外国人がその場所に近寄ることはタブー視される。

都市部を除いてはほとんどが土葬だが、一部に水葬や樹上葬にふすところもある。また、山岳地帯に住む食人族の末裔の中には、今でも祖先を大切にする風習の一環として死者をミイラにして敬っているところがある。

ニューギニア島の南東にある珊瑚礁の島、トロブリアンド諸島の先住民族の葬送慣習については、すでに古典的名著となったマリノフスキー『北西メラネシアにおける未開人の性生活』（一九二九年刊）に詳しい。

マリノフスキーによると、臨終のときには、近親者や地域民が喪家に集まって共に号泣するという。遺族はひとしきり泣いた後に、遺体を洗って、身体中の孔をヤシの外皮の繊維でふさぎ、両足を一緒に縛って腕を脇に結びつけ、装飾品で覆う。通夜の後で遺体はいったん墓に葬るが、翌年に掘り出して骨を切断して洗い、遺品として各種の目的に使われる。頭蓋骨は未亡人が使うライム壺に用いられ、顎骨は彼女の首飾りとなり、ほかの骨は「ヘラ」と呼ばれて、保存されるという。

われわれには奇異に感じられるが、かれらにとっては、故人から受けた恩恵に対する一種の報いとして義務づけられたものであり、やはり敬虔な行為なのである。しかし、これらの地域にもどんどん文明化の波が押し寄せ、もはやこうした奇習もみられなくなった。

太平洋戦争中、パプアニューギニアは、ココダ山岳地帯を中心に、連合軍と日本軍がぶつかる激戦地となった。両軍共に多くの死傷者を出したため、ココダ山岳入口にあるソゲリ村には、オーストラリア政府が建立した記念碑が建っている。また、首都ポートモレスビー市郊外のボマナには、連合軍の死傷者を悼む石碑が整然と建ち並んだ戦没者記念公園がある。

日本兵士のものは、ラバウル郊外に五輪塔を模した質素な墓があるにすぎない。時折、戦跡遺骨収集団が慰霊に訪れている。

ポートモレスビー付近に住むモツ人は、死者が出ると祖霊になるために地域住民総出で儀式を盛大に行い、埋葬後、遺骨を洗って改葬し、その折、会食し踊る習慣がある。キリスト教に改宗した住民は一般に祭りの折に踊らない。

オロコロ人は、死亡者が出ると村の近くの海岸に足を海に向けて埋葬する。死霊はしばらくの間、生者の周囲を彷徨した後、死の国へ旅立つと信じられている。

中央高地に住むチンブ人は、大部分の住民がキリスト教に改宗したとはいえ、死者の霊は埋葬した墓地の付近を彷徨すると信じられ、特に不遇な死者の霊は死後、生者に危害を加えると恐れられている。

⑫ パラオ共和国

南シナ海に浮かぶパラオ共和国は二百以上の島からなり、一九九四年、米国との自由連合という条件で独立した。首都はコロールにあり、漁業と観光が主な収入源である。住民の多くはカトリック教徒で、わずかに伝統的な宗教的慣習も残っている。母系社会で、死者が出ると盛大な葬儀を営み、喪家の女性は服喪し、男性は金策をする。かつては喪家の下に埋葬していたが、今日では共同墓地に埋葬する。一週間後に墓を密閉し、故霊は島の南方に去来すると信じられている。

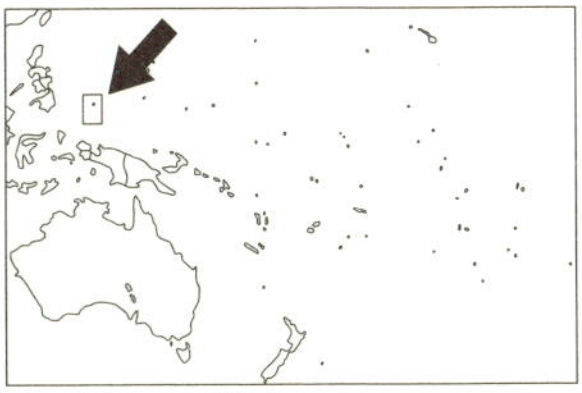

⑬ 東ティモール民主共和国

二〇〇二年五月にインドネシアから独立した東ティモールは、人口わずか百万の小国で首都はディリにある。主産業は農業と漁業である。周辺の島々に住む多くの人々がイスラム教徒であるのに対し、旧宗主国ポルトガルの影響を受けている東ティモールにおいては、住民の大多数がカトリック教徒である。

しかしながら、ここには古来の伝統も色濃く残っている。人が死亡すると、長老の采配の下、関係者が揃うまで、葬儀は行われない。よって時には、葬儀が数週間後に行われることもある。神父が葬儀のミサを教会で行い、遺体は最寄りの墓地に埋葬される。

葬儀においては、動物が生贄にされ、参会者に振る舞われる。特に復活祭前の四旬節には、「『十字架』の道行き」が行われる。これは、キリストの受難と先祖の受難を重ね合わせ、手で胸を打ちながら行列を組んで墓参する。

フィジー諸島
スバの現地人墓地

⑭ フィジー諸島共和国

一九七〇年に英国から独立したフィジー共和国は、南太平洋に散在する大小三百二十二の島々からなる。そのうちビチレブとバヌアレブ両島が主要な島で、首都はスバ。英語が公用語とされ、フィジー系人とインド系人が大部分を占めている。キリスト教メソジスト派やヒンズー教、イスラム教を信奉する人が多いが、俗化の波はこの太平洋の楽園にも押し寄せている。

死者が出ると、最寄りの警察署に届け出、医師の死亡診断を受けるが、事故死の場合には警察医の検視があることは文明国一般と変わりない。葬儀は公営もしくは私営の葬儀社を利用し、教会や寺院で営むことが多い。その折には供花の習慣があるが、決して白い花を用いない。葬

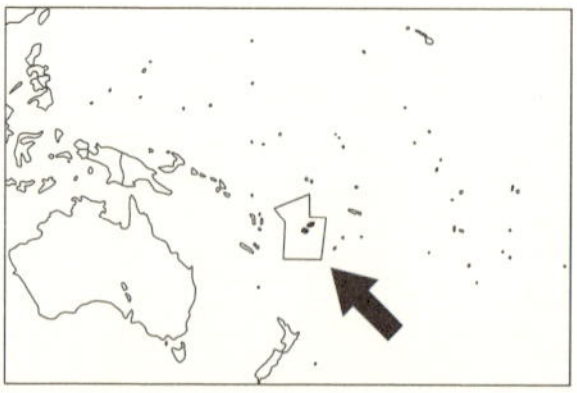

儀の後、キリスト教徒は墓地に土葬にする。ヒンズー教徒は墓地内の火葬場で火葬にしてから埋葬するが、離島の住民の間には一部に水葬にするところもあるようだ。

国際航空路の中継地であるビチレブ島にあるスバは、英国風の街で近代的だが、地方では部族の首長の支配権が強く、葬儀もその指示に従って行われる。葬儀の折に、男性はヤシの葉で編んだ「スル・パカタ」という黒色の腰布を身につけ、それに太い帯のような薄茶色の「タワラ」という布を巻く。

現在、専門の葬儀社はビチレブ島のスバとラウトカにあり、たいていは近親者が葬儀を取り仕切る。葬儀の通知はラジオや人づてに行い、喪家の所属する教会やモスクで行う。フィジー系人はキリスト教、インド系人はヒンズー教やイスラム教を信奉する者が多く、キリスト教徒やイスラム教徒は遺体を土葬にして墓所に埋葬し、ヒンズー教徒は火葬にして海に遺灰を流す。その後、喪家でカバ酒を会葬者に振る舞う。都市部を除き、墓所はたいてい、喪家の庭につくり、死者の霊が子孫を見守ると信じられている。

主島であるビチレブ島に住むバウ人は、社会的地位によって葬儀の規模が異なるが、首長の死亡の場合にはその葬儀は盛大をきわめ、近隣から多くの会葬者が集まる。未亡人は数日間、毛髪の一部を切ってタブーが解けるまで遺体の傍らにたたずむ習慣がある。

⑮ マーシャル諸島共和国

米国による原水爆実験が行われたビキニと米軍のミサイル基地のあるこの国は、西太平洋のミクロネシア地域に散在する千二百以上の島からなる海洋国家で、一九八六年十月に独立した。首都はマジュロ。住民のほとんどはミクロネシア系マーシャル人で、プロテスタントを信奉している。

各島に住む住民は、死者が出るとその死因は本人にあるのではなく、外因によってもたらされると信じている。その死霊はたえず生者のそばに彷徨し、ときには危害を加えると考えられ、最も恐れられている悪霊はほかの島から訪れるという。

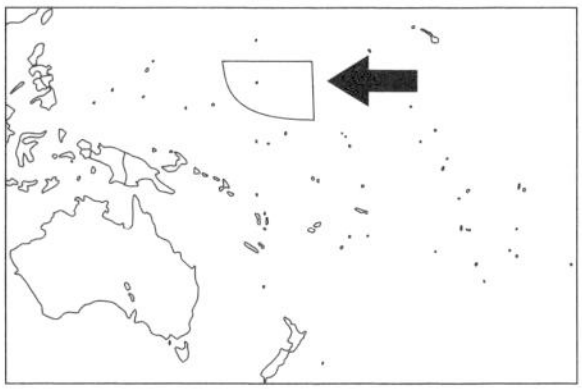

マーシャル諸島
マジュロ市の共同墓地

住民の死亡は、病院で死亡診断書に記録されるのみで、役所に届ける必要はない。またその死はラジオで各島に通報される。葬儀はふつう教会で営まれるが、喪家でも行われる。専門の葬儀屋は存在しないので、各島に散在する部族の長老が葬儀を取り仕切る。個人か所属する組織が一括して香典（現金）を集め、遺族に手渡す。葬儀の後、会葬者には軽食が振る舞われ、遺体は、喪家の庭先か共同墓地の白いペンキに塗られた墓室に葬られる。墓参りの際は、貴重な生花ではなく、色鮮やかな造花が墓前に供えられる。

⑯ ミクロネシア連邦

西太平洋のカロリン諸島を中心とした九百三十の島からなる海洋国家で、一九八六年十一月に米国との自由連合協定にもとづいて独立した。首都はパリキール。住民の大部分はミクロネシア系トラック人やポナペ人で、プロテスタントやカトリックを信奉している。

トラック島では住民に死者が出ると喪家の女性は号泣し、葬儀に近隣の住民は衣料やウコン根、香水などを持参する。葬儀はふつう死亡から三日後に営まれ、かつて遺体は水葬にされていたが、今日ではキリスト教の影響で近くの墓地に埋葬され、近親者はそこで四日間服喪し、その後、故人の所有物はすべて燃やされる。人間には善悪ふたつの霊魂があるとされ、善霊は死後、空に帰るという。

ヤップ島の住民にとって、葬儀は最大の行事である。伝統的な父系家族中心の慣習に従いながら、長老が葬儀の日取りを決める。通夜や葬儀は、村中の人が喪家に集まって、盛大にとり行う。村の教会からは神父が招かれて死者のために祈り、参列者と共に遺体を墓地に運び、祈りを捧げる。かつて葬儀は物々交換の場でもあったため、弔問に訪れた男性は、貝貨や魚や椰子の実を、女性は石貨、腰布や米を持参して分かち合ってきたが、今日において、弔問客

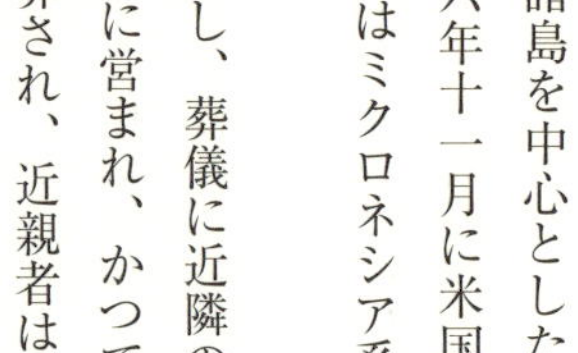

は米ドルなどの香典を持参する。

⑰ グアム準州

日本から空路四時間あまり南下すると、熱帯のグアム島に到着する。第二次世界大戦中、グアム島は日本を空襲する米軍爆撃機の発着基地であったが、今日ではわが国の新婚旅行のメッカとなっている。主都はアガナ。当地はれっきとした米国のテリトリイ（領土）で、米国の入国査証がないと入国できないことはいうまでもない。島民は米国市民権をもっているが、その約半数は土着のチャモロ人やスペイン人、メキシコ人、フィリピン人との混血で、ほかに米軍関係者や東洋系人も住んでいる。住民の大半はカトリック教徒で、アガナの目抜き通りには立派な時計台つきの教会がそびえ立ち、日曜日には地元の礼拝者でにぎわっている。

グァム島
アガナの共同墓地

死者が出た場合はアメリカ本土と同様に、葬儀社を使って葬儀の手配をする。葬儀は教会か葬儀社の礼拝堂で行った後に墓地に埋葬する。

同島に住むチャモロ人は、先祖となった死者の霊（アニテ）は地下に住み、生者を守護すると同時に、供養しないと危害を加えると信じられている。生者の安泰や豊穣を呼び寄せるのにシャーマンが活躍する。

グアム島の北方約二〇〇キロにあるサイパンは、米国の保護領である北マリアナ連邦の一つである。住民の大部分はチャモロ人で、その大部分がカトリック教徒である。その他は中国系や韓国系のプロテスタント教徒である。死亡の折には、神父が招かれ、終油の秘蹟を行う。近親者は関係知己に死亡を通知し、死者が男性ならば兄弟、女性ならば姉妹が死衣を整え、通夜には、夜通し喪家で遺体の傍らに付き添う。近隣の人もこの葬儀の手助けをする。弔問者は現金の香典（イカ）を遺族に渡す。翌日、遺体は教会に運ばれ、葬儀が行われたあ

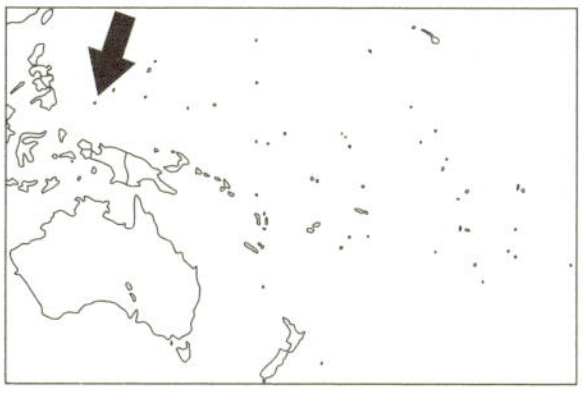

と二十四時間以内に、最寄りの共同墓地に埋葬される。柩は墓地で土の中に埋められ、神父と遺族が、順番にその上に土をかける。その後九日間の命日を経て、遺族は半年間、未亡人や母親は一年間、服喪する。かつて、近隣の住民が総出で葬儀を準備し、大工が柩を用意していたが、最近では、二、三の葬儀社がそうした準備を代行するようになった。

同島には古くから、ワイン・カップの形をした石造の遺跡が各地に残っているのだが、その下から遺骨が発掘されるところから、その遺跡は墓地ではないかと推測されている。また島の中心に位置するススペ市には、マウント・カーメル教会の裏に、島で最大の共同墓地があり、常に生花や造花で満ちあふれている。この入口には、日本人在住者が戦時中に残していった神道の鳥居が立っている。

島の東側の中心地ガラパン市には、米国軍人記念墓地がある。その入口には戦争記念館があって、日米両軍の激戦に関する資料が展示されている。また、島の北方には、日本軍が玉砕したバンザイ・クリフや、日本軍および米軍の戦没者慰霊塔など、多くの戦跡が残っている。

第二次世界大戦の末期、日本本土の攻略をめざす米国は、日本から至近距離にあるサイパン島を占領する必要があった。そのため一九四四年六月に、米国海兵隊が、日本軍の精鋭部隊が死守するこの島に、多くの軍艦の援護を受けながら敵前上陸する。その結果、両軍ともに多大の死傷者を出した。

またサイパン島に隣接するテニアン島は、原子爆弾を搭載して広島と長崎に向かった米国のB29爆撃機の離発着地として知られている。同島のダイナスティ・ホテルの裏手には、その原子爆弾のレプリカが展示されている。島の北方は、現在もなお、米軍の航空訓練基地として使用されている。

島の形がニューヨーク市のマンハッタン島に似ているところから、米軍による占領以来、南北を縦断する道路がブロードウェイと名づけられたり、ある地区が八番街と呼ばれたりしている。唯一の町サンホセには、戦前に建てられたカトリック教会が残っている。

フランス領ニューカレドニア
ヌーメアの共同墓地

⑱ フランス領ニューカレドニア

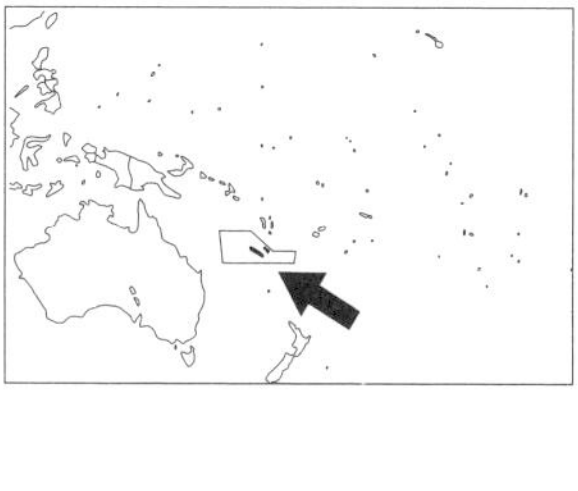

「天国にいちばん近い島」と紹介され、若い女性の憧れの島となっているニューカレドニア島は、フランス領ニューカレドニアの主島である。この島はメラネシアやヨーロッパ系人が人口の大半を占め、近来はフランスからの分離・独立運動も盛んだ。首都ヌーメアは交通の要衝で、小パリといわれるようにフランスの小都市の風情を漂わせる街だが、住民の大部分は戦前（第二次世界大戦）から西洋化され、キリスト教化されている。ニッケルなどの鉱石採掘とその輸出が盛んで、日本人も労働移民として働いていたが、戦後は観光で成り立っており、日本からも直行便が飛んでいる。

死者が出た際は、役所への届け出が義務づけられている。一般に通夜は喪家で行い、葬儀は教会を利用することが多い。ヌーメアには葬儀社もあり、遺体は郊外四キロ地区の共同墓地に埋葬される。これは戦前からある墓地で、大正十四年建立の「日本人之墓」と刻まれた大きな墓碑を中心に、日本人の墓も散在する。戦後には島の近くで沈没した日本の伊一七号潜水艦乗組員九十七人の霊を祀った慰霊碑もたてられた。近年、この墓地から一キロ離れた五キロ地区に新しい共同墓地がつくられ、葬儀用の集会所も併設されている。

もともと先住民族はいくつかの部族に分かれた母系社会で、葬儀ともなれば親類知己が集まり盛大に行われたが、今日では簡素化している。ほとんどが土葬であり、火葬を希望する場合は、近くのオーストラリアかニュージーランドに遺体を空輸しなければならない。

観光化されていない辺境の島では、旧来の伝統的な慣習もみられる。たとえば葬儀の日取りなどは魔術師の占いによるし、「ピロ」と呼ばれる集会所で首長の臨席のもとに盛大な葬儀が営まれる。このとき「ピルリル」という踊りと音楽が、竹筒や草や木の皮を圧縮してつくった楽器のリズムとともに披露されるが、これは死者や祖先に慈悲を求める社会的な儀式であり、観光客にみせるためのものではない。

　ここでは、遺体は葬儀の後、喪家の庭の一角に埋葬される。

ニューカレドニアに住むアジエ人は、死者の霊は地下に住み、時折、地上に出没すると信じられ、地下の世界の入口と考えられる場所には供物を飾り、祈りを捧げる習慣がある。女性の死亡の折には遺体の脇に子供を象徴する木の杖が添えられる。

第三章　アフリカ地域

1　アルジェリア民主人民共和国

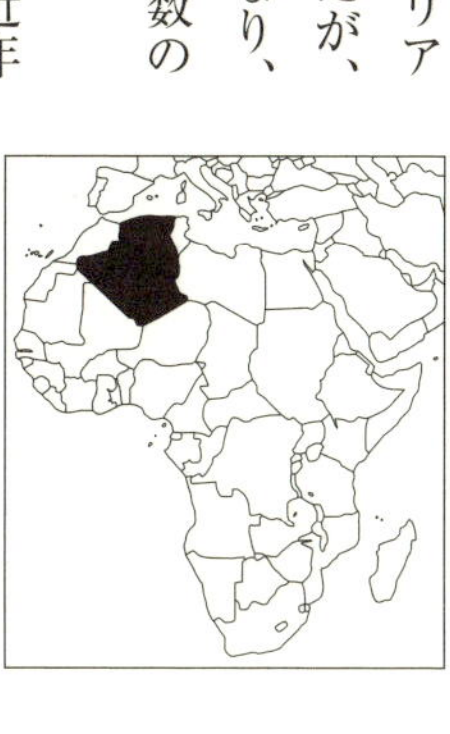

地中海に面した北アフリカのアルジェリアは、百三十年間フランスの支配下にあったが、長い闘争を経て、一九六二年に独立した。住民の大部分はアラブ人やベルベル人からなり、アラビア語が公用語で、イスラム教を国教としているが、信教の自由は認められ、少数のキリスト教徒やユダヤ教徒もいる。首都はアルジェ。

内陸部を除いて比較的温暖な気候で、かつて住民の大部分は農業に従事しており、近年サハラ砂漠で油田が開発されて以来、急速に工業化が進み、特に都市部の発展にはめざましいものがある。首都は古い町で、ここには戦前のフランス映画「ペペルモコ」（邦題「望郷」）で有名な迷路のカスバ（旧市街地）が丘陵地帯に広がっているが、新しい町づくりも始まっている。

都市部には専門の葬儀社があり、死者が出ると葬儀の手配をしてくれる。イスラム教徒はたいていモスクで葬儀を営み、共同墓地に埋葬する。

アルジェで最大のイスラム教徒の墓地はエルケッタルにある。外国人キリスト教徒の墓地はベルクールやサントユージェヌにあるが、この国には火葬の習慣はなく、火葬場もない。

砂漠地帯に入ると、居住地近くに白いクッパ（ネギ坊主のような屋根をした霊廟）をみかけるが、これはベルベル人の宗教的指導者、アラグートを埋葬した廟で、マグレブ諸国（モロッコ、アルジェリア、チュニジア）ではいたるところでみられる。一般の人は共同墓地か砂漠の一角に埋葬されて、あまり顧みられないようだ。

アルジェリア
アルジェのイスラム教墓地

2 アンゴラ共和国

アフリカ最初のポルトガル領であったアンゴラは、一九七五年に解放人民運動が国土を制圧して独立を遂げたが、まだ内戦の後遺症から完全に抜け切らない状態にある。首都はルアンダ。ポルトガル語が公用語になっており、住民の多くはバンツー系の黒人で、大半は土着のアニミズム（精霊崇拝）の信奉者である。独立以前のポルトガル植民地時代の名残りで、カトリックの影響も見逃せない。

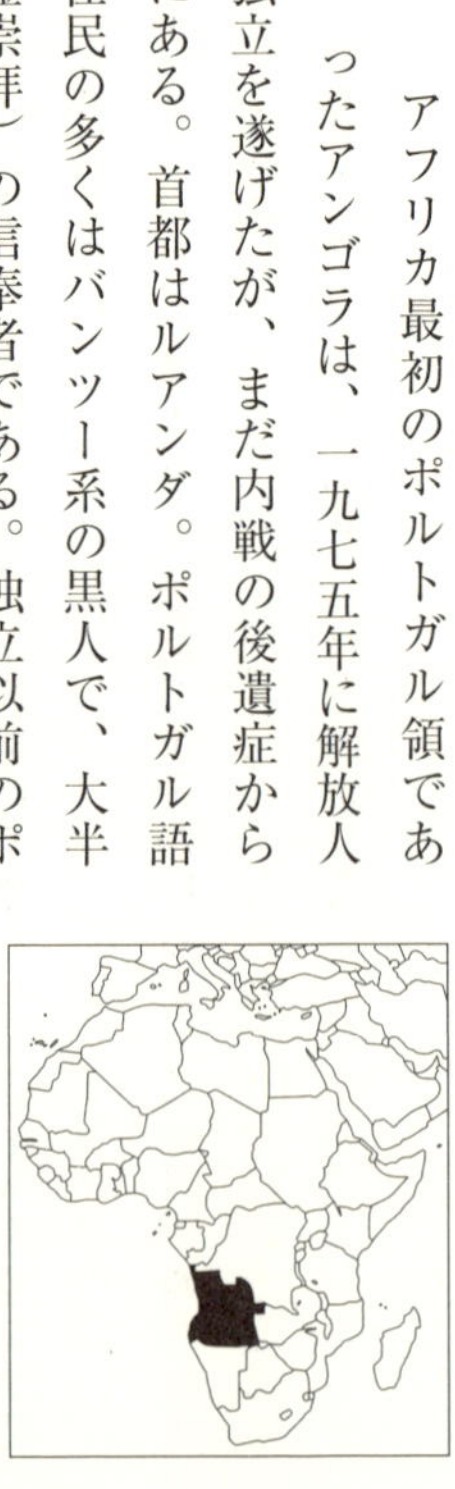

首都はヨーロッパ人が建設したアフリカ最古の都市で、地中海的な雰囲気を残しているが、白人が去りつつある現状では荒廃の度を増しているようだ。

識字率が低く、多人種からなり、部族間の連帯にも乏しく、政府の教育促進政策もあまり効果があがっていない。

特に、残存する原始的なブッシュマン人は厳密な意味での部族意識がなく、居住地を変えながら植物採集や狩猟に頼って生きている。かれらは女性がつくる半円形の小屋に住んでいて、ほかの黒人にみられるような葬儀は行わないらしい。

かつてはキリスト教の宣教活動も盛んであったが、独立後は教会の財産が政府に接収されたため、都市周辺部では現地人によって細々とキリスト教の慣習が維持されているにすぎない。

アンゴラ東部からザイール南部にかけて住むルンダ人は、死者が出ると悪魔の仕業と考える。妻帯者が死亡の折には、死因の如何にかかわらず故人の実家に金品を支払う習慣がある。

3 ウガンダ共和国

世界第三の広さをもつビクトリア湖はウガンダの国土の七分の一を占める。そのため、赤道直下で内陸部に位置するにもかかわらず、気候は比較的温暖でしのぎやすい。首都はカンパラ。

住民のほとんどはバガンダ人で、その多くはキリスト教を信奉しているが、イスラム教徒や土着宗教の信奉者もみられる。

首都など都市部では、かつて英国の植民地であったこともあり、英国的な慣習やものの考え方も残っている。英語が公用語になっているが、地方ではスワヒリ語など部族の言葉を用いている。

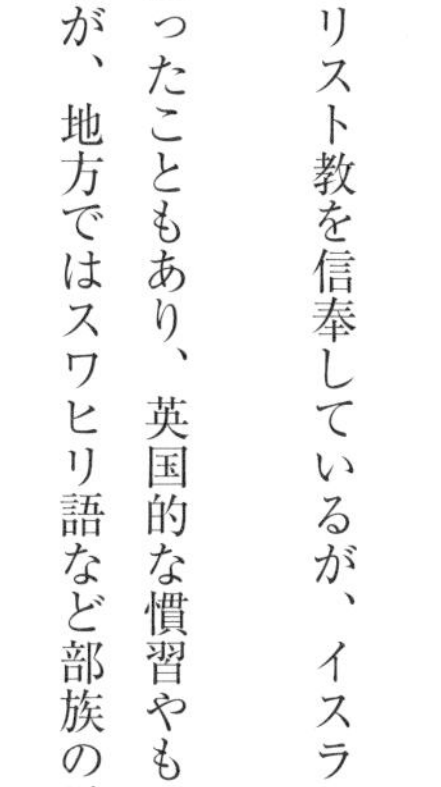

死者が出ると、警察に通報して検視を受けなければならない。検視が終わると、遺体は集まった親類縁者の手で湯灌して白布に包む。かれらは、死は悪霊にとりつかれた結果と考えるから、呪術師を呼んで、祈禱して悪霊をほかに転移させてもらって遺体を清める。部族の長老が采配をふるうが、死後二十四時間以内に埋葬しなければならない。
当地では、葬儀に参列しない関係者は、悪霊にとりつかれると恐れられている。地方では、男性の死なら四日間、女性なら三日間、喪家の庭に死を知らせる焚き火がたかれ、喪家の男性は屋外に、女性は喪家に引きこもる。葬儀の際、弔問者は喪家を経済的に助ける意味で「アマブゴ」と称する香典を持参し、葬儀の費用にあてさせる。今もって大家族主義を重視するため、核家族化した現地人であっても、死亡すれば、祖先の住む地に埋葬されることを希望する。
当地の首都カンパラ市郊外には、キリスト教徒やイスラム教徒の共同墓地が別個にある。私営のカンパラ葬儀社も存在するが、大抵は親戚や関係者が葬儀を手配する。首都のカスビ地区には、かつてのブガンダ王国歴代の王の墓所があり、茅葺きの墓所には、その後裔が住んでいる。歴代の王は死んだのではなく、山の彼方に今もなお住んでいると信じられている。
首都から北西八〇キロのところにあるヴィクトリア湖畔の町ジャンジャは、白ナイルの河口にあたるが、ここに、インドの平和運動家ガンディーの遺灰が撒かれ、記念碑が建てられている。ガンディーは生前ここに多くのインド人を引き連れて入植し、インドで暗殺された。インド人移住者は死亡すると、火葬後、最寄りの湖水か故郷のインドの聖なる河に焼灰を撒く習慣がある。

イテソ人は、死者が出るとその霊魂は肉体から離れてブッシュ（未開墾地）で生きるという。その死霊は貪欲で度々この世の人に危害を加えると信じられており、食物や飲料を捧げる。一旦埋葬された遺体の頭蓋骨は、後に洗骨して改葬される。

ランゴ人は、死者が出ると死霊は肉体から離れて近くのブッシュに彷徨するといわれるが、その祟りはない。男性の死霊は生前と同様に重要視される。

北方の少数民族であるアチョリ人は、人間にとって死は不可欠のできごとであると諦めて、いち早く埋葬の準備にとりかかる。葬儀の規模は地位や年齢によって異なるが、その直前に喪家では簡単、かつ厳粛な葬儀が営まれ、そこで宴や踊りが披露される。死霊の存在は信じるが、天国や地獄といった死後の世界は認めていない。

同じく東北部に住むアルール人は、葬儀の折に家畜の生贄やビールを飲食して踊る習慣がある。

4 エジプト・アラブ共和国

古代ナイル文明の発祥地として知られるエジプトは、地中海やスエズ運河に面した東西交通の要衝であり、アラブ系エジプト人が人口の九八パーセントを占めている。首都はカイロ。一九七一年の憲法では、イスラム教を国教と定めている。

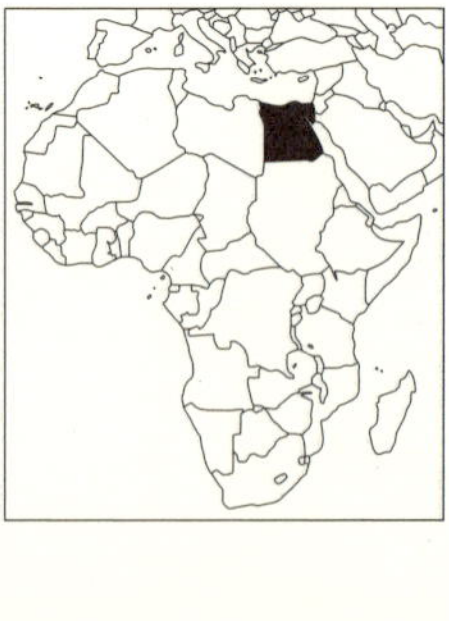

住民のほとんどはスンニ派の敬虔なイスラム教徒で、その厳しい戒律に従っている。メッカの方向に向けての一日五回の礼拝は欠かさないし、ラマダン（断食月）には、夜明けから日没まで飲食を禁じているのみならず、唾も飲み込んではならない。タバコや香水、セックスなど、この世の快楽をすべて慎んでいる。病人や妊婦、老人、子供、旅行者はこのかぎりでないが、病人、妊婦、旅行者などは、別の期間に同じ日数だけ断食をしなければならない。死はいつしか平等に誰にでも訪れると信じる。イスラム教徒にとっては、それは神＝アッラーに召され、天国に生まれ変わるのであるから悲しんではならないとされるが、実際には近

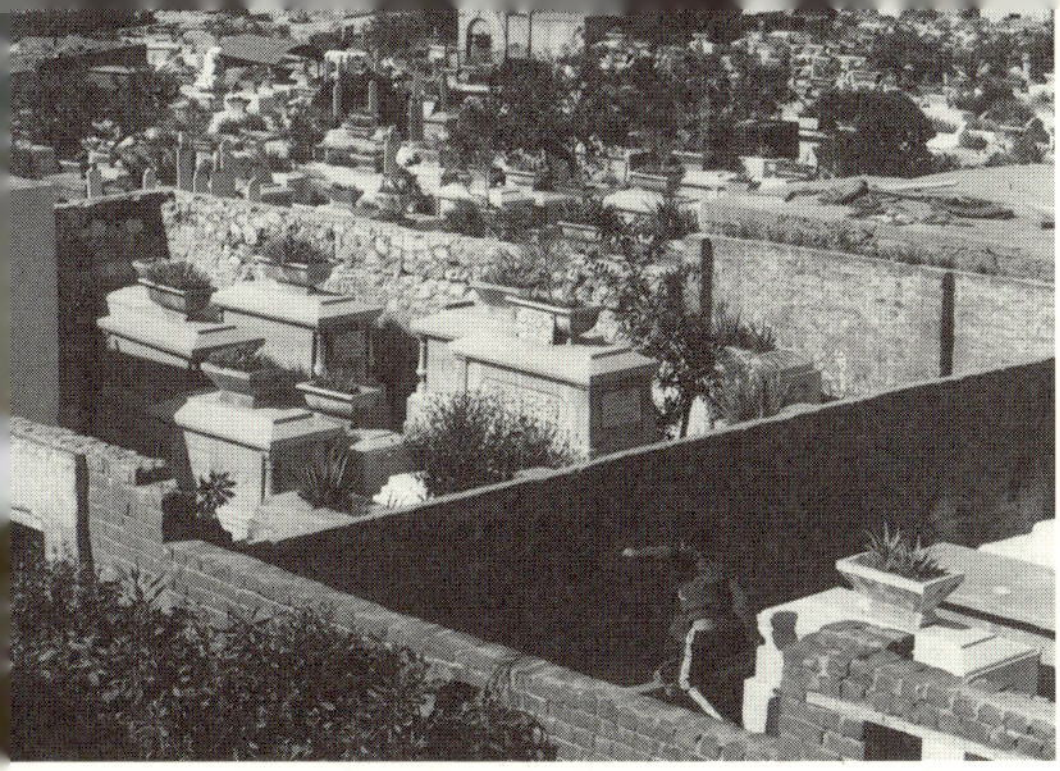

エジプト
アレキサンドリアの公共墓地

親者が死に出会って悲しみ嘆くのは人情というものだろう。『コーラン』には死に関する次のような章句がある。「アッラーのお許しがなければ、誰も死ぬものではない。死の時期は前もって登録されている」（三章一四五節）とか、「お前たちがどこにいようと、たとえ堅固な高楼の中にいようとも、死は必ずお前たちのところへやってくる」（四章七八節）。人間には死の時期を選ぶ権利がなく、この世のできごとはすべて神の意思によって決定されるという宿命論を信じ、ただそれに従うという諦めの境地だ。したがって、死者を崇めて追慕することをせず、近親者への悔やみの言葉も、「神の祝福がありますように」という表現をする。

イスラム教徒が死亡すると、遺体は喪家で湯灌した後に香油をふりかけ、白や緑色の綿の布に包む。金持ちの場合は絹やカシミアの布を用いて棺に納める。続いて共同墓地に行って男女別に埋葬する。

ウラマー（導師）の遺体はモスクの一角に埋葬されることもあるが、首都のリファーイ・モスクには、イランから亡命したパーレビ元国王の墓がある。故ナセル大統領のような英雄になると、霊廟ナセル・モスクがたてられ、その命日にあたる九月二十九日には、盛大な追悼式が行われる。

また、郊外のムカツタム砂丘のそばには広大な死者の町、エル・マデーフェンがあるが、大小さまざまな廟や墓碑がたち並んでいる。廟には居間や台所、洗面所などがあり、生きている人間が住む家と変わらないものもある。ふつうの墓は煉瓦塀や鉄柵でとり囲み、墓室は地下一・五メートルほどのところに掘られ、地表とは階段でつながっている。遺体を埋葬した後は出入口を閉じて、その上に土をかけるのだが、都市の住宅難を反映して、今日ではボアブ（墓守り）以外の難民や脱獄犯が住みついているという。

地方の砂漠地帯では、遺体を埋葬した土の上に丸型の石を置くだけの簡素な墓が多い。

ふつう、遺体を埋葬した後、喪家には近親者や関係者が集まって食事が供され、四日から一週間、喪に服する。地方では、生贄にされた家畜の肉料理（主に羊）が振る舞われることもある。

人の死亡に際し、農村部では、親族が葬儀の手配をする。喪家の庭に黒か白といったテントを張り、「ムクリー」と呼ばれる『クルアーン』の朗唱家を招いて葬儀を行い、羊を屠殺して弔問客に振る舞う。都市部では「ハヌーティ」と呼ばれる葬儀業者に葬儀の手配を委託する。遺体は、モスクに運ばれ礼拝を受けた後、近郊の墓地に埋葬される。かつては葬儀の際「泣き女」が雇われることもあったが、最近その習慣はすたれている。

遺体を葬った墓地は、煉瓦やコンクリートで固められる。墓標も、故人の名と没年を記しただけの簡単なものが多い。

エジプトで忘れてならないのは、コプト・キリスト教徒の存在である。かれらはローマ・カトリック教会とは一線を画し、昔からの伝統的な信仰を守って今日に至っており、その葬儀および葬列の壮麗さには目を見張るものがある。

臨終のときには近親者や友人が集まりその死を看取る。午前中に死亡したときは当日すぐ埋葬するが、午後の場合は当日夜、通夜をし、翌日埋葬する。遺体はよく洗って香水をかけ、男性の場合には通常の服か、ときには聖地を巡拝し、ヨハネのバプテスマにあやかってヨルダン河で沐浴したときの礼服を、女性の場合は結婚衣裳を着せる。そして柩に入れて周囲を花で飾り、頭と足の部分に四本のロウソクを灯す。死亡通知は都市部では新聞やラジオを使い、地方では使い走りをして口頭で伝える。ときには女性が六人で死者の名を呼びながらその死を近隣に伝える。

葬儀には、黒の喪服と女性はベールを被り、特設のテントを張った喪家では髭を剃らない遺族が会葬者を迎え入れる。そのとき、会葬者は遺族と言葉を交わさず、「スワイ」と呼ぶ弔問の泣き声を上げる習慣がある。ここではいっさいの飲食物は供しない。地方ではいまだに葬儀の折に遺族や友人が泣き声をはり上げ、頬を手で叩き、顔や手に墨を塗ることがある。そして聖職者を招き、楽隊を雇って弔歌を演奏する。葬列は大きな花輪を先頭に、白い服を着た子供や先導者の次に十字架を掲げた聖職者が続き、柩やそれを入れた霊柩車、教会要職者や遺族、友人、会葬者がその後に続いて教会や墓地に向かう。埋葬後、遺族や友人たちは喪家に戻って簡単な会食をし、三日間、喪に服す。三日目にはキリストの復活を祝って儀式を行い、そのときに死霊も解放されると信じられている。七日目のキリストが再臨した聖日や十日目の聖トーマスの祝日、四十日目のキリストの昇天日に追悼式を行う人もいる。しかしながら、最近では都市化現象により、これらの儀式を行う人は次第に減少しつつある。

5 エチオピア連邦民主共和国

アフリカ北東部にあるエチオピアは一部が紅海に面し、国土の大半は高地である。住民は、約八十の種族と約四十の地方語があるといわれる多民族国家である。代表的な民族はオロモ人で、それにアムハラ人とディグレ人が続く。アムハラ語が公用語で、中流以上の知識層は英語を理解するが、義務教育制度が確立されておらず、一般の識字率は低い。首都はアディスアベバ。

第二次世界大戦後、コプト・キリスト教のエチオピア正教が国教的な立場で君臨していたが、一九七四年の革命後その特権が剥奪され、イスラム教徒の反撃にあって、宗教は個人的な問題へと還元された。現政府は、教会財産の没収や国有化を進めて、反宗教色を一段と強め、今日、葬送慣習は世俗的なものになりつつある。しかし、一九七五年に死亡した同国最後の皇帝ハイレ・セラシエの棺が二〇〇〇年十一月五日、二十五年ぶりに、かれを国家の長と仰ぐエチオピア正教の首都の大聖堂内に埋葬された。

エチオピア
コプト教会の墓地

一般的に現地人が死亡すると、事故死や伝染病死の場合は、警察や病院にその死を届け出る義務があるが、それ以外では、役所に届け出る義務はない。近親者はただちに親戚、友人に葬儀の日取りや場所を知らせる。とくにエチオピア正教会の信者の場合、最寄りの葬儀互助組合（エンドレ）に、葬儀の手配（葬儀用具や棺桶、墓地など）を依頼する。葬儀（ゲブル・シナ・シラット）は自宅か教会で営み、司祭者による葬儀ミサを受けることが肝要とされている。近親者は黒の喪服を身につける。

死者が出ると、遺体は喪家で湯灌され、木綿の一種、キャラコやモスリンの布で巻いて、さらにヤシの葉を編んだもので包む。遺体のそばで、弔問客

エチオピア
コプト教徒の墓

は死者との近親関係に比例して、関係が近い人ほど激しく泣き叫ぶ。午前中に死亡した場合はその日のうちに埋葬し、午後であれば翌日に埋葬される。エチオピアの主流を占めるアムハラ人は、長老が死亡する直前に告白代理人を招き、遺言を聞き届ける習慣がある。たいてい喪家から教会に運ばれた遺体は、そこでミサを営み、その敷地内にある墓地に埋葬される。伝統的には墓所には何の印もつけず、ただ石を頭部に置くだけの簡素なものである。女性はその折、大声で号泣する。埋葬の四十日後に追悼の祭り用の長方形の小屋で盛大に追悼式が営まれ、多くの関係者が食事に招かれる。

葬列は喪家から出発するが、エチオピア正教徒の場合には、助祭が先頭に立って十字架をもち、司祭者や香炉もち、棺担ぎ、男性の参列者、女性の参列者の順に続く。ときには若い助祭が聖餐用のパンをつくる小麦の袋を先頭で担いだり、葬列が道筋でしばらく立ち止まって棺も下ろして泣き女が哀歌を歌い、参列者がこれに唱和することもある。そうこうしながら、葬列は教会に進むが、境内では雄牛の生贄を屠殺し、葬列はその血のしたたる庭を横切って棺を会堂に運び込んで葬儀ミサを行う。その後に近くの墓地で埋葬式を行うが、すべて土葬である。

南部のオモロ人は、墓に石積みの山をつくるが、墓自体が祭祀の場となったり、記念物となることはない。地方へ行くと、アカシアの林の中に道祖神のような石碑がたっているが、そこに人形が刻まれているのは地域の有力者の墓である。一般人の場合は、墓碑もないままに合葬することが多い。

北部に住むファラシャ人は、キリスト教で教える復活を信じているが、死亡の折には、遺体をなるべく早く近くの墓地に埋葬する。葬儀には多くの関係者が弔辞を述べるが、遺体にふれた者は数日間隔離され、死後一週間、一カ月、一年後に追悼会を開く。

南部の山岳地帯に住むコンソ人において、死は自然現象である。遺体は農地に埋葬されてやがて土に還り、遺族を見守ると信じられている。葬儀は村総出で行われる。羊などが屠殺され、弔問客はその食事にありつけるので、葬儀は一種のお祭りのように騒がしい。男性の墓には三本、女性の墓には二本の「ハウラ」と呼ばれる墓標が建てられ、時々、供物が捧げられる。

また、コンソ人は、死者が出るとその霊が遺体から離れて幽霊になると信じられているが、その死後の祟りはない。首都アジスアベバから約五〇〇キロ離れたところにある標高三〇〇〇メートル付近のエチオピア高原に住むドルゼ族では、生きている人の住居同様に、死者に対しても竹で編んだ小屋をたて、その中に遺体を埋葬する習慣がある。それは住宅のそばにつくられ、いつのまにやらくちはてる運命にある。

エチオピアからスーダンにかけて住むスリ人は、死者が出ると不浄とされて、特別な人の手により山羊の血で遺体が洗われる。戦争での死者は埋葬されず、そのまま放置されて木の枝で覆われるだけである。葬儀の折には家畜が屠殺され、その血で喪家を清めたり、その肉が会葬者に振る舞われる。この世がすべてで、あの世の観念はない。

6 エリトリア共和国

「アフリカの角」と呼ばれる紅海に面したエリトリアは、二十八年に及んだエチオピアへのゲリラ闘争の末、一九九三年五月に独立を勝ち取ったが、エチオピアとの確執で依然、不安定な状態が続いている。首都はアスマラで、住民の大部分は農業に従事し、イスラム教徒やコプト・キリスト教徒が大部分を占める。死者が出るとたいてい最寄りのモスクか教会で葬儀を営むが、女性は墓地での埋葬には立ち会わない。

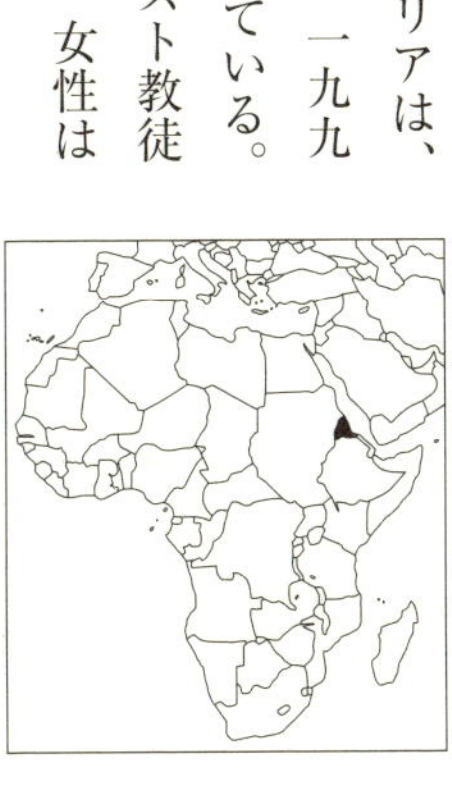

首都郊外四キロの地には、一九四一年の内戦の折に戦った英国軍人戦没者の墓地があり、その左側には同じくインド兵戦没者のヒンズー教墓地がある。

地方に住む少数部族であるナラ人は、毎年、収穫祭（マシュケラ）を行い、各家では灯火を灯して長老の率いる行列に合流し、村の広場に向かう。ここに各家から持ち寄った灯火を積み上げ、その周囲で踊り、その後、はじめて収穫した穀物から作った酒を祖先の霊を祀った墓に供える。

また、テグレイ人は、死者はちょうど生前に裁判にかけられるように、死後に審判を受け、生前の功罪によって天国か地獄に行くと信じられている。

7 ガーナ共和国

大西洋に面し、南アフリカのゴールド・コーストと呼ばれるガーナは、熱帯性気候に属し、十月から翌年三月までの乾季と四月から九月までの雨季に分かれる。国土の中央部を流れるボルダ川や湖によって国土の大部分が潤っている。首都はアクラ。

十九世紀には英国の植民地であったが、一九五七年、第二次世界大戦後、アフリカの植民地ではトップを切って独立し、その後はたび重なる政権交替を繰り返して、今日に至っている。

住民はアカン人やエルベ人など多くの部族からなり、共同体を維持し、それぞれの族長が生活上の実権を握っている。部族ごとに異なった言語や風俗をもっていて、公用語には英語を用いる。

住民の半数近くはプロテスタントやカトリックの信奉者だが、ほかにイスラム教や土着宗教も信奉されている。信教の自由はあるが、宗教団体は政府機関に登録しなければならない。

死者が出ると、首都など都市部では、役所に死亡届を提出しなければならないが、地方では必ずしも守られていない。すべて土葬で、火葬施設はない。

土着住民の中で最大の部族であるアカン人は、死亡するとただちに近親者によって湯灌される。弔問の女性は死を悼んで遺体の周囲で慟哭する習慣がある。近親者は、少なくとも九日間は服喪し、この期間中は断食する。

ガーナはほかのアフリカ諸国と異なって、葬儀は埋葬の日に営むのではなく、部族の定めによって埋葬後、数日や数週間、ときには五年も経過してから行われることがある。

この国は熱帯地方にあるため、遺体の腐敗が早い。そのため、誰かが死亡すれば、通常、二十四時間以内に近くの

ガーナ
アクラ市内の初代大統領廟

墓地に埋葬するのが一般的である。外国で死亡し、遺体を移送するのが困難な場合は、髪の毛や爪を母国に送って埋葬する。肉体は滅びても、その霊魂は祖先のいる黄泉の国（アマサン）に旅立つと信じられている。葬儀は、村の長老が集まってその日取りを協議し、喪家の承諾をえた後、丁寧に営まれる。喪家では、死亡当日ただちに、遺体が女性によって洗われ、白い布によって巻かれてベッドの上に安置される。そのかたわらに、終夜、女性が付き添う。キリスト教徒の場合には、所属する教会で通夜が営まれ、遺族や近親者が終夜、遺体のそばに付き添う。

遺体が納棺されると、男性は墓穴を掘ったり葬儀場の設営をしたりし、女性は食事の準備をしたり弔問者の接待をしたりする。霊魂をあの世に送る大切な儀式とみなされる葬儀には、村人全員が参列し、遺族と共に悲しみ泣きわめく。死者が子供の場合は、その子供が必ずこの世に帰って来ると信じられているので、その葬儀は質素に営まれる。一方、死者が高齢者の場合、その葬儀は、高齢者の死を悼み、村民が集まって盛大に行われる。古代アシャンテ王国の首都クマシ（現在の首都アクラの北西約一五〇キロ）において、歴代の王の葬儀は盛大を極めた。最後の王ボクワレ二世が一九九九年二月二十五日に死亡した際には、葬儀委員会が設立され、五日間の通夜が王宮で営まれた。ケンテ衣に包まれた王の遺体をおさめた柩は、黄金の遺品やアクセサリーによって飾られ、クマシ郊外の王族専用ブレマン霊廟に祀られた。翌年三月十九日から四月二日まで二週間続いた葬儀には、国賓や全国各地の首長や長老が、連日、弔問に訪れた。

かつて地方の村の首長が死亡した際には、通常一年を経過してから、その死が近隣に伝えられ、葬儀が営まれた。近隣国が敵対しあい奴隷が売買されていた時代において、首長の死は政治的空白を生む。この空白につけこむ敵対国や白人の奴隷売買人から村を守るため、首長の死は、新しい首長が就任するまで秘められていたのである（最近ではそうした危険性がないため、死の秘匿の時間は短縮されている）。部族や村によって違いはあるが、葬儀は通常三日間続く。弔問者に食事が供せられ、動物が生贄にされる最終日が、最も

ガーナ
アクラ市内の公営墓地

盛大である。遺族は、茶褐色か黒の喪服を着て、参会者から弔問を受け、共に葬儀まで死者と和解するよう試みる。また、死者の霊魂が無事に祖先の国に旅立てるよう、ドラムによる賑やかな踊りが披露される。かつて未亡人は、夫の死後一年間、黒の喪服を着ていた。

葬式の日取りは、伝統的には月曜日か木曜日に行われ、土曜日もこれに加えられる。葬儀当日の朝には太鼓が打ち鳴らされ、弔歌が歌われる。集まった女性と近親者の男性が部族の集落中を三回まわってから葬儀の宴会が始まる。ほかの集落からも続々と会葬者が集まり、遺族はオレンジ色の粘土を肩やひたいに塗り、未亡人はラフィアヤシの葉を肘につけて故人との血縁の深さを表す。それ以外の関係者は赤や黒の布を身につける。近親者は葬儀後に頭髪を剃り落とすので一目瞭然だが、髪は埋葬地の上に置かれる。

葬儀の費用は会葬者の香典から賄われるが、不足金は喪家や部族全体で調達し、葬儀の約一週間後に収支決算される。都市部でも年々葬儀が盛大になり、地方新聞に死亡広告を出すが、この費用がガーナの公立中学校寄宿舎生徒の一学期間に要するものに等しいという。ガーナの一流新聞『デイリー・グラフィック』紙全一六ページのうち、四ページが毎日死亡広告で埋まり、「ゴースト・デイリー」と皮肉られるほどである。

葬儀の盛大さは死者の名声に比例するということから、人々は競って大金を投じ、金持ちは四万ドル、中流家庭でも三〇〇〇ドル（二〇〇五年現在）は使っているという。そこで、教会や族長から批判の声があがり、派手な葬儀や広告を法律で禁止しようという提案もある。

在留邦人はアクラを中心に商社関係者が滞在しており、同市のコルレブ病院の前庭には野口英世博士の胸像がたっているが、側面に「忍耐」と漢字で刻まれているのが印象的だ。近年この地には創価学会への帰依者が生まれて信仰の輪を広げつつある。

ガーナ北西部から隣国ブルキナファソにかけて住むロダガ人は、ほかの多くの部族と同様に、人の死に際して捧げ物をすることによって、あの世で生き長らえる魂は安んぜられると信じられている。その一例として、友人を失った若者は次のような鎮魂歌を歌っている。

君と僕とは生前中、かけがえのない仲間だったけれど、今朝、君は神に召されて亡くなったことを聞いて駆けつけた、いつも君と僕は一緒にいたことを誰もが知っている

その君を神は持ち去ってしまった。誰もが知っているいつも一緒に飲んでいたビールを、君に飲んで貰おうとここに持って来たよ

そしてあの世に無事に旅立つように鶏を君のそばに置いて行く

この鳥は君がどこかへ行きたいときには、君が旅立てるように、夜明けの鳴き声を上げるから、誰もがその鳴き声を聞いて起き上がり、そのあとを従うように、この鶏のあとに従って行きなさい

そして君の目的地の家にたどり着いたなら、あの世の人々とあたたかい気持ちで接しなさい

そこでは何も怖がることもなく、その人々のしているようにしなさい。もし君と僕とが今まで一緒にいたために、ひとが怒って君を殺したのなら、あるいは君自身が死にたいと思って神に召されたのなら、僕もあとから従って行くから先に行きなさい。ここにある二〇コーリー（銭）は、あの世へ渡る河の渡り賃だから持って行きなさい

くれぐれもあの世に無事にたどり着き、あの世の人々と逢えるように、そして魔女を射るように、この矢を持って行きなさい

もしも君と同様に、誰かが私に望むなら、ビールと鶏を差し上げよう。しかし誰もがそれを要らないのなら私自身が飲みあかし、今日の君との友情の終わりを嘆きたい

以上の歌から知られるように、最愛の人の死亡の際には、葬儀の折にその好物や鶏などの捧げ物をし、わが国と同様に、三途の河を渡る渡し賃や魔除けの矢を遺体のそばに置く習慣がある。

⑧ カーボベルデ共和国

アフリカの西海岸沖にある諸島で、一九七五年、ポルトガルの植民地から独立した。住民の約半数が主島であるサンチャゴ島に住む。首都はプライア。

住民の大部分はポルトガル人と黒人の混血や、そのほかの黒人からなり、カトリック教を信奉している。死者が出ると教会で葬儀を営み、墓地に埋葬する。

ここでは死者が出ると、村総出で葬儀に参列し、一緒に会食する。近親者の女性は特に数カ月間服喪し、金持ちの家では「サラ」と呼ぶ部屋で弔問客に応対する。

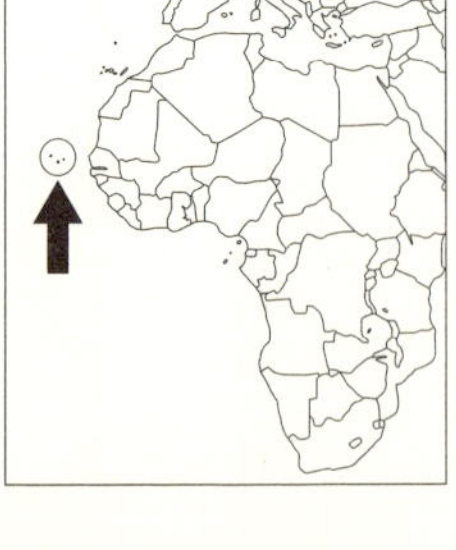

⑨ ガボン共和国

大西洋に面する赤道直下のガボンは熱帯地方にあるため、高温多湿で森林が繁茂し、林業が盛んである。首都はリーブルビル。

住民は大部分がバンツー系の諸民族とファン人で、カトリックが優勢だが、これは土着宗教と混淆したもので、土着の神アナンベや祖霊マルンビなどと並行して信奉している。一九六七年公布の改定憲法では信教の自由がうたわれている。

かつてフランスの植民地であったせいか、首都や石油積み出し港のポールジャンティではフランス式の生活様式が残っており、公用語もフランス語である。シュヴァイツァー博士の開設したシュヴァイツァー病院も内陸部のランバレネにある。

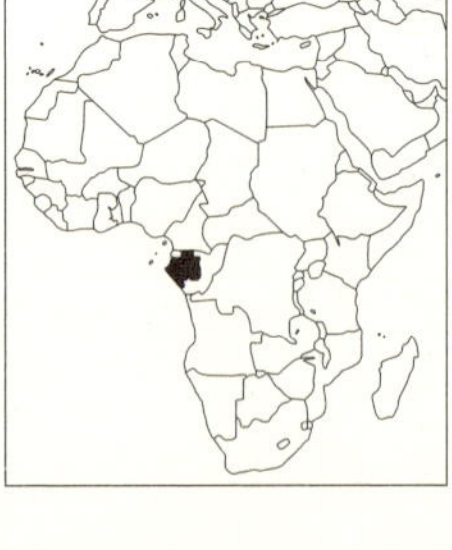

ガボンには大別すると七つの部族からなり、細別するとその数は六十余といわれる。それぞれに部族意識が強く、言語や風習も異なるので、葬祭慣習も画一的には述べられないが、通夜は喪家で、葬儀は喪家や教会やモスクなどで行われるようだ。

都市部には共同墓地や教会付属墓地があるが、地方では部族指定の墓地に埋葬する。

⑩ カメルーン共和国

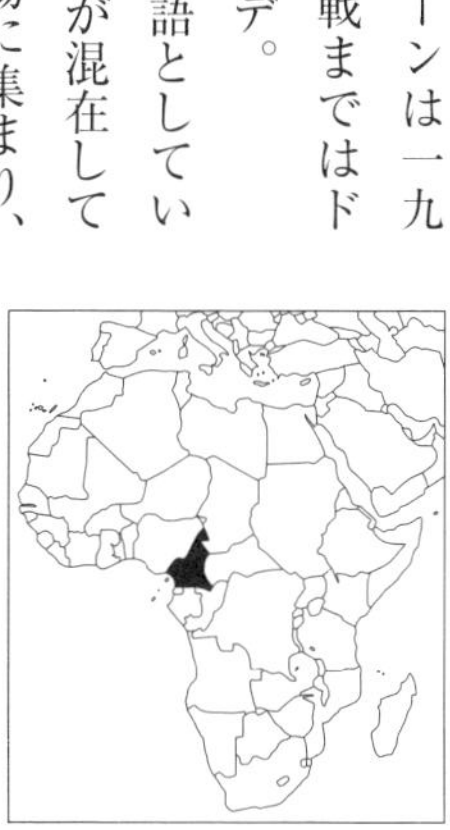

アフリカの西部、ギニア湾に面したカメルーンは一九六〇年に独立した新興国家で、第一次世界大戦まではドイツの、それ以後は英国、フランスなどの保護領となっていた。首都はヤウンデ。

バンツー人やセミバンツー人が住民の大半を占め、英語とフランス語を公用語としている。住民の約半数がキリスト教徒を自称しているが、イスラム教、土着の宗教が混在していて祭りの行事が多く、何かにかこつけてはあらゆる装身具を身につけて広場に集まり、楽器を打ち鳴らして踊りまくる。

現在の人には戸籍がないので、死亡しても役所に届け出る必要はなく、地域の人々がそれぞれの慣習に従って葬儀を営む。辺境の未開の地域にあっては葬儀は一週間も続くが、その間は男性が仮面をつけて踊る姿がみられる。死者の頭蓋骨は喪家の下、少し深い所に埋められて、ときどき掘り起こされて食事が捧げられる習慣もある。

首都や湾岸都市ドアラにはヨーロッパ人やインド人、中国人も住むが、葬儀はそれぞれの慣習に従っている。同地の先住民族といわれるのは原始的なピグミー人だが、現在では南部の森林地帯に数千人が住むのみである。

フルベ人は、人が亡くなると太鼓をたたいて近隣の人に知らせ、遺体には黒い布で目隠しをし、喪主は白い帯を腰にまいて弔問を受ける。人々は喪家の外庭で「アイ・ヤ・ア」と叫びながら、剣をもったり、丸太や石を振りかざしながら踊り狂う。女性の中には涙をこぼし、「ア・ア」とか「アバ・アバ」といって地上を転げ回る人さえいる。遺体は近くの土饅頭型の墓地に埋葬されるが、数年たつと跡形もなくなってしまう。

一般に火葬の習慣はなく、したがって、火葬場の施設もないが、ヒンズー教徒の場合には郊外で荼毘にふすことがある。死者が出ると、ラジオで訃報が放送され、関係者は喪家に駆けつけ、近親の女性は大声を上げて泣く。

葬儀においては、専門の吟遊詩人（グリオ）が死者の冥福を祈って歌い踊るという習慣がある。また、同国の北西部マン地方に住む多くの部族のうち、ダン人は、葬儀の折に、男性が仮面を被り、死者の精霊になりきって踊る。この慣習はちょうど、マリ共和国のドゴン族のそれに似ている。

バイ人の村落には「アバ」という集会所があり、男性はそこに寝泊まりし、女性は喪家の台所の土間に寝、灰をかぶる習慣がある。葬儀（デューイ）は数日間続き、埋葬後、近親者は水で身体を洗い、火あぶりの儀式の後に喪が明ける。

バミレケ人は、人が死亡すると女性の近親者は号泣し、公衆の面前で死因の検証が行われる。埋葬は死後、二十四時間以内に行われ、一週間の服喪がある。その間、近親の男性は剃髪し、青か黒の喪服を身につける。後に後継者は先祖の頭蓋骨を墓所から発掘して壺に改葬する習慣がある。

⑪ ガンビア共和国

大西洋に面するガンビアは、十八世紀後半にアフリカで最初の英国植民地になった地であり、アメリカ大陸への奴隷貿易も早く、アレックス・ヘイリーの著書『ルーツ』の舞台にもなっている。首都はバンジュール。

住民の約半数はマリンケ人で、英語と部族語を公用語とし、イスラム教を信奉する人が多い。キリスト教徒の大半はカトリック教徒で、バンジュール地域に集中している。地方ではアニミズム（精霊信仰）も根強く残っていて、神の祟りをなだめる呪術師も活躍する。葬儀の際には盛装して踊り歌う習慣がある。ほとんど土葬である。

⑫ ギニア共和国

大西洋に面するギニアは一九五八年十月にフランス領から独立して以来、帝国主義反対、新植民地主義反対、人種差別反対の旗色を鮮明にし、政治的にも経済的にも社会主義体制をとっている。首都はコナクリ。

住民はマリンケ人、フラニ人、スウスウ人のほか十五の部族に分かれる。人口の約四分の三がイスラム教徒で、ほかに土着宗教やキリスト教を信奉しているが、白人のキリスト教宣教師は国益に反するとして国外に追放された。

ギニア人の同部族間における同志的結束は非常にかたく、外国人に対しては閉鎖的で、接触したがらない。住民の識字率は低く、それぞれの部族語を用いるが、有識者の間ではフランス語が公用語になっている。

近隣諸国と同様に、地方では土着宗教の呪術や祖先崇拝、神霊を信ずる人が多いが、首都近郊ではイスラム教徒が大半を占める。特にデアロンテ人、サラコレ人、スウスウ人にはイスラム教徒が多い。

イスラム教徒は、人が亡くなると遺体を洗って白い布で覆い、ゴザの上に寝かせる。その日のうちに遺体は男性のみで墓地に運ばれ、墓穴には木の葉が敷かれ、その上に頭をメッカの方向に向けて横たえられ、土がかけられる。墓はたいてい緑の多いところに作られ、墓地からの帰りには悪霊に取り付かれないように、振り向いてはならないという。死後、三日、七日、四十九日に追悼の集いが喪家で行われ、子供の死の場合には鶏、大人の場合には羊、そして富豪の場合には牛が届けられて参会者や近隣者に供される。

⑬ ギニア・ビサウ共和国

アフリカ西海岸にあり、国土は全般的に標高が高く、資源が乏しい国である。一九七三年にポルトガルの植民地から独立した。首都はビサウ。住民の大部分はバランテ人やフラニ人でイスラム教を信奉している。死者が出ると葬儀をモスクで営み、墓地に埋葬する。神アッラーへの敬虔な信者には死後の幸福が約束されると信じられている。

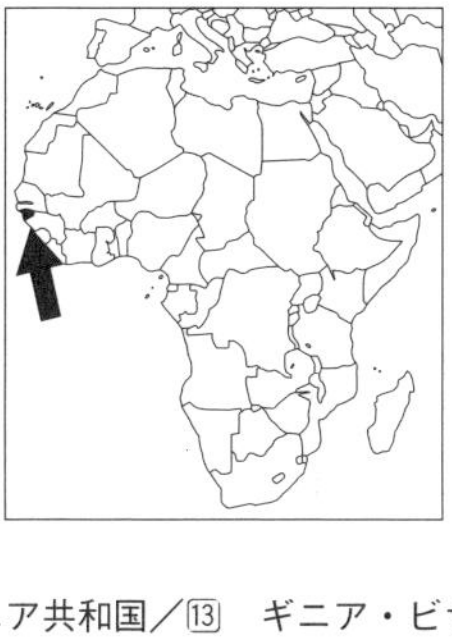

⑭ ケニア共和国

赤道直下、中央アフリカのケニアはインド洋に面し、国土の大部分が高原と山地である。野生の動物の宝庫といわれ、国の中央ケニア山（海抜五一九九メートル）は万年雪を抱いてそびえている。首都はナイロビ。

ケニア
ナイロビのキリスト教墓地

住民はバンツー系ニグロのキクユ人、ルオ人やナイロティック系などの部族からなり、それぞれの土着宗教を信奉している人もいるが、内陸部では主にキリスト教、インド洋沿岸部ではイスラム教が広く信奉されている。

部族社会の互助組織が発達し、死者が出ると、各首長の采配のもとに部族民が助け合って葬儀を準備するが、熱帯地方のため、すみやかに指定の墓地に埋葬しなければならない。首都に住む地方出身者が死亡すると、遺体に防腐処理を施し、トラックで生まれ故郷まで運んで、故郷の地に埋葬する。この地では年長者が尊敬され、その言動に従うべし、とされている。

地方に住む人々には未来という観念が薄く、それはまさしく神のみぞ知る、という範疇にある。したがって、死は現実的な生の最後で、それは甘受するしかない自然の摂理ととらえ、葬儀に際しては歌って踊って、そして祈る。たとえば、カレンジン人などは、近年まで人が死んでも埋葬しないでブッシュ（未開墾地）に放置したり、川に流したりしていた。また、テソ人は喪明けに、完全に死者を忘れるという儀式で祝う。

かれらは西洋人がもたらした啓示宗教に批判的で、「西洋人は聖書をもってアフリカにやってきた。そのとき、アフリカ人は土地をもっていた。ところが、今では西洋人が土地をもち、アフリカ人が聖書をもっている」と皮肉っている。

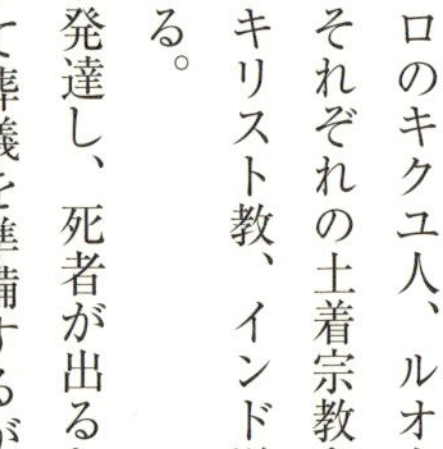

現地人の死は病死であれ事故死であれ死魔の仕業と信じられ、特に邪視を恐れその厄払いを欠かさない。人が死亡するといち早く関係者に口頭や電話で通知する。都市部には私営の葬儀社が存在し、著名人は新聞に死亡および葬儀の日時、場所を公告する。葬儀は喪家か教会などで営まれ、遺体は最寄りの共同墓地か喪家の片隅に埋葬されるが、地方出身の家族は、死後、故郷の墳墓に埋葬されることを望んでいる。

都市部では、インドからの移住者も多く、かれらは当地の経済的な実権を握っている。そのくせ現地人とはあまりなじまず、ヒンズー教など固有の宗教や慣習を保持し、死者が出れば野天火葬場で火葬にしている。

貧富の差がはげしいケニアでは、都市部の金持ちは、たいていキリスト教徒で西洋人並の盛大な葬儀を教会で営み、共同墓地に石碑をたてるが、圧倒的多数を占める地方の貧困な住民は、粗末な棺に遺体を入れ、関係者の見守る中を喪家から程遠くないところにある畑の一角を掘って埋葬し、会葬者一同が土をかけ、花を供える。そしてそこに墓碑をたて、喪家で精進落としの簡単な食事を振る舞われる。といっても貧しい遺族にとっては大変な出費になるので、親戚や友人知己が金品を拠出するという互助の精神がはたらき、中には借金して葬儀を行う人もいる。

ケニアから隣国タンザニアにかけて散在するマサイ人は、死者には質素な葬儀を営み、死後の世界の観念はない。後継者のいない死者はしばしば呪われる。

ナンジ人は幼児や老人の死者のみ埋葬し、成人の場合には火葬にする。死亡の折には、家族の長老がどの死霊が次の世で幼児に再生するかを占う。

トルカナ人は、死者が出ると一般に近くのブッシュに放置されるが、母親や成功者の遺体は埋葬される。その折、死霊が生者に危害を加えないように魔術や妖術が用いられる。

⑮ コートジボアール共和国

南アフリカ大西洋に面したコートジボアールは長い間フランスの植民地で、その名が示すように象牙の取引が盛んであった。住民はギニア系黒人が大半である。一九六〇年に独立して以来、新興国家として意気軒昂だが、識字率も低く、前途多難な道を歩んでいる。首都はヤムスクロ。

一九六三年発布の改正憲法では信教の自由をうたっているが、政府の方針としては土着信仰の迷信的要素を一掃しようと、イスラム教やキリスト教に改宗することをすすめ、教会学校には国庫補助もしている。当地にはハリス教会といってキリスト教と土着宗教の混淆した独特の民族宗教があって、地方に根強い信者を

コートジボアール
アビジャンの公営墓地

擁しているが、アビジャンでは衰弱ぎみで、ほかのキリスト教派に併合されつつある。

現地人が死亡したときには、医師の死亡診断書をもって役所に行き、埋葬許可書をもらう。各地区には共同墓地があり、そこの管理人に許可書を差し出せば希望の墓所を無料で提供してくれる。関係者への死亡の通知は言伝えや電話、ラジオなどを通じて行われ、埋葬は死亡当日か翌日に行われ、最寄りの墓地に埋葬する。通夜は通常四日間行われ、会葬者は黒の喪服を着て喪家にお金か白布（キンティ）などを持参する。葬儀は死亡八日後にモスクか教会で行い、地方では族長が葬儀を取り仕切る。墓地はイスラム教やキリスト教などの宗教単位に区別されておらず、混合している。それだけ宗教間にあまり確執がないということを意味する。旧首都アビジャンにはイボセップ社という葬儀社が唯一あるのみで、他は近隣のものが葬儀を取り仕切る。

一般に葬儀は専門の吟遊詩人（グリオ）が死者の冥福を祈って歌い踊るという習慣がある。また、同国北西部のマン地方には多くの部族が住み、その一つであるダン族では、葬儀の折に男性が仮面を被り、死者の精霊になりきって踊るという、ちょうどマリ共和国のドゴン族のそれに似た慣習も行われている。旧首都アビジャンにはジスカール・デスタン高速道路近くのウイリアム・ビル地区の丘の上に公共墓地があり、立派な墓碑が林立している。

約六十の部族からなるコートジボアールは、それぞれに生活習慣も異なるので一概にはいえないが、一般に祭事や踊りを好み、葬儀も盛大に行われる。たとえば、最近死亡した元大統領フェリックス・フーホエ・ボエニーの葬儀は生まれ故郷ヤムスクロのローマ・カトリック教会で二カ月間営まれ、その後、遺体の入った青銅製の棺はアカン人の首長にふさわしく、多くの貴金属の副葬品を添えて埋葬された。

北方に住むドユラ人は、死亡の折に村落の長老が行う死霊を払う魔術を信じているが、今日では廃れる傾向にある。都市部のキリスト教徒は区画された墓地に埋葬するが、地方では部族の指定した場所に埋葬することが多い。東部の金持ちには、死者のために等身大のリアルな人形をつくって、墓地の門番代わりにするところもある。

外国を旅行するアフリカの人は、ヨーロッパ人が信じる聖クリストフような旅行者の守り神をもたないせいか、故郷で死ぬことを望み、長途の旅に出かけるときには前もって周倒な準備を怠らない。すなわち、「祖先の土地を離れる一週間前には、どうしても生贄を捧げなければならなかった。人々は黒猫を殺して祖先の霊に捧げ、旅に出る者が旅先の異国で死ぬことがないようにと祈った」という。

⑯ コモロ・イスラム連邦共和国

マダガスカル島とアフリカ大陸の間のモザンビーク海峡にある三つの火山島と珊瑚礁からなる国で、一九七五年七月にフランスの植民地から独立した。首都はモロニ。古くからイスラム商人の寄港地として知られ、シナモン、バニラなどの香料の産地で、最近では怪魚シーラカンスの生息地として脚光を浴びている。住民はニグロ、アラブ、マレー系の混血であるコモロ人で、ほとんどがイスラム教スンニ派に属している。なお、少数のキリスト教徒とバハイ教徒も存在する。

⑰ コンゴ共和国

中央アフリカの新興国コンゴは、国土の約半分はジャングルで、土着のコンゴ人やバンツー系の部族が住む。フランス語が公用語であるが、一般にはリンガラ語などを用いている。

一九七八年の革命の結果、約三十の宗教団体が現政府によって弾圧され、現存を許されているのはローマ・カトリック教会、コンゴ福音教会、救世軍、イスラム教団、キンバンギスト教会、ゼフェリン・ラシ教会、天理教の七団体である。その中ではローマ・カトリック教会が優勢だが、天理教も一九六六年以来、首都ブラザビルで布教を開始、医療奉仕活動を通じて現地の人の心

をつかみつつある。ピグミー人などの一部は土着宗教の信奉者である。

　年間を通じて高温多湿なので、死者が出るとすみやかな埋葬が必要であり、葬儀の後に土葬にする。首都近郊には特定の墓地があるが、地方には少ない。葬儀や埋葬は夜中に行われる。なぜなら、死はすべて生と反対の世界と考えられ、死者にとっては夜が生きる世界と信じられているからである。葬儀は首長の主導のもとに営まれ、生者と死者との間に立って、遺体にとりつく悪霊が村に災厄をもたらさないように祈る「ピンドーキラ」の儀式を行う。

　部族によって葬送慣習が異なるが、「ザンビ」という名の神、「ビンユンバ」という善なる祖霊、「バクユー」という祟りの祖霊を信じ、祟りの祖霊を恐れて供犠を行うところが多い。アニミズム（精霊崇拝）も復活しつつある。

⑱ コンゴ民主共和国

　アフリカ大陸中央部、赤道直下に位置する同国（旧ザイール）は、世界有数の大河ザイール川によって盆地が開け、その周辺は未開のサバンナ地帯になっている。住民の大部分はバンツー系の先住民族だが、東北部にはピグミー人も住む。フランス語が公用語だが、大半はそれぞれの部族語を話す。

　当地では祖先崇拝を主とした土着信仰が根強く、キンバンギストという土着化したキリスト教やカトリック、プロテスタント、イスラム教の信奉者もみられる。

　首都キンシャサなどの都市部はある程度近代化してきている。したがって、病院で死亡すると喪家に連絡されるのはもちろんだが、職業的な葬儀社が存在し、依頼すれば葬儀や埋葬の手配等も代行する。当地の葬儀社はマタビシ（チップ）を事前に請求するが、仕事は非能率的だ。

　火葬の習慣はなく、火葬施設もない。キリスト教徒以外の葬儀は喪家か墓地で行い、その折に白い花を供える習慣もあるが、あまり一般的ではない。地方ではそれぞれの部族の習慣に則り、親類縁者が集まって広場で盛大な葬儀を営み、指定の場所に埋葬する。

　死霊の存在を信じ、祟りを恐れて呪術師にお払いをしてもらうことが多い。また、バマンガラ人など北部の諸民族が用いる棺は、人体の形に彫った木製のものである。

北東部に住むエフェ人は、人が亡くなると太鼓で近隣に知らせ、男性が亡くなると妻は、異母兄弟や同腹の兄弟に叩かれる。逆に妻が亡くなると夫は、自分の兄弟たちに衣服を引き裂かれる。喪家を訪れた近親者の女性は自分の体に泥を塗り、男性はそのまま地面に坐り込む。遺体は終日、喪家のベッドに横たえられ、これらの近親者や弔問者は地面に七転八倒し、号泣する。その後、遺体は新しい布に包まれて納棺され、村落の墓地に埋葬される。遺族や近親者は一、二週間、同じ地面に坐って寝食を共にするが、遺族は体も洗わず、水も飲まずに喪に服す。後に体を洗い、短剣や槍や「ボロンボロンボ」と呼ばれる銅輪を身につけ、「ピリ」という黒や「ポリカニ」という白の喪服を着、「テケ」と呼ばれる葬儀を営む。その日取りは一定していないが、金品が十分集まった時点で行い、当日、会葬者は布や鶏や酒や現金を持ち寄る。

ルバ人は、死者が出るとその死霊は生者に危害を与えるというので、厄払いの儀式が不可欠となる。無縁の死霊は来世では地下に住むと信じられている。

スク人は、死者が出るとその当日埋葬し、故霊は遺族を見守る存在として尊崇される。死後も生前と同じ生活が続くと信じられていて、墓所の周囲には家財道具が置かれる。

ザイール盆地に住むテンボ人は、老人の死以外は悪魔の仕業であると信じて、呪いを解くために丁重な儀式を行っている。遺体はよく洗浄して布を巻き、あの世で困らないように、手に食料や衣類を持たせて、郊外の墓に埋葬する。近親者は七日間の服喪をし、未亡人は本人の同意のもとに故人の兄弟の一人と再婚し、故人の遺産は長男が相続する。

⑲ サントメ・プリンシペ民主共和国

アフリカ西海岸沖にあるサントメ島とプリンシペ島などからなる諸島で、一九七五年にポルトガルの植民地から独立した。首都はサントメ。大部分の住民はバンツ

ー系黒人で、ローマ・カトリック教を信奉し、女性の地位が高い。葬儀はたいてい教会で営まれ、遺体は墓地に埋葬される。

⑳ ザンビア共和国

南部アフリカの内陸部に位置するザンビアは、ザンベジ川やルアンガ川流域を除いて、海抜一〇〇〇メートル以上の高原地帯で、気候は比較的温暖でしのぎやすい。首都はルサカ。

住民はトンガ人、ニャンジャ人、ベンバ人、ルンダ人の多くの部族からなり、それぞれの土着宗教を信奉しているが、首都などの都市部ではキリスト教やイスラム教、ヒンズー教を信奉している者が多い。ほとんどが土葬だが、インドから移住したヒンズー教徒の間では一部に火葬もみられる。キリスト教徒には供花の習慣があるが、一般には普及していない。

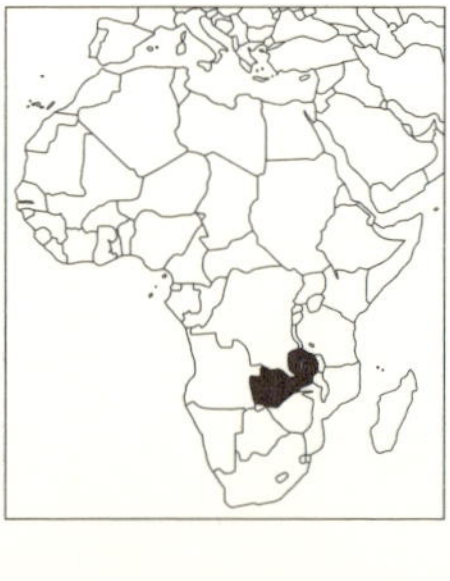

ザンビア
リビングストン郊外の墓地

英国の植民地であったせいか、英語が公用語で、都市部ではヨーロッパ的な風習もみられる。地方では旧来の大家族主義をとっているため、冠婚葬祭は盛大に行う傾向にあり、葬儀も長期間におよぶことがある。

国家や部族意識が強く、すべての行事に結束してかかるため、排他的であるかのような誤解を受ける面もある。外国人が現地の行事などの写真を撮る場合には、特に注意を要する。

ザンベジ川河畔に住むロジ人は、死者が出ると遺体を屈折させ、住居から外に搬出する。近くの墓地に埋葬する野辺の送りの途中では、死霊がそこから戻って生者に祟らないように呪文が唱えられる。遺体の傍らには故人の生前中の遺品が添えられ、近親者は墓穴に土をふりかけ、墓所には壊したアリ塚や墓標を置く。故人の住宅は跡形もなく壊して、死霊がまとわりつかないようにする。首長が死亡するとその権威を誇示するために葬儀は盛大をきわめ、墓所には周囲に木柵をめぐらす。

ザンビアからジンバブエにかけて住むトンガ人は、幼児や子供の死亡には略式の葬儀が営まれ、その霊は母の母体に帰って再生すると信じられている。成人の死亡者には盛大な葬儀が営まれ、遺体はビールがふりかけられ喪家のそばにただちに埋葬される。かつては屈葬されていたが今日ではすたれた。

21 シエラレオネ共和国

西アフリカ南西部にあり、一九六一年四月に英国から独立し、首都はフリータウン。住民はスーダン系メンデ人やテムネ人からなり、土着信仰やイスラム教スンニ派を信奉している。

テムネ人は、死者が出ると親族が集まっての葬儀後、遺体は喪家の周辺に埋葬される。社会的地位の高い人物の葬儀は盛大をきわめる。故霊が生者に危害を与えないよう鎮魂の儀式が行われる。

22 ジブチ共和国

紅海の入口にある世界一の灼熱の地として知られ、一九七七年六月にフランスから独立し、首都はジブチ。住民はソマリア系イッサ人やクシ系アファル人が大部分を占め、イスラム教スンニ派を信奉している。死者が出ると、ほとんど同じ日に遺体を埋葬する。

23 社会主義人民リビア・アラブ国

地中海に面した北アフリカのリビアは、第二次世界大戦で統治国イタリアが降伏した後、米英仏の占領下におかれたが、一九五一年に独立を実現した。首都はトリポリ。国土の大部分が砂漠で、良質な石油の産油国であるところから急激な経済成長を遂げ、外国資本を閉め出して国有化を達成、自給自足を目指している。

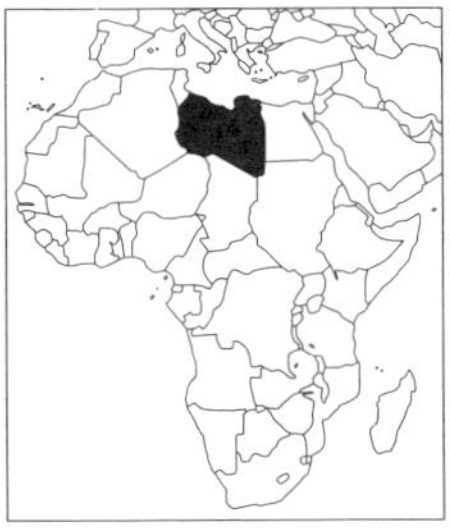

リビア・アラブ国
ガダメス公営墓地

住民の大部分はアラブ人やベルベル人で、イスラム教スンニ派を国教とする。しかし、一九六九年制定の憲法で信教の自由は保障されている。アラビア語が公用語で、外国文字を一掃するという国粋的な政策をとっている。絶対的な労働力不足および熟練労働者の不足により、近隣のエジプトやチュニジアなどからの出稼ぎ移民も多く、人口の一割近くを占めるが、かれらの国とは風俗習慣も共通する面が多い。

死者が出ると、喪家では水と石鹸で遺体を洗い清めた後に、白布で包んで納棺する。葬儀は喪家かモスクで営み、棺は近親者の肩に担がれ、葬列を組んで墓地に向かう。そこで、棺から取り出された遺体は、頭をメッカの方向に向けて埋葬する。その上には板石かセメント製のタイルを敷いて土饅頭にするか、墓碑をたてる。敬虔な、あるいは富裕な遺族はその後、数日間、導師を自宅に招いてコーランを唱和する。リビアはサウジアラビアと並んでイスラム教の戒律の厳しい国柄で、あらゆる会合に飲酒でもてなすという習慣はない。

㉔ ジンバブエ共和国

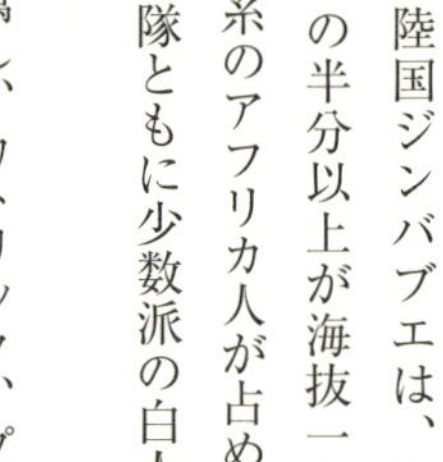

南アフリカの内陸国ジンバブエは、かつて南ローデシアとも呼び、国土の半分以上が海抜一〇〇〇メートルの高地にある。気候が温暖で、住民は主にバンツー系のアフリカ人が占めている。一九八〇年に英国から独立したが、経済、行政、司法、軍隊ともに少数派の白人が掌握している。首都はハラレ。

白人の大部分はアングリカン（英国国教会）に属し、カトリック、プロテスタントの諸教派にも属しているが、黒人の多くは土着宗教であるムワリ神を信奉している。

死者が出ると、検視官への通知が義務づけられている。また、首都には葬儀社もあって、依頼すれば葬儀いっさいの業務を代行してくれる。葬儀は喪家か教会で行い、たいていは土葬だが、首都には火葬場もある。墓所は購入制で、

葬儀には黒の喪服で参列する。一般的に葬儀は喪家か教会で営まれ、その後、遺体は最寄りの墓地に埋葬される。各都市には私営のドゥス葬儀社があり、葬儀の手配をするが、第二の都市ブラバヨのクロッカー葬儀社には火葬の設備もある。地方では地域の住民総出で手伝い、部族によっては妻が死亡するとその財産は実家が引き取るところもある。

ジンバブエの大部分を占めるショーナ人は、祖先崇拝を大切にするがあの世の観念は希薄である。死者の遺体は葬儀後、なるべく村落から遠くに埋葬する。伝統的な家系では死亡してから一年後に追悼式を行う。

ジンバブエ
ハラレの公営墓地

㉕ スーダン共和国

スーダンとは「黒人の地」という意味だが、アフリカ北東部にあり、一九五六年に英国とエジプトの統治領から独立した。アラビア語と英語が公用語で、住民の大部分はアラブ人と黒人の混血で、イスラム教スンニ派やコプト・キリスト教を信奉している。南北にわたって広いため、風俗習慣も地域によって異なり、首都ハルツームなどを除いた地方では、いまだに部族単位の原始的な宗教が信奉されている。一九七三年に制定された憲法では、信教の自由を保障しているが、イスラム教を国教と定めている。

都市部で死亡した場合は、医師の死亡診断書をもって、最寄りの保健省所属の誕生・死亡登録事務所に届け出、そこで遺体処理許可書をもらわなければならない。

同国では熱帯地にあるため、遺体の腐敗が早い。埋葬に参列するのは男性のみで、墓地の穴に遺体を葬り、土をかぶせた後、煉瓦や石からなる簡素な墓をたてる。通常、男性は三日、女性は四カ月十日のあいだ服喪する。死によって霊肉は分離し、その霊は神に召されると信じられているため、遺体はたんなる物体とみなされ、墓参りもあまり一般的ではない。

ここでは主としてスーダン西部に住むベルディ人の葬送慣習を紹介す

スーダン
郊外墓地

る。死期が近づくと周囲の近親者は、床に横たわる身体を南に向け、死亡が確認されると近隣の人々にその旨を告げてまわり、通知を受けた人は当日の葬儀か、遅くとも死亡三日後に行われる生贄祭に参列する。たいてい遺体は、死亡当日に喪家に近い墓地に埋葬され、夕方に葬儀が営まれるが、夕方以降に死亡したときは翌日に埋葬される。死者が男性の場合には、村落の長老であるファキか年長の男性が、女性の場合は、年配の女性が遺体を湯灌する。遺体の開穴部には香料をかけた綿がつめられ、白布のカファンに包まれる。

　墓地では若者が北から南に向かって土を掘り、六人の男性によって担ぎ込まれた遺体はその中に埋められる。この折、運搬に参加すると幸運が舞い込むというので、多くの男性が交互に運び、遺体の足を先頭にし、頭は常に南に向ける。埋葬にはイスラム教の習慣に従って女性は参列せず、遺体の頭を南にして顔はメッカの方向に向ける。村落の長老の簡単な祈りの後、参列者は遺体を埋葬した盛土の上に土をかけ、頭と足の部分には墓標をたて、盛土の周囲には動物たちに荒されないように刺のある枝で囲う。

　喪家にもどった参列者は、女性が用意した羊や山羊の焼肉を振る舞われ、その後三日間、喪に服す。三日後の生贄祭に参列できなかった人は、七日後や四十日後の追悼会に出席するが、その折、香典を包む習慣がある。そのほかは食料などを持参する。生贄になる家畜は喪家の男性か近親者が殺し、料理する。女性はそのほかの副食物を料理する。参会者はそこで村落の長老を先導にコーランを唱和する。金持ちの葬式ともなると、コーランの専門唱者（フガラー）が十五人から二十人も招かれて、会葬者と共にコーランを読誦する声も一段と高まり、喪家の牛は屠殺されて食用に供され、ときには相続させる牛がなくなってしまうほどだ。

　会葬者の多くはイスラム教の数珠をまさぐり、デュアと称する神の名を繰り返し唱え、一回終わると「サラーム」（平和あれ）と唱和し、それが七千回に及ぶのを「ジューリア」という。すると死者の罪が消え、唱える人に祝福があると信じられ、それを七回、計四万九千回唱える。死後、七日や四十日、それに一年目にはささやかな生贄祭を行い、故人の冥福を祈る。近親者の服喪期間（メータン）は六、七カ月続き、その間、いっさいの慶事や晴れ着を避け、未亡人は四カ月と十日間、家に籠もり、村落の人も二カ月間喪に服す。

ファリ人は、死者が出ると遺体を坐らせ、綿と獣皮で包む。野辺の送りは一両日中に営まれ、墓地に坐ったまま埋葬されるが、死者の祭りは一カ月後に行われる。二回目の死者の祭りは男性の場合は三年後に行われ、女性の場合は四年後に行う。しかし、こうした伝統的行事は次第にすたれる傾向にある。

サバンナに住むバガラ人は、人が死亡すると喪家に関係者が集まり、女性は号泣し、一晩中通夜を営んで翌日、埋葬する。その後、四十日間服喪し、喪明けに盛大な供養をする。

スーダン共和国、コンゴ民主共和国、中央アフリカ共和国に住むザンデ人は、人の死は悪魔の仕業と考えられ、死霊は生者に危害を加えると恐れられ、呪術師によって悪魔払いの祈禱が必要とされる。

㉖ スワジランド王国

南アフリカ共和国の中の独立国スワジランドは、一九六八年、英国から独立以来、黒人部族バンツー人のムスワティ一家の支配する世襲君主制国家であり、ウンジンバ山にはその先祖代々の墓所があって、その崇敬者は年に一度、そこに伝統的な衣装で参集する。

同国は、バンツー人が国民の大部分を占め、太陽神の末裔と信じられている歴代王家が支配している。同国は一九六八年に英国から独立を果たしたが、その際の功労者である王ソブーザ二世を記念して、ロバンバ市にある国会議事堂や国立博物館の隣りに、記念堂が建てられた。その中央にある銅像の両横には、ライオンの像がある。「スワジ」の国名は、王の就任時に、百獣の王ライオンが屠殺されることに由来する。

首都ムババネには、私営の葬儀社（埋葬会社）があり、人が死亡すると葬儀の手配をしてくれる。通夜には、弔問の女性が共に嘆き悲しみ、喪家で賛美歌や弔歌を歌う。共同墓地は市の近郊の高台にある。その大部分はキリスト教徒墓地で、その一角にユダヤ人墓地がある。イスラム教徒はというと、市近郊の山地に遺体を埋葬する。葬儀の際、遺族は黒の喪服を着て参列し、墓地に遺体を埋葬後、喪家で精進落としを振る舞う。地方では、部族の長が葬儀の采配を振るい、その指示に従って、遺体が指定の場所に埋葬される。喪家は約一カ月のあいだ喪に服す。またそのあいだ窓に灰を塗る習慣もある。

住民の死亡に際しては、運命共同体としての部族単位で葬儀を営み、近くの墓地に埋葬するが、外国人が死亡した場合には、首都ムババネの葬儀社が葬儀の手配や遺体の国外託送を引き受けている。

スワジ人は、死者の社会的な地位によって葬儀の規模が異なる。部族の長は、盛大な葬儀の後に所有する家畜の囲いの入口に埋葬される。死霊は、遺族をいつまでも見守る存在として尊崇され、冠婚葬祭の折に供物が捧げられる。

27 セイシェル共和国

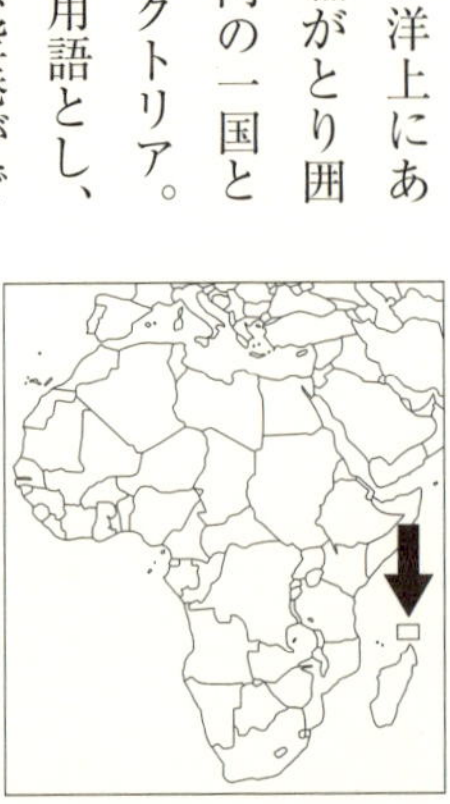

セイシェルはマダガスカル島の北方、インド洋上にあって、九十二の島からなる。島全体を白珊瑚礁がとり囲み、あたりの海はアクアマリン一色に透き通って美しい。一九七六年に英連邦内の一国として独立した新興国で、東西交通の中継地として重要な位置を占める。首都はビクトリア。住民はアフリカ系人種やフランス人との混血が多く、英語、フランス語を公用語とし、そのほとんどがカトリックを信奉している。首都のあるマーエ島には、近年国際空港ができて海外からの観光客も立ち寄るようになったが、ほかの島ではあまり人影もみられず、未開拓の自然の美しさをとどめている。

セイシェルの葬儀は一般に教会で行われ、遺体は近くの墓地に埋葬するが、一部のインド系ヒンズー教徒は野天火葬場で遺体を火葬にし、海に遺灰を流している。

㉘ セネガル共和国

アフリカ中央部の大西洋に面したセネガルは、一九六〇年に独立したが、かつてフランスの植民地であったせいか政治的、経済的、そして文化的にもフランスの影響が残っていて、首都ダカールは「アフリカの小パリ」と呼ばれる。

住民はウォロフ人、セレール人、プール人など多人種からなり、そのほとんどがイスラム教を信奉している。都市部にはカトリック教徒もおり、フランス的な風俗習慣が行われている。

セネガル
ダカールの公営墓地

セネガルの宗教は、黒人のイスラム教といわれるように、土着のアニミズム（精霊崇拝）が混淆したもので、「マラブー」というイスラム教の導師は、魔術や病気治しも兼任している。したがって、戒律はそれほど厳格ではないが、豚肉や酒類は原則としてとらない。ラマダン（断食月）から七十日目に行われる犠牲祭には、低所得者の家庭でも羊一匹を殺してアッラーの神に捧げて盛大に祝う。

死者が出ると、都市部では法的手続きをとった上で、私営の葬儀社に依頼して葬儀の手配をすることもあるが、一般には喪家に親類縁者が集まって通夜をし、モスクか教会で葬儀を行った後で墓地に埋葬する。火葬の習慣はなく、したがって火葬場もない。

現地人が死亡すると、遺族は医師から死亡診断書をもらい、最寄りの役所に届け出て、近くの共同墓地に埋葬する。イスラム教徒の場合は導師が、キリスト教徒の場合は神父が司祭する。死後七日目に墓参した後、八日目に追悼会を喪家で行う習慣があるが、それ以降はあまり墓参りをしない。地方の葬儀は部族の族長が取り仕切り、会葬者はお金か家畜を持参し、共に会食する。イスラム教徒は、死者の冥福を神アッラーに祈る際、最後に「アミン」と唱和する。

セネガルやガンビアに住むオロラ人は、死者が出るとイスラム教の慣習に従って葬儀を営み、自殺者の場合は地獄に直行すると信じられている。

29 ソマリア共和国

紅海の入口にあって、インド洋に突き出ているソマリアは、国土の大部分が山地と砂漠で、一九六〇年に英領ソマリランドとイタリア信託統治領ソマリアがそれぞれ独立して合併、社会主義革命党が全統治権をもったが、一九九一年の同政権崩壊以後内戦状態に入っている。その後周辺関係国の介入などもあり、曲折を経て二〇〇四年に成立した暫定連邦政府は「ソマリア共和国」を国名としているが、対立する武装勢力との抗争の中で実行支配地域はなお限定的であり、現時点で同政府は国際的に承認されていない。

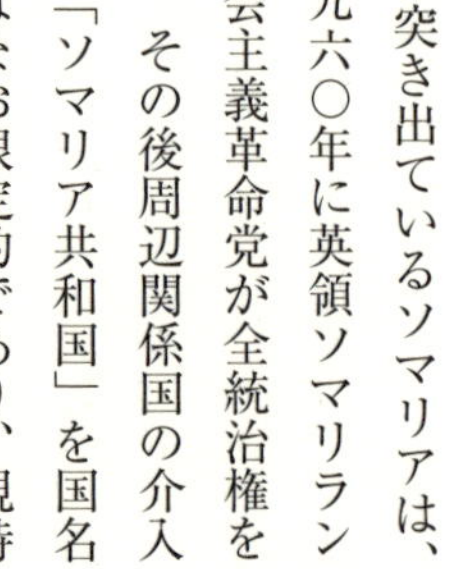

住民の多くはソマリ人で、牧畜を業とする遊牧民が多い。かれらはイスラム教スンニ派に属している。

旧政権下では、死因が事故などの場合は、遺体は警察の検視を受けて最寄りの病院に運び、診断を受ける必要があった。病院で死亡したときは、医師が発行する死亡診断書をもって役所に届け出て、遺体の埋葬場所や日時を明記した埋葬許可書の交付を受けていた。

死者がイスラム教徒の場合は、遺体は湯灌した後に布を巻く。喪家かモスクでイマーム（導師）によって葬儀が営まれ、墓地に埋葬される。葬儀の費用はふつうは喪家が負担するが、親類縁者が負担することもある。埋葬後は、喪家に関係者が集まって精進落としをし、毎年追悼会を行う。

旧首都には私営の葬儀社が存在したが、地方では親類縁者が葬儀の手配をする。イスラム教徒以外の人は、各自の信条に従って葬儀を行うことができるが、ソマリアには火葬の習慣がなく、当然ながら火葬場もない。

貧困と飢餓にさいなまされるこの国では、住民の大部分がイスラム教スンニ派に属し、死亡の際に遺体を水や香水で清め、白い衣で包んで葬儀を営むという通常の儀礼も、ときには省略しなければならないことが多い。遺体は葬列を組んで墓地に運ばれ、男女別々に埋葬する。その折、会葬者は「アッラー・アクバル」（偉大なるアッラーの神よ恵

みを垂れたまえ）を連句する。

埋葬の際は、遺体の頭部をメッカの方向に向けて埋葬するが、その上に石を積み重ね、頭の部分にはとがった石を置いている。イタリア人の墓地はモガディシオの郊外にヨーロッパ風の墓碑をたてている。

ソマリアや近隣諸国に住むソマリ人は、大部分がイスラム教徒で、死者が出ると遺体は生者に害を与えるというので、なるべく早く埋葬する。葬儀は神アッラーの栄光を祝福し、墓所は僻地にあって目立たない存在だ。

㉚ タンザニア連合共和国

タンザニアは、海抜五八九五メートル、アフリカ最高峰のキリマンジャロで知られる新興国で、スワヒリ語と英語を公用語としている。バンツー系ニグロ人種が大部分で、少部族からなる住民の多くはイスラム教かキリスト教、土着宗教のいずれかを信奉しているが、信教の自由は保障されている。島嶼《とうしょ》部の住民の大部分はスンニ派のイスラム教徒である。

死者が出た場合、死因が事故や不自然なときは検視官の立ち会いが必要だが、ふつうは役所への届け出だけでよい。葬儀は喪家か教会、モスクで営まれる。先住民は土葬であるが、ヨーロッパ系白人やアジア人は火葬も可能である。

インド洋に面する首都ダルエスサラームには火葬施設もあり、骨壺も特別注文で取り寄せることができる。墓地は教会付属のものか私営のいずれかだが、地方では部族の特定の場所に埋葬するのが一般的である。

葬儀の際の供花の習慣は最近のことだが、都市部では広く一般にも普及するようになって、特にキリスト教徒の間にこの習慣が定着するようになった。

内陸部に住む遊牧民族のマサイ人は死者が出ても、葬儀らしいことをするわけでなし、死後の世界もあまり考えず、遺体は僻地に放置するようだ。

31 チャド共和国

アフリカの内陸国チャドは、北部はサハラ砂漠となっていて乾燥しているが、南部は高温多湿の森林地帯で変化に富んでいる。住民も多種多様である。首都はヌジャメナ。

一般にイスラム教や土着宗教の信奉者が多く、特に北部住民の大部分はイスラム教徒である。葬儀の方法も部族の慣習によって異なり、死者の地位や年齢に応じて厳密に規定されている。

チャド湖地方では、死者が出ると、臨終を迎えた部屋の中の床、戸口のわき、屋敷内の家畜囲いの中、山林、四つ辻、木の洞などに、遺体を獣の皮に包んで埋めるのが一般的である。

北部遊牧民の間では、遺体は砂漠に埋葬してその痕跡をとどめないようにする。一方、南部の農村地帯では、地域民が総出で鳴り物を鳴らしたり、舞踏をして盛大に営む。遺体は集落の片隅や住居の床下に埋葬する。

チャド南部に住むサラ人は非イスラム教徒であり、死者が出ると故霊（デル）は肉体から離れて生きるとされ、葬儀は地域社会の統合の象徴として重要視される。

チャドからセネガルにかけて住むフラニ人は、イスラム教を信奉し、死者のこの世での信仰や善行如何によって天国に生まれると信じている。

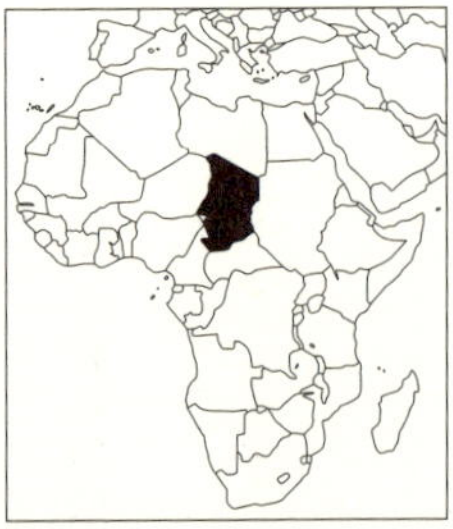

32 中央アフリカ共和国

中央アフリカ共和国は、文字どおりアフリカ大陸中央の内陸部に位置する。高原地帯が続き、平均海抜は六〇〇メートルという。住民はピグミー人やバンダ人などの部族からなり、公用語はフランス語であるが、一般にはサンゴ語を用いている。首都はバンギ。

住民の大多数はそれぞれの土着宗教を信奉しているが、キリスト教の布教活動も活発で、ローマ・カトリック教会、兄弟教会などは教育、医療施設ももっている。首都に住む移住

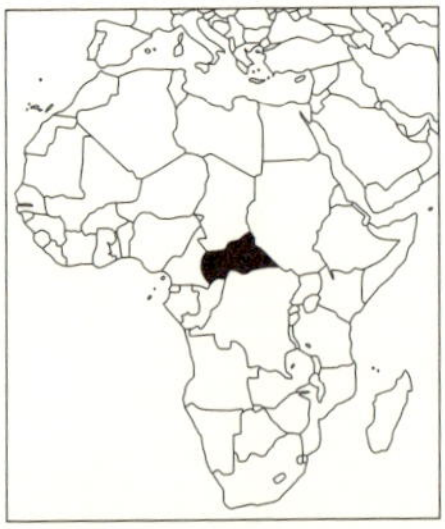

者にはイスラム教徒もいる。

年間を通じて高温のため、死者が出ると役所に届け出た後はできるだけ早く土葬にするが、葬儀には血縁のみならず部族の人々を多く招いて宴会を催し、ご馳走を振る舞うしきたりがある。

キリスト教徒やイスラム教徒の葬儀は、喪家やそれぞれの属する教会やモスクで行ってから墓地に埋葬する。墓地は宗教ごとに別になっていて、キリスト教徒の墓を除いて、一般に質素である。

チュニジア
チュニスの公営墓地

㉝ チュニジア共和国

北アフリカの地中海に面したチュニジアは、その昔、ローマ帝政時代には、ローマの穀倉と呼ばれたほど肥沃な国土だ。強烈な太陽の光のもと、白壁にブルーの窓枠の屋並みが目を奪う。住民はアラブ人と少数のベルベル人からなり、大部分がイスラム教徒で、ユダヤ教徒、ギリシャ正教徒なども存在する。首都はチュニス。ヨーロッパ諸国との交流が密接で、風俗習慣にも西欧化したところがあって、若い人の間ではイスラム教の影響は薄れつつある。しかし、その反面、イスラム原理主義を信奉する強硬派も存在する。

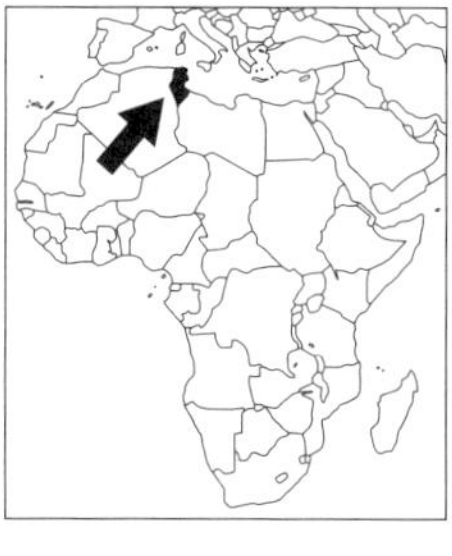

死者が出ると、医師の死亡診断書をもって役所に届け出なければならない。都市部では私営の葬儀社を使って葬儀の手配をするのが一般的である。喪家では遺体の湯灌をした後で、白布を巻く。葬儀は喪家かモスクで営んだ後に、墓地に運んで埋葬する。女性の埋葬への立ち会いは許されない。供花の習慣もなく、埋葬した後はあまり墓参はしないという。墓石は半円形の石灰石を積み重ねたものが多く、墓碑銘もない簡素な墓が多い。

首都には、アフリカ最初のモスクであるカイラワーンがあり、スーク（市場）内のオリーブのモスクなどとともに観光名所となっている。ラマルサには、第二次世界大戦当時の連合軍戦没者のための軍人墓地がある。市内中央墓地には、白一色の素晴らしい墓碑が立ち並び、道路一つ隔てた隣の総合病院で死亡した遺体は、直接、地下道を通って、この墓地に運ばれるようになっている。また、地中海沿岸都市のモナステールには、前の大統領ブルギバの霊廟があるが、これはすでに生前からたてられてあった。海外からの援助資金のかなりの部分を回したと噂されたほど立派な廟は、黄金色に輝くドーム風のモスクになっている。

㉞ トーゴ共和国

西アフリカのギニア湾に臨む南北に細長い国で、首都はロメ。南北に細長いこの国の横幅は、たったの五〇キロである。首都ロメには、百万人の人間が住んでいるが、隣国ガーナの首都アクラと比べると、あまりにぎわしくない。住民の大部分はスーダン系エベ人で、一九六〇年八月に独立した。農業を主体とし、土着信仰やカトリック教を信奉している。北部では少数のイスラム教徒も存在する。

現地人が死亡すると、遺族はその通知を役所に届け出て、二十四時間以内に遺体を最寄りの墓地に埋葬する。キリスト教徒が多いものの、彼らは同時にブードー教徒であるため、教会で葬儀を行った後、死霊を浄める祈禱を呪術師から受ける。イスラム教徒は、遺体を直ちに墓地に埋葬し、遺族は死後七日目と四十一日目に関係者を喪家に招いて追悼する。葬儀の際、死者が高齢者の場合、遺族は白衣を、若者の場合は黒衣を羽織る。海岸線に位置する町アネホの公共墓地においては、キリスト教徒の墓碑は陶板に焼き付けた遺影からなり、印象的である。

ブードー教の本場であるこの国から、かつて奴隷として中米や南米に送られた人々を介し、ブードー教は広がりをみせた。ブードー教は、呪物を崇拝する一種の原始的宗教である。人々は死霊の祟りを恐れ、女性呪術師が祈禱を行う際、動物の生贄を捧げる。その残骸の多くは山羊や亀、コブラ、鳥などである。ロメの郊外にある呪物市場には、呪いの代償物であるクギを刺した人形やら安全のお守りやらが所狭しと売られている。彼らはいつも祖先の霊と一緒にいると信じているので、人の死をあまり嘆かない。現地人の多くは、写真を取られると、魂を抜かれると信じているので、写真撮影をとても嫌がる。

エベ人は、死者の霊（ルボ）はしばらくこの世に留まり、それを慰霊しないと生者に危害を加えると信じている。

葬儀は人生最大の行事で、楽隊が招かれ、会葬者は食料や酒を持ち寄り、数日間喪家の周囲で踊りまくる。

㉟ ナイジェリア連邦共和国

中央アフリカの大西洋に面するナイジェリアは、一般に高温多湿だが、中央部のジェス高原以北はサバンナが続き、一面、無の世界である。かつては奴隷貿易が盛んであったが、英国植民地となって以来、商業を振興させ、今日に至っている。首都はアブジャ。

多人種国家で、全国に大小二百四十八の部族を数え、北部ではイスラム教、南部ではキリスト教の勢力が伯仲しているが、土着宗教も信奉されている。

死者が出ると、都市部では医師の死亡診断書をもって役所に死亡届を出し、私営の葬儀社に委託して葬儀の準備をすすめるが、イスラム教の場合はモスクへ遺体を運び、葬儀の後に墓地に土葬にするのが一般的である。

地方に住む部族の場合は、場所や部族によって異なるが、葬儀の取り決めなどは部族の首長が絶対的な権限をもち、その指示に従って行う。

たとえば、ヨルバ人は、死者が出ると近親者が遺体を洗って赤いカム染料を塗り、死衣を着せて三日間喪家に安置する。遺族は、エグングン（死者を表す仮面をかぶった人）の司祭パパラオにうかがいをたて、その指示によって故人の寝室の下かピアザ（墓）に埋葬するが、死後に困らないように衣服や食物をそこに供える習慣がある。故人は死んだのではなく、アビク（亡霊として再生）したと信じられている。死後二、三カ月後に再び追善の儀式を正しく行わないと、祟りがあると恐れられている。喪家の女性たちは葬儀のとき、顔や腕に白い粉や灰を塗る習慣もある。

南部のイボ人は、かつては老人だけを墓に埋め、ほかの死者はブッシュ（未開墾地）に放置した。

住民には火葬の風習はないが、在留邦人が死亡した際に州政府から特別の火葬許可をとり、葬儀社に依頼し、郊外のブッシュ内でたきぎを集めて荼毘にふした例がある。ラゴス市内には教会付属か私営の墓地があり、墓所さえ購入すれば、特に私営の場合は外国人でも埋葬が可能である。当地に進出したヨーロッパ人専用の墓地は、各地に散在し、その石碑にはとても立派なものがある。

北部に住むハウサ人は、イスラム教を信奉し、死後の運命は生前の信仰と善行如何により神アッラーの審判によって天国か地獄行きに選別されるという。

イグボ人は、社会的に貢献した死者の葬儀は盛大をきわめ、この世と同じような来世に生まれ変わると信じられている。

ヤコー人は、死者が出ると悪霊にならないように祈禱師や妖術師によって魔術や妖術をかけてもらう。祈禱師や呪術師の死霊はほかの死霊と異なって、生者の世界の地下に住むと信じられている。

ナイジェリアからベナンにかけて住むヨルバ人は、死者が出ると故霊は空に住むか、この世に再生すると信じられている。社会的に重要な人物の葬儀は盛大をきわめ、その影響力は死後も生者に及ぶとされ、恩恵を被るために供犠を行う。

ナミビア
ウィントフックの現地人墓地

㊱ ナミビア共和国

南西アフリカのこの新興国は、国土の大半がナミブ・カラハリの砂漠と高原地帯からなり、土着のバンツー系ツワナ人や未開人種として知られるブッシュマン人やナマ人（ホッテントット）が住むが、都市部には白人も居住し、そのほとんどはキリスト教徒である。首都はウィントフック。

死者が出ると、政府から弔慰金が支払われる。かつてドイツの植民地であっただけに、都市部では市営の葬儀社が欧米式の葬儀万端を取り仕切る。首都郊外には新旧の共同墓地があり、新しい墓地には火葬設備もあって、よく整備された墓地に立派な墓碑が立ち並んでいる。僻地の砂漠地帯に

は、かつては原始的な生活を送っていたナマ人やヘレロ人が住んでいるが、両者共、現在では文明化し、北部に住むオヒンバ人だけが今もって伝統的な葬儀を営み、部族民の死亡の際には家畜の角を墓所に供える習慣がある。かれらは、埋葬地には死霊が宿ると信じているので、その危害を被らないように遠隔地が選ばれ、その帰り際にその地を指すと死霊の祟りにあうという。埋葬の翌日には喪家の小屋や、故人の所有物はそのままにして、そこに住んでいた人々はほかの場所に移住する。葬儀の折には羊が生贄にされて弔問客に供され、胃袋は故人の後継者がネックレスのように身につける。羊の胃は芳香のする葉でよじって、腐敗するまでかれの首にぶらさげられる。

ナミビア北部にある砂漠地帯のカオコランド地方に住むヒンバ人は、かつて、遺体を牛や山羊の皮に包み、屈葬して僻地に埋葬していたが、最近では、毛布に包んで、近くの町から取り寄せた棺に収めて埋葬する。葬儀では女性が一緒に号泣する習慣があり、弔問客はそれぞれの属する氏族の弔歌を唄う。墓参は通常、雨期が終わって涼しくなった五月から　七月頃に行う。その際、遺族は、牛や羊を屠殺して参会者とともに会食し、遺産相続やその他の問題を話しあう。

ナミビアからボツワナにかけて住むヘレロ人は、死後の霊魂は昇天すると信じており、死者が出るとかつては伝統的な葬儀を営んで僻地に埋葬していたが、今日では文明化して共同墓地に埋葬する。埋葬のとき、墓の盛り土の上の周囲を石で囲んで、中央に土器を置いたり、墓の上に牛などの動物の角を幾重にも重ねたりする。

㊲　ニジェール共和国

一九六〇年にフランスから独立した新興国で、アフリカ内陸部に位置し、国土の大部分は砂漠とサバンナの不毛の地である。首都はニアメー。

古くから北部の遊牧民族であるトアレグ人は、ここを舞台に旅行者からの略奪をほしいままにしていたという。現在ではそんなことはないが、かれらが青い色の服を身にまとい、顔に覆面をし、ラクダに乗って疾走する姿は精悍そのものである。

住民の多くを占めるハウサ人などはイスラム教を信奉している。葬儀は部族の習慣に従って盛大に営まれるが、この光景を写真に撮ることは、魂を奪われると信じているため極度に嫌う。旅行者は現地のマナーをわきまえ、けっして無理強いをすべきではない。

ソンガイ人は熱心なイスラム教徒で、日々の礼拝を怠らないが、悪霊払いの儀式も盛んである。

ニジェールからマリにかけて住む遊牧民族のトアレグ人は、死霊は睡眠中を除き生者につきまとい、旅を続けるとされる。イスラム教徒として死後の世界の存在を信じている。

ザルマ人は、人間は三つの部分（肉体、個性、生命力）からなり、死は自然のなり行きか、霊による解体と信じられている。

死者が出るとイスラム教や伝統的な慣習によって葬儀を営み、遺体を埋葬する。

38 ブルキナファソ

サバンナ地帯にあって、国土の大部分がブッシュ（未開墾地）に覆われた内陸国ブルキナファソ（旧オートボルタ）は、一九六〇年に独立するまで隣接国との紛争が絶えなかった。首都はワガドゥグ。

住民はモシ人、ボボ人、グルンシ人など土着宗教を信奉している人が多いが、十八世紀にイスラム教が伝わり、当地のモスクは隣国のマリと同様に、木造の構築物に土を塗って日干しにする奇妙な建物になっている。ほとんどの人がアニミズム（精霊崇拝）の伝統的慣習を保っているが、イスラム教徒やキリスト教徒もいる。

同族間の連帯意識が強く、葬儀には数日間も民族舞踊がくりひろげられる。墓地は指定された場所にあり、合葬されることが多い。

ブルキナファソからガーナにかけて住むモシ人は、死者が出ると男性は居宅の外の西側に、女性は居宅内に埋葬される。また、経験豊かな長老は尊敬され、葬儀は盛大をきわめて、祖先として死後も生者の日常生活を見守る存在となっている。

㊴ ブルンジ共和国

国土の大半が高原にある内陸国で、首都はブジュンブラ。一九六二年七月に独立し、住民の大部分がバンツー系フツ人で、カトリック教や土着信仰を持っている。農耕民のフツ人と牧畜民のツチ人との間で紛争が絶えず、最貧国になっている。

首都ブジュンブラ近郊には、共同墓地が一カ所あるが、その大部分がカトリック教徒のものである。地方では、人が死亡すると、部族の長が采配を振るって葬儀の手配をする。喪家か教会で葬儀が営まれた後、樹皮あるいは白布で巻かれた遺体は柩に入れられ、最寄りの指定された墓地に埋葬される。その後、喪家では、弔問者に簡単な茶菓による精進振る舞いをする。都市部では死亡届を役所に提出するが、地方では部族の長が把握するのみである。

㊵ ベナン共和国

西アフリカのベナンは大西洋に面し、かつてアメリカ大陸に向けて多くの奴隷が売られていった場所として有名である。旧国名を「ダオメー」といい、ナイジェリア、トーゴにはさまれた発展途上国である。首都はポルトノボ。

長年フランスの植民地であったところからフランス語を公用語とするが、一般住民の識字率は低く、その多くは土着宗教を信奉している。特に木や動物の形をした偶像を神聖視している。

ベナンは、フォン、ミナ、アジャ、ヨルバ族などの多民族から成る。それぞれの民族が、独自の伝統や慣習を保持している。

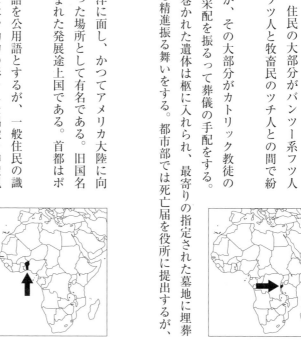

現地人が死亡すると、その死を最寄りの役所に届け出る。熱帯地方であることから、布で巻いて柩に納棺した遺体は、腐敗が始まる前に、最寄りの共同墓地か喪家の庭に埋葬する。遺族や近親者は、数日のあいだ号泣し、呪術師によって選ばれた日に葬儀を営む。

この国最大の都市コトヌーには葬儀社があって、遺体を霊柩車のバンで喪家から共同墓地に運ぶ。遺体はすべて埋葬されるため火葬施設はない。埋葬や葬儀当日、遺族は黒か青い喪服を身にまとい、弔問者の多くは平服を着用する。市内の海岸近くにあるコトヌー運河沿いには、キリスト教およびイスラム教の共同墓地が、塀を隔てて共存している。

トーゴに近い町ウイダーには、フランスによる植民地時代の旧総督府が改装された奴隷博物館がある。ここに陳列されている当時の遺物や写真類によって、いかにして白人貿易商たちが、自国の軍隊から支援を受けながら、奴隷を酷使して連れ去ったのかをうかがい知ることができる。この近くの海岸の船着き場付近には、故郷に「二度と戻れない」と刻まれた記念門が、一九九四年にベナン政府とユネスコによってたてられた。この門の海に面している側には、奴隷の魂「エ・グ・グ」を象徴するレリーフが刻まれている。この町には、白い旗が目印で、ブードー教で神として祀られている錦蛇のパイソン神殿もある。隣にはダオメイ王国最初のカトリック教会がたっている。住民はパイソン神殿とカトリック教会の両方を詣でる。混淆した信仰心をもっているのである。

ダオメイ王国の首都アボメイ（現在の首都ポルトノボの北西一〇〇キロ）には、博物館として保存されている歴代王の王宮跡だけでなく、聖地とされているグレレ王の墓もある。これは狭い入口のある霊廟で、中には、四十一人の人身御供の女性の霊も祀られている。かつて現地人は、内戦の折、敵の頭蓋骨を戦利品として持ちかえる習慣があり、女性戦士軍団アマゾンが活躍したこともある。

一九六〇年にフランスから独立、一九九〇年にベナン共和国に改名した。

住民は一般に祖霊を信じ、死者は幽明境を異にする川や山を越えて冥土に至り、適切な葬儀を営むことによって祖霊になると考えられている。

死者が出ると、部族内の人々は喪家に集まり、慟哭する者が多い。遺体は湯灌した後に白布で包んで、喪家の庭か小屋の中に埋葬する。葬儀や埋葬の日取りは、占い師の託宣によって数回にわたる予行を行ってから本葬儀を営む。

ベナンの葬儀は会葬者が共に踊り、共に泣きわめくというにぎやかなもので、埋葬当夜も翌朝まで続く乱痴気騒ぎをした後、埋葬地への墓参で終わる。喪家の服喪期間は三カ月といわれる。

エド人は、この世と霊界の間に十四回輪廻すると信じ、その間、死霊は創造神に語りかけ、その承認を受けると霊界の祖先に合流するという。死霊はちょうどこの世と同じように村落に住み、この世の人を見守っており、儀式を行うことによって健康と豊穣をもたらすという。

ボツワナ
郊外墓地

41 ボツワナ共和国

国名は南アフリカのカラハリ砂漠にある「ツワナ族の国」に由来する。首都はガボローネ。住民の大部分はバンツー系ツワナ人で、土着信仰のほかにキリスト教を信奉する。信教の自由は保障されている。白人の多い南アフリカに隣接する黒人国家であるが、住民は南アフリカに出稼ぎに行く者が多く、人種間の融和政策により、治安は割合安定している。

死者が出ると、地域の住民総出で葬儀を取り仕切るが、各都市には私営の葬儀社がある。喪家か教会での葬儀後、最寄りの墓地に埋葬するが、葬列に出合った人々は車を止め、ひざまずいて故人に弔意を表す習慣がある。地方の墓地はだいたいブッシュ（未開墾地）の中にあり、土饅頭型の墓に十字架の墓標などをたてた簡素なものが多い。僻地のサバンナ地帯には、かつては原始的な生活を送っていたサン人（旧ブッシュマン）が住んでいるが、今は文明化して周囲の住民と融和している。かれらの死に際しては、葬儀は近くのブッシュの土中に埋葬するだけの簡素なものだ。

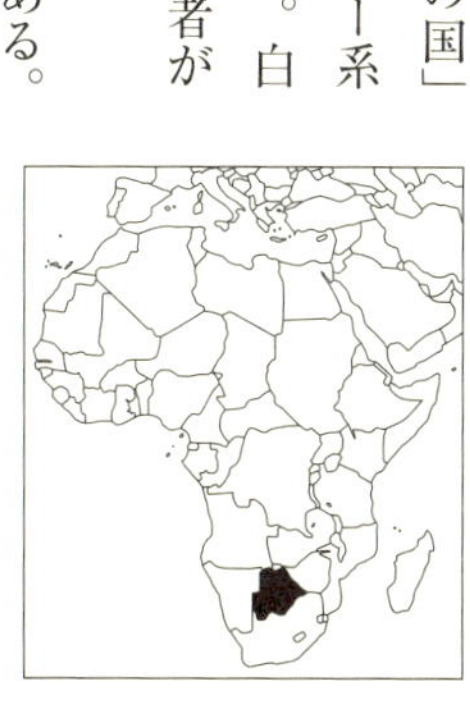

ボツワナに住むツワナ人の多くは、今日ではキリスト教徒になっているが、伝統的慣習から抜けきれず、男性の死者は家畜の居場所、女性は喪家のそば

に埋葬される。葬儀は約一週間続くように盛大をきわめ、その折、家畜が殺されて会葬者に振る舞われる。そして、遺族の悲嘆を和らげるために牧師や祈禱師が招かれる。悪霊は昼間は墓に住み、夜間、生者につきまとうと信じられている。

㊷ マダガスカル共和国

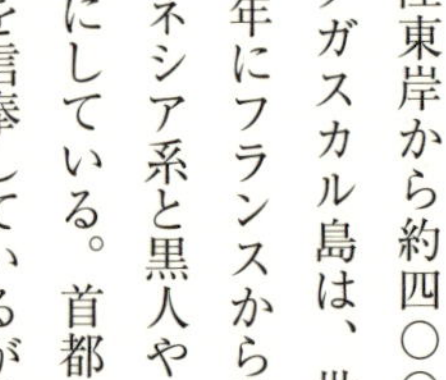

アフリカ大陸東岸から約四〇〇キロ隔たったインド洋に浮かぶマダガスカル島は、世界で四番目に大きい島で、わが国の面積の一・五倍もある。一九六〇年にフランスから独立したが、かつて東南アジアやアフリカからの移住者が多く、インドネシア系と黒人やアラブ人との混血者も住みつき、マダガスカル語とフランス語を公用語にしている。首都はアンタナナリボ。

住民は十八部族からなり、それぞれの土着宗教を信奉しているが、都市部ではキリスト教（特にローマ・カトリック教）やイスラム教の信者も多い。

首都では、死者が出ると医師の死亡診断書をもらって役所に届け出、喪家では近親者の手で遺体を湯灌して絹製の布に包むが、キリスト教徒であれば納棺する。葬儀はそれぞれの宗教や慣習によって異なるが、一般に盛大で、親類縁者はもとより、地域民総出で墓地に集まって飲食し、歌って故人を慰める習わしがある。これは費用もかかるため、若者の間で批判の声も高まっている。

首都郊外の丘に広大な共同墓地があり、霊廟や平面墓が整然とたち並んでいる。

地方では長老の司祭による葬儀後、遺体は洗浄して、最上の衣服を着用させられ、ゴザの上に寝かせられる。一般的には、赤い絹の死衣に包まれ、その死衣は七カ所の部分を縫い合わせられる。通夜には、牛、七面鳥、アヒル、ダチョウ、鶏などの料理が振る舞われる。王家や豪族の葬儀は、数日間続くこともある。弔問客はこの際、「布の切れ端」と称される香典を持参する習慣がある。埋葬はかならず夕刻に行われ、家から出棺した葬列には、男性は黒いリボンを巻いた帽子をかぶり、女性は髪を梳かさず参加する。墓地で遺体は柩から取り出され墓穴の中に埋葬されるが、

マダガスカル
南部郊外墓地

二、三年たってその遺体が白骨化すると、先祖の墓に改葬される。その際、本葬儀が盛大に営まれる。墓は正面を西向きにして造られる。その多くは立派な石造である。墓から遺骨を取り出すと、乾季の五月から十月の良い日が選ばれ、先祖の祭りが親戚知己を集めて行われる。それは通常三日間続く。

現地人にとって、死後は故郷で「先祖」の一員に加わるのが最大の願望であるから、外地に出向く際に、彼らは必ず「万一、外国で死亡した場合、遺体は直ちにマダガスカルに送り届けるべし」という項目を契約に盛り込むよう要求するという。彼らにとっての最大の侮辱は「土の中に直に埋められてしまえ」という言葉であるが、その理由は、お墓でなく土の中に死衣をまとわずに埋められると「先祖」になれないと信じられているからである。

東南アジアのマレー・インドネシア系住民の多いこの島では、相互扶助の精神が旺盛で、死者は個人墓ではなく、沖縄の門中墓のように家族単位の共同墓の石室の中に、遺体は全身を絹布と紐で巻いて安置される。そして、毎年七、八月になると、ファマディアナ（死者の復活）といって、沖縄のお盆のように親族が墓前に集まって、石戸を開いて遺体を取り出し、墓の前で祝宴をはる。ミイラ状になった遺骨は新しい白布に巻き替えられ、宴が終わると再び墓の中に安置される。遺体の数が多くなった墓では、こうした埋葬の際に一緒に合体してしまうので、墓の中が満杯になることはない。一年に一度、死者と生者が交歓する姿はほほえましいかぎりだ。

また、モロンダバ付近にあるサカラバ人の墳墓は、古代巨石文化の名残があって、立派な方形石組みの墓が木棚で囲われ、その上には幾何学模様や様式化された動物をモチーフにした高浮彫りの墓標（アロアロ）が墳墓にたてられていて珍しい。

在留邦人の多くは遠洋漁業に従事している人で、首都以外のタマタブ、マジュンガ、ノシベ、アンビルベ港などを基地としている。万一、不幸があったときは、関係者が集まって、通夜をし、官憲の特別の許可を得て海岸など人里離れた場所で火葬にしている。火葬場としては、アンタナナリボにインド人が使うサンチュアル火葬場があるが、骨壺は既成のものが

マラウイ
リロングウェ市郊外の共同墓地

ないので特別注文で作らせるより仕方がない。

西部に住むサカラバ人は、ほかの部族と異なり埋葬後、改葬しない。一般人の葬儀は簡単で、墓所も簡素で、だいたい家族の墓に埋葬する。異常な事故死の霊は生者に危害を与えるというので敬遠され、僻地の森の中に埋葬される。王族の葬儀は盛大をきわめ数カ月ないしは数年続き、その遺骨は壺に入れて特別の墓所に改葬され、後の祭りに供えられる。

内陸南部に住むベチレオ人は、死後、霊はひとつは天国か地獄へ行き、ほかの霊は死亡場所の近くに彷徨し、葬儀の折に供物を受けることによって鎮まると信じられている。

同じく南部に住むタンドロイ人は、死亡すると住んでいた椰子の葉で囲った家の中の物いっさいを外に取り出し、埋葬までその側にたてた仮の小屋に移す。遺体は近親者によって死衣に包まれ、埋葬当日、その一角の壁を壊して外に選び出し、喪家は燃やしてしまう。その折、会葬者の女性はいっせいに遺体の周囲で泣き叫び、連日（普通三日間）葬儀が営まれ、多くの牛が殺されて会葬者に振る舞われる。埋葬の当日は弔歌や踊りが披露され、土中に掘られた穴に遺体を安置して土をかけ、石が積まれる。そして四方に壁を囲い、犠牲となった牛の角をその中に置く。

北部に住むミヘティ人は、死者が出ると遺体は洗われ死衣を着せられ、その周囲では近親者が号泣する。葬儀には死者の所有していた家畜はすべて殺され、会葬者に振る舞われる。埋葬後三年たった遺骨は、洗って改葬されて祖先の墓所に合葬される。

㊸ マラウイ共和国

南東アフリカの内陸国で、高原地帯にあり国土の五分の一はマラウイ湖である。かつては英国の植民地であったが一九六四年に独立した。首都はリロングウェ。住民の大部分はマラビ系の黒人で伝統的慣習を守っているが、その約半数はキリスト教徒を自称している。チェア系黒人の間では、葬儀のときに先祖の霊を象徴する仮面を被った踊りが披露される。

当地の都市部では、人が死亡すると、その知らせを役所に届け出るが、地方では、部族の長がそれを把握するのみである。一九七五年に遷都した首都リロングェは、旧市内と新市内にわかれており、その市内数カ所に、共同墓地と葬儀社が存在する。地方では、部族の長が葬儀を手配する。遺族は葬儀の垂れ幕をかざり、数日間、夜のあいだ、庭で薪を燃やし喪に服す。葬儀の後、遺体は、最寄りの僻地にある土やコンクリートで固めた墓地に埋葬される。その後、精進振る舞いがある。中部地方に住むチェア族などは、葬儀を行う際、男性は仮面をつけ、精霊になぞらえた野獣のような声を上げながら「シークレット・ダンス」を踊る。

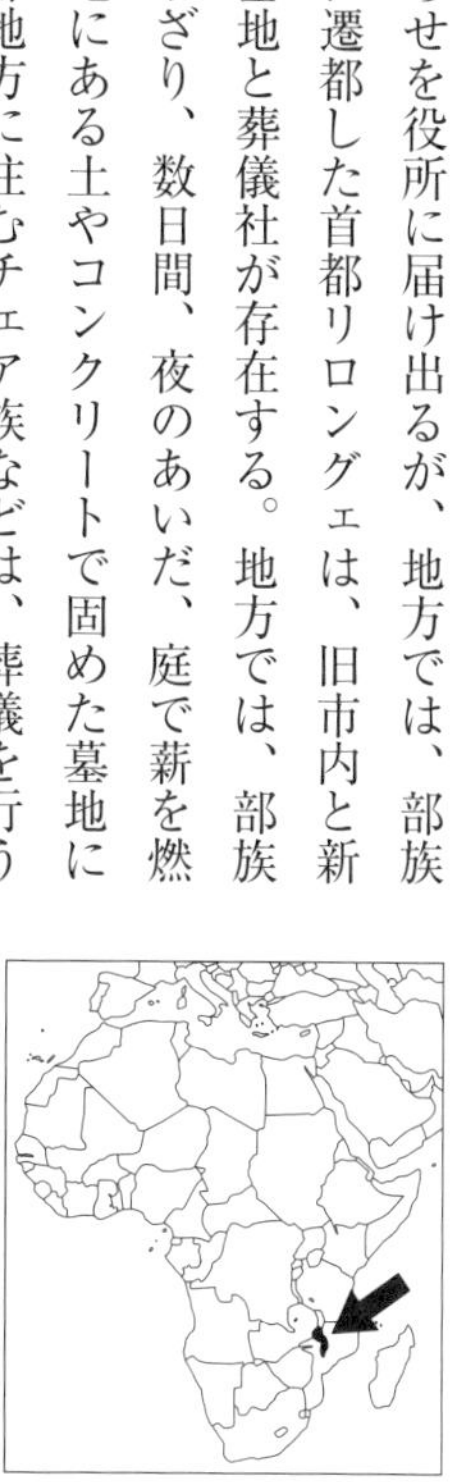

マリ
モブティ郊外墓地

㊹ マリ共和国

中央アフリカの内陸国マリは、ニジェール川流域に広がる平原にあって、アフリカでも最も貧しい国の一つに数えられる。住民の大部分はニグロ系のバンバラ人で、イスラム教や土着宗教を信奉しているが、生活水準が低く、国民の識字率は低い。首都はバマコ。

マリは南北アフリカを結ぶ交易の要衝として栄えた地で、中でもニジェール川河畔のトンブクトゥは交易の中心地として海外に知られている。現在もラクダを使った隊商が塩や食料、日用品などを北から運んでくる。隊商たちの宗教がイスラム教であったため、土着民も早くからイスラム教に改宗していった。国内各地に泥土でかためたモスクを見かけるが、首都には、サウジアラビアから寄進された立派なモスクが建築された。

死者が出ると、地域の部族民総出で盛大な葬儀を営み、葬儀は数日間続くこともあるという。死霊の祟りを恐れて呪術師による祈禱も行われ、遺体は人里離れた場所に埋葬される。アニミズム（精霊崇拝）も盛んで、部族単位の祭儀が行われている。

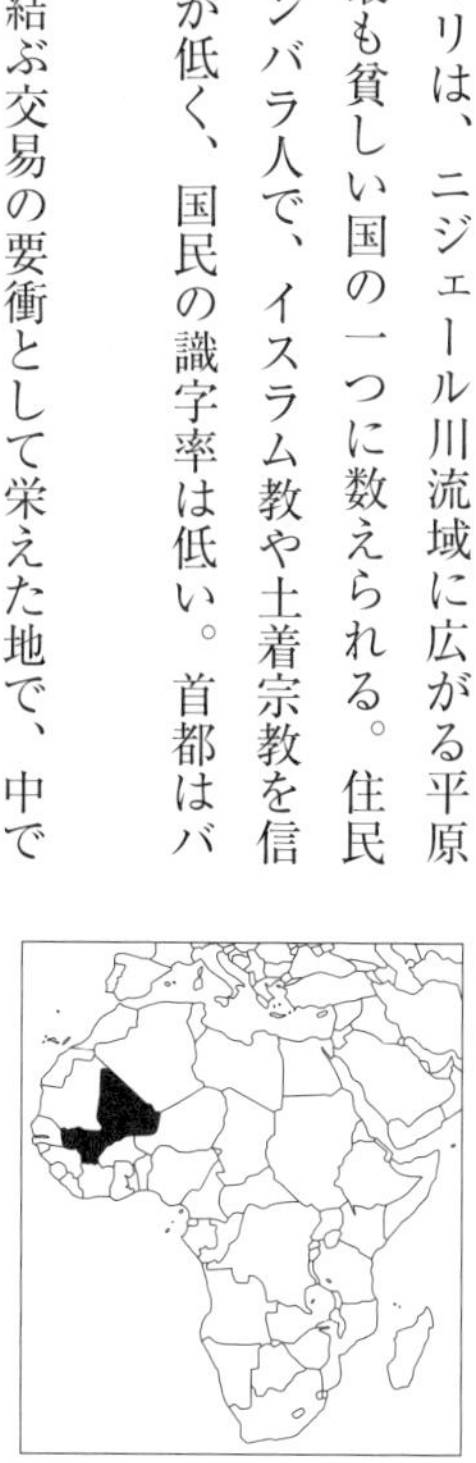

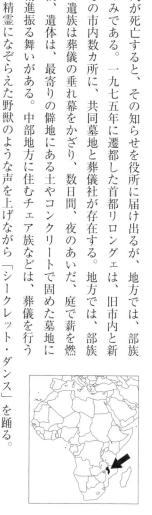

少数部族であるトアレグ人は好んで青い衣装を着け、砂漠の勇者として各地を移動し、死者は砂漠に埋葬され、三日間服喪する。

西部に住むドゴン人は、二十五万人を数え、死者は肉体（ニャマ）と霊（キキヌ）が分離し、その霊は遺体から離れて先祖の霊に組み入れられるまで村に残るとされている。その間、三回の葬儀をする必要があるという。第一回目の葬儀は死亡直後に営まれ、遺体はただちにバオバブの枝を編んだロープにくくられて断崖から洞窟のある場所に下ろされ、そこに埋葬される。その後、霊は喪家に残り、第二回目の葬儀の準備ができると、村民を招いて三日三晩にわたり葬儀が繰り広げられる。しかし五年間、霊は村に残り、その後、第三回目の葬儀（ダマ）にアワという男の踊り手が動物の仮面をつけた踊りをもって、その霊を偉大な神アンマの支配する祖先の国に旅立たせるという。今日では、葬儀のときだけでなく、観光向けに村の広場で随時、この仮面をつけた踊りを披露している。

㊺ 南アフリカ共和国

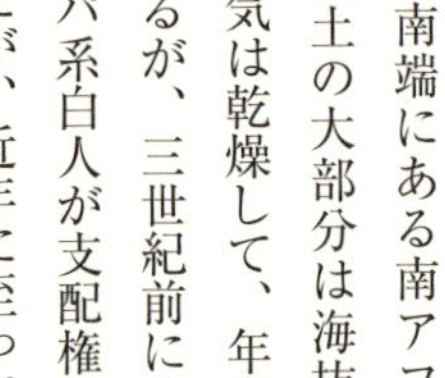

アフリカ大陸の南端にある南アフリカ共和国は、太陽の国といわれ、国土の大部分は海抜九〇〇メートル以上の高地にある。年間を通して日照時間が長く、空気は乾燥して、年中色とりどりの花が咲いている。住民の大部分はバンツー系の黒人であるが、三世紀前にオランダから移住した初期移民の子孫アフリカーナや、少数のヨーロッパ系白人が支配権をにぎり、黒人差別のアパルトヘイト（人種差別政策）が実施されてきたが、近年に至って撤廃された。この国の公用語は、英語とオランダ語から派生したアフリカーンス語で、住民の多くはオランダ改革教会をはじめ英国国教会やカトリックを信奉している。首都はプレトリア。

死者が出ると、医師の死亡診断書をもって地区の裁判所に届け出なければならない。葬儀は保守的なユダヤ人を除いて、大部分は私営の葬儀社を利用しているが、葬儀社は納棺から死亡通知、通夜、葬儀場、司祭者、埋葬墓地の手配などを代行してくれる。非白人はまれに白人経営の葬儀社を利用することもあるが、大半は自分たち専用の葬儀社

に依頼するようだ。

墓地は一部を除いて大部分が公営で、夫婦単位の墓所を求める人が多い。かつては自殺者の墓地は、一般から隔離されて埋葬されたものだが、今日ではそうした区別はしないようになっている。

葬儀社を利用するのが便利であっても、熱心な信者は自身が属する教会での葬儀を希望するが、一般には葬儀社内の会堂か墓地での簡単な葬儀を望む傾向が強い。花の多い国だけに、葬儀の会場は数十、ときには数百の花輪や花束で埋まる。

南アフリカ
ケープタウンの公営墓地

住民は一般的に何らかの宗教を信じているが、最近では白人、アフリカーナよりも黒人のほうが熱心であり、独立系の教会に属し、伝統的な先祖崇拝や病気癒しなどの現世利益に走っている。近親者の死に際しては、多くの都市には数多くの私営の葬儀社が存在し、二十四時間体制で納棺から葬儀の手配をしている。有名人や富裕な人を除いて、たいてい、葬儀は葬儀社の会堂で営み、その後、墓地に向かう。白人やアフリカーナの間では遺体の火葬率も増加の一途をたどっているが、黒人ではいまだ少ない。前者の葬送慣習は、かれらがオランダなどの出身であることから、ヨーロッパと大差がない。墓地はアパルトヘイトが廃止されたとはいえ、各人種別に分かれており、故人の命日に花を持参して墓参する。故人の命日には、ローカル新聞広告欄にその生涯を讃える記事を載せる習慣がある。辺境の地にある先住民の葬送慣習は多岐をきわめ、各部族によって異なるが、たいてい、男性が葬儀を取り仕切り、家畜が生贄として捧げられる。特に首長の葬儀は盛大をきわめ、数日間続くこともあり、葬儀の日取りは呪術師によって決められる。特に東南内陸部トランスケイ地方に住むソーサ人の間では女性呪術師の活躍が目立つ。

ズルー人は、人の死に際して女性の役割が重要で、死亡が確認されると、出産のときのように既婚の女性が喪家で遺体を洗う。死後の世界は現世と逆であると信じられているところから、すべての動作は通常のときと逆にし、たとえば彼女たちの衣服は逆に着、左手を使って遺体を洗い。喪家から後ろ

モーリシャス
郊外墓地

向きに遺体を担ぎ出す。葬儀はかつては一年後に死者が完全にあの世に行き着くことをもって終了し、その間、喪家では服喪していたが、西洋文明の流入とともに、こうした伝統的な葬送慣習も次第に簡略化されつつある。

南アフリカはアフリカ大陸で最も火葬率が高く、金持ちも火葬を好む。多くの公営墓地には火葬場や葬儀場の設備が整っていて、ヨハネスブルグではスミット街に火葬場がある。葬儀はふつう死亡の二、三日後に行うが、費用がかかるので、事前に葬儀保険をかけたり、事後に分割払いにする方法もある。

アフリカーナは「素朴で親切で信心深い」といわれるが、そのせいか葬儀も一般に親類縁者をより多く集めて盛大に行う人が多い。遺体はふつう白い布で包んで香詰めにし、納棺せずにそのまま埋葬する。白人もアフリカーナも、埋葬を終えた後は喪家に戻って会葬者にコーヒーや紅茶に軽食を供すのがふつうだが、黒人やインド人、中国人もそれぞれの風俗、習慣に基づいた葬儀を営んでいる。

46 モーリシャス共和国

マダガスカル島の東方、インド洋上にある火山島モーリシャスは、インドから移民した住民が半数以上を占めるが、アフリカ大陸やマダガスカル島からの移住者も多い。一九六八年に英国から独立し、新興国家の意気に燃えているが、人口が過密で、時々熱帯性低気圧が発達したサイクロンに見舞われて甚大な被害を受けている。首都はポートルイス。

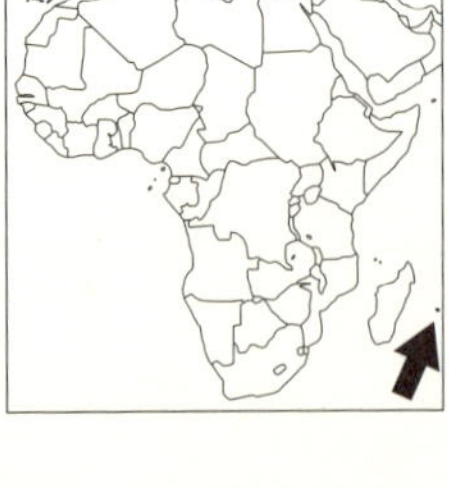

ここではヒンズー教やキリスト教、イスラム教を信奉する人が多く、ロドリゲス島ではほとんどがカトリック教徒である。

死者が出ると、医師の死亡診断書をもって、役所から死亡証明書をもらわなくてはならない。葬儀は親類縁者が喪家と協力して準備し、教会や葬儀場で行うが、遺体は葬儀を終えた後に墓地に埋葬する。ヒンズー教徒は地区ごとにある野天火葬場で火葬にするが、キリスト教徒やイスラム教徒では土葬にしている。葬儀や埋葬に際して、キリスト教徒は黒い喪服を着るが、中国系の人々は白衣を好む。

地方では葬送儀礼に関するさまざまな祭りや儀式があり、火の上を歩くアクバシャナの儀式が島の北東部でみられる。

モーリタニア
郊外墓地

㊼ モーリタニア・イスラム共和国

大西洋に面するモーリタニアの大部分は、サハラ砂漠の不毛地帯である。住民の多くはアラブ人とベルベル人の混血、ムーア人である。かれらは青色の木綿の服を着ているので、他国人からは「青衣の人」と呼ばれ、容易に識別できる。遠来の客を親切にもてなす習慣があり、誰が訪ねても三日間は親切に宿泊させてくれるという。

首都ヌアクショットや南部セネガル川流域の住民を除いては、テントを張って遊牧する人が多く、葬儀の後には砂漠に穴を掘って埋葬し、その跡をとどめない。

㊽ モザンビーク共和国

インド洋上のマダガスカル島に対峙する南アフリカ東部のモザンビークは、長らくポルトガルの支配下にあったが、一九七五年に独立を達成した新興国家である。首都はマプト。住民はほとんどがバンツー系黒人で占められ、ポルトガル語を公用語としており、識字率は低い。大部分の人々は土着の部族宗教を信奉しているが、

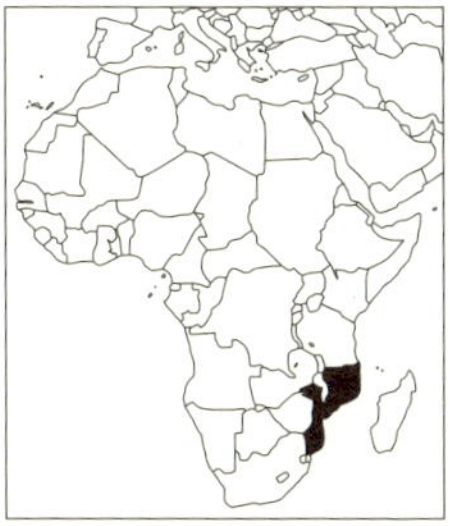

モザンビーク
モザンビーク島の共同墓地

首都などではイスラム教やキリスト教の信者も存在する。

従来の白人支配による植民地政策とキリスト教の宣教運動が密接に結びついていたかどで、キリスト教の宣教師は国外に追放され、独立後、教会所属の学校や病院は政府によって国有化された。現在は政治的にも、経済的にも南隣りの南アフリカ共和国と結びつきが強く、アフリカ最大のカボラ・ハッサム・ダムの水力発電所から南アフリカ共和国に電力を供給している。しかし、ゲリラ活動も活発で、南アフリカ共和国に脅威を与えている。

死者が出ると、部族単位で葬儀を行うが、熱帯地方であるため、できるだけ早くそれぞれの墓地に埋葬する。一般に死霊を恐れ、呪術師による祈禱が盛んで、タブー視されるしきたりも多い。住民はそうしたものに触れたり、写真撮影されたりするのを忌み嫌うので、外国人は注意を要する。火葬の習慣も火葬場もなく、また、葬儀に供花する習慣もない。

首都マプトには、私営の葬儀社が数カ所あり、葬儀の手配をしてくれる。教会で葬儀を営んだ後、遺体は、都心のエドワルド・モンドレン街の旧墓地に埋葬されていたが、その旧墓地が満杯になったので、共同墓地が近郊に新設された。地方では、部族の長が葬儀の采配を振るう。喪家は通常、牛を生贄にして死霊に供え、葬儀後に弔問客に振る舞う。こうした伝統行事は、キリスト教徒においても残っている。

彼らはまた、教会で葬儀を営んだ後、遺体にとりついた悪霊を呪術師に頼んで厄払いする。都市部に住むヒンズー教徒は、遺体を最寄りの野天火葬場で荼毘にふした後、河川に遺灰を撒くか、故郷のインドの聖なる河に流す。

同国においては、貧富の差がはなはだしい。南アフリカ共和国に近い南部は近代化しているが、北部においては、部族単位の共同生活が続き、遺体はそのまま埋葬される場所もある。

インド洋に面したモザンビーク島は、十六世紀、ポルトガル人にとってアジア進出の拠点となった。その頃の遺跡が今はユネスコの文化遺産に指定されている。十六世紀に来日したポルトガル人宣教師の遺体が、島の突端にある城砦内の教会に埋葬されている。かつてインド人が多数移住していたこの界隈に現在残っているのは、その寺院のみである。

モロッコ
ラバト公営墓地

㊾ モロッコ王国

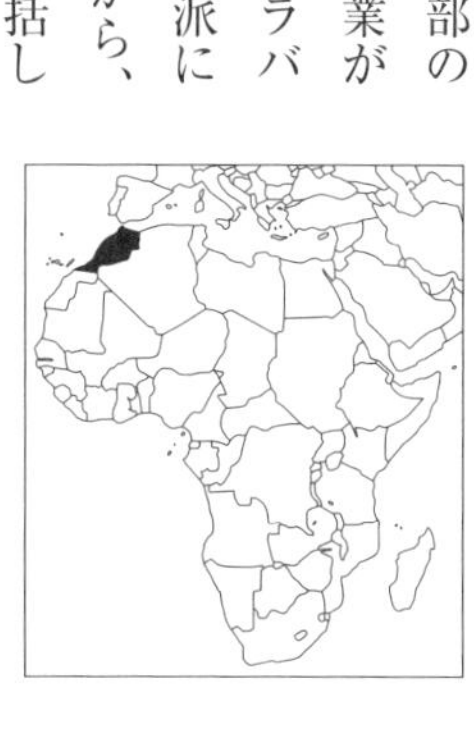

　ジブラルタル海峡を隔ててスペインと対する北アフリカ西部のモロッコは、高原と平野からなり、気候は好適で牧畜業や農業が盛んである。住民の約半数はベルベル人で、ほかにはアラブ人や黒人がいる。首都はラバト。アラビア語が公用語だが、住民の四割弱はベルベル語を話し、イスラム教スンニ派に属す人が多い。一九五六年に独立したが、それまでフランスの植民地であったことから、風俗習慣には隣国のアルジェリアやチュニジアと共通した面が多く、これら三国を一括してマグレブ諸国と呼んでいる。が、近年に至ってそれぞれ独自の路線を歩み始め、必ずしも同一形態を保っているとはいえない。一九六一年にイスラム教の国教化が宣言され、今日に至っている。

　死者が出ると、舟形の棺に納めて、喪家かモスク（ジャマ）で葬儀を営み、無料の共同墓地に土葬にするのが一般的である。その折に供花の習慣はない。喪服は清潔なものであれば何を着てもよいが、未亡人はカフタン（白い服）を着て、四十日間服喪する。

　死者の霊はアッラーの神に召されたと考えるので、その遺骸には執着しないし、墓参も聖なる金曜日以外はあまりしないようだ。墓地は宗教別に分かれており、イスラム教徒の墓地に異教徒の遺体を埋葬することはない。

　イスラム教では人は死後、墓の下で最後の審判を待ち、復活のときには生きていたのと同じ状態で神の前に出なければならないとされている。したがって、遺体は埋葬されたままの状態にしておかなければならず、遺骨の改葬や分骨は死者の復活を不可能にしてしまう背教的行為とされる。聖者の遺体のある墓廟は「ザーウイア」と呼ばれ、そこには霊力（バカラ）が存在し、それに触れることによってご利益があるとされて巡拝したり、地方ではその霊力にあやかって周囲に自分の墓をたてる人が多い。その他、郊外でドーム形の「クッパ」と呼ばれる祠をみかけるが、ここには遺体は埋葬されておらず、遺体以外の聖者にまつわる聖遺物が置かれ、「お立ち所」（マカーム）と呼ばれる。

聖人廟（ザーウイア）には一般的に、聖者の墓または聖遺物が祀られているが、墓はたいてい地下にあり、その上に長方形の棺桶（タブート）が置かれ、緑色の絹布が掛けられている。

たまには棺桶の前に丸い石が置いてあるが、洗浄水がないときには巡礼者はこれに触れて清め、緑の布に触れて祈願しながら棺桶の周囲を時計回りと反対に七回まわる。これはメッカ巡礼の神殿回り（タワーフ）を模したもので、このときロウソクや香を供え、賽銭箱に喜捨する。

アトラス山脈地方に住むベルベル人は、その地域によって異なった葬送慣習があるが、一般に男性が死亡すると男性によって（女性なら女性によって）遺体が洗われ、死衣が着せられる。遺体は死亡日の当日か翌朝、メッカの方向に頭を向けて最寄りの墓地に埋葬され、男性だけが立ち会う。ふつう、一週間後に供養が行われ、四十日間、服喪する。断食のラマダン月に死亡した人は天国にただちに昇天すると信じられている。

50 リベリア共和国

中央アフリカの大西洋岸に面したリベリアは、船にかかる税金が安いため、船籍を置く外国船主も多く、世界一の商船保有量を誇っている。首都はモンロビア。

住民の大半は土着の黒人で、部族宗教を信奉し、識字率は低い。しかし、リベリアは米国の博愛主義者がキリストの福音を広め、また米国で解放された黒人の安住の地をうち立てようとした経緯があるため、首都などの都市部では、プロテスタントやイスラム教を信奉する人々が多い。内陸部の部族では祖先崇拝やアニミズム（精霊崇拝）が盛んで、死霊の祟りをひどく恐れる。伝来の魔術や秘儀によってさまざまの供犠や厄払いが行われる。
死者が出ると、都市部では一般に喪家にそれぞれの宗教の司祭者を招いて葬儀をし、早い機会に墓地に埋葬する。

職業的な葬儀社はほとんどなく、棺は建具屋で調達するが、死者が著名人や裕福な層の場合は、教会やモスクで葬儀を営み、公営か教会の墓地に埋葬する。

在留邦人は政治や商社関係者が滞在するのみで少なく、万一現地で死亡した場合には、モンロビア市内の国立ＪＦＫ病院の医師や官憲などから死亡診断書をもらって、海岸近くのインド人用の野天火葬場で荼毘にふし、遺灰にしてわが国に持ち帰ることができる。

51 ルワンダ共和国

アフリカの内陸国ルワンダは、一九六二年に隣国ブルンジから独立した新興国家である。住民はツチ人、フツ人やツワ人などからなり、フランス語とキンヤルワンダ語を公用語としている。国土の大部分が山地で、赤道に近いため高温であるが、キブ湖周辺は湿度も低く、アフリカでも最も住みやすいといわれる。首都はキガリ。

かつてヨーロッパ人の植民地政策もあって、首都周辺にはカトリックの信奉者も多いが、地方では精霊崇拝の土着宗教が圧倒的に信じられている。
当地はかつて、ベルギーの統治下にある自治領だったが、一九六二年にグレゴア・カイバンダ大統領の指揮の下に独立した。しかしながら一九七三年に軍事クーデターが起こると、その後二十年にわたり、人口の圧倒的多数を占めるフツ族と少数派のツチ族の間で抗争が続き、約八十万人のツチ族やそれを支援したベルギー人が虐殺される事件が発生した。その事件は、米国映画「ホテル・ルワンダ」で詳しく描かれたため有名である。最近になって、首都キガリの高台に、虐殺記念館が開設され、世界各地で起きた大量虐殺事件の遺品や資料を展示している。
現地人は、人が死んだ後も、その死霊が生きている者を見守ると信じてきたが、キリスト教の影響もあって、今日ではそうした民間信仰がすたれつつある。人が死亡すると、教会か喪家で葬儀が営まれ、遺体は最寄りの共同墓地に埋葬される。遺族は七日のあいだ服喪するのが一般的である。未亡人は一年のあいだ喪に服すようだ。

地方においては、かつて、遺体を喪家の庭に埋葬する習慣があったが、最近では禁止されている。

ここでは、葬儀は地域民総出の行事として営まれるが、一般に死霊の祟りを恐れて、呪術師による悪霊払いを欠かさない。遺体は近くの共同墓地に合葬することが多く、墓碑の形は地域によって千差万別である。葬儀の際、人々は正装し輪になって踊りまくるが、特にツチ人は長身の体軀と俊敏な踊り手として有名である。

国内に専門的な葬儀社はないが、都市部では教会付属墓地や公営墓地がある。一部のキリスト教信者は葬儀の折に供花をするが、それ以外にそういう習慣はない。

北西部にあるカリシンベ山麓のカリソケ研究所の一角には、そこでゴリラ保護に終生尽力した米国の自然保護主義者ダイアン・ホッセイ女史の墓があり、墓碑には「誰よりもゴリラを愛した貴女よ、その故郷であるこの聖地に永遠に休まれよ」と刻まれている。

52 レソト王国

南アフリカ共和国の中の独立国レソトは黒人の部族国家であり、かつてはキリスト教の影響が強かったが、いまだに昔ながらの伝統的な風俗習慣を守っている。特にズルー人は、いまだに原始的な姿で狩猟生活を送っている。首都はマセル。

死者が出ると、運命共同体である部族単位に葬儀を営み、特に首長の死亡の際には、その権力を誇示するために多くの家畜が供物として生贄にされる。

現地人が死ぬと、その霊は末永く生きて生者に影響を及ぼすと一般的に信じられているため、何か悪いことがあると、それは死霊の祟りと恐れられ、「サンゴマ」と呼ばれる呪術師の祈禱を受ける。指定された聖地で修行を積み、その霊力を蓄える呪術師は、厄除けのみならず招福の祈禱も行い、病気直しもする。とはいえ、今日では、こうした伝統慣習も、現代社会の情報化に逆らえず、科学や医学とマッチした祈禱方法が採用されている。

首都には私営のブタブテ葬儀社があって、葬儀の手配を行う。地方には部族ごとに小規模な葬儀屋があり、集会場でも会葬をとりまとめる。国民の大部分であるズールー族の宗教は、私営の放送局を持つカトリック教会などと共存しているため、現地の人々は、教会で葬儀を行った後、祈祷師に厄払いをしてもらう。地方での葬儀には、村人が総出
で参列する。マセル市近郊には立派なキリスト教墓地だけでなく、部族ごとの宗教やイスラム教の墓地もあるが、そ
れらはただ土を盛っただけの簡素な墓地である。

第四章　中近東地域

1　アフガニスタン・イスラム国

北はトルクメニスタン・ウズベキスタン・タジキスタン、東はパキスタン、西はイラン、東北は中国と接するアフガニスタンは、内陸部の大部分が山岳と砂漠地帯であり、乾燥した大陸性気候で、一般に夏は暑く冬は寒い。国民の大部分はパターン人（アフガン人）で、イスラム教スンニ派を信奉し、パシュトー語やダリ語（アフガン・ペルシャ語）を話す。首都はカブール。

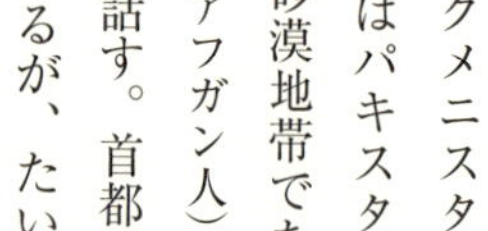

信心深い人は、一日に五回メッカの方向に祈りを捧げるが、たいていの人は少なくとも日の出や日没の折に祈りを欠かさない。祈りの最中には言葉をかけるべきではない。豚肉や生魚、貝、エビやカニなどを食用とせず、酒を飲む人もめったにいない。婦人はブルカという黒布をベールのようにまとって、近親者以外の男性とは直接話さない。

人の死は「全能の神アッラーのおぼしめし」と考えるために、あきらめが早く、ジナーザ（遺体）はマホメットのスンナ（慣行）に従って水と石鹸で洗われ、白無地の布に包む。中流以上の喪家では、棺を墓地へ運ぶ途中にモスクで葬儀を行う。

外国人旅行者が死亡したときには、その場で警察医の検視を受け、後に病院で解剖しなければならない。死因を究明した上で警察から検視証明書が交付され、遺体が処理される。火葬の場合は、在外公館員が検視証明書を添えて火葬場の登録簿に署名すればこと足りる。

イスラム教徒はみな土葬にするが、首都にはヒンズー教徒のためのカラチャ火葬場があって、野天で薪を積んで火葬にしている。棺はバザールで売っているが、骨壺はない。骨壺に代用できる陶製で蓋付きの壺はバザールで入手で

きる。
墓地は居住地の近郊にある。棺は二メートルほどの墓穴に納め、上に石板を置いて周囲を土で埋める。中流以上の家庭の墓は、石碑やコンクリート碑をたて、有力者はワリー（聖者）としてマザール（霊廟）に祀られ、崇拝の対象とされる。

歴代王家の墓は、立派なものが多いが、一五二六年にインドのデリーを占領してムガール王廟を創始した第一代皇帝バーブルの石棺は珍しく質素だ。それはカブール市郊外の、風通しのよい白亜の建物の中に安置されている。また、西アジア、インド、中央アジアの広い範囲にわたって考古学的研究に取り組んだ英国の探検家、オーレル・スタイン（一八六二～一九四三年）の墓も同じくカブール市北端の外人墓地内にある。

アラブ首長国
アブダビのイスラム教墓地

② アラブ首長国連邦

ペルシャ湾に面したアラブ首長国連邦は、アブダビやドバイなど七つの世襲の首長国で構成され、近年は石油の産出国として脚光を浴びつつある。年間を通して気温が高く、国土の大部分は砂漠地帯である。沿岸地方の都市部では、急激な経済成長によって近代化が進んでおり、外国からの出稼ぎ労働者が多くなっている。この国は湾岸諸国では最も経済的に発展したところで、ペルシャ湾沿岸諸都市には高層ビルが林立し、高速道路網が発達して、ちょうど米国のフロリダ州マイアミビーチのようなところだ。首都はアブダビ。

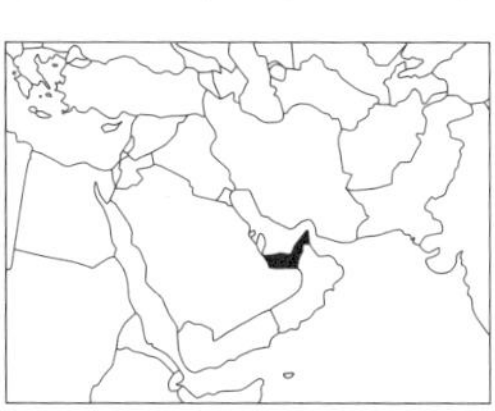

公用語はアラビア語で、イスラム教スンニ派に属する人が圧倒的に多く、イスラム教の戒律も厳しく守られている。一日五回の礼拝を守るのはもちろんのこと、ラマダン（断食月）には日中の飲食を禁じているし、豚肉も決して食べないなど、風俗習慣を保持している。女性は写真に撮られることを忌み嫌う。

死者が出ると、役所に通報する。その葬送慣習は簡素そのもので、死後、ただちに遺体を洗い、香油をかけ、白い布にくるんでその日のうちに最寄りの墓地に埋葬する。日没後の死亡の場合には翌朝埋葬する。普通、服喪は三日間であるが、夫を亡くした妻の場合は実家に帰り、三カ月と十日間服喪する。これはその間の妊娠を避けるためで、その後の再婚は本人の自由である。ドバイ市内には、イスラム教徒の墓地をはじめキリスト教徒の墓地もある。

3 イエメン共和国

イエメン
郊外墓地

アラビア半島南西の端に位置するイエメンは住民のほとんどがアラブ人で、イスラム教シーア派とスンニ派の信奉者が相半ばしている。一九六二年のクーデターで王制を倒して共和制となり、北イエメンが成立。一方、一九六七年に南イエメンが英国から独立した。その後、両国は武力衝突を繰り返したが、一九九〇年にはイエメン・アラブ共和国（北イエメン）とイエメン人民共和国（南イエメン）が統一を宣言、新国家が誕生した。首都はサヌア。

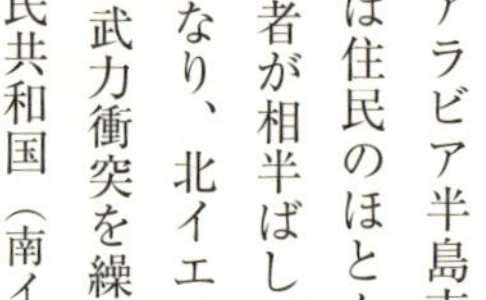

熱帯地方であることと、イスラム教徒の風俗習慣の通例として、死者が出た場合は、できるだけ早く遺体を埋葬しなければならない。首都などの都市部では、私営の葬儀社を利用する遺族もある。喪家では、遺体の湯灌を終えた後で、男性なら白、女性は緑の布を巻いて香油をかけ、イマーム（導師）を招いてコーランを唱和する。たいていはモスクで葬儀を行った後、共同墓地に埋葬する。供花の習慣はなく、砂地にたつ墓碑は簡素なものが多い。

墓所は購入する必要はなく、イスラム教徒であれば、その専用墓地に埋葬される。火葬の習慣がないので、火葬場はなく、骨壷もない。女性の会葬者は黒い喪服をまとうが、男性の場合は、特別のきまりはなく清潔なものであれば何でもよい。

従来、身分差別がはなはだしく、聖職者や軍人・商人・奴隷階級に分かれていたが、このような封建体制を打破す

べく、その反動として共産主義路線をとった（南イエメン）という背景がある。政府は、まず土地の全面的な国有化から実施に踏み切った。しかし、旧来の伝統や慣習は一朝一夕に改変されるはずもなく、多くの人々は、モハメットの後裔といわれる聖職者クラスの階層に絶対的な信頼を寄せている。

イエメンには中国人やソマリア人、インド人なども住んでいるが、それぞれの宗教慣習に則った葬送儀礼が営まれている。また、内陸部の遊牧民族ベドウィン人は砂漠地帯を移動するので、定まった墓地はもたない。

外国人が死亡した場合は、遺族が本国への遺体移送を希望するなら、所定の手続きをとれば、遺体の冷凍保存処置をほどこした上で搬出することができる。

イスラエル
エルサレム郊外のユダヤ人墓地

4 イスラエル国

四つのアラブ諸国に囲まれたイスラエルは、第二次世界大戦の後に内外から集まったユダヤ人がつくった新興国家で、国民の大部分はユダヤ教徒だが、一部のアラブ人（パレスチナ）はイスラム教を信奉している。イスラエルは一九六七年の中東戦争で大勝し、シリア領ゴラン高原やヨルダン川西岸、地中海沿岸ガザ地区などを占領して国土を拡大し、世界唯一のユダヤ国家を建設している。首都はエルサレム。

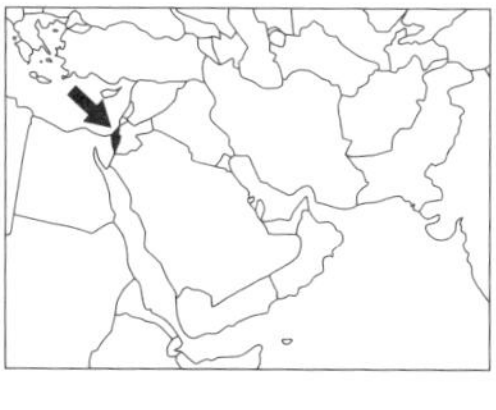

ユダヤ人が死亡すると、そこに居合わせた者は自分の着衣を引き裂き、周囲にある水はすべてその器から流してしまうという習慣がある。一段落したところで、遺体は湯灌した後に香油を塗るが、アシュケナジュ系ユダヤ人の間では、ブドウ酒と生卵を混ぜたものを遺体の頭部にすりつける。それがすむと、リンネルの死衣とショールをまとわせ、頭には白い丸帽、足に白い靴下を置く。さらに、頭と足の部分に燭台を安置して火を灯す。

ユダヤ教徒の聖典、旧約聖書の中の「モーゼの五書」（第二十一章および二十三章）によると、遺体は死亡当日のうちに埋葬すべきことと明記されており、保守的なユダヤ人はこれをかたくなに守っている。遺体は喪家や病院から棺台に載せて墓地に運ぶが、途中にシナゴーグ（会堂）があるときは、会葬者一同がそこで立ち止まって祈禱句を唱える。これはユダヤ教徒のルールである。

ここでは土葬がすべてで、ラビ（司祭者）も立ち会って、埋葬後に参会者一同が墓所に土をかける。墓地を立ち去るときには、「神はわれわれが塵であることを知り給う」と祈りながら、草を摘んで互いの肩の上に振りかける。埋葬の際に供花の習慣がないのは、花はユダヤ人にとって喜びを表すものだからだ。墓参にも供花の習慣はなく、せいぜい墓棺の上に石を置く程度である。

服喪は「シヴァーの座行」といって七日間続き、期間中は裂いた上着を着て過ごす。革靴や、手足や顔以外を水で洗うことはタブーで、食事も肉とブドウ酒以外は外から差し入れられる。また、朝夕二回の「カディッシュの祈禱」（アラム語で神を讃美する祈り）を行う。シヴァーの座行に続く二十日間の服喪期間には、頭髪や髭をそらないことになっているが、それからさらに十一カ月間は「カディッシュ」の祈りを唱える。一周忌には家族そろって断食し、シナゴーグに詣でて祈禱することが義務づけられている。

イスラエルで特筆すべきことは、ユダヤ教徒特有の「ヘブラ・カディッシュ」（聖なる兄弟組合）の存在だ。それはユダヤ人が自主的に集まって組織された互助団体で、葬祭関係のいっさいを取り仕切っている。墓石の建立もこの組織を通じてなされるが、予算に応じて豪華なものから質素なものまでそろっている。墓碑には、ユダヤの象徴であるダビデの星を刻み、彫像をたてることはしない。その建立にあたっては、組合員も午前中断食して立ち会い、参会者一同が墓所の周囲を七回まわった後に建立式に臨む。

ユダヤ人は、こうした私的な行事を他国人からのぞかれたり、写真に撮られたりするのを好まない傾向があるので、注意を要する。

パレスチナ人は、イスラム教徒の習慣に則って葬儀を行うが、墓地はかれら専用のところがあって、そこに埋葬している。隣国のサウジアラビアではいかなる偶像崇拝も禁じているが、こちらのイスラム教徒は墓石の頭部に遺影を飾っている。

イラク
郊外のクルド人墓地

5 イラク共和国

国土の中央をチグリス、ユーフラテスの両川が流れ、ペルシャ湾に臨むイラクは、多くの国々と国境を接し、今日に至るまで紛争が絶えない。イスラム教が国教で、スンニ派とシーア派の信奉者がほとんどで、キリスト教徒もごく少数存在する。首都はバグダッド。

かつて古代文明の栄えた国だけあって、歴史的な遺跡が各地に残っている。シャニダール遺跡から出土したネアンデルタール人の遺体の周りからは、八種類の花の花粉が発見され、埋葬の際に遺体に花を添えた最初の人類といわれている。

死者が出ると、遺体は香油を塗って白布で包んで安置される。ミューラー（読経師）を招いて儀式を行う。葬儀はモスクで行うが、イスラム教では、死者は祈りの対象ではないので、会葬者は通常、神アッラーに礼拝するような五体投地（両方の膝、肘、頭を地面につけ、人の足下を拝む礼）はせず、直立したまま行い、終了の礼も左右でなく、右肩の方向に向けるだけである。また、イスラム教徒は身体の清潔を重んじ、礼拝の際にはモスクや墓地にある手洗い所で必ず両手、口中、鼻、顔、肘、頭を清めるウドゥー（小浄）を実行している。

遺体はすべて土葬にするが、この国のイスラム教徒は、ユーフラテス川西岸にあるカルバラのフセイン（シーア派始祖アリの子で殉死した）の廟か、ナジャフのアリ（始祖モハメットの娘婿で、シーア派の始祖）の廟、あるいは首都郊外にあるサマラかアル・カディマンの聖地に葬られたい、と強く願っている。

イラク、イラン、トルコ地方に散在するクルド人は遊牧民族で、死後、ただちにモスクで葬儀が営まれる。遺体は洗って白い死衣に包まれ、近くの墓地に頭部をメッカの方向に向けて埋葬される。その後、会葬者は喪家で簡単な会食をする。服喪中、喪家では外出をしない。

イラン
テヘラン郊外の戦没者墓地

⑥ イラン・イスラム共和国

パーレビ国王を国外追放して、一九七八年にホメイニ師が革命政府を樹立したイランは、相次ぐ米国との確執や隣国のイラクとの戦争、イスラム原理主義者との抗争で政情がやや不安定だ。住民の大部分は国教でもあるイスラム教シーア派の信奉者だが、キリスト教徒、バハイ教徒、ゾロアスター教徒なども存在する。

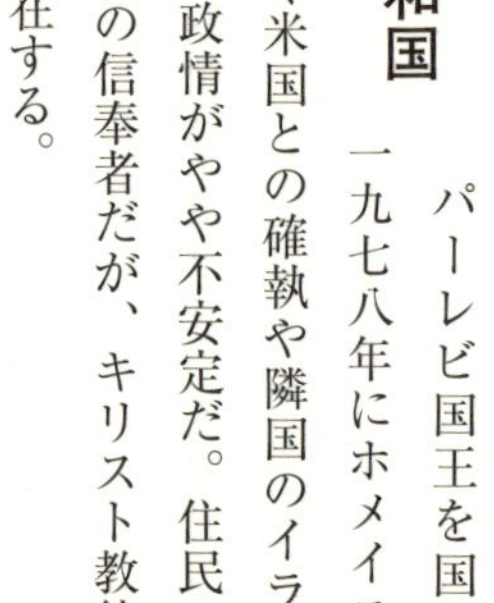

葬送慣習は宗教や地域によって多少異なるが、シーア派の信者の家では、危篤になるとムッラー（導師）を招いて、コーランを唱和する。首都はテヘラン。

イランの人は、死に接すると近親者は悲しみのあまり髪の毛をかきむしり、街に出て大声で泣き叫び、身につけた衣類を引きちぎったりする。死んだ日が聖なる日とされる金曜日であると神に祝福されたと考える。遺体は近親者の手で湯灌されるが、蓮の水、樟脳水、バラ水で三度行い、イラクの聖地カルバラやメッカから取り寄せた聖水を口に含ませ、清めを受けた白布に包む。遺体の上に、シーア派の認めるイスラム教の十二聖人の名前の刻まれた赤い石を置く習慣もある。都市部では湯灌を遺体取扱人に委ねることが多いが、この後で遺体搬送用の担架や霊柩車に載せてモスクや墓地に運ぶ。

葬儀を営んだ後、遺体は墓所で四回、上げ下げをして土葬にするが、このときにはコーランの章句を誦し、会葬者は七歩さがって帰路につく。墓地は不浄な場所とされているので、墓地で葬儀を行うことはない。葬儀の後、一週間は喪家にランプを灯し、食物を墓前に供えることもある。会葬者には、葬儀用に作ったバターと蜂蜜、香料、小麦粉を練り合わせてフライにした食べ物が配られる。

イランでは「ペダレ・スーフテ」（お前の親父は火葬にされた）というのは、最大級に人を侮辱した言葉で、人々はそれほどに火葬を忌み嫌う。イスラム教徒は、火葬は地獄に堕ちた者に対して神が下す処罰と考えているし、実際に火葬にされるのは罪人ぐらいしかないのだから、心情的にも当然といえよう。

イラン
テヘラン郊外の公営墓地

遺体は、ときには木製の棺に納めて墓地に運ぶこともあるが、樹木がきわめて少ないイランでは、木製の棺は貴重品であり、これは再使用する。墓地に着くと、白布で包まれた遺体は深く掘った土中にじかに葬るか、周囲を日干し煉瓦でつくった洞の中に入れて、上から土をかける。墓は土を盛って頭部や脚部に煉瓦や石を置いた簡単なものから、鉄柵のついた霊廟型のものまであり、墓碑も千差万別だが、中には遺影をはめこんだものもある。

遺体が埋葬された夜は「シャーメ・ガリーバーンの夜」と呼ばれ、墓地には日干し煉瓦がひとつ置かれ、その穴にロウソクが一晩中灯される。葬儀はその前後に、ときには埋葬後に行われる。葬儀の知らせは、一般的に、電話か街角に貼った黒枠のビラを通じてなされる。自宅かモスクで行われる葬儀には、司祭者（ミュラー）が招かれる。金曜日が聖なる日とされるので、金曜日に亡くなるか、葬儀を行うことが喜ばれる習慣がある。九歳以上の女性は、外出時に、黒のブルカというベールを頭からスッポリ被ることが義務づけられ（外国人や異教徒もベールで頭を覆わなければならない）、葬儀には男性と別席で参列するが、埋葬には立ち会わない。死後、遺族はお世話になった人を（ホテルかレストランの）サロンに招いて会食する。死亡者が未成年の場合、遺族は街角にヘジレという屋台を出し、豆電球で飾った遺影写真を一週間ほど掲げ、多くの人に追悼してもらう。イスラム教徒においては、人々はみな神のもとで平等であるという精神が浸透し、相互扶助がよしとされることから、葬儀の後やメッカ巡礼の後には、山羊の肉が貧者に無料で配られる。

埋葬の翌日には関係者が喪家に集まってハトム（追悼式）を行い、コーランを唱和するが、これは男女別々の部屋で行う。この日にコーラン全三十巻を取り寄せて、モスクに献上することもある。埋葬から四日後には、関係者一同が花を携えて墓参する。追悼式は一週間後、四十日後、一年後に行われる。

共同墓地は無料で使用できるが、三十年間の使用権がきれると、拾骨と合葬が行われる。家族専用の墓をたてる習慣はこれまでのところない。

死亡した順番に、遺体は埋葬され、墓碑がたてられる。とはいえ最近では、希望すれば、夫婦の墓所を予約することも許されるようになってきた。イランにおいては、イスラム教が国教であるが、信教の自由が認められているので、キリスト教徒、ユダヤ教徒、ゾロアスター教徒などは、死亡者が出れば、それぞれの慣習にしたがって葬儀を行い、それぞれ専用の共同墓地に遺体を埋葬する。火葬の習慣はなく、したがってその設備もない。埋葬した遺体の上に石の平板を乗せ、そこに死亡者の氏名、死亡年月日、年齢、ときには有名な詩人の詩句を刻み、その周囲をコンクリートで固めたものを墓碑とする。

ところで、全世界に分布するイスラム教徒の大部分は正統派のスンニ派に属しているが、イランだけは分派のシーア派を信奉している。イスラム教独特の宗教行事にはラマダン（断食月）の実践のほかに、モハッラムというシーア派第三代イマーム・フセインの殉教月の儀式がある。モハッラムは、フセインが西暦六八〇年のモハッラム（陰暦十月）十日に、現イラク領カルバラで受難したことを記念した祭りだ。毎年五月ごろ、国内各地で黒衣を着た男たちが両手で胸を打ち、背を鎖で打ちながら行進する。街ゆく人々はこの情景をながめては涙を流し、悲惨な死を遂げた殉教者の死を悼む。ここでは「ドゥアー」といって、個人的に神に願い事をする祈りも行う。

イランには約二万人のゾロアスター（拝火）教徒もおり、主にヤズド市に住んでいる。かれらは、かつて人が死ぬと近くのダフマ（沈黙の塔）で鳥葬にしていた。しかし、近年に至って廃止され、市内で葬儀を営んだ後に土葬にしている。墓参は、たいてい天国の門が開くという金曜日の前日、木曜日の午後に行う人が多い。

首都から南西に一六キロ行くと、聖都コムに通じる街道沿いにベヘシュテ・ザハラという革命戦士や一般人を埋葬した公営墓地がある。ここは褐色の地面の上に平らなコンクリート板を置いただけの墓が整然と並ぶが、そのそばに四本の脚に支えられたチェルヘラチェラーゲ（祭壇）が置かれ、革命に殉じた印として赤や黄の旗と、生前の写真が飾られてある。黒いチャドルをまとって墓参するイラン婦人の姿と、極彩色の旗とのコントラストが鮮烈である。

その近くにはホメイニ師の豪壮な廟がたてられ、多くのイラン人がその中の墓に詣でている。

オマーン
サラーラ郊外のヨブの墓

7 オマーン国

アラビア半島の最東端にあり、オマーン湾をはさんでイランと対峙するこの国は、年間を通じて高温な気候で、内陸部にはアル・ルブ・アル・ハーリー砂漠が広がっている。住民はアラブ人が大部分を占めるが、イラン人やインド人も住み、イスラム教イバーディ派に属す人が多い。首都はマスカット。

かつてはポルトガルや英国の植民地で、一九七〇年の独立まで長年鎖国政策をとってきたが、国王カブース・ビン・サイドが近代化開放路線をとって以来、急速に経済発展を遂げ、首都などは、欧米諸国にひけをとらないほどの社会資本の充実に心がけている。最近、首都の郊外に広大な共同墓地を造成した。イエメン国境に近い第二の都市、サラーラ郊外にあるジェベル山頂には預言者ヨブの廟があり、日中、堂内の墓の脇でイスラム教の読経師がコーランを読んでいる。

死者が出ると、親類縁者は喪家に集まる。まず、遺体を湯灌して布に包んで、コーランを唱和する。葬儀は喪家かモスクで営み、できるだけ早く墓地に埋葬するのが一般的だ。

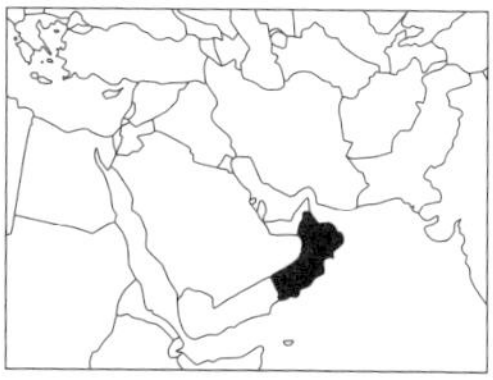

8 カタール国

カタールはカタール半島全域を占め、住民はアラブ人が主流で、大部分は首都ドーハとその周辺に居住している。ズハーン油田の開発によって石油収入が増大したのにつれ、国をあげて近代化を目指している。ペルシャ湾岸諸国の中では最もイスラム教の戒律が厳しく、異教徒といえども海外からのアルコール類の持ち込みが禁止され、ホテル内での飲酒ができない。

アラビア語が公用語で、住民はイスラム教スンニ派が多いが、近代化が進むなかで、旧来の伝統との相克に苦慮しているようだ。葬儀はたいていモスクで行われ、早い機会に近くの墓地に埋葬される。首都には小規模な公共墓地が散在するが、最近、郊外の砂漠地帯

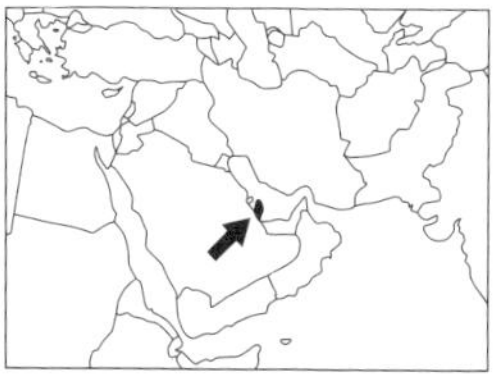

キプロス
郊外のギリシャ正教の墓

に広大な墓地を造成した。墓碑も土饅頭の前後（女性は前・中・後）に石を置いただけの簡素なものである。

9 キプロス共和国

地中海東部に浮かぶキプロス島では、一九六三年にギリシャ系とトルコ系住民が対立し、内戦状態にあったがそれぞれに分裂し、一九七五年、トルコ系住民は「キプロス連邦トルコ系住民共和国」を宣言して今日に至っている。ギリシャ系住民はギリシャ正教、トルコ系住民はイスラム教スンニ派を信奉し、人種と宗教が一心同体になっている。首都はニコシア。

ギリシャ系住民が死亡すると、医師の死亡診断書をもらって役所に届ける。遺体は最良の洋服を着せ、胸や足は組ませ、白い紐で結び、額には「小栄冠」が巻かれ、「サワン」と呼ばれる白布をかぶせて喪家のテーブルに載せる。弔問客はその上に供花し、ギリシャ正教の司祭が招かれ、胸の上にキリストの聖像（イコン）か十字架を置く。また通夜には「パニヒダ」という永眠者の安息を祈る祈禱を行う。棺は翌朝、最寄りの教会に聖歌を歌いつつ運ばれて葬儀を営み、それから葬列を組み、墓地での埋葬式を行う。ロウソクに火を灯した会葬者の見守る中で、司祭は香油や水や土を棺にふりかけ、会葬者も土をかける。トルコ系住民が死亡すると、ギリシャ系住民と同様の手続きをすませモスクで葬儀を営んでから、葬列を組んで墓地に向かい、埋葬する。共に土葬で、かつては個人や家族墓はなく、合葬されていたが、最近では個別の墓をつくって埋葬し、三年後には納骨堂に改葬するようだ。

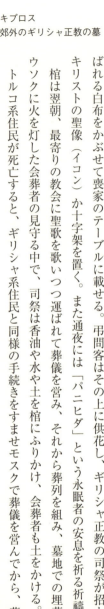

10 クウェート国

ペルシャ湾の一番奥に位置し、湾岸戦争でイラクに攻撃されたクウェートは近年、急激に近代化した国で、湾岸産油国の中でも石油への依存度が高い国だ。住民の大半はイスラム教

クウェート
郊外の戦没者の墓

スンニ派に属し、戒律はわりあい厳しく守られている。首都は国名と同じくクウェート。

敬虔なイスラム教徒は一日五回の礼拝を欠かさず、少なくとも未明には「ファジル」、正午ごろに「ズフル」、午後に「アサル」、夕方に「マグリブ」、夜の八時ごろの「イシャー」の礼拝をメッカの方向に向かって行う姿が見られる。金曜日は休日で、この日の午後にはモスクで共同集会があり、作法に則って順序よく行われる。礼拝は途中で邪魔をされると最初からやり直さなければならないので、外来者は注意を要する。国外からの移住者が多いとはいえ、豚肉を食べず、禁酒も守り、ラマダンの月にはきちんと断食している。

死者が出ると、遺体は湯灌した後に白衣を着せてモスクに運んで葬儀を営み、共同墓地に埋葬する。オイル・マネーのお陰で、市民の教育、医療にかかわる費用はすべて国費で賄われ、死後の埋葬地も郊外の砂漠地帯にある公共墓地が無償で提供される。インド、パキスタンなど海外からの出稼ぎ労働移民が多く、これらの人々は万一のときには故国へ帰る。先ごろの湾岸戦争では多くの犠牲者が出たが、その遺体は首都南方郊外のリガ墓地に埋葬されている。

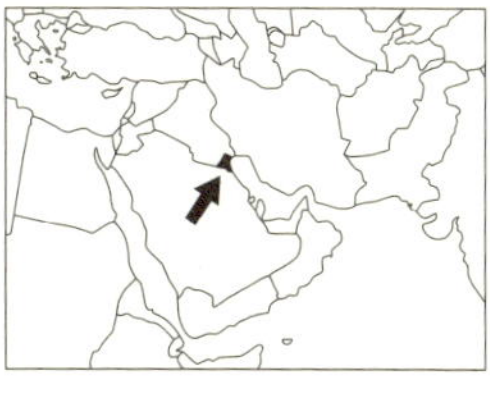

11 サウジアラビア王国

酷暑と乾燥した気候のサウジアラビアは、国土の九五パーセントが砂漠地帯である。イスラム教の開祖モハメットが祀られるメッカの所在地のゆえか、国民の大半は聖典『コーラン』に最も忠実なワハブ派イスラム教徒で占められている。その戒律は厳格で、豚肉の食用や飲酒はいっさい禁じられ、女性は外出の際に黒色のチャドルを身につける。かれらはイスラムゆえの五行として、㈠シャハーダ（神への絶対帰依）、㈡サラー（一日五回の祈り）、㈢サムウ（ラマダン月の断食）、㈣ザカート（喜捨）、㈤ハジ（巡礼）を欠かさず実践し、血縁的

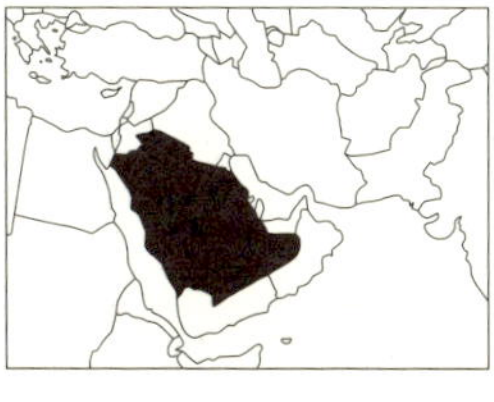

サウジアラビア
郊外の墓

連帯感が強固である。首都はリヤド。

死者が出ると、近くのマスジット（モスク）にいる遺体取扱人に湯灌などを依頼するとともに、近親者は喪家に集まる。イスラム教徒にとって、死ぬことは神に召されることであるから喜んでもよいはずなのに、実際には最愛の者の死にあっては嘆き悲しみ、特に女性は大きな声を上げて泣き叫ぶ。隣り近所の人々はその声を聞いて喪家に駆けつけるのである。近くのモスクからは遺体を載せる担架（ナアシ）が運ばれ、遺体洗浄人（男性はムガッスル、女性ならムガッスラ）がコーランの章句を唱えながら七回も遺体の手足を洗浄し、「カフール」という樟脳に似た香水をふりかける。その後、遺体を縫い目のない「キャファン」という白衣で包み、さらに白い布をかける。墓地（マクバ）へは男性が遺体を載せた担架を運び、女性は同行しない。墓所は一メートルくらいの深さに掘られ、そこへは棺は入れない。埋葬する間、墓掘り人は二人の天使に代わり死者に向かって信仰についての質疑応答をし、右脇腹を下にし、顔をメッカに向けて土をかける。墓碑はたてず土盛りをし、頭と足の部分に石を置く程度だ。その後、三日間は「アッザ」といって香を焚き、白衣を着て服喪し、最後の日に参会者に食事を供する。二十日忌や四十日忌、一周忌という名称はあるが、特別に人寄せすることもなく、墓参もあまりしない。イスラム教徒にとっては、神以外の者に対して祈ることは固く禁じられているからである。埋葬の後は土饅頭型に土砂を盛りあげ、頭の部分に小石を置くだけの簡素なものである。前のファイサル国王が死亡したときも、このようにして首都市内の墓地に葬られた。死は、アッラーが定めた運命であり、一時的な眠りにすぎないという。

埋葬の夜、喪家では一晩中灯火を灯し、香を焚く。以降、四十日間喪に服し、近親者は期間中、慶事を避けて静かに過ごす。弔問に訪れる男性は「サラーマト・ル・ハトル」（アッラーがあなたの悲しみに慰めを与えますように）と言葉をかけ、女性は「アッザム・アラー・アジュクラム」（神があなたによい報いを与えますように）と挨拶する。近親者の女性は服喪中、濃いコホル（アイシャドー）をつけず、白い服を着用する。

シリア
ダマスカスの聖者廟

イスラム教徒にとって、死とは神の許に戻ることで、悲しむ出来事ではないとされる。すなわち、かれらは神の意志によって楽園（天国）か地獄のいずれかに行くが、死者の善行と悪行をミザーン（天秤）にかけて計られるとき、善行を積んでいれば、モハメットがとりなしてくれるものと信じている。しかし、実際には関係者の死を悼んで嘆き悲しみ、特に女性の場合に嗚咽をこらえきれずに泣く姿は、かえって人間の情があふれている。このような教理（タテマエ）と現実（ホンネ）との矛盾はほかにもみられ、たとえばコーランで戒めている血縁的連帯や女性の濃いアイシャドーなども現実には守られていない。

⑫ シリア・アラブ共和国

西に地中海、レバノン、北にトルコ、南はヨルダン、東はイラクに囲まれたシリアは、中近東における東西交通の要衝となっている、住民の大部分がアラブ人で、パレスチナ難民も多数移住している。首都はダマスカス。

憲法では信教の自由を保障しているが、イスラム教スンニ派に属する人が多く、キリスト教徒も存在する。ここにはまた、イスラム教とキリスト教が混淆した独特なアラウィー派の信奉者がいて、五人のイスラム教聖者（ワリー）を特に尊崇する。

古代文明の栄えたところで、歴史的遺跡が数多く残っているが、首都にあるヨハネの墓のあるウマイヤ・モスクや、十三世紀のサラディンの石棺などは一見に値する。

イスラム教徒の葬儀や埋葬には原則としてイマーム（導師）を招いて司祭してもらうが、近くにいない場合には、地域の長老であるシェイークや一家の長がコーランの一節を読んだり、テープレコーダーですます場合もある。通常、死後三日間喪に服し、その間、親類知己が喪家に集まって会食するが、そのときの費用は列席者が折半する。墓参りはいつでもよい

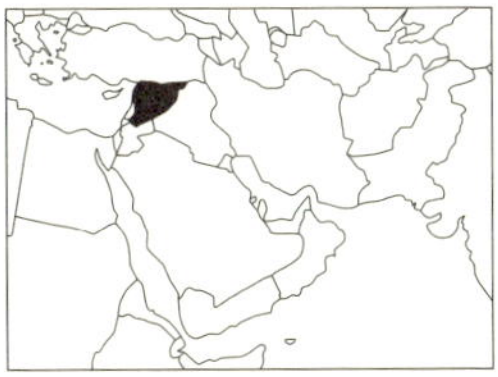

トルコ
コンヤの公営墓地

が、ラマダンの断食明け直後のアドフィトル祭か、三カ月後のアドハー祭には家族揃って故人を偲び、一家の家長はその折、女性に金品を振る舞う。火葬施設はなく、キリスト教徒を含めてみな土葬であり、棺はあまり用いられず、遺体はアルコール抜きの香料がふりかけられて白布に包まれ、担架で墓地に運ばれ、棺が用いられた場合でも埋葬時には遺体と共に墓地内には埋めない。首都では役所の葬儀係が葬儀の準備を取り扱い、バブ・エル・サジールにイスラム教徒の専用墓地があり、キリスト教徒墓地はアル・アミンにあるパウロの門の脇にある。

遊牧民の間ではきまった墓地はなく、したがって墓碑もたてない。遺体は荒野の一角、メッカの方向に頭を向けて埋葬し、頭部に石を置いて土盛りするだけの簡素なものである。

⑬ トルコ共和国

小アジアからヨーロッパのトラキア東部まで占めるトルコは、地中海、黒海、中近東の中心にあり、古代から多くの民族や文化が融合した東西文化の中継点にあたる。首都はアンカラ。

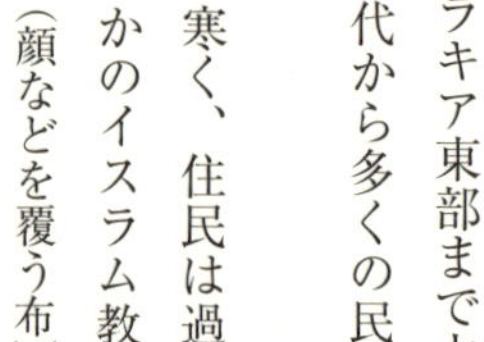

風土的には山岳地帯が大部分を占め、夏は暑く、冬は寒く、住民は過酷な生活を強いられている。アタチュルク政権によって独立を獲得して以来、ほかのイスラム教国に先駆けて近代化路線を進め、ローマ字の採用、一夫多妻制や女性のチャドル（顔などを覆う布）の強制禁止政策をとり、女性の進出がめざましい。国民は宗教、言語を共有することから国家意識が強く、今日では東トルコ地方に住む少数民族であるクルド人も同化しつつある。イスラム教スンニ派の信奉者が大部分であるが、キリスト教徒やユダヤ教徒も存在する。

住民が病院か喪家で死亡すると、ただちに遺体が水かローズ水によって洗われて白い死衣（カファン）に包まれ、頭と足の部分が紐によって結ばれる。死亡届は医師の死亡診断書を添付して役所の葬儀係（カイマ・カムリック）に

トルコ
東トルコ・エルズムの共同墓地

届け出ると、葬儀用品や墓地の手配をしてくれる。その死亡や葬儀の日時は、ミナレット（放送塔）からムアッジン（読経師）によって近隣の人たちに知らされ、弔問に駆けつけた人たちには甘い菓子などが振る舞われる。弔問の折、会葬者は遺族に対してお金や食料や花を贈る習慣がある。当日の午後、棺に入れられた遺体は最寄りのモスク（ジャミー）に運ばれ、イマーム（導師）によってナマーズ（葬儀）が営まれる。

葬儀は、ふつう共同礼拝以外の時間帯に営まれ、モスクの説教壇前のムサーラ（棺台）に棺を安置し、イマームの先導で所作を行う。すなわち、全知全能の神アッラーと預言者モハメットの偉大さが讃えられた後、コーランの一節が読まれ、故人の名とその生前中の業績が紹介される。最後に、イマームは、遺族に向かって故人の生前中の債務を許すかどうかを尋ねる。許すと言うと、棺は男性が交互に担いで共同墓地に運ばれ、遺体を取り出して、カファンの頭部と足部を縛った紐を解いて、深さ約一・五メートル、幅八〇センチに掘られた穴の中に埋められる。墓掘り人によって土をかけられ、会葬者はその盛土の上に水かローズ水をかける。女性は墓には行かない。モスクには後日、故人の所有していた最上の絨毯を寄贈する習慣がある。

トルコでは復活に備えて遺体を保存する信仰が根強く、火葬の習慣がないために火葬場の施設もない。したがって外国人が死亡した場合には、病院で遺体の冷凍保存の処置を受けて密閉棺に納め、遺体の国外移送の許可を得て母国に送還してもらうようになる。もちろん、当国内での埋葬も可能であるが、異教徒はイスラム教徒の墓地に埋葬することができない。

東トルコ地方では中央アジア一帯に広まるシャーマニズムやゾロアスター教の影響か、死後四十日間、日没後二時間、墓所に火を灯し、常緑樹を植えて故人の永世を祈る。紀元前には原住民が死亡すると白や黒い羊の形をした墓石をたてる習慣があったが、イスラム教が伝来してからはすたれてしまった。

都市部の共同墓地の入口には、モスクの入口と同様、手足を洗う場所があり、墓参のときに身体を清めるが、地方にはそれがあまりない。墓はいたって簡素で、頭と足の部分に二本

バーレーン
マナマの郊外墓地

の柱をたて、その頭部に故人の名や死亡年月日が刻まれている。中には頭部の円柱の上に故人の職業がわかる帽子状の形をしたものが置かれることがある。有名な聖職者の墓はモスク様の建物の中に石棺が安置され、緑色の敷布がかけられている。

現地人は、死後四十日目に追悼会をモスクで開き、その後、参列者に食事を供し、貧者にいろいろな品を施している。特にイスラム教徒は、墓は故人の遺体の埋め墓と考え、その魂は天国にあるという発想をしているので、あまり墓参をしない。そのかわり、熱心な信者は毎週金曜日の午後にモスクで行われる共同礼拝や断食明けや犠牲祭の礼拝を欠かさない。

かつて紀元前一世紀頃、東トルコ一帯を支配していたコンマゲネ王朝のアンテオコス一世の死後、ネムルット山頂（海抜二一五〇メートル）に約五〇メートルの高さの円錐形墓をつくらせたが、これが世界最高峰にある墓といわれる。妻の墓も、その下方にあるカラクシュ（鷲山）にネムルット山頂を見上げるようにつくられている。こうした権威の象徴としての墓の造成は今日まで続き、首都の高台に、近代トルコの建国の父とされるケマル・アタチュルク初代大統領の霊廟が一九四四年から九年がかりでたてられ、中央に大理石製の石棺が安置されている。偶像禁止のイスラム教国には珍しく、国内の地方都市近くの山頂付近には、かれの肖像がその国家統一のスローガンと共に大きく刻まれて下界の国民を見下し、政教分離政策をとっているとはいえ、かれがまるでトルコ国教の教祖のようだ。

⑭ バーレーン国

ペルシャ湾沿岸に位置するバーレーンは大小三十三の島からなる。一九七一年に英国の保護領から独立した新興国家であり、住民の大部分はアラブ人で、アラビア語を公用語とし、スンニ派やシーア派のイスラム教を信奉している。首都はマナマ。

油田開発の利潤で急速な近代化を図り、インドやパキスタンからの労働移民も多い。

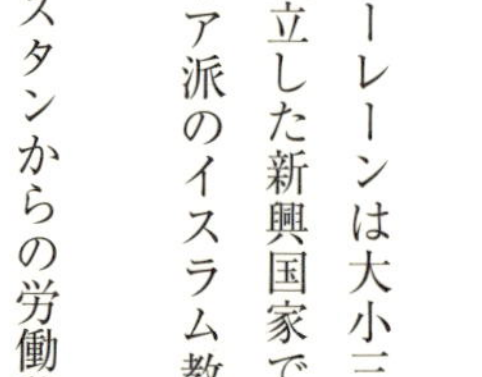

葬送慣習は、ほかのイスラム教を信奉する国々に準ずるが、ほとんど土葬で、葬儀はそれぞれの宗教や慣習にしたがって行われる。社会福祉が行き届き、医療費などは国費で賄われ、死亡の折には市内や郊外にある公共墓地に無料で埋葬される。首都郊外に紀元前二千年頃につくられたという十七万基にも及ぶ人類最古の墳墓群が散在し、考古学調査の格好の場となっている。

パキスタン
カラチのイスラム教墓地

⑮ パキスタン・イスラム共和国

インドの西隣りに位置するパキスタンは、歴史的にも民族的にもインドを構成する一部であったが、国名の示すとおり、イスラム教の原理に基づいて新しくつくられた国家である。住民も北・中部インド人やアフガニスタン人と同じく、インド・アーリア系に属するパンジャブ人、シンド人などで、ウルドゥ語を公用語としている。首都はイスラマバード。

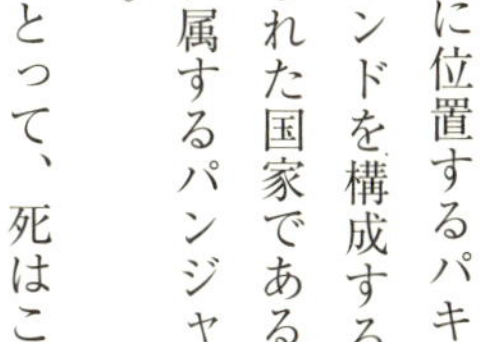

来世の存在を信じるイスラム教徒にとって、死はこの世の生涯の終着点ではなく、愛する者との一時的な別離であって、死者は審判の日によみがえり、再会できると信じられている。

死者が出ると、医師の死亡診断書をもらって居住地の警察署に届け出るが、事故死の場合には、たとえばカラチを例にあげると、市立病院かジンナ病院で検視が行われ、死亡診断書は警察署の発行となる。

人が亡くなると遺体の親指を白布で縛り、死衣（カファン）を着せ、緑色のチャーダル（敷布）をかけ、バラの花が飾られ沈香が焚かれる。近くのミナレット（放送塔）からは拡声器で死亡の通知を近隣に知らせ、遺体をマスジット（モスク）へ運ぶ。そこでナマーゼ・ジャナーザ（葬儀用略式の）の礼拝が会葬者によって行われ、遺体は近くの墓地に担がれて運ばれる。墓掘り人は墓地を長さ約二メートル、幅六〇センチ、深さ二メートルに掘り、そこへ遺体の頭を北側にし、顔をメッカの方向に向けて埋める。会葬者は三度両手に土を持ってかけ、花輪や水を捧げる。そして「ファーティハ」(コーランの序章)を読み、葬儀が終わる。葬儀後、三日目(ソーヤム)に近親者が喪家に集まって聖職者を招いてコーランを読唱し、その後墓参をする。十日目や四十日目(チェルへム)、一年目(バルスィー)、その後、毎年、命日やモハッラム(殉教者の命日)の木曜日に墓参する。墓地ではサラート・アル・ジャーナ(埋葬の儀式)を行うが、その際にルクー(頭を深く垂れる)やサジダ(平伏)はしない。礼拝の最後には「アッサラーム・アライクム・ハマトゥルラー」(故人の平安を祈る挨拶)を述べた後に埋葬する。すなわち「地上にあるよろずのものは消滅する。だが永遠に変わらぬものは、尊厳と栄誉に満ちたなんじの主の慈顔である」(第五五仁慈者章二六―二七)と唱える。

イスラム教徒はすべて土葬であり、神の審判の日の復活を信じている。イスラム教が国教になってはいるが、信教の自由は認められ、当地にはヒンズー教徒やパーシー教徒、キリスト教徒も共存しており、ヒンズー教徒は火葬(一部土葬)、パーシー教徒は鳥葬、キリスト教徒は土葬がふつうで、火葬を希望する場合には、たとえばカラチにはマンゴピール街にヒンズー火葬場がある。ここには既成の棺や骨壺がないので、その都度つくらせなければならない。

墓地はそれぞれ宗教別に分かれ、イスラムの聖者や金持ちの墓は霊廟型やセメント製の立派なものがあるが、一般には埋葬地に重い石を置き、その前に棒杭をたてただけのものが多い。バンボレット地方では遺体を納棺し、近くの山にそのまま置き、ヒンズー教徒は墓をつくらずに野天で火葬にした後、遺灰を近くの川に流す。

在留邦人が死亡した場合には、各都市にある警察病院の医師の証明をもらい、最寄りのヒンズー教の火葬場で火葬にして、遺灰を持ち帰ることになる。

カラチから東に一〇〇キロ離れたタッタの遺跡のマクリーヒルには、百万基を超える墓があり、その中には一六七四年にシャー・ジャハーン帝によって工事が始められ、その子オーラングゼーブの代になってやっと完成した大モスクもある。これは建築学上興味深いものだ。

⑯ ヨルダン・ハシミテ王国

ヨルダン
アンマンの郊外墓地

中近東のヨルダンは、第一次世界大戦後にオスマントルコ領から英国委任統治領となり、一九四六年に独立した。一九四九年に現国名となったが、一九五二年発布の憲法ではイスラム教を国教とうたっている。首都はアンマン。

住民はアラブ人が大部分で、イスラム教スンニ派に属している。パレスチナ難民の移入も多く、その数は七十万人に達し、かれらの帰属問題をめぐって国際的な議論の的になっている。アラビア語が公用語だが、首都などでは英語も通じる。公立学校では、イスラム教による宗教教育を行っている。都市部にはキリスト教徒も住んでいるが、それは政府関係者に多く、ときにはかれらがイスラム教徒間の紛争の調停役になることもある。

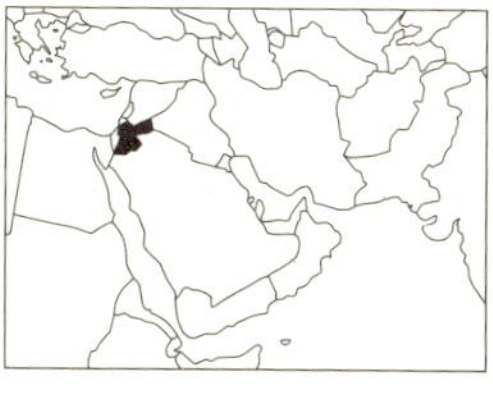

葬送慣習はほぼシリア・アラブ共和国と同様で、住民の大多数を占めるイスラム教スンニ派の人々は、モスクでの葬儀や墓地での埋葬時にコーランの聖句「アルファタ」を唱和する。死後四十日目に追悼会を喪家やレストランなどで行い、親類知己を招いて会食する。キリスト教徒は主にギリシャ正教かカトリック教会に属し、独自の葬儀を行う。首都にはイスラム教徒用のモスダール、シャヒード、サハブ公共墓地がある。キリスト教徒用にはワヒダッド公共墓地がある。イスラム教徒は墓に花を供える習慣がなく一律的には簡素であるが、墓前で長時間にわたり故人を偲んでたたずむ姿がみられる。夫婦は同じ場所に埋葬しない。その点、キリスト教徒の墓地は墓石の形もバラエティーに富み、なかには故人の遺影写真を陶板に焼き付けたものもあり、花を墓前に供える。当地のイスラム教徒は、墓をほとんど顧みないサウジアラビアのイスラム教徒と異なり、木曜日や一周忌の折に死後の墓参を行い、墓所に香水をふりかける女性の姿をみかける。

レバノン
ベイルートの公営墓地

⑰ レバノン共和国

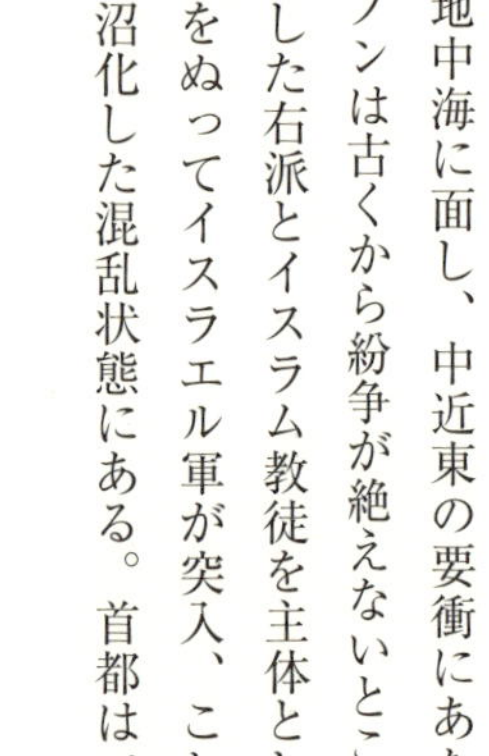

地中海に面し、中近東の要衝にあたるレバノンは古くから紛争が絶えないところだ。今日でもキリスト教徒を主体とした右派とイスラム教徒を主体とした左派の対立が尖鋭化し、その間隙をぬってイスラエル軍が突入、これに国連平和軍が介入するという、泥沼化した混乱状態にある。首都はベイルート。

住民はマロン派キリスト教徒と、スンニ派やシーア派のイスラム教徒が相半ばして、それぞれの居住区で生活しているが、概して識字率は高い。

キリスト教徒が死亡したときには、遺族がその遺体を湯灌し、衣服を着せてベッドに横たえ、頭部に十字架や燭台などを飾る。葬儀社に連絡をとり、関係者に黒枠つきの死亡通知状を配付したり、教会や街角にも掲示する。弔問者が喪家に集まり、納棺された遺体は、司祭者を先頭に男女別々の葬列を組んで墓地に向かう。墓地では埋葬の直前に蓋を開けて最後の対面をする。

イスラム教徒の場合、喪家で遺族が遺体を湯灌し、白布で包んで松材の棺に納める。葬列は喪家から墓地へ向かうが、遺族は参列者のより多いことを喜び、遺族以外の者でも棺担ぎになることを誇りとする。葬儀は導師の先導で喪家かモスクで行い、墓地を使うことはない。というのはキリスト教徒と異なって墓地は、聖所というより汚れた場所という考えがあるからだ。

ドライアイスを使って遺体を保存する習慣がないので、死亡した当日か遅くとも翌日に埋葬する。「カファン」と呼ばれる一枚の布で遺体を包み、最寄りのモスクから借りてきた担架に載せて、一日五回の礼拝の時刻に合わせてモスクへ行き、「サラート・アル・ジナーザ」という葬送の儀礼を行った後に墓地に向かう。墓はたいていコンクリート・ブロックで囲われ、蓋を被せて土をかけ、「タルキーン」と呼ばれる儀礼を行い、司祭者がムンカルとナキールという二人の天使になりかわって死者に問いかける。埋葬後、コーヒーにケーキという簡単な精進落としを振る舞う程度で、その後三日間弔問を受け、死亡した次の木曜日に関係者を招いて「ワニーサ」というもてなしをし、羊の肉を供応する。

キリスト教徒と比較して、イスラム教徒の葬儀は費用もあまりかからず、一般に簡素である。

墓地は宗教別に分かれていて、首都ではキリスト教徒の墓地は南西郊外の松林やサボテンの林の中にあり、家族単位の石造りの墓は頭部に十字架がたっている。イスラム教徒の墓地は市内バスタ街の一角にあり、鉄格子の高い塀が張り巡らされている。市内のダマスカス通りの近くにはユダヤ教徒の墓地もあるが、こちらは石棺形の墓石が多い。

南部山岳地帯に住むドルーズ派の人々は、葬儀のときに泣き女を雇う習慣がある。

第五章　ヨーロッパ地域

1 アイスランド共和国

北大西洋に浮かぶ世界最北の島国であるアイスランドは、氷河と火山で有名である。また、世界有数の長寿国でもある。首都はレイキャビク。

メキシコ湾流が通るため、緯度が高い割に気候は温暖で、冬の平均気温は摂氏一度となっている。ノルウェーやデンマークからの移民者が住み、アイスランド語が公用語になっている。

ルーテル派福音教会が国教で、住民のほとんどがこれに属し、牧師の給料や教会の維持費の大半は国庫負担である。もちろん、信教の自由は認められていて、カトリックやルーテル自由教会、ペンタコスタル運動、ものみの塔を信奉する者もごく少数存在し、これら国教に属さない人々の教会税はアイスランド大学の運用資金に転用される。

死亡するとただちに所属の教会に届け出て葬儀の手配を頼む。国が所得の約一〇パーセントの教会税を徴収するので、教会での結婚式や葬儀には費用がかからず、特に世話になった場合のみ、司祭者や聖歌隊へ心付けをわたすにすぎない。教会はアイスランド語で「キルヒャ」、墓地は「キルヒャガルドール」といわれるように、教会付属公園の意味を持ち、たいてい教会に付属している。首都には三カ所の墓地があり（その内一カ所は教会隣り）、葬儀をジャルダルフュール（土に埋める葬式）というように、かつては土葬であったが、最近は火葬も増えている。市内の高台にあるフォスボグス共同墓地には前大統領エルダルンの墓があるが、いたって簡素だ。死亡通知は電話および新聞の死亡広告欄を用い、会葬者は花屋を通じて葬儀の折に花を贈り、葬儀や埋葬後、喪家で軽食が振る舞われる。葬儀の折には近親者を除き、黒の喪服を着ることはなく平服で参列する。春から夏にかけて墓地には色とりどりの花が咲き、墓参は特定の日を決めていない。墓石のデザインは千差万別で、十字架や石碑に故人の生没年月日が刻まれているだけである。寒冷地ということもあって、墓碑はほとんど南向きにたてられている。

アイスランド
レイキャビクの公営墓地

② アイルランド

英領アイルランド以外、島の大半を占める同国に住むのはアイルランド人がほとんどで、ここではカトリックが優勢である。

首都はダブリン。

カトリック教徒は臨終に際して、枕元に司祭を招き、終油の秘蹟が授けられる。死亡すると、家の玄関先に黒縁どりのある白いカードを掲げるしきたりになっているが、これは葬儀が終わるまで続ける。棺はクリ、ニレ、カシなど木製で、金属製のものは国外移送以外にはあまり用いない。

死後の手続きとして、医師の死亡診断書を添付して役所に届け出るのは当然だが、納棺した遺体は死後二十四～三十六時間以内に所属する教会に運んで、葬儀の後に埋葬する。葬列はほとんど自動車を用い、最前列から喪家、霊柩車、会葬者の順に並んで墓地に向かう。司祭はラテン語と現地語の祭文を併用して唱え、埋葬式ではロザリオを繰って祈る。

埋葬に関する規定は欧米諸国のそれと大差ない。たとえば首都市内や郊外には共同墓地があり、埋葬地には衛生局員が立ち会って、棺は地面から三フィート（約九〇センチ）以下の地下に埋めなければならないことになっている。

埋葬から十日ほど後に、喪主は地元新聞に一般会葬者への謝礼広告を出す。喪家の服喪期間は約半年で、この間は黒の喪服やネクタイを着用して、社交活動などは控える。

葬儀社は役所への届け出関係、葬儀用具、霊柩車、死亡広告、埋葬等の手配を代行するが、教会や司祭者への葬儀の依頼だけは喪家から直接にする。

アイルランド
ダブリンの公営墓地

従来、火葬の習慣はなく、強いて希望する場合はリバプールなど、近くの英国の火葬場まで船で移送しなければならない。

英領北アイルランドはプロテスタント教徒が多く、信教上でもアイルランドとそりが合わないため、しばしば紛争の原因ともなっている。この地で死亡した場合は、医師の死亡診断書をもって役所に届け出ることはもちろんだが、さらに遺体を三、四日保存したり、海外移送にあたっては防腐処理をしたうえ、伝染病感染のおそれがないという医師の証明書と、検視官の海外移送許可証が必要となる。

葬儀はふつう喪家で営まれるが、まれに教会でも行われ、葬儀後に埋葬する。最近、火葬の希望が増加しているが、これは英国本土の影響もあるだろう。

高地に住むゲール人は死者が出ると、キリスト教の慣習に従って葬儀を営むが、前夜の通夜は一種独特の趣がある。一般に地獄の存在には懐疑的であるが、悪業にはなんらかの罰があたると考えられている。

死者が出ると、一般に通夜は二、三日にわたって喪家で行われる。

③ アルバニア共和国

バルカン半島の南西部、アドリア海に面するアルバニアは、第二次世界大戦後、社会主義共和国として独立してからは反宗教色を深め、一九六六年の第五回共産党大会で正式にその宣言を採択し、世界最初の無神論の国家となった。そこで、すべての教会を国家が没収し、聖職者を還俗させた。鎖国政策をとり、外国人の入国を認めていなかったが、一九九一年以来、民主化路線に変更して解禁し、政教分離政策をとっている。しかし、世俗的国家であるとはいえ、伝統的な宗教慣習は依然としてすたれず、イスラム教徒が七割を占め、そのほかはギリシャ正教やカトリックの信者などもいる。

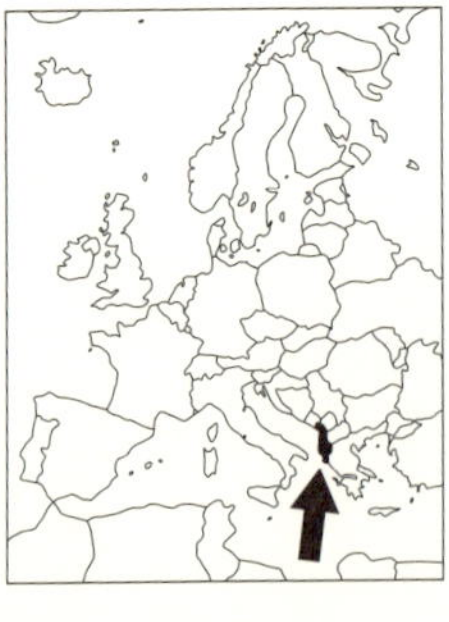

アルバニア
共同墓地（上）未亡人の姿（下）

首都ティラナの駅の近くにはトルコ風のハチセの家が保存されている。これは十八世紀にアルバニアでコレラが猛威を振るったとき、献身的に治療にあたった彼女の功績を讃えてたてられたものである。女性には珍しくイスラム教最高の称号「ダービィシ」が与えられ、国民の尊敬の的になっていて、共産党の治世下にあっても、常にロウソクを灯して参詣する人が絶えなかった。この傍らに共産党国家を樹立した独裁者エンバー・ホッジャの遺体もかつて埋葬されていた。しかし何者かによって掘り起こされ、持ち去られて、現存しているのは一九四二年に殺害された青年共産党同盟の幹部ケマル・スタファの遺体だけだ。

現地人が亡くなると、最寄りの役所（ジェンジェ・シヴィル）に届け出、都市部では、葬儀の手配を葬儀社（ジラエ・ヴァリメーヴ）に依頼する。死亡の当日は、終夜、遺族が遺体のそばに付添う。とくに女性の近親者は泣く習慣がある。山岳都市ジロカストラでは、葬儀の際、親戚知己の女性がみな大きな声で号泣したことから、かつてこの町は「号泣都市」と呼ばれていたという。葬儀は喪家か墓地で営まれ、会葬者は香典をもって参列する。死霊につきまとわれるのを防ぐため、会葬者は喪家に入るときに水で自らを清める。会葬者にはラキ酒かコーヒーのほか、都市部ではハルバ、地方ではバクラバという菓子が振る舞われる。遺族は四十日間服喪する。未亡人は終生、黒い喪服をまとう習慣があるため、一見して分かる。

各市町村の郊外には共同墓地（ヴァレザ）がある。地方においては、アルバニア正教（キリスト教）とイスラム教の墓地が仲良く混在する。いずれの墓地においても、遺体は土葬される。墓碑には、故人の遺影が焼き付けられた陶板が掲げられ、色鮮やかな造花が供えられる。

アルバニアの中心にある城砦都市ベラット付近のトモリ山頂付近に

は、イスラム教徒の聖者の墓があるため、巡礼地として名高い。コルサ地方のアルバニア正教徒は、誰かが死去すると、イエスの復活にちなんで、九日のあいだ服喪する習慣がある。

今日のアルバニアにおいては、全土にわたり、遺体を墓地に埋葬するのが一般的であるが、アルバニア北部においては、かつて、イランの拝火教の影響を受け、遺体を鉄格子の上に乗せて腐敗するまで放置する習慣があったという。

追悼式は死後一年、二年、三年目に行う。三年目に、正教徒の遺体は墓地から掘り起こされ、ミルクとワインで洗骨され、家族墓に合葬される。追悼式の際には、喪家が「グルレ」という砂糖と栗を入れたパンをつくり、参列者や貧者に振るまう。イスラム教徒は「ハルヴァ」という盆を振るまう。

一九四四年から一九九二年のあいだ、ホッジャの独裁政権のもと、政権に反対する約一万七千人の国民が政治犯として逮捕され、五千百五十七人が処刑されたという。ティラナ市内の国立歴史博物館は、彼らの遺品を展示し、痛ましい歴史を後世に伝える。第二次世界大戦後、孤立した同国は、周囲の国による同国への侵入を防ぐため、約七万のトーチカを各地に構築した。その残骸は、今日でも国内の至るところにみられる。

若者はかつて人々がもっていたような敬虔な宗教心をもはやもたないように見えるが、高齢者は伝統的な信仰をひきついでいる。そのなかには、終生、黒い喪服に身を包み、墓参りを欠かさない未亡人もいる。各市町村の郊外には共同墓地がある。最近たてられた墓碑は、十字架やイスラム教独特の月や星のマークを刻んだ石碑が多く、きらびやかな造花が供えられている。

アンドラ公営墓地

④ アンドラ公国

スペインとフランスの国境に横たわるピレネー山脈の麓に位置する人口約五万人の小国アンドラは、かつてはスペインとフランスが共同主権国であったが、国民投票の結果、一九六三年にその権限は大幅に縮小され、完全な独立国家となった。周囲を二、三〇〇〇メートル級の険岨な山々に囲まれ、カタルニーヤ語が公用語で、商品に税金がかからないところから買物天国になっている。国民に兵役の義務はなく、たった数十人の警官が常駐するにすぎない。犯罪も少なく、高台上のこぢんまりした議会兼裁判所の真下には三十数人の収容能力のある刑務所を見下ろせ、裁判所とは地下道で直結している。

死者が出ると役所に届け出、国民のほとんどはローマ・カトリック教徒で、教会は隣国スペインのウルヘル司教区に属している。したがって葬儀は、たいていカトリック教会で営み、首都アンドララベリャでは郊外に三カ所の公営墓地があり、そのいずれかに埋葬される。墓地の周囲は塀で囲まれ、内部は立体式の納骨堂（コロンバリウム）や地上墓が整然と並んでいる。

⑤ イタリア共和国

イタリアは長靴のような形で地中海に突き出た国である。北部の人々は長身に金髪で勤勉タイプ、南部の人々は背が低く黒髪で情熱的である。住民のほとんどがカトリック教徒だが、必ずしも敬虔な信者とはかぎらず、特に若者の間では宗教に無関心な人も多い。首都はローマ。

イタリアでは年間約七十万人（二〇〇八年現在）の死者が出る。カトリック教徒は死の直前に神父を招いて終油の秘蹟を受けることになっているが、この儀式もしだいに形式的になってきている。病院で死亡した場合も湯灌などは自宅で行うようで、喪家に引き取られた遺体は、湯灌して洋服を着せ納棺して、通夜を迎えるが、このとき参会者一同はロザリオを唱和する。通夜の翌朝、出棺して教会に行き、葬儀ミサの後に司祭が先頭にたち、続いて花輪を飾った車、霊柩車、近親者の順に並んで墓地に向かう。

棺はカシやマツ、マホガニー製のものが多く、近郊の埋葬用には板の厚さが最低二・五センチ以上、釘は二〇センチごとに打つことが規定されている。遠隔地に埋葬する場合は自動車を用いることになるが、一九二〇年代のミラノでは黒と黄色の霊柩車が走っていたこともあり、水の都ベニスでは今でもゴンドラかモーターボートの霊柩船を用い

イタリア
ミラノの中央墓地

ている。

現在、イタリア国内には約四千の私営の葬儀社が存在し、一九六五年設立のイタリア葬儀組合（ベローナ）に登録されているが、いずれも小規模だ。なぜなら、霊柩車や墓地などは公営のものが多く、葬儀も教会や病院で行うことが多いためで、公営の葬儀業者も存在する。

工業地帯のある北部に比べて農業地帯の南部は、一般に伝統的な習慣や信仰心が厚く、特に老人はそういう傾向が強い。しかし、カトリック教徒が圧倒的に多い国にもかかわらず、日曜日でも教会は閑散としている。都市部では死亡すると葬儀社（ポン・フューネリア）に葬儀万端を依頼し、火葬を希望する人も増加しているが、地方では依然として土葬で、教会で葬儀を営む。

シシリー島では十一月二日の万霊節に親は墓参のために里帰りをし、子供や孫たちに玩具や菓子を配る習慣がある。墓地（シミテーロ）はたいてい、糸杉の植えてある町外れの一角にあり、かつては家族単位の霊廟が多かったが、次第に簡素化しつつあり、平面墓地か壁龕墓地が増えつつある。

地方には教会付属墓地があり、都市部には公営の墓地があって、中でもローマのベラノ記念墓地、ミラノのポルタ・ガリバルディ駅近くの記念墓地などでは、広大な土地に白亜の豪華な霊廟や彫像が整然と立ち並び壮観だ。

ローマには歴史的遺跡も数多くあるが、市の中心地ベネト通りのサンタ・マリア・デラ・コンチツォーネ教会の地下には、カプチーン派修道士の約四千人分の遺骨が堆《うずたか》く積まれたカタコンベがあり、観光客でにぎわっている。

このようなカタコンベは、キリスト教徒が迫害されていたローマ帝国時代につくられたもので、ローマ周辺だけでも、延べ数百キロにも達する。カタコンベは、キリスト教徒にとって単なる遺体の埋葬地ではなく、互いの信仰を確かめあう地下聖堂でもあった。一方、西暦三一三年にキリスト教が公認されると、一挙に地上の聖堂がたてられるようになり、一般信者も競ってその内部に埋葬されることを望んだが、収容力が足りず、聖俗の有力者に限らざるをえなかった。今でも、中世期にたてられたカトリック教会の内部の床下は、こうした人々の墓所となっていて墓銘が床に刻まれているが、参詣者はその上を平気で歩いている。

また、市内を貫流するテベレ川のたもと、バチカン市国入口にあるサンタンジェロ城も、西暦一三九年の築城で、ハドリアヌス帝（七六～一三八）などローマ皇帝が葬られている。ローマとナポリの中間点、モンテ・カシノには第二次世界大戦中に戦没した米国やドイツ軍兵士の戦没者墓地がある。

墓地は土葬による埋葬がほとんどで、火葬場も都市部の大きな公営墓地には付属しているが、火葬率は全体の一パーセントにも満たない。墓所は賃貸形式をとるところが大半で、だいたい十年から三十年の契約を結び、その後、改葬して三十年間納骨堂に保存することになっている。墓参には、白いキクの花が好まれ、毎年十一月一日の万聖節にはどこの墓地も墓参の人々でにぎわう。

シシリー島では大部分の住民がローマ・カトリックの慣習に従い、死後はまず煉獄に行き、それから天国か地獄へ行くと信じられている。遺体は、バラの花に包まれた棺台に載せられて町を通り抜け、墓地に向かう。未亡人は終生、黒の喪服を着て、つつしみ深い生活を送るという。

サルジニア人の大部分は、ローマ・カトリックの慣習に従い、信仰が深くなくても葬儀は教会で営む。

6 英　国

英国はヨーロッパ大陸の北西部に位置し、イングランド、スコットランド、ウェールズと北アイルランドおよび周辺の島々が含まれている。ドーバー海峡によってヨーロッパ大陸と隔てられ、国民の大部分はアングロサクソン人で、次いでスコットランド人や、ほかの人種からなっている。首都はロンドン。

今日、英国で死亡した場合、必ず通らなければならない関門が二つある、といわれる。居住地内の戸籍登録所と葬儀社である。前者には一八五三年制定の『出生および死亡登録法』に基づいて、死後五日（スコットランドでは六日）以内に、医師の死亡診断書を添付して、死亡届を出さなければならない。事故死の場合に

は、各地区に所在する検視官の検視を受けなければならない。遺体は死亡した病院から検視事務所の霊安室に安置され、司法解剖後に検視事務所が発行する死亡証明書をもって引き取ることができる。土葬か火葬か、外国人の場合には母国に移送するか否かは遺族の意向で決定される。

死亡や葬儀の通知は、近親者の間では電話でなされるが、広範囲への通知は地元新聞に広告を出すのが通例である。内輪の葬儀を希望する場合には、葬儀の日時や場所を伏せて死亡したことのみを広告して密葬し、関係知人の多い場合は、密葬後に改めて追悼会形式のものを行うことがある。

葬儀の場所は、ふつう墓地や火葬場内の礼拝堂が使われ、まれに自宅の居間で行われることもある。聖職者や著名人以外では、都市部の教会が用いられることはほとんどない。

英国
ロンドンの公営墓地

棺の周囲には花輪などが飾られ、関係知人は花屋か葬儀社を介して生花を贈るのが一般的だが、その花は後に墓地へ持参するか病院などに寄付する。供花を辞退したいときには、その旨を明記し、香典代わりに社会福祉団体へ献金を希望する場合にはその宛先を明記する。もちろん、会葬者が喪家への香典として現金を差し出す習慣はなく、香典返しもない。精進落としが振る舞われることもめったになく、あってもスナックが用意される程度だ。

葬儀社は死亡時から埋葬、事後処理に至るまで、これらの葬儀いっさいの業務を代行する。ユダヤ人葬祭互助組合などを除いて、ほとんどの遺族は最寄りの葬儀社を利用している。現在、大小二千五百ほどの葬儀社が英国葬儀業組合に加盟し、葬儀の日時、場所、規模、用具、棺(柩)の選定から遺体の保存および運搬、司祭者、霊柩車、埋(火)葬、墓地の手配、精進落とし、死亡保険の代行に至るまで、幅広いサービスを提供している。

葬儀社員は電話一本で喪家に駆けつけ、葬儀や埋(火)葬がすむまで遺体の保管もしてくれる。遺体は、湯灌して死衣を着せるのが一般的であるが、米国のように整形保存術を施すことは滅多にない。遠隔地への移送や、遺族の特別の希望がないかぎり、葬儀の際の最後の対面など好まない英国では、整形保存術の意味がないからだ。棺は合成樹脂製の安価なものからカシ材の高価なものまで各種、葬儀社に揃っているので、予算や好みに応じてカタログから選択できる。最近は、伝統的な船形の需要は少なく、長方形が一般的である。

葬儀費用の大部分は遺族が負担するが、葬儀社は英国公正取引委員会の指示にしたがって、事前に明細を提示、承諾をえることが義務づけられている。

社会福祉の発達した英国では、遺族の負担を軽減しようと、政府は一九四八年以来、死亡者交付金を支給してきたが、それでは充分ではないので死亡保険に望みを託す人もいる。

識者の中にはこうした経済的理由と相まって、葬儀無用論を唱える者も現れた。かれらによれば、葬儀は過去の名残以外の何物でもない無意味なアナクロニズム（時代錯誤）であり、形骸化された儀式にすぎないという。その価値も失われて久しく、そこから商業的利益をえようとする者を利するのみである、と主張している。この葬儀無用論は葬儀の簡素化に拍車をかけたのみならず、急速に普及した火葬の事後処理法にも変化をもたらさずにはおかなかった。

英国の火葬は遺体を完全燃焼させて遺灰にする。骨の原形をとどめないため、骨壺に納めて墓地に埋葬したり、納骨堂に保存することは少なく、火葬後その六五パーセントは散葬される。火葬場の一部には散葬用の記念公園墓地があり、遺灰はそこの土中に撒く。バラの花などを植え、そばに合祀碑をたて、火葬場備えつけの過去帳に記録されるだけだ。遺灰は、故人の思い出の地や海上に撒布されることもある。

最近では葬儀の参列者が二十人以上になることは珍しく、しかも、直接、墓地や火葬場に向かう簡略なものになりつつある。追悼式形式のものが増え、知識階級や中産階級で特にこの傾向が顕著である。近親者以外の一般会葬者は喪服でなく、端正な平服で臨むことが多い。遺族の服喪期間も短縮され、その期間中であっても社会的行事への参加を控える人も少なく、連れ合いの死後ただちに再婚する人もいる。通夜はアイルランド系の人を除いて一般的ではない。

スイスの心理学者ユングは今世紀初頭に、「高度に文明化した社会では死者にまつわる慣習は合理化される」と喝破したが、英国ではまさに、予言が的中し、実証されたといっても過言ではない。

現在、英国内の大半の墓地では、規則によって墓石の大きさや形、銘文を規定しており、柵で囲うことを許していない。また、かつてあったように、教会堂内に埋葬することも許されていない。

スコットランド地方での葬儀や埋葬方法は、イングランドやウェールズ地方とほぼ同様であるが、墓地は地方自治体の管理下にあって、そこには礼拝施設はなく、古くからの習慣で埋葬の折には、会葬者が絹の紐を遺棺に結んで地中におろす。周囲の土がかかる音がしないように、遺棺の上をマットレスで覆うのは、かつて草をのせた名残である。

火葬に関する規則は一九六五年以来、全国統一されている。

前世紀までの英国の喪家では、葬儀所職員を雇って、出棺までは遺体の傍らや玄関口に見張り役として付き添わせたという。遺体の腹部には悪魔払いの目的で塩を盛った皿を置き、その脇には常時ロウソクなどの火を灯し、葬儀は夜中に営んだ。

一六七八年の条例によって、死衣は羊毛製と定められ、リネンや絹製のものは禁じられた。子供、未婚者用の棺覆いは白色、成人用は黒色と決められ、遺棺は六人の棺担ぎに担われて葬列は墓地へ向かう。その途中で立ち止まっては、会葬者一同が、「主よ、あわれみ給え。キリスト、あわれみ給え」と「主の祈り」を唱える。

葬儀や埋葬の折の供花の習慣は古くからあって、テンニンカ、ツタ、バラ、サクラソウなどの花が好まれ、墓所は、雨風や野獣から守るためにイチイや糸杉などの常緑樹が植えられた。金持ちは、葬儀に際して故人を讃える職業詩人を雇うといったこともあったが、現在は司祭者がそれに代わっている。

個人主義が徹底している英国人は、一般に他人に迷惑をかけることを嫌うせいか、米国人のように葬儀に多数の人を招いたりせずに、ごく内輪に済ます傾向がある。

墓に関しても、ロンドンのウエストミンスター寺院にあるエドワード王の寝棺のように豪華に装飾したものもあるが、一般には簡素なものがよくみられ、大理石は輸入品で高価なせいか、ふつうの石に真鍮製のプレートをはめこんだものが多い。

しかし、ユーモアを解する国民性を、墓碑銘にみることができる。たとえば、ヘレフォード墓地には、ある夫婦の墓碑があり、先に亡くなった妻の銘には、「愛しき夫よ、嘆かないでください。私は死んだのではなくて、ここに眠っているのです。じっと待って、死ぬ準備をしてください。じきにあなたが私のところへ来るでしょう」と刻まれているのに対して、その隣には、「最愛の妻よ、私は嘆いていません。私は後妻をもらいました。だからあなたのところへ行けません。私は彼女のところへ行って住むのですから」と夫からの返辞がそえてある。

こうした墓碑銘をみて歩くだけでも楽しいが、これを拓本にとるマニアもいる。ブラス・ラビングといって、墓碑銘の上にラシャ紙をセロハシテープで固定し、上からパラフィン蝋でこすり、凸部を写しとる。ロンドンはピカデリー通りにあるセント・ジェームス教会の地下室に拓本センターがあって、手ほどきをしてくれる。

土葬の場合も、新設の公営墓地では墓碑の形や規模が規格化、簡略化されて、かつてのような個性豊かなものはみられず、ユーモラスな墓碑銘もすっかり影をひそめた。

スコット人は、死者が出る直前に神父を招いて終油の秘蹟を行い、喪家では一晩中、遺体を見守る。女性が通常、遺体を洗浄し死衣を着せる。地方では墓地に男性が棺を担いで運び、村の長老が先導する。

ウェールズ地方に住むウェール人は、かつて死者が出ると近隣の人はかならず一人は葬儀に参列し、名前が地方新聞に掲載された。一般にキリスト教の慣習である死後は天国か地獄に行くと信じられている。

戦勝国ではあったが、第二次世界大戦後の英国は大きな変化を遂げてきた。植民地の大半が独立したこと、経済力の低下、人口の流動化や物価高騰、海外からの移民労働者の増加、情報産業の発達、教会の宗教的権威の低下等々の変化は、人々の社会的連帯感や伝統的慣習にもおよび、その踏襲を稀薄にしていった。葬送慣習にも大きな変化をもたらさずにはおかなかった。特に顕著な変化としては火葬の急増があげられよう。

火葬は第二次大戦前すでに合法化されてはいたが、一九四〇年の火葬率は死亡者全体の三・九パーセントであったのに対して、一九五〇年一五・六パーセント、一九八〇年六四・四八パーセントという加速度的な普及ぶりである。もっとも、遺体は霊の抜け殻で、単なる物体にすぎないとする宗教的解釈、環境保護や生活空間の確保を重視する現実的な英国人にとっては、狭い国土を広大な墓地に占有されることは理不尽でもあり、火葬は当然の帰結かもしれない。

しかし、依然として旧来の伝統慣習を尊重、固執して火葬に反対する宗教教団や信者が存在することも事実である。反対の理由は、神の再臨に際して肉体の復活が斥けられること、肉体の腐敗が自然の理にかなっていること、急激な肉体の消滅に耐えられないこと、などがあげられる。

葬送慣習、および火葬の許容度は宗教団体によって差異があるので、概略する。

一　アルメニア正統教会

火葬を拒絶はしないが、勧めもしない。

死後は男性には黒、女性には白の死衣を着せて、納棺した遺体の上には祈禱書が置かれる。死後、ただちに聖職者を招くが、なるべく早く教会に運んで葬儀を営む。もし、近くに同派教会やその聖職者が得られない場合は、ギリシャ正教会か英国国教会の聖職者の司式による葬儀も許容される。

聖職者は葬儀に先立って墓地を聖化し、棺の上に土を撒いて、「主の再臨のときまでとどめおかれよ」と祈る。参列者は散会前に聖職者のもつ十字架に接吻して、祝福を受ける。埋葬後の墓参は八月十四日、命日、教会の大祝祭日の直後に行う。

二　バプテスト教会

かつては火葬に反対していたが、今日では黙認している。

英国国教会以外の教団と同様に、葬儀は喪家かその所属する教会で営む。ほかのキリスト教聖職者に司式を依頼してもよい。

三　保守的バプテスト教会

遺体は土葬にする。

葬儀に同派教会牧師が得られないときには、同派信者か福音派プロテスタント教会の牧師を招き、カトリック教会の神父で代行することはない。

四　クリスチャン・サイエンティスト

埋葬は合法的かつ遺族の希望に基づいて、一般慣習を尊重する。教会に埋葬されることはなく、追悼式は関係者の裁量に任せる。

五　クリスチャン・スピリチュアリスト

埋葬は一般慣習に従うが、火葬の場合は少なくとも死後三～五日経過してからが望ましい。

葬儀は遺族への弔意を旨とし、いかなるキリスト教方式によってもよい。当派では、肉体は霊の宿る器とされ、死後の遺体にはあまり関心がない。

六　英国国教会

火葬・土葬のいずれも認める。

葬儀は同派の牧師か、その教義に近い教団聖職者を招いて営む。参会者は讃美歌を歌い、聖書の一節（ヨハネ伝一一・二五、ヨブ記一・二一、同一九・二五―二七、テモテ前書六・七、詩篇九〇、同三九、同一三〇）、使徒書日課（第一コリント一五・二〇―五八、第二コリント四・一六―五・一〇）、主の祈りなどが読まれ、聖餐式、故人の徳を讃えて神に召されたことを祝福する牧師の説教、黙禱、讃美歌の合唱で終わる。埋葬や火葬に立ち会う場合には、成句、キリエ、主の祈り、連禱が行われる。

七　クライスト教会

土葬が通例であるが、合法的な火葬も認める。

葬儀はいかなるキリスト教方式によってもよいが、できれば英国国教会か自由教会に依頼する。当派にはチェターやソーグホールに会員専用墓地がある。

八　組合教会

遺体の処理は遺族の裁量に任される。

葬儀に同派の牧師が得られないときには、ほかの自由教会の牧師の司式でもよい。

九　東方正統教会

当派はギリシャ、ポーランド、セルビアン教会等に分かれているが、葬送慣習に大差なく、ギリシャ正教会員にはロンドンに、セルビアン正教会員にはソーグホールに専用墓地がある。

十　エリム教会

遺体の処理方法は司式者の裁量に任され、墓地の選択は遺族に任される。ほかのキリスト教方式の葬儀も許される。

十一　英国自由教会（エピスコパル改革教会）

埋葬方法は遺族の裁量に任され、葬儀はいかなるキリスト教方式でもよい。

十二　スコットランド自由プレズビテリアン教会

火葬は異教徒の慣習であるとして、禁止している。生前の交わりを重視し、遺体の処理はキリスト教的慣習が尊重されれば葬儀は特にしなくてもよい。

十三　フランス・プロテスタント・ユグノー教会

遺体の処理方法については、信者に特別の禁止条項を課さず、ほかの自由教会の慣習に準拠する。葬儀は遺族の裁量に任され、同派の牧師が得られないときには、ほかの自由教会の方式によってもよい。

十四　エホバの証人

当派は国際聖書学生教会、ものみの塔とも呼ばれる。遺体の処理方法については信者の裁量に任せ、葬儀は、ほかのキリスト教の司式者に依頼してもよい。

十五　ルーテル教会

特別に火葬に反対はしない。

カーデフやロンドンにルーテル教会と関係の深いノルウェー人墓地があるが、どこの墓地に埋葬してもよい。葬儀は、ほかのキリスト教方式によってもよい。

十六　メソジスト教会
遺体の処理方法について特別の規定はなく、土葬、火葬、水葬ともに許される。

当派の牧師が得られないときには、ほかのプロテスタント教会の司式者に依頼してもよい。
十七　モラビアン教会
伝統的には土葬が行われているが、火葬や水葬にも反対しない。

当派は専用墓地をもち、墓地は男女別に分けられ、一つの墓所には一遺体を埋葬する。墓碑は一八×二四インチ(約四五×六〇センチ)の規格に統一され、名前、年齢、没年月日が刻まれるのみである。同派の牧師が得られないときには、英国国教会か自由教会の司式者でもよい。
十八　キリスト教福音教会
埋葬方法は一般慣習に従う。

死者への祈りをせず、同派の牧師が得られないときには、ほかのプロテスタント教会の牧師に依頼してもよい。
十九　プリマス兄弟
火葬を好ましいとは考えない。
二十　アイルランド・プレズビテリアン教会
葬儀の前に喪家で簡単な儀式を営み、葬儀後に墓地で埋葬式を行う。

同派の牧師が得られないときには、ほかのプロテスタント教会の牧師を依頼してもよい。
二十一　ウェールズ・プレズビテリアン教会
葬儀は、通常、喪家か墓地で営み、教会の牧師や重要人物などの場合には教会で行う。儀式は英国国教会と共同作成の典礼集を用いる。当派の牧師が得られないときには、ほかのキリスト教会の司式者でもよい。
二十二　ローマ・カトリック教会
かつては火葬を禁じていたが、ローマ法王パウロ六世の教勅によって、一九六三年から教会の信条に意識的に反しないかぎり許されるようになった。一九六六年以降は火葬場での司祭も許されている。

葬儀は原則として教会員所属の墓地で行い、ほかの地で死亡した場合には最寄りのカトリック教会で営む。神父や修道女の遺体は所属教会墓地に埋葬されるのが通例だが、それ以外は出身地の教会へ埋葬される。一般信者は所属する教会墓地かその他の墓地でもよい。終油の秘蹟が重視され、神父によって最後の聖餐式が行われる。当派は未信者や異教徒、無神論者、犯罪者の葬儀や埋葬式を拒否することがあり、かれらは未聖別地に埋葬される。

葬儀の際、信者の遺体は教会の祭壇の前に足を内陣に向けて安置され、聖職者の場合は足を外陣に向ける。埋葬式には神父が立ち会って儀式を司祭する。

二十三　ロシア正教会

土葬が通例。火葬に反対はしないが、教会はそれを認めていない。

信者が息を引き取る直前に意識があれば、罪の告白をさせ、最後の聖餐を受ける。聖職者は、湯灌された遺体の額、胸、手、足首、足に十字を切って新しい死衣を着せ、手にイコン（キリストの聖画）をもたせる。

埋葬の際には讃美歌が歌われ、日に二回追悼式を行う。ギリシャやルーマニア正教会では、英国国教会の牧師による司式を許すが、自由教会の牧師は拒否する。

二十四　セルビアン正教会

海上死を除いて土葬が義務づけられ、死後四十八時間を経過してから埋葬する。

東方正統教会の慣習に従って、信者は生前に罪の告白と赦罪を受ける。遺体は湯灌して、死衣を着せ、手にイコンをもたせる。英国国教会方式による葬儀を認めるが、ローマ・カトリック教会のそれは認めていない。また、殺人者、自殺者、異端者の葬儀は行わない。

二十五　セブンスデイ・アドベンチスト

遺体の処理方法について特別の規定はなく、同派の司祭者が得られないときは、ほかのプロテスタント教会の牧師に依頼してもよい。

二十六　フレンズ教会

葬儀の簡素化を旨とし、供花はしない。葬儀は追悼式形式で、喪家か墓地、集会場で行う。他派の教会が当教会会員の遺体の埋葬を拒否して以来、専用墓地をもっているが、公営墓地への埋葬が増加している。墓碑銘は一定し、故人の名前、年齢、没年月日のみが刻まれる。

二十七　スウェーデン・ボルグ教会

霊魂が離れた後の遺体の処理方法についてはあまり関心がない。葬儀は丁重かつ簡素に、喪家か教会で営み、聖書を読んで故人の召天を祈る。

二十八　スイス・プロテスタント教会

葬儀は華美にならないように簡素に行い、霊魂の復活を信じてキリスト教会の方式による。プレスビテリアン教会の教義がこの派に近い。

二十九　ユニテリアン自由キリスト教会

洗礼や堅信礼の有無を問わず肉体の復活を認めていないので、火葬に反対しない。

他派の司者による葬儀には、できうれば組合教会か非国教教会の牧師が望ましい。

三十　スコットランド統一自由教会

葬儀は英国国教会の典礼に基づき、そうでない場合には、ほかのキリスト教式でもよい。

三十一　仏教

各地の仏教的慣習に従うが、仏陀が入滅後、荼毘にふされた故事に基づいて火葬にする場合が多い。

西欧の仏教徒はあまり慣習にこだわらない。葬儀はふつう僧侶や比丘を招いて行い、埋葬の後に墓碑に法輪を刻む。そうでないときには、キリスト教的要素や祈禱を除いた追悼式を開いて、参会者は仏教経典からの抜粋文を読む。

三十二　ヒンズー教

ヒンズー教の正しい遺体処理方法は火葬で、そうすることによって霊魂は昇天すると信じられている。英国在住のヒンズー教徒が死亡したときには、火葬後にその遺灰をインド在住の親族に送って、後日、ガンジス川に流してもらう。葬儀にはヒンズー教の聖職者を招くのが原則であるが、それ以外は追悼式を行う。

三十三　ユダヤ教

葬儀や埋葬は詳細な規定に基づいて営まれ、通常はユダヤ人葬祭互助組合が取り仕切る。遺体は湯灌して白い木綿布で包み、男性には頭に丸帽子をかぶせて納棺する。火葬は旧約聖書（申命記二一・二三）やユダヤ法典に基づいて認められないが、自由ユダヤ教徒の間には火葬が増加している。正式には早く埋葬しなければならないが、ユダヤ教の安息日（土曜日）には行わない。葬儀は貧富の差なく簡素を旨とし、供花の習慣もない。

遺族は、死後から埋葬が終わるまで肉食や飲酒を控え、喪服の着用は一カ月間、両親の死であれば一年間続く。

三十四　イスラム教

故人の霊魂は死後三日ないし四十日間遺体にとどまると信じられ、火葬は不浄として行わない。死後はただちに埋葬の準備が行われ、頭部を聖地メッカに向け、導師を招いてアッラーの神や預言者モハメットを讃美する儀式を営む。葬儀はモスクや墓地で行われるが、ブルックウードにイスラム教徒専用の墓地がある。

（ポルソン、マーシャル共著『遺体処理法』参照）

以上のように、多くの宗教教団が英国国内で活動している。各教団は、その傘下の教会に属する人々にそれぞれの準拠する教義や慣習に基づく葬送の儀式を勧めている。しかし、戦後、人々の教会離れが著しいといわれる。たとえば、英国国教会への定期的な日曜礼拝出席者は成人人口の一〇パーセントにすぎない（一九九八年調査、『ニューズウイーク誌』一九九九年七月十二日号）と報告されている。

このような教会離れは、ひとり英国国教会ばかりでなく、ほかの宗教教団にも共通する世界的な風潮であろう。特に、英国国教会は葬送慣習を世俗的事柄として積極的に関与してこなかった。その結果、それにまつわる業務は国家

（地方自治体）や葬儀社が取って代わっていった。教会や聖職者はその添え物的な役割しか果たせず、ひいてはそれが英国国教会の経済的基盤を弱体化させていった一因と考えられている。

教会離れをした人、無信仰者が増えてはいるが、かれらも身内の死に臨んでは、なんらかの葬儀を営むための司式者を必要とすることがある。その場合は、英国人道主義教会や合理主義者教会、無宗教教会などに依頼すれば、有料で適当な司式者を派遣してくれる。しかし、葬儀いっさいを行わず、埋（火）葬後しばらくしてから、関係知己の間で追悼式を開く例もまれではない。

現在、同国においては年間約四十万人が死亡し、各地に散在する私設の葬儀業者がその葬儀業務を取り扱う。人口の大半を占めるプロテスタント教の一派である英国国教会の信者は、かつて、神への礼拝を中心とした葬儀を教会で行っていた。しかし、第二次世界大戦後、宗教や教会離れが顕著になると、葬儀は、神に感謝しながら故人を追憶する場へと変化し、葬儀の個人化および簡略化が進んだ。また、合理主義や自然回帰思想の普及とともに、火葬や散葬を希望する者が増加した。また、戦後、海外からの移民が増加するのに伴い、葬儀社は、死亡者や遺族に対し、それぞれがよってたつ宗教や伝統慣習に応じた儀式を提供するようになった。

かつて、米国の宗教学者トーマス・ルックマンは、現代社会が世俗化し、かつての見える宗教が見えない宗教に移行しつつある現象をとりあげて、「宗教の新しい社会的形態は社会機構の非人間化を指示する一方で、社会構造に拘束されない人間の意識の解放を聖化する」と述べている。

これを英国の葬送慣習の現状にあてはめてみると、見える死から見えない死に移行しつつあり、それは個人生活の自律性を伸長すると同時に、社会生活の連帯性を風化させる両極性を内蔵しているといえよう。英国人が今後、個と全体との相克と調和をいかに保ってゆくか、そのいずれをも相殺させる人間疎外の現代的状況にいかに対処するか、なりゆきを見守りたい。

このごろではイスラム教徒や、自ら信ずる教条に忠実な保守的キリスト教徒やユダヤ教徒以外の英国人の間では、教条に関係なく、遺体の火葬が一般化しつつある。

エストニア
タリンの公営墓地

⑦ エストニア共和国

一九九〇年三月にソ連から独立し、九月に国連に加盟した新興国で、首都はタリン。バルト・フィン系の民族エストニアの名にちなみ、語源は古代フリジア語の「エスト」（東の意）に由来する。人種的にはフィンランド人と近親関係にあり、文化的には北欧への帰属意識が強い。したがってフィンランド同様にプロテスタントの福音ルーテル派に属する信仰をもつ人が多い。

対岸のフィンランドとバルト海を隔てているこの国は、風俗習慣や言語もフィンランドと共通点が多く、葬送習慣も似ている。首都の郊外三カ所に広大な共同墓地があり、その中で最古のものがラフマエ墓地である。最近、メツァ墓地が新設され、鬱蒼とした森の中にあるこの墓地には大小さまざまな墓碑が整然とたてられ、無料で使用できる。

死者が出ると四十日間、服喪する習慣があり、葬儀は葬儀社（マッセ・ビュロ）が取り仕切る。日露戦争のとき、ロシアのバルチック艦隊はここの港から出航し、対馬沖海戦で東郷元帥の率いるわが国の海軍に破れたが、ロシア海軍戦没者の慰霊祭がタリン旧市街の丘にあるロシア正教のアレキサンドル・ネフスキー教会で一九〇五年に営まれた。近くにあるタリン最古のドム教会（十三世紀建立）の外陣には一般庶民の墓も教会堂内に埋めこまれ、靴屋は靴の形を石板に刻んであってほほえましい。

⑧ オーストリア共和国

ヨーロッパの中央に位置し、国の西半分にはヨーロッパ・アルプスがそびえ、東半分に肥沃な平原が広がっている。住民の大部分がドイツ語を話すオーストリア人で、ほかにクロアチア、マジャール、スロベニア、チェック系人も居住している。首都はウィーン。

死者が出ると、医師が死亡診断書を書き、役所に届け出る。マリア・テレジア時代（一七四〇〜八〇年）に制定さ

オーストリア
ウィーン中央墓地の葬儀場

れた検視は特別の場合のみである。

十七世紀まで、ヨーロッパの多くの墓地は教会に所属した（キルヒホッフ）。キリスト教においては、死後も人の肉体と霊魂は分離しないと考えられたため、墓地は、死者がキリストの復活の日を待ちながら一時的にとどまる安静な場所とみなされた。しかしながらそれ以降は、主に信教の自由や公衆衛生の見地から、墓地は教会による支配を逃れて、地方自治体に帰属する（フリードホッフ）ようになった。墓地に関するいろいろな選択肢は個人や家族にゆだねられている。

こうした傾向は、個人主義が徹底した欧米人全体にみられる。首都ウィーンでは、一七三二年にすでに、都市内の遺体の埋葬が禁止された。十九世紀になると、ほとんど全ての地域において、遺体は、郊外に新設された公共墓園にある個人や家族単位の墓に埋葬されるようになった。土葬された遺体は、一般的に、一定期間を過ぎると、共同の納骨堂（バインハウス）に改葬される。そこで遺族関係者は故人をしのぶ。

葬儀は、首都など都市部では公営の葬儀社が取り扱うが、地方では一部私営のところもある。一八八〇年代に豪華を売り物にする私営の二大葬儀社が覇を競った結果、一般の人には手の届かない葬儀費用となり、その後、約八十の弱小葬儀社が乱立して統制がとれなくなったため、一九〇七年六月二十一日にウィーン社会共済法が制定された。以降、葬儀社は許可制をとって規制され、しだいに公営の葬儀社がそれらに取って代わり、今日に至っている。

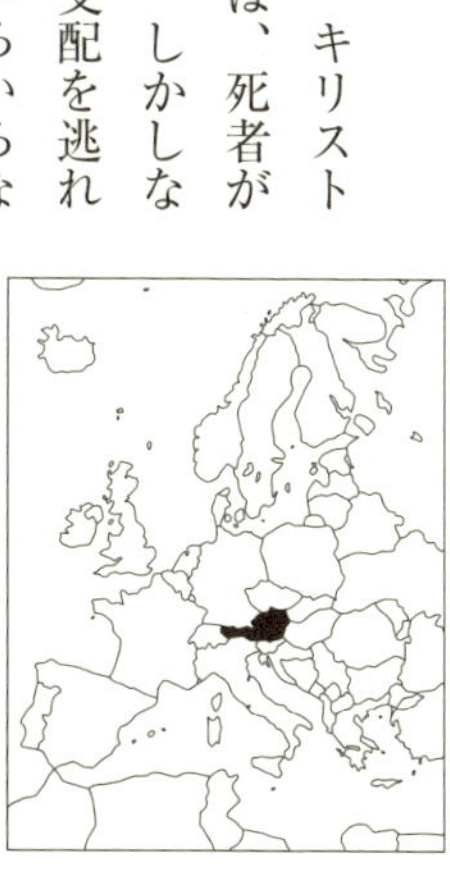

死者が出たことを連絡すると、ただちに派遣された係官によって死亡が確認され、遺体は棺に納めて公営墓地内の遺体保管所に運ばれる。死後三日ないし一週間後に保管所から礼拝堂に移され、そこで故人や喪家の宗教に従って葬儀が営まれる。棺は葬儀後墓所に運ばれ、たいていは土葬にされる。カトリック教徒の場合には、数日後に所属する教会で追悼ミサをあげる。

オーストリアの人々はよく墓参をする。オーストリア人の間では、死の意味

オーストリア
ウィーンの中央墓地

を深く考え、それをたんなる運命の仕業と受け止めない。十一月一日の墓参りが特に重要視され、その折、永世を象徴する常緑の花輪を捧げる。故人の誕生日や命日、キリスト教の祭日（クリスマスやイースターなど）にロウソクに火を灯して墓前で追悼し、バラやカーネーションの花を捧げるが、ときには一カ月に三回も墓参する人がいるほどだ。

火葬はかつてはドイツやフランスと同様、労働者階級では行われていたが、最近は広く普及し、各都市の公営墓地には火葬場が付属していて、遺体は火葬の後に埋葬されるかわり、納骨堂に納められる。土葬の場合でも、場所や条件によって異なるが、たとえば北オーストリアのハールシュタットの墓地では、埋葬から十五年後に合葬している。

現在、首都には十カ所の教会墓地と四十六カ所の公営墓地がある。そのうち最大規模のものは一八七四年に開設されたウィーン中央墓地で、約二四〇万平方メートルの広い面積を占める。ここは映画「第三の男」のロケ地としても有名だが、また、オーストリアで活躍した世界的な音楽家の名誉墓地があることでも有名である。中央口から入って左側の一角（三二区A）にベートーベン、シューベルト、モーツァルト、シュトラウス父子、ブラームス、スッペ、ヴォルフなどの墓碑がたてられ、観光名所ともなっている。ただし、モーツァルトの墓は記念碑がたつのみで、遺骸はカール・マルクス墓地に埋葬されているといわれ、ベートーベンやシューベルトにしても一八八八年にベーリング墓地からここへ移されたものである。

ウィーン市中心繁華街のケルントナー通りには、一三七メートルの大尖塔がそびえたつシュテファン教会があるが、その近くにあるカプチーン教会地下のカタコンベ（地下墓地）に、ハプスブルグ家歴代の豪華な墓棺が安置されている。一九八九年四月一日、長らくオーストリア地方を支配したハプスブルグ帝国最後の皇帝、フランツ・カールの后《きさき》ツィタの葬儀がシュテファン教会で盛大に営まれた。その柩はカプチーン教会の地下墓地に安置されたが、おそらくこれがウィーンにおける伝統的な葬儀の最後となろう。

市内のゴールドガッセ街には葬儀博物館があり、葬儀の歴史的変遷を知る必見の場となっている。同じくグラーベン通りには、一六八三年にレオポルド一世が黒死病流行の終息（一六七九年）を記念してたてたペスト記念塔があり、この地下にも何万体とも知れぬ黒死病者の遺体が葬られている。また、ザルツブルク市内には聖ペーター教会裏手の墓地に沿ったところに、数多くの遺体を納めた壁龕が見られる。

⑨ オランダ王国

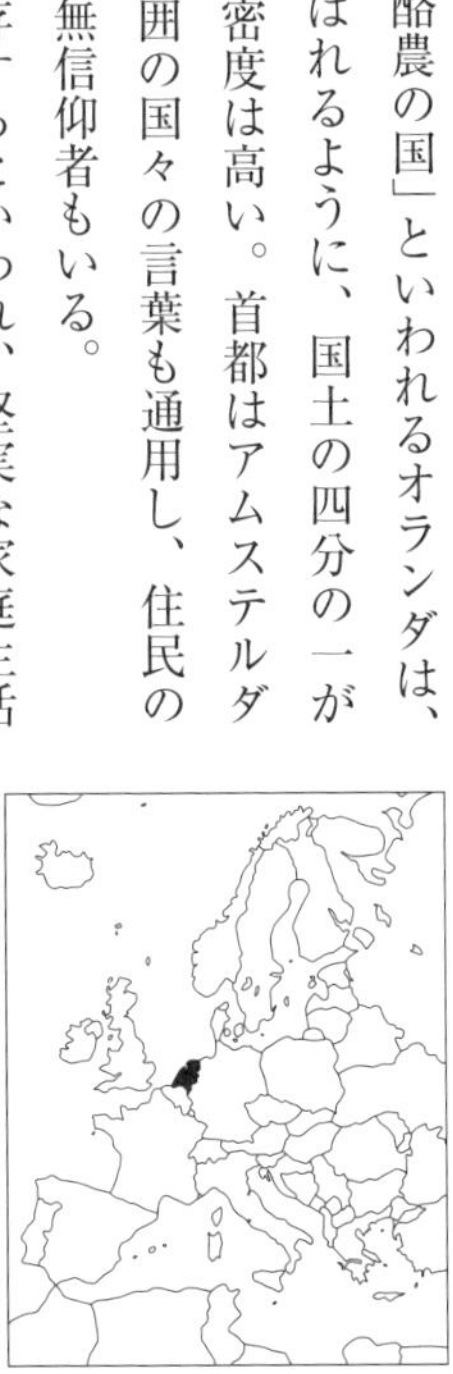

中部ヨーロッパにあって「酪農の国」といわれるオランダは、ネザーランド（下の国）と呼ばれるように、国土の四分の一が海面下の高度にある。平坦な農耕地が広がるが、人口密度は高い。首都はアムステルダム。ドイツ語に似たオランダ語が公用語であるが、周囲の国々の言葉も通用し、住民の多くはカトリックかプロテスタントに属しているが、無信仰者もいる。

人々はドイツ人の勤勉さとフランス人の自由さが共存するといわれ、堅実な家庭生活を大切にする。花を愛する清潔好きな国民でもある。

死者が出ると、役所に医師の診断書を提出し、死亡証明書の交付を受けるが、その手続きは葬儀社が代行してくれる。新聞に掲載する死亡広告や関係者への通知、霊安室への遺体の移送等々も、宗派別の葬儀社か隣人が行う。葬儀は教会か葬儀社、または墓地で営む。

教会での葬儀は、祭壇の近くに棺を置き、親族が最前列に坐る。その両側には各団体や知人から贈られた花束や花輪が飾られ、司祭者の祈禱や説教があって、出棺となる。黒高帽に黒服、黒手袋の葬儀社員が、無言で棺を霊柩車に移し、墓地か火葬場へ向かう。土葬にするか火葬にするかは故人の遺言、あるいは喪家の希望に従う。

葬列の車は信号を無視してのろのろと進み、ときには何十台という車が続く。墓地では司祭者の祈禱があることが多いが、無宗教式の場合には会葬者の中から挨拶

オランダ
アムステルダムの公営墓地

する者が出て、弔辞を述べ、親族代表が謝辞を述べる。会葬者は立ち去る前に必ず親族に握手を求め、「ハコンドレールト」（お悔やみ申し上げます）という。

埋葬ののちに、会葬者に軽食を供す習慣もあるが、その際には肉の加工品を使わず、パンにバターを塗った上にカース（チーズ）の薄切りをはさんだものと、コーヒー程度を振る舞う。

現在、オランダ国内には都市部の七カ所に火葬場があり、荼毘にふした遺灰は骨壺に納めて墓所や納骨堂に埋葬するが、なかには無縁墓地に散葬することもある。

葬儀の折の制度的宗教の慣習はすたれつつあり、逆に個人化現象が著しく、遺体は家族や友人だけが見守る中、火葬にして埋葬する。最近は黒い喪服をまとわずに平服で会葬する者も増えている。葬儀の際の供花を辞退する喪家も増え、その場合には事前の死亡通知に辞退の意を明記している。

フリージア人は一般にキリスト教の慣習に従っているが、キリスト教伝来以前の慣習も残り、たとえば遺体を墓地に運ぶときには、わざと回り道をして故霊がこの世に戻らないようにする。

⑩ ギリシャ共和国

バルカン半島の南端にある本土とエーゲ海やイオニア海に浮かぶ無数の島からなるギリシャは、古くから栄え、文明発祥の地である。首都はアテネ。住民の大多数はギリシャ人だが、一部にユダヤ人やトルコ人も住み、ギリシャ正教が国教になっている。ここでは宗教は生活のあらゆる面に深くかかわっている。たとえば、生まれた子供は教会で洗礼を受けないかぎり名前をもらえず、教会で挙式しなければ結婚も正式に認められないほどだ。

死者が出ると、医師の死亡診断書をもって役所に届け出て死亡証明書をもらうのと同時に、警察署から埋葬許可書をとり寄せる。一方、教会に連絡をとり、葬儀社に依頼して葬儀の準備をするが、遺体は近親者や葬儀社員が湯灌して、「サワン」という白衣に包んで納棺し、喪家で二十四時間安置する。遺体の周囲には花を飾り、額にはキリスト

ギリシャ
アテネの第一墓地

と聖母マリアや受洗者ヨハネの像の絵を描いた「小栄冠」と呼ばれるものを巻き、胸の上にはイコン（キリストの聖像）を置く。通夜には親しい人々が集まり、「パニヒダ」という永眠者の安息を祈る祈禱を行い旧約聖書のダビデの「詩篇」の一部を読む。

ギリシャ正教の葬儀は絢爛豪華である。

まず教会に運ばれて安置された棺の前にたって、正装した司祭が主の讃詩を唱える。「道はきずなくして主の法律を行う者は福なり、彼の啓示を守り、心をつくして彼を尋ねる者は福なり、アリルイヤ」という二短調の悲しい旋律の歌に始まり、輔祭が連禱した後にイ短調の聖歌を歌う。イオアン（ヨハネ）の福音書の朗読や祝文を読み、司祭はこの祝文を書いた「書標」を永眠者の手にもたせるが、これは永眠者が神の手で審判されるとき、生前に犯した罪の解かれた印であるという。次いで聖歌隊が別れの歌「ステヒラ」を歌い、司祭は再び「贖罪の祝文」を読む。次に司祭の神に対する最後の願いがあって、輔祭が永眠者の永遠の安息を願う詩を朗読し、聖歌隊の「永遠の記憶、永遠の記憶、永遠の記憶」という物悲しい美しい旋律の歌に見送られて教会から出棺する。

葬列は墓地へと向かうが、遺族の女性は黒のベールと喪服をまとっている。埋葬の折にはロウソクを灯して棺の周囲で祈禱する。これは永眠者が永久の光、すなわち神のもとに旅立つことを意味する。司祭による埋葬式の後は聖水をかけ遺体を土葬にするが、ギリシャには火葬の習慣はない。埋葬後三年経過してから、いったん遺骨を取り出して、改葬する。

墓碑の形は千差万別であるが、さすが美術に対する愛好心の強い国だけあって立派なものが多く、墓地内はさながら博物館だ。たとえば、首都の国立競技場近くの第一墓地には、白い大理石づくめの豪華な墓碑が立ち並び、一見の価値がある。

信心深いギリシャ正教徒は、教会や墓地を去るとき、キリストの贖罪にあやかり、パンとブドウ酒をたしなむ習慣がある。

喪家では、門前に黒い弔旗をたてて喪に服すので一見してわかる。

一般に近親者が死亡すると服喪期間が長く、男性ならば黒い腕章を、女性は黒い衣服やベールを身にまとう。この服喪期間は続柄によって異なり、両親、兄弟、子供の場合は三年間、親戚は四十日間続く。特に夫を亡くした貞淑な妻はその後、黒づくめの喪服で一生涯通す人もいる。しかし、男性は妻を亡くしても、せいぜい四十日間で服喪を済ますことが多いようだ。死者が出ると三日間、遺体を喪家に安置し、女性は哀悼歌（ミロロイア）を歌う。葬儀の折には「コリバ」というパンを配り、近親者の男性は四十日間髭を剃らず、女性は一年間喪服のため黒衣を身にまとう。死後、三日目、九日目、四十日目、一年目に追悼式を行う。

クレタ島に住むクレタ人は、死者が出るとギリシャ正教の慣習に従って葬儀を営む。その折、女性の会葬者は甲高い「ミロロイア」を口ずさむ。未婚の女性の遺体には結婚衣装を着せて納棺し、埋葬する。

エーゲ海諸島に散在するシラク人の間では死者が出ても、若者の間では黒の喪服を着るというような几帳面な習慣はすたれている。しかし近親者の間では三年間の服喪が続き、遺骨を納骨堂に改葬して服喪が明ける。遺体は通常、二十四時間以内に埋葬し、その折、喪家や教会で神父の司式に女性の哀歌の下、葬儀を営む。その後、四十日後と一年後に追悼式を墓地で行い、遺骨は納骨堂に改葬する。しかし、イオニア島ではこのような改葬は一般的ではない。

ギリシャ
コルフ島の墓地

⑪ クロアチア共和国

一九九一年六月にユーゴスラビア連邦から独立した新興国で、首都はザグレブ。ハプスブルク家の影響が強く、昔から隣のセルビアとは主導権争いを繰り返してきた。

住民の大部分はローマ・カトリック教を信奉している。ボスニア・ヘルツェゴビナの内戦に巻き込まれて国土の一部は焦土と化したが、現在、ほとんど復旧し、治安も安定

した。ここの南端にあるドゥブロブニクは中世の雰囲気が残る城砦都市で、観光客でにぎわっているが、一時期、戦火に見舞われ、貴重な建物が破壊された。

死者が出るとそれぞれの属する宗教にしたがって葬儀を営み、墓地は各宗教ごとに分離されている。火葬の習慣はなく、みな土葬である。葬儀の折には女性は号泣する習慣があり、埋葬後、会葬者に大番振る舞いをする。

クロアチア
モスタール市のイスラム教共同墓地

⑫ コソボ共和国

かつて同国は、セルビア共和国に併合されていたが、住民の大多数が、隣国アルバニアの住民と同一人種であるところから、分離独立を希望した。国連の調停にもかかわらず、長らく内紛が続いていたが、二〇〇八年二月、同国はようやく独立を果たした。首都はプリスティナ。

住民においては、イスラム教徒が最も多く、次いでセルビア正教徒やローマ・カトリック教徒が続く。人が死亡すると、それぞれが属する宗教に従って、葬儀が営まれる。イスラム教徒は即日か、あるいは遅くとも二、三日以内に葬儀を行い、遺体を最寄りの共同墓地に埋葬する。火葬施設は存在しない。

⑬ サンマリノ共和国

イタリアの中東部チタノ山頂にある小国で、一八六一年以来、イタリアの保護国となっている。人口はわずか三万人たらずで、生活面のすべてをイタリアに依存している。住民のほとんどがカトリック教徒で占められている。首都は国名と同じくサンマリノ。

葬儀は一般に首都市内のカトリック教会で営まれ、遺体は近くの墓地に埋葬される。火葬

施設はない。

⑭ スイス連邦

ヨーロッパの屋根といわれるアルプスの裾野に広がるスイスは、湖沼が点在する風光明媚な観光地として知られ、公共施設の維持管理やその清潔さは世界一、と定評がある。首都はベルン。ドイツ系民族が大部分だが、ほかにフランス系、イタリア系、レートロマンシュ系の人々からなり、それに対応してドイツ語、フランス語、イタリア語、ロマンシュ語を話す。信教の自由が認められている当地にあっては一概には言えないが、ドイツ系ではプロテスタントが一般的で、フランス、イタリア、ロマンシュ系はカトリックを信奉するものが多い。

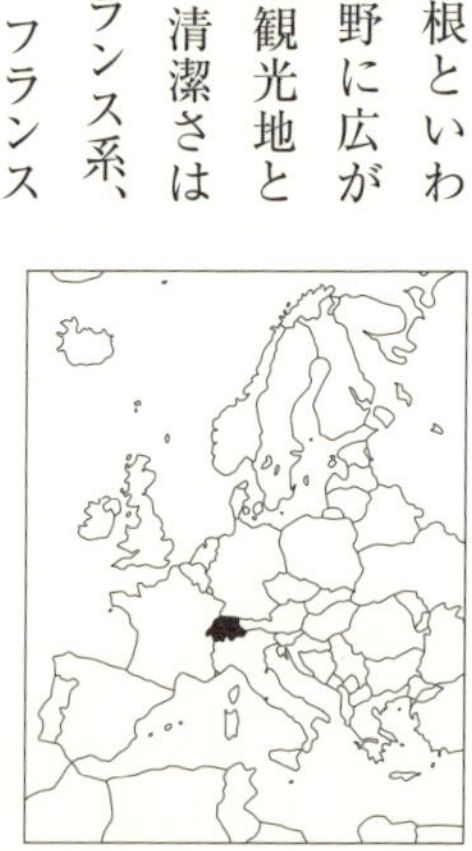

スイス
ツェルマットの公営墓地

死者が出ると、医師の死亡診断書に基づいて葬儀社が法的手続き、埋葬などいっさいの手配をしてくれる。通常は、病院の遺体安置所で故人との対面をし、火葬または土葬にする前に所属する教会で葬儀が営まれる。法律によって、死後四十八時間経過しなければ、火葬も埋葬もできない。火葬と土葬の割合は半々程度で、たいていの都市には火葬場がある。首都はムルテン街に、チューリッヒはアルビスライド街に、ジュネーブはブテット、ランシイ街にセント・ジョルジュ火葬場がある。

遺体は、遺族の特別の希望がないかぎり保存処置を施さずに納棺されるが、通常、白いレースのついたシャツを着せ、白い特別製の枕に頭を横たえる。場所によっては地方自治体が無料で棺を用意するところもある。ドイツ語圏では火葬が多いため、木綿で縁どりされた簡単な棺が用いられるが、希望すれば絹やベルベット製で縁どりされた豪華な棺を購入することもできる。

喪家が墓所の購入を望まなければ、無料で埋葬する墓地もあり、通常、二十年間を経て無縁墓地に改葬される。有料の家族墓地は五十年間賃貸され、それ以降の更新も可能である。

プロテスタント教徒の多いこの国では簡素な墓が多く、山岳地帯であるせいか墓所の頭部には十字架にかけられたイエス・キリストの像を掲げた木製の屋根をつけ、その柱には故人の職業にふさわしい彫刻がほどこされている。墓はたいてい個人単位につくられ、俗名の下に生没年が刻まれ、色とりどりの花が植えられている。やはり土地難からか、たとえばフリーブール地方にある共同墓地内の個人墓の使用権利も二十五年間と制限され、その後は合葬される。

スウェーデン
ストックホルム郊外の墓地

⑮ スウェーデン王国

北欧スカンジナビア半島の東半分を占め、南北に伸びる国土の半分以上は森林地帯で、冬の夜が長く、夏は白夜が続く福祉の行き届いた国である。首都はストックホルム。住民のほとんどはスウェーデン語を公用語とし、ごく一部の人がフィン語やラップ語を話す。ルーテル派福音教会が国教となっており、住民は国に教会税を納め、聖職者の給料は国庫から支出されている。

死者が出ると、最寄りの警察署の戸籍係に医師の死亡診断書を添えて届け出て、死亡証明書と埋葬許可証の交付を受ける。葬儀の手配は私営や半公営の葬儀社に依頼するが、棺は予算や好みに応じて安価なマツ材から高価なブナ材まで各種用意されていて、葬儀社のカタログから選べばよい。

火葬を希望する場合は、医師の証明した火葬許可証を警察署から取得して、公営墓地以外の所に埋葬する場合には、市町村の不動産局から埋葬許可を受けなければならない。教会員がその教会付属墓地に埋葬される場合には無料になることもあるが、ふつうは公営墓地内に墓所を購入するか、賃貸を選ぶことになる。

死亡通知は地元新聞への広告か通知状を個別に発送するが、葬儀社が代行してくれる。

男性の喪服は、黒の正装服に白いネクタイを結んで左腕に黒の喪章をつける。女性の場合は、黒いガウンに黒いベールをかぶる。弔問者は花輪を贈るのがならわしで、スウェーデンの国旗の色でもある青と黄色のペナントで飾り、簡単な弔辞を添えて花屋から直接、葬儀場へ送らせる。

教会では正面に向かって右側に遺族、左側に一般会葬者が坐る。牧師の祈禱は、旧約聖書詩篇一〇三篇、一三〇篇(一～六)、一三九篇(二三、二四)や、新約聖書のヨハネ伝一一章(二五、二六)、第一コリント(一五・二〇～五八)がよく読まれ、讃美歌にはヘンデル作曲の葬送曲がよく用いられる。

葬儀の後に教会から埋葬のために墓地へと向かうが、霊柩車、花輪の車、遺族、近親者、会葬者の車の順に続き、土葬のときは埋葬前、牧師の祈禱に続き遺棺の上にシャベルで土を三回かけ、参会者一同が花を供える。火葬の場合には火葬場の棺台のところで祈禱が行われ、遺棺を載せた台は葬送曲の流れる中を地下の火葬炉へ静々と降りてゆく。喪家に戻ってからは軽食が振る舞われ、ときには夕食が供されることもある。

現在、国内の都市部では火葬、地方では土葬、北方の辺境地帯ラップランドでは火葬が多い。ラップランドでは雪のため一年の大半が凍結し埋葬できないという理由もあるが、土葬希望者は雪どけの春まで遺体を冷凍保存する。火葬場は二十数カ所にあり、首都には、市内のスブランカ公営墓地内と、最近郊外に新設されたグンナール・アスプランドの設計による近代的なエンスケード公営墓地の火葬場がある。

後者の墓地の丘の上には火葬後、個人や喪家の希望によって遺灰を散葬する場所があるが、墓碑はいっさいたてず、スウェーデン人の合理的な考え方の一面をのぞかせている。スウェーデンでは墓碑台座の地盤沈下をふせぐため、法律によって埋葬後六カ月を経過しないと、公営墓地内に墓碑はたてられないことになっている。二十五年の賃貸契約を結び、期間を更新することもできる。最近では個人墓よりも、遺棺を二～四体納められる家族墓を確保する人が増える傾向にある。

ここで特筆すべき点は、葬儀のときの収入や遺産を、遺族が老人福祉基金に寄付することである。この基金は一九二一年五月に設立され、それ以来ストックホルム市内の市有地に、この基金によって多くの老人ホーム(アパート)がたてられている。

かつて人々は死後の世界を想定していたが、今日では現実的な対応をし、個人的に葬儀を営んでいる。しかし、北方に住むトルネダリアン人の間では、いまだに伝統的な葬儀を死後二週間後に地域ぐるみで教会で行っている。

⑯ スペイン

ヨーロッパ西南部にあるスペインは、イベリア半島の大部分と地中海上に浮かぶバレアレス諸島や大西洋上のカナリア諸島からなり、ラテン系の混血人種であるスペイン人と少数のカタロニア人、ガリシア人、バスク人が住む。住民の大半がカトリック教徒で、プロテスタント教徒やユダヤ教徒、イスラム教徒なども存在するもののごく一部で、目立たない。首都はマドリード。

死者が出ると、医師の死亡診断書をもって裁判所の判事に死亡を登録し、法的手続きが終わった時点で葬儀の手配となる。遺体は死後二十四～四十八時間以内に埋葬しなければならず、それ以後になる場合は、冷凍保存処理が義務づけられている。

多くのスペイン人は信仰心が篤く、そうでなくても習慣的にカトリック教徒であり、死に際して神父を招き、終油の秘蹟をしてもらう。葬儀の準備は葬儀社に依頼し、通夜には棺の周囲にロウソクが灯され、花が飾られる。そして弔問客は遺族にお悔やみの言葉を述べ、棺の窓越しにみる遺体に最後の別れをする。従来は喪家での通夜の翌日、教会で葬儀のミサを行い、その後墓地に向かったが、最近では通夜、葬儀を葬儀社ホールで行うことが多い。こうした需要に応ずるためマドリードでは、スル・デ・カラバンチェル墓地に隣接する広大な土地に公営の葬儀会館を建設した。ここは火葬場も併設されているが、火葬率は一〇パーセント程度で次第に増加の傾向にある。

葬儀社は私営と半公営があり、いずれも遺体の処理から埋葬に至るまで代行してくれる。葬儀は、喪家や葬儀社で通夜・葬儀をした後に直接埋葬する方法と、教会で葬儀をしてから墓地に埋葬する方法とがある。いずれも遺棺は教会内に運ばないのがふ

スペイン
マドリード郊外の墓地

スロバキア
プラチスラバの公営墓地

つうで、司祭が外で祈禱する。

埋葬には遺族や会葬者とともに、必ず司祭や葬儀社の係員の立ち会いが必要である。そして、自然死の場合は二年以内、伝染病で死亡した場合には六年以内の再発掘は許されない。

埋葬後三日目、七日目、一年目に教会で追悼ミサを行うが、毎年十一月一日の万聖節や二日の万霊節には花を携えて墓参するのが一般的である。

葬儀いっさいの費用は、葬儀内容や棺の種類にもよるが、二万三〇〇〇～五〇万ペセタ（一九九九年現在）程度かかるようだ。都市部の墓地はほとんど公営で、壁龕の地上墓と埋葬式の地下墓と二種類あり、いずれも購入と賃貸方式とがある。墓碑は千差万別で、金持ちの墓には立派なものが多いが、同じラテン系民族であるイタリア人の重厚な墓碑と比べるとわりにあっさりしている。

南部に住むアンダルシア人は、死者が出るとカトリックの慣習に従って葬儀を営むが、故人の死を記念して福祉事業に寄進する習慣がある。

スペインからフランスにかけて住むバスク人は、死者が出ると、葬儀は人生の最大の行事で、喪家をはじめ村総出で執り行い、滞りなく行わないと故人はあの世で安息しないと信じている。かれらはバスク語を話し、自主独立の精神に富み、他のスペイン人の習慣と多少異なっている。たとえば、墓地にはバスク人特有の花模様の墓標をたて、他のスペイン人の墓標と区別している。

大西洋に浮かぶカナリア諸島にはインド人も在住し、グラン・カナリア島のラスパルマスの公営墓地には火葬場もある。

⑰ スロバキア共和国

一九一八年以来、チェコスロバキアとして発足したが、戦後の一九八九年に一党独裁の共産党の解体以来、ハンガリーに近いスロバキアは一九九三年一月にチェコから独立し、首都をブラチスラバに定めた。元来、農業地帯で、工業を主体とするチェコから見下されていた。住民の大半はカトリック教徒である。

キリスト教伝来以前は、スロバキア人は死者が出ると遺体を火葬にし骨壺に入れて埋葬していたが、最近までは土葬するのが一般的だった。しかし今日では火葬が増えている。喪家では死亡当日一晩中、寝ずの番をし、翌日、会葬者が弔問に訪れ、遺体は棺に納めて教会での葬儀の後、埋葬する。その折、村の楽隊を先頭に葬列を組む。

スロベニア
地方都市の墓

⑱ スロベニア共和国

オーストリアやイタリアに近いこの国は、かつてユーゴスラビア連邦の一員であったが、圧倒的に多いスロベニア人が独自の政府を樹立して一九九二年八月に連邦から完全独立した。首都はリュブリャナ。工業立国で、旧連邦内での所得水準は最高を示す。国内の治安は安定し、最近ではイタリア国境に近いエーリアン・アルプスのブレッド湖を中心に観光にも力を入れている。

死者が出ると、近くの共同墓地に埋葬するが、旧ユーゴスラビア圏内にあったにも関わらず、西ヨーロッパ文化の影響を受け、カトリック教徒が多い。

首都リュブリャナには、共同墓地が数カ所ある。そのなかで最大の規模を誇るのが、中央墓地である。同地内には教会があり、葬儀はそこで営むことができる。墓地にはベンチがあちこちに置いてあり、訪問者はそこに坐って故人を偲ぶことができる。墓石だけでなく、キリストや聖母マリアの像などもたてられている。

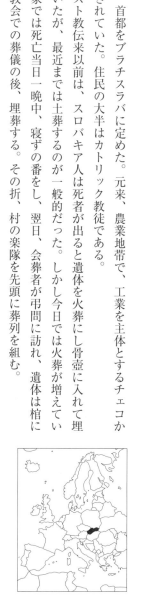

⑲ セルビア共和国

東西冷戦時代には、チトー首相による独裁的な政権のもと、ユーゴスラビア連合共和国の七つ目の自治州として存在していたが、チトー首相の死後、ユーゴスラビア連合共和国は解体され、かろうじてモンテネグロとコソボが併合された。しかしながら、同国内において民族独立運動が再燃し、最近になると、内乱状態が続いた。国連が調停に介入したため、この内乱状態は収束に向かいつつある。首都は旧都と同じくベオグラード。

住民の多くはセルビア人で、セルビア正教を信奉している。そのほか、イスラム教徒やローマ・カトリック教徒も存在する。人が死亡すると、遺族はそれを最寄りの役所に届け出、それぞれの宗教伝統にしたがって、教会やモスクで葬儀を営む。最近では、共同墓地の集会ホールで葬儀を行うことが多い。土葬が一般的であるが、首都には火葬施設もある。

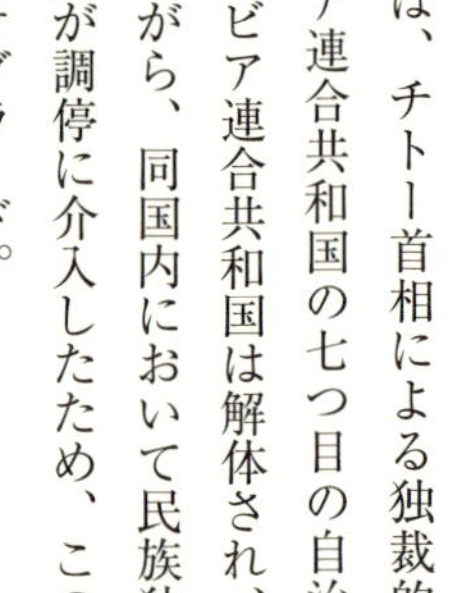

⑳ チェコ共和国

作曲家ドボルザークやスメタナを生んだチェコは、東ヨーロッパの中心部にあって、チェコ人やスロバキア人など、多人種が居住する国である。従来カトリックの影響の強い国であったが、一九四六年に共産党政権が誕生して以来、国策に反する宗教活動を禁止し、教会や神学校、修道院なども多くがほかに転用された。しかし、一九八九年、大規模なデモが起き、フサークを継いだヤケシュ体制が崩壊して民主化された。首都はプラハ。

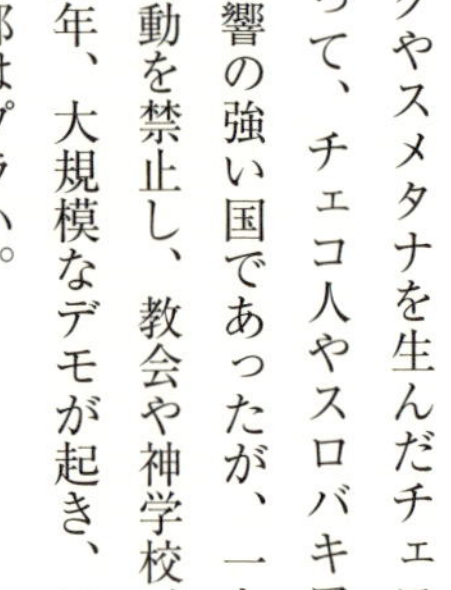

死者が出ると、医師の死亡診断書をもらい役所に届け出て、死亡許可書が交付される。喪家では通夜を営み、都市部では公営墓地内の火葬場で葬儀を行ったのちに墓地に埋葬、あるいは納骨する。地方では、喪家の希望によって司祭者を招いて宗教的な儀式を行うこともあるが、こうした風習を守っているところは少なくなっているようだ。都市部では二五パーセント程度が火葬だが、地方では土葬が一般的である。墓所はふつう五年間、廉価で借用できるが、

デンマーク
コペンハーゲンの共同墓地

借用期間は延長することもできる。無縁の墓は撤去されて合葬される。

歴史的に重要な宗教建造物や墓所は国家の費用で保存されていて、プラハ城内の聖ビート教会などは時折、音楽会の会場になったりしている。ヨーロッパ最古のユダヤ人墓地（旧市庁舎広場のそばにある）や、ドボルザークやスメタナの眠るヴィラシェラ記念墓地などは、管理が行き届いていて名所旧跡の観がある。

一般市民のための公営墓地としては、市内のオルシャンスキー墓地が有名だ。ここでは、死亡通知が街角の公報板に掲示され、故人の生没年月日、親族や続柄、故人の信仰する宗教の有無などが明記されている。また、第二次世界大戦の折にドイツ軍と戦って街を死守した人々を記念する碑が道端にたてられ、花が供えられ、目を引く。

共同墓地には個性豊かな墓碑がたち並ぶ。石造の平和の鳩が飾られたものや、墓前に墜落機のプロペラの残骸が置かれた戦没飛行士の墓など、思わず足を止めてしまう。

春の訪れとともに、各地の墓地はチューリップやスミレ、ヒヤシンスなどの草花があふれるように咲きみだれ、復活祭の前後は大勢の墓参の人でにぎわう。また、秋の十一月一日は「ドシチキ」といって故人の追悼日にあたるが、ちょうどわが国のお盆のように、故人の魂があの世から戻ってくると言い伝えられ、人々は花を持参し、こぞって墓参に出かける。

㉑ デンマーク王国

バルト海の入口にあり、スウェーデンと海峡を隔てて対峙するデンマークは、小国ながら人口密度が高い。プロテスタントのルーテル派福音教会が国教になっている。首都はコペンハーゲン。

死者が出ると、医師の診断書を添付して役所に届け出、死亡証明書が交付さ

グリーンランド南端の村の墓

れることはほかの文明国と変わらないが、葬儀の手配いっさいは葬儀社が取り仕切っている。

　遺体は、男性なら洋服、女性の場合にはしばしば結婚衣裳で包むことがあるが、納棺した後に、所属する教会や墓地内の葬儀場に運ぶ。その折に牧師を招いて、近親者のみで納棺式を営み、葬儀は後日、教会や葬儀場で行う。死者が労組の役員であったり、会葬者の多い葬儀の場合には、労働会館や市民ホールを用いることもある。

　数年前、デンマーク国内には二十四の火葬場が設置されていたが、現在はもっと増加していると思われる。首都における火葬率は七六パーセント（二〇〇〇年現在）にのぼっているが、地方ではいまもって土葬のところもある。火葬にした遺灰を芝生の下に合葬する人が増加し、首都で五〇パーセントにもなるという。

　王家や貴族のような場合は、ロスキルド聖堂の霊廟に埋葬する例もあるが、こうした霊廟形式の墓所は一般に少ない。ふつうは寝棺や立碑形式の墓石の下に埋葬している。地方では教会付属墓地に埋葬する例が多い。

　会葬者には埋葬後、喪家やレストラン、集会所などで軽食を供し、そこで解散する。遺族には厳格な服喪期間は特に定められていない。葬儀の費用はルーテル福音派の場合、国費で賄われているので、その信者の葬儀費用は少額ですむ。

　コペンハーゲン市内にあるアシステン墓地は鬱蒼と樹木に覆われている。この墓地の正面入口を入るとアンデルセンや、哲学者キェルケゴールの墓がある。

　国民は所得の八パーセントの教会税を国家から徴収される代わりに、結婚式や葬式を教区内で営む費用はいっさい無料である。したがって無宗教者の教会での結婚式や葬式も教会は拒否する権利がない。葬儀（ベグラウルス）の日取りはたいてい、新聞の死亡広告欄を用いて関係者に通知し、都市部ではこれらいっさいを葬儀社（ベードマン）が取り仕切っている。住民の大部分はルーテル教会に所属しているが、教会出席率は低い。葬儀はいたって簡素で、会葬者は平服で参列する。墓碑はかつては個性豊かなデザインのものがみられたが、最近では火葬が増え、墓碑も画一的でシンプルなものになりつつある。コペンハーゲン市内には三カ所の共同墓地があるが、ほとんど戦前からの古い墓石で、一部の無縁墓地を改葬したり、郊外に新しい墓地を造成している。

死や死後の世界について人々は現実的に判断し、冠婚葬祭などの行事は個人化が著しく、家族や友人の間で質素に執り行う。ファロー諸島でも葬儀は簡単で、教会付属墓地か村の共同墓地に埋葬する。

○グリーンランド

北極圏にまたがる広大な島グリーンランドは、一九七九年にデンマークから独立した自治領で、沿岸部以外の大部分は一年中雪に閉ざされている。人口が約六万人、住民のほとんどがイヌイット人（エスキモーは蔑称）で、グリーンランド語とデンマーク語を話す。首都は南西の沿岸にあるヌークで、島内の交通は船かヘリコプターによる。デンマークの影響によりルーテル教会が国教的存在で住民の信仰心が厚く、各村には教会があるが、説教壇は低く、天井には船の模型が吊り下げられている。死亡すると役所（コミュニ・アラフィア）に届け出、近親者や友人が葬儀の手配をする。葬儀は教会で営まれ、共同墓地に埋葬される。住民は死に対して嫌悪感を持たず、夏の雪解けを待ってよく墓参をする。西部グリーンランド・イヌイット人は、死者が出ると近親者には、さまざまなタブーがあり謹慎する。死後の世界の存在を信じて、死者はあの世でも狩猟の生活をすると考えている。海で死亡すると下方の世界に行くという。死後、新生児が誕生するまで死者の名前を口にすることが禁忌《タブー》とされている。

㉒ ドイツ連邦共和国

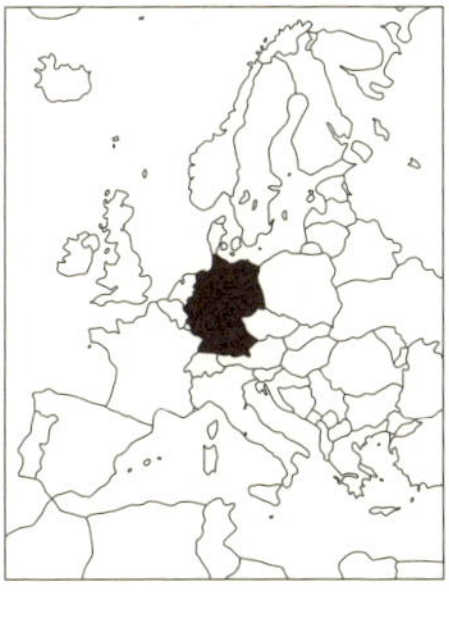

ヨーロッパの中央部に位置し、南のスイス国境地帯以外はなだらかな平野が続くドイツは、第二次世界大戦後の一九四五年に東西ドイツに分裂したが、冷戦崩壊と共に一九九〇年に再統合し、首都をベルリンと定めた。

住民の大部分はキリスト教徒で、北はプロテスタント、南はカトリック教徒が多い。

ドイツ
フランクフルトの公営墓地

一九四九年に公布され、一九六六年に改定された基本法の序文には信教の自由がうたわれている。しかし、ドイツ政府は従来の伝統的宗教慣習を尊重する意味からも、国民に対して所得税の八〜九パーセントを「教会税」として源泉徴収し、教会やその信者数に応じて宗教施設の維持費や聖職者への給与を交付してきた。

しかしながら最近では市民の教会離れが顕著で、個人の信仰の自由を求めて教会税の支払いを好まない人が増加している。その結果、最近、バーデン・ヴュルテンベルク州フライブルクの行政裁判所はこうした教会税の支払いを拒んだ人にも、教会での受洗や終油の秘蹟を受ける権利を認める判決を下した。現行制度では、納税中止を望むカトリック信者は「教会という公的組織からの離脱」を希望すると記した書類に署名する必要があるが、結果として破門される。もし、教会税が廃止されれば、ドイツの教会はその維持管理や聖職者の生活保障など、財政的に窮地に追い込まれることは必至だ。

死者が出れば、ほかの文明国と同様に担当医師の死亡診断書をもらって役所に届け出なければならない。葬儀社は地域によって公営、私営とあるが、選択は自由である。一八六〇年に自由貿易法が制定された後、独立した葬儀社が開業するようになった。一九二八年、ベルリンには八十の公営墓地と三つの火葬場、三つの公営葬儀社が同市の葬儀のおよそ六〇パーセントを取り扱っていたという。第二次世界大戦後は私営産業が奨励され、葬儀社も私営が輩出、ミュンヘンではすべて私営にとってかわった。やがて私営の葬儀社は国内を網羅するようになり、ドイツ葬儀業組合を組織した。

大規模な葬儀社としては、ベルリンに本社を置くゲマイヌートチーゲ葬儀社があり、国内に二十の支社をもっている。私営葬儀社の中には、葬儀保険の代理店となっているものもあり、小額の掛け金で葬儀の出費を保証している。

棺は一般にマツやチーク材が用いられ、黒や褐色の八角形船形で内側は紙や絹布で縁どりされたもので、木くずなどをつめた布団や枕の上に遺体を納める。納棺された遺体は防腐保存法をほどこされて、喪家に数日間安置することもあるが、通常はただちに霊柩車で墓地内の霊安室に運んで、冷凍装置の付いた部屋に納め、弔問者はガラス越しに死者と対面することができる。地方の教会付属墓地の一角には、「死者の家」と呼ばれる小屋があり、無縁墓地などから合葬された遺骨をここで保管する。

死亡通知は近親者や親しい友人などには電話で、一般には地元新聞に死亡広告を出すのが一般的だ。

都市部では葬列はほとんどみかけなくなったが、地方では喪家や教会から墓所まで、黒い喪服に身をかためた遺族や会葬者の葬列が続くことがある。教会では弔鐘が打ち鳴らされ、六人の棺持ちによって静々と棺が運ばれる光景はおごそかで印象的である。葬儀は教会か墓地内の葬儀場で、信奉する宗派の司祭者を招いて営むが、最近の都市部では墓地内で行うことが多い。喪家の希望によって教会や葬儀社に連絡すれば、葬送曲を奏する楽師や歌手も依頼できる。

墓地は公営か教会付属のいずれかで、整然と区画され、シラカバなどの落葉樹で覆われていて、まるで公園のような感じがする。墓所は賃貸形式をとり、簡単な埋葬墓は二十五年、家族墓は三十~六十年、堅固な墓は六十年の契約を結ぶことになっている。契約は更新可能で、更新の際の賃貸料は半額になり、分納も可能。契約期限の切れた無縁のものは改葬され、墓石は撤去される。

一般に墓所では墓掘り人が墓穴を掘った後に埋葬式が行われ、司祭者は儀式の後に棺の上に土を三回ふりかけ、遺族や会葬者もそれに続く。墓穴に埋葬した棺は盛土されるが、その上や周囲にはツタや花を植える。墓碑は十字架や大理石製のいろいろな形のものがあり、石材業者に注文できる。従来から墓所は宗派別、すなわちカトリック、プロテスタント、ユダヤ教等々と分離されている。

かつての東ドイツ地方では死者が出た場合は、医師の死亡診断書をもらい、役所に届け出て死亡証明書の交付を受け、公営の葬儀社に依頼して葬儀の準備にとりかかる。遺族は、公営墓地内の葬儀場で無宗教式の葬儀を営むことが多いが、特定の宗教を信奉している場合は、希望によってその派の司祭者を招いて宗教的儀式を行うこともできる。

火葬が普及し、ベルリンでは死者の約四〇パーセントが火葬であるが、プロテスタント教徒の多いハンブルグでは六〇パーセントにものぼり、この比率はますます増大する傾向にある。たいていの墓地内には火葬場が設置されている。

火葬した後は墓所に埋葬するが、墓所は賃貸形式で、十二年ごとに契約更新できる。葬儀や埋葬に要する費用は旧西ドイツに比べて安価で、墓碑も簡素なものが多い。けれども国家や科学、芸術などに貢献した者は例外である。たとえば、一七五〇年七月二十八日没（六十五歳）の楽聖ヨハン・セバスチャン・バッハは、長らくライプチッヒの聖ヨハネ教会に葬られていたが、一九四三年の空襲で破壊されたため、一九四九年にかれの誕生日を記念して聖トーマス教会に遺棺が移された。その後、内陣祭壇に立派に安置され、一九六四年から公開されている。

かつては喪家の時計を全部止めたり、鏡とか窓には覆いをしたものだが、こうした習慣も現在ではすたれている。

ドイツに住むバーバリア人は死に対しては割合現実的である。たいていローマ・カトリックかプロテスタントの慣習にしたがって葬儀を営み、十一月一日の万聖節に花を携えて墓参する。

㉓ ノルウェー王国

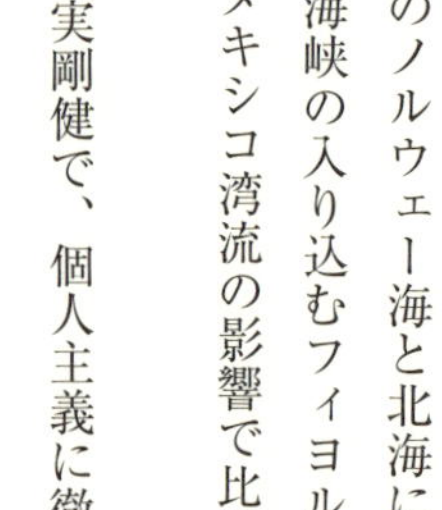

北ヨーロッパのノルウェー海と北海に面するノルウェーは、内陸深く海峡の入り込むフィヨルドで知られているが、気候は北極圏内にあるにもかかわらず、メキシコ湾流の影響で比較的温暖である。首都はオスロ。

住民はかつて活躍したバイキングのように質実剛健で、個人主義に徹し、プロテスタントのルーテル派福音教会に属する者が多い。

ノルウェーでは市民に対する宗教・福祉・教育への財政的支援が充実し、それに関わる税金が高い。宗教施設の維持や牧師の給料も所得税から源泉徴収した「教会税」から交付されている。したがって、死亡の際、所属する教会での葬儀は無料で行われ、司祭者に対する謝礼も必要ない。ただし、墓地の取得や墓碑の建立は個人負担である。墓参は任意であるが、一般にクリスマスの夜、家庭での晩餐後、墓地にロウソクを灯す習慣がある。

死者が出ると、まず医師や病院から死亡の認知を受け、警察や葬儀社に連絡をとる。葬儀社は私営だが、依頼すれ

ノルウェー
オスロの公営墓地（上）
スピッツベルゲン島の共同墓地（下）

ばいっさいを代行してくれる。

葬儀社が遺体を納棺して葬儀後、公営墓地に死後八日以内に埋葬するのが一般的で、最近では火葬が土葬を上回っている。会葬者は黒い喪服で参列するが、葬儀には色とりどりの花輪や花束を購入して、教会や墓地に届けさせる習慣がある。

墓所は賃貸形式で、一定の年限が過ぎると更新しないかぎり無縁墓として遺骨を合葬し、墓石は撤去される。墓碑はかつて平板な立碑が多かったが、最近のものはバラエティーに富み、周囲には花を植えている。冬季の凍結期間中でも、電気掘削機を使って墓穴を掘って埋葬する。

北部地方には先住民族であるサーミ人が居住しており、かつてはシャーマンを通じての自然界との交流を重んじ、原始的な生活を営んできたが、十七世紀以降、キリスト教に改宗し、現在では北上してきた白人の生活に同化している。

北極点に近いスピッツベルゲン島はヨーロッパ大陸から約一〇〇〇キロ離れ、十六世紀以降、欧米人が入植し、ロングヤールビュン付近で石炭採掘を行っている。ここで働く炭坑夫が一九一八年に流行したスペイン風邪で死亡した折、郊外山麓の共同墓地に埋葬されたが、それ以降、死者の遺体は本土に移送している。

ここから約三〇キロ西方には今もってロシアの会社が経営する炭鉱の町バーレンスビルがあり、ロシア正教会がたっているが、死の街と化しつつあり、死者の遺体は同じく本土に移送している。こうした辺境の地に住む人は、ソ連邦時代に労働者として移住したウクライナ人（白系ロシア人）が多い。

㉔ バチカン市国

イタリアはローマ市内のバチカン市国は、およそ国家らしからぬミニ国家だが、一九二九年にラテラノ条約によってイタリアから独立した。現在、世界の百カ国以上と外交関係にある。ローマ・カトリック教会の総本山であるサン・ピエトロ寺院が中核をなし、その法王が元首も兼任し、住民も千人前後しかいない。

現在の寺院は四世紀にコンスタンチヌス大帝が初期のバシリカ（寺院）を建立した場所に、一六〇六年に着工し、一六七五年に完成したもので、会堂内にはイエスの弟子、聖ペテロの墓をはじめ歴代法王の墓がある。

人々の生活上の便宜はほとんどローマ市に依存しており、ここに駐在する神父などが死亡した場合は、ローマ市内の葬儀社を利用して葬儀を営む。法王以外の遺体を埋葬する墓地は、寺院の裏手に古いドイツ人墓地があるだけで、市国にはそれ以外はない。

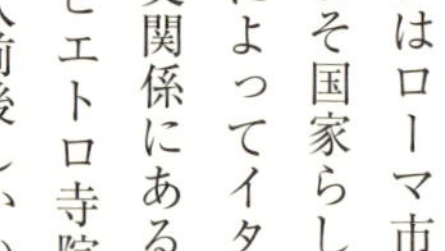

ハンガリー
ブタペスト市の公営墓地

㉕ ハンガリー共和国

ハンガリーはヨーロッパの中央部に位置し、かつて第一次世界大戦以前はオーストリア・ハンガリー王国の一員であった。一九一八年の独立以来、一時はドイツの占領下やソ連型人民共和国になったこともあるが、今日では西欧の市場経済を採用した共和国になっている。首都はブダペスト。

国民の大部分はアジア系のマジャール人で、かつてはカトリック教会に属していたが、若年層はあまり宗教的ではない。蒙古人が来襲した折、当時の王は愛嬢マルギットを首都を貫流するドナウ川の中州の修道院に送り、祈願させた甲斐があって国と王を救ったとの故事からマルギットを守護神と崇めている。

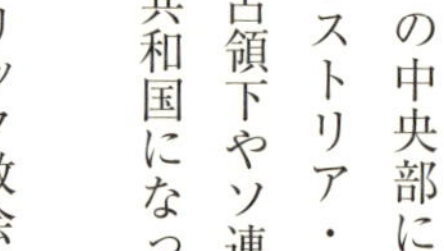

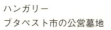

フィンランド
ヘルシンキ市内のロシア正教の墓地

死者が出ると死亡届を役所に届け出、公営の葬儀社が葬儀の手配をする。地方では伝統的な習慣も残り、教会では弔鐘を鳴らし、カトリック教徒ならば神父を招いて終油の秘蹟をしてもらう。死後の故霊の他界を象徴して、遺体の足部を玄関口に向けて、窓を開け、家具類の戸を締める習慣もある。棺には故人の愛用品を納め、未婚の女性には結婚衣装を身につけさせる。マジャール人は明るい色を好むところから、棺は通常、青、緑、赤、白などに塗られ、老人の場合のみ黒色の棺を用いる。

通夜には会葬者に食事が振る舞われ、泣き女が雇われることもある。翌日、喪家から棺は頭部を先に担ぎ出され、玄関の戸は三回開閉され、黒白の槍をもった男性が葬列の先頭にたち、遺族や会葬者が墓地に向かう。帰途は別の道を通って帰宅し、ブドウ酒を飲んで会食する。

ところが、こうした古い伝統もしだいにすたれつつある。かつては土葬の後にたてられた墓標も色とりどりであったが、今日では単調で画一的な小さな墓碑か納骨堂形式のところに、火葬にした遺灰を収める人が多い。ブダペストにはケンペシ墓地など数カ所の共同墓地があるが、もはや土地難で拡張の余地がなく、戦後ペスト地区郊外のラコスケレストリに広大な公営墓地を造成した。墓地には終日、花を携えた墓参の人の姿が絶えない。

ロマ人（ジプシー）は死者が出ると、遺体の周囲に故霊（ムロ）がしばらくの間、彷徨すると信じられ、特に深夜から明け方にかけて出現するという。しかし遺体は神父や教会の手に委ねられ、その霊魂はしばらく遺体から離れず、丁重な葬儀を営むことによって故霊は無事にあの世に移行すると信じられている。ときには占い師が死者の霊と交信できるという。

㉖ フィンランド共和国

ヨーロッパ北端に位置するフィンランドは、国土の七割が森林地帯で、その間に湖沼が散在している。住民の大半を占めるフィン人をはじめ、スウェーデン人やラップ人がいる。東隣に巨大国のロシアがあり、今までその影響を受けながらも、自由主義圏に属し、社会福祉制度が行き届いている。住民の大半はルーテル派福音教会を信奉しているが、首都ヘルシンキ中心部の高台にそびえたつ聖ニコラウス大聖堂はその大本山的存在である。この総本山的監督庁はトルクにある。その他フィンランド正教会やユダヤ教を信奉している。

死者が出ると、医師の死亡診断書を役所に提出して、死亡証明書をもらうが、そうした手続きや葬儀の手配は大都市では葬儀社（ホートースパルベル）が代行してくれる。死亡通知は主に新聞の死亡広告欄を利用し、親族一同の名前を列記して葬儀の日時を通知する。

通夜は喪家で行い、翌朝、所属する教会で葬儀が営まれ、遺族や会葬者は黒い喪服をまとって参列する。葬儀後に教会付属墓地に土葬されるが、最近は火葬も増えている。公営の火葬場で荼毘にふしてから墓地に埋葬する。供花には花屋で購入したユリが多く用いられる。

ヘルシンキ市内には西側海岸近くに共同墓地があり、宗派別に墓地が分離されている。ここには建国の父として慕われるマネルヘイムの墓があり、毎年クリスマスの夜には、墓前にロウソクが灯され、周囲の雪景色に映えて荘厳な雰囲気をかもしだしている。同市内には、中世ロシアの面影を残し、米国映画「ザ・レッズ」のロケ地にもなったギリシャ正教のウスペンスキー寺院や、超モダンなテンペリアウキオ教会などがあって、見所が多い。

北極圏に住むラップ人は、ロシア正教やルーテル派福音教会に属する者が多い。昔は死亡すると、故人の遺品を詰めた袋を添えて、遺体とともに墓地に埋葬したものである。遺体は土中に埋めるか、屋根形の木棺をそのまま地上に置いて頭部に木の十字架をたてる。

同国の生んだ偉大な作曲家シベリウスの記念碑は、パイプオルガン形の造形物で、ヘルシンキ市内のシベリウス公園内にある。

ユダヤ教徒の墓碑には、他国のユダヤ教徒と異なり花を植える習慣がある。それだけ現地の習慣に同化している証拠であろう。

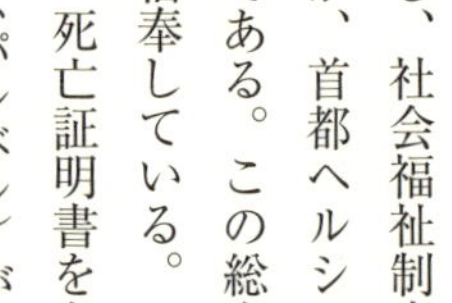

人々は死をこの世からあの世に移行する状態だと考え、葬儀には女性が遺体の洗浄や死衣の着せ替えを行い、哀歌を歌う。追悼式は通常カトリックかロシア正教の慣習にしたがって六週間後か一年後に行う。

フランス
パリのカトリック教会からの出棺風景

27 フランス共和国

ヨーロッパの中央に位置し、北はイギリス海峡、南は地中海に接するフランスは、ゆるやかな丘陵地帯からなる。首都はパリ。住民の大部分がフランス語を用いるのは当然ながら、ブルターニュ地方の住民の一部はブルトン語を用いる。現在のフランス人は、もともとはケルト族やラテン系諸種族の複合した混血人種である。カトリック教徒が圧倒的に優勢だが、今世紀に入って世俗化が進み、特に都市部の労働者の間では宗教は形骸化している。しかし、地方の老人層では敬虔な信者も多く、人生最後の通過儀礼、葬儀を盛大かつ荘厳に行うという気風が残っている。

死者が出ると、担当医師の死亡診断書をもらって役所に届け出て、埋葬許可証の交付を受けるが、死後二十四時間以内の埋葬を禁ずる規則がある。葬儀社は私営で、一般に喪家で通夜をした後、教会か墓地の霊安室で葬儀を営む。ナポレオンが統治していた時代には、葬儀は教会の独占物であったが、一九〇四年の政令で、その権利を地方自治体に委譲し、今日では教会外の葬儀業務はその監督下にある葬儀社が取り扱うことになっている。

カトリック教会での葬儀ミサには通常、神父が『ヨハネ福音書』（十四章）の「心を騒がせるな。神を信じなさい。…私がどこに行くのか、その道をあなたは知っている。…私は道であり、真理であり、命である。わたしを通らなければ、だれも父のもとに行くことはできない。…」と唱え、ロウソクの火を祭壇から柩に移し、聖水を撒く。

同国では世界最大の葬儀社ポン・フェネーブルが独占的に請負っている。その従業員は五千五百人を擁し、年間売上高は二十億フラン（一九八九年現在）を超すという。しかしながら、一九九六年には米国の大手葬儀会社「ＳＣＩ」に買収された。

ところで、米国で盛んな遺体の整形保存術も、著名人などを除いては一般にまれであり、手続きも煩雑である。ただし、米国人がフランス国内で死亡した場合には、遺体に整形保存術を施した後に航空貨物で米国へ送還している。

首都では葬儀は予算に応じて六段階に分かれ、葬儀用具もそれによって変わってくる。棺は船形で、材質は多種多様だが、一般にはオーク材が多く、並製はマツ、高額なものには黒檀やマホガニーが用いられる。通夜会場や葬儀場には棺台が燭台とともに置かれ、周囲には黒いカーテンをめぐらす。棺には、故人が成人であれば黒、子供の場合は白の掛け布をかけ、故人のイニシャルのついた盾を載せる。

通常、死後四十八時間以内に公共墓地に埋葬しなければならず、それ以上遅れたり、死亡場所から一二五マイル（二〇〇キロ）以上遠隔の地に埋葬する場合には、棺の内側に密閉用金属板を取り付けて、警官が封印することが義務づけられている。

かつて葬儀当日には葬列を組み、喪家から葬儀場まで霊柩車が静々と棺を運んだものだが、それも昔語りとなり、今日では能率性が尊ばれてほとんどマイクロバスの霊柩車が用いられている。墓地は公営で、通常五年間の賃貸形式をとっている。最長三十五年間で契約が切れるが、更新も可能である。埋葬後五年経過しながら更新をしない無縁墓石は、全体の六五パーセントにのぼるが、それらは撤去して遺体は合葬している。

フランス革命当時までのパリには、中央市場に隣り合わせて一般市民のためのイノサン墓地が存在し、人間の遺体は家畜同様に無造作に土中に埋葬されたが、一定の時期が過ぎると掘り返して骨片を墓地の外壁の屋根裏に収納した。

革命前の歴代国王の墓所はパリ郊外のサン・ドゥニ聖堂内にあって、石棺の上には「ジザーン」と呼ばれる死者の等身大の横臥像が彫られていたが、ジザーンはしだいに影をひそめていった。やがて金持ちたちは、「トランシ」という等身大の立像をこぞってつくるようになった。革命後は、聖堂内に安置されていた墓像や墓棺が屋外に移るようになり、今日、ヨーロッパの各都市の広場にみられる英雄や著名人の銅・石像のはしりとなった。一般家庭の装飾品となっているブロンズや大理石製の男女の半裸体像も、もとをただせばサン・ドゥニ聖堂内のルイ十二世（一四六二

〜一五一五年）とその王妃アンヌ・ド・ブルターニュ（一四七七〜一五一四）の豪華な石棺の台座のすみに腰をおろしたミロのヴィーナスのような四人の女性像（古典的な四大美徳である剛毅、節制、正義、賢明を象徴する）から発達したといってもよいだろう。

埋葬方法は、今日でも土葬が一般的であるが、故人や遺族の希望で火葬も可能だ。たとえばパリの二〇区のペール・ラシェーズ墓地のように、火葬場は大きな墓地に付属している。思想家サルトルはここで荼毘にふされ、名優ジャン・ギャバンも同じくここで火葬にふされた後、遺言によって遺灰はブルターニュの海に撒かれた。一九六三年の第二回バチカン公会議においてカトリック教徒にも正式に火葬が認められようになり、現在の火葬率は、英国の七〇パーセント、スウェーデンの六九パーセント、スイスの六五パーセントには及ばないが、一七パーセントと次第に増加の傾向にある。

キリストが十字架にかけられ、埋葬されてから復活したと信じられていることから、もし灰にされたならこの奇跡は生まれないとして、従来キリスト教徒の間では遺体は土葬にすべきとされてきた。特にカトリックにおいてはこれを厳守し、「火葬せよとの遺言はこれを執行してはならない」（教会法一二三〇条）、「火葬せよとの遺言を撤回せずに死んだ者に対しては火葬による葬儀を拒否する」（同一二四〇条）とあるように、カトリック教徒にとって火葬はひどく背信的な意味をもつ。しかし、十九世紀以来、キリスト復活の神秘性を否定しようとする一部の知識人は自ら火葬を求めた。サルトルなども、キリスト教の伝統的な風習を打破しようと、最後の抵抗を試みたのかもしれない。

前述のペール・ラシェーズ墓地には著名人の墓が目白押しで、文学者ではモリエール、ラ・フォンテーヌ、バルザックなど、作曲家ではロッシーニ、ショパン、ビゼーなどが眠っている。モンマルトルの丘の西にある墓地にはベルリオーズ、オッフェンバッハなどの墓もある。十一月一日の万聖節や翌二日の万霊節になると、これらの墓地は花束を捧げる多くの墓参者でにぎわう。

パリの街角では、第二次世界大戦中レジスタンスで犠牲になった人を記念する碑や銘板をみかけることがある。

アンバリッド（廃兵院）のドーム教会地階中央には、ナポレオンの遺体が納められた石棺が緑色の花崗岩の祭壇に載せられている。これは、ロシア皇帝ニコライ一世から贈られたもので、長さ三・九六メートル、幅一・八二メートル、高さ二・二七メートルの一枚岩からなる赤い雲斑石でできている。石の周囲にはかれの兄であるスペイン王ジョセフ、第一次世界大戦の名将デュロック、ベルトラン将軍など八体の石棺が安置されている。夏ともなると毎晩この廃兵院の前庭で、パリ名物「ソン・エ・ルミエール」という光の交錯する野外ショーが開かれ、ベートーベンの交響曲第三番「エロイカ」（英雄）が演奏される。

　ブルターニュ地方に住むブレトン人は、生前から葬儀の準備、たとえば墓地や喪服を準備する。死者が出ると喪家の戸や窓を全部開けて霊魂の飛び去るのを助け、家の中の鏡を反対にする習慣がある。墓地での遺体の埋葬の前に教会でミサを上げ、喪家に帰宅して会食し、死後、一年を経て追悼式を行う。

　フランダース地方に住むフラマン人は、圧倒的にローマ・カトリックの慣習に従い、死者が出ると、近親者や友人が集まって葬儀を営む。墓地はたいてい教会の傍らにあり、故人の遺族が維持する。

　コルシカ島に住むコルシカ人は、カトリックや伝統的慣習にしたがって葬儀を営む。かつては精霊や悪魔などの存在を信じていたが、今日ではすたれつつある。

ブルガリア
ソフィア郊外の共産党員の墓

㉘ ブルガリア共和国

　ブルガリアは、東ヨーロッパの東南端、バルカン半島の一国だ。中央に山地が走って国土を二分し、その南側は地中海性気候で温和、北側は内陸性気候で冬の寒さが厳しい。国民の大多数はブルガリア人で、ほかにトルコ系ロマ人（ジプシー）が住んでいて、ブルガリア正教やイスラム教を信奉している。一九四六年に共産主義国家となって以来、国民の宗教離れは著しかったが、解体後、葬儀は宗教的に行われることが多くなっている。一九八九年、

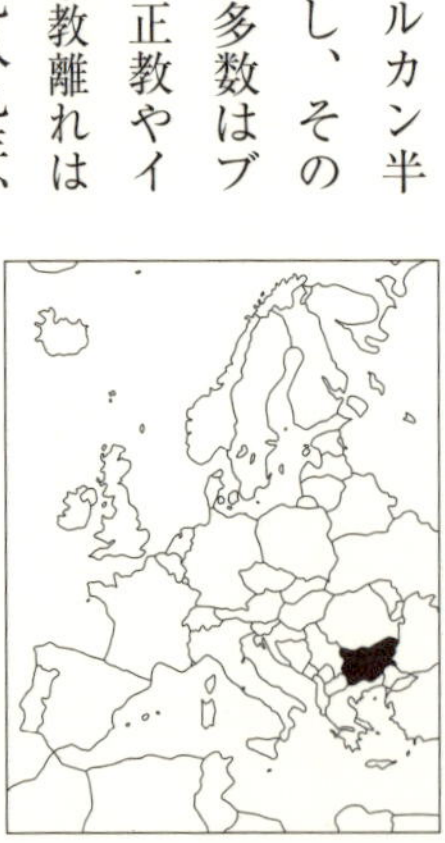

ベルギー
ブリュッセルの公営墓地

民主化要求デモが起こり、三十五年におよぶジフコフ長期政権に終止符が打たれた。首都はソフィア。

現在の葬儀は公営墓地内の礼拝堂に関係者が集まり、代表者が弔辞を述べる簡単なもので、葬儀の後に墓地に行って遺体を埋葬する。故人や遺族の希望があれば、教会で葬儀を営み、司祭の立ち会いの下に埋葬することもできる。地方にはこうした宗教色の濃い葬儀も残っていて、埋葬後にも喪家で会葬者に軽食を供して散会することもある。

著名人の場合は、命日に団体主催の追悼行事が行われるという。

革命以前からある墓地には伝統的な各宗教別の墓碑がみられるが、最近の墓碑は規格が統一されたもので、共産党員の墓は赤く塗った三角錐の上に星印がついた簡単なものである。といっても、国家功労者は別格で、たとえばブルガリア人民共和国の初代首相であったゲオルギー・デミトロフの遺体は、ソフィア市内にある九月九日広場前の黄色の煉瓦を敷きつめた廟に祀られている。

住民は、死を割合現実的に受け止め、死後の世界を信じない人が多い。しかし、葬儀の折にロウソクを灯し、墓前に飲食物や金銭を添える習慣がある。死後、三日目、四十日目、六カ月目、一年目や、東方正統教会の祝祭日に墓参して墓にブドウ酒をかける。

㉙ ベルギー王国

ヨーロッパ中央にあって、北海に面するベルギーは、国土全体が平野かなだらかな丘陵地帯である。人口密度はわが国とほぼ同じで、オランダ系フラマン人やフランス系ワロン人で占められる。カトリック教徒が圧倒的に多い。首都はブリュッセル。

死者が出ると、医師の診断書を添えて最寄りの戸籍登録所に提出し、係官から死後二十四時間を経過した旨の死亡証明書が交付される。葬儀社は大小さまざまな私営のみである。遺体の整形保存術は一般的でなく、ふつうの衣服（ときには白衣）

を身につけて納棺する。

葬儀は所属する教会で、ふつう死後二、三日してから営まれるが、それまで遺棺は葬儀社か喪家に安置し、その周囲を十字架や花で飾る。葬儀の後は墓地まで葬列を組む。

故人の遺言でもないかぎり、たいていは土葬にする。火葬施設は首都にあるが、信心深いカトリック教徒にとっては、伝染病などで死亡しないかぎりは土葬にされることを望んでいる。ブリュッセル市内にはカーレヴェルドにモレンビイク共同墓地がある。地方で火葬を希望する場合には、遺体を近隣のドイツかフランスに移送することもある。

ポーランド
ワルシャワの公営墓地

㉚ ポーランド共和国

バルト海に面したポーランドは、国土の大半が海抜三〇〇メートル以下の平野だが、気候は大陸性気候と海洋性気候がぶつかる位置にあって、たいへん不安定である。政治的にも常に東西勢力の衝突する渦中に巻き込まれて、辛酸をなめてきた歴史がある。一九八九年の東欧初の自由選挙で自主管理労組「連帯」が圧勝。社会主義圏で初めて非共産党勢力主導の政権が発足し、国名から人民の文字を削った。首都はワルシャワ。
住民のほとんどはポーランド人で、ポーランド語を国語とする単一民族国家である。祖国愛に燃えることは人後に落ちないが、外交面では世俗的国家を標榜する一方、千年の歴史をもつカトリックの信奉者が人口の九割を占めるという珍しい国である。
死者が出ると、医師の診断書をもって役所に届け出るが、葬儀の手配は葬儀社が取り扱い、葬儀許可や遺体移送許可等事務手続きから棺などの準備までしてくれる。喪家の玄関口には花輪を飾って喪中であることを示し、招かれた司祭は遺体に終油の秘蹟を行う。

ふつう死後三日目に喪家から出棺し、葬列を組んで公営墓地に向かうが、近年は病院で死亡する人が増えたために、病院から霊柩車（黒色の小型バン）で墓地に運び、そこの礼拝堂で葬儀を行った後に埋葬している。この国の人々は、過去の戦争の犠牲者や故人への追悼を決して忘れない。たとえば、旧市街のスタレ・ミヤスト広場にある歴史博物館に行くと、第二次世界大戦当時、ナチスによって廃墟と化した街のようすを撮った映画を無料でみることができる。市中央「勝利の広場」前のサスキ公園には無名戦士の墓があって、墓参の人が今去ったばかりのように、いつもたくさんの花束が捧げられている。特に毎年八月一日の解放記念日には、各地で追悼式典が盛大に催される。

代表的な墓地としては、市内のポボォンスキー墓地や隣接のユダヤ人墓地、カンピノスのパルミリ村近くにある広大な無名戦士の墓地などがあげられる。ポーランドの冬は雪の訪れが早い。十一月一日の万聖節ともなれば、雪化粧した墓地はどこもかしこも終夜煌々と輝くロウソクのともしびで光の海と化し、幻想的な世界が出現する。

地方の町や村には、土地を守護するキリストや聖母マリアを祀った祠がたてられ、ロウソクの火が灯され、花が絶えない。日曜祭日の午後には着飾った地元の人々が三々五々、教会や墓参りに出かける姿をみかける。かれらは今もって霊魂の存在を信じ、死後の世界で困らないように、納棺の折には金品を一緒に入れる伝統的な習慣も残っている。

埋葬方法はほとんど土葬であるが、都市部では火葬にするところもあり、故人や遺族の希望にそえる。墓地には壁龕のような地上墓と、地下墓の上に石碑をたてるものとがあり、石碑には個性的なものが多くみられる。

㉛ ボスニア・ヘルツェゴビナ共和国

旧ユーゴスラビア連邦の一員で、北部のボスニア地方とヘルツェゴビナ地方の合成語に由来する。首都はサラエボ。旧連邦が解体して一九九二年三月に独立を宣言したが、住民のイスラム教徒がキリスト教徒のセルビア人、クロアチア人と相反するために三つ巴の民族紛争に発展し、国連が調停に介入したが膠着状態が続いている。

死者が出るとそれぞれの属する宗教にしたがって葬儀を営み、墓地は各宗教ごとに分

ポルトガル
マディラ島の墓地

離されている。火葬の習慣はなく、遺体はみな土葬にされる。イスラム教徒は共産党政権下にあっても信仰は許され、葬儀の慣習はトルコとほぼ同様である。

内陸部にあるモスタル市においては、かつて、市内に貫流するネレトバ川をはさんで、クロアチア系カトリック教徒とイスラム教徒が共存していたが、先頃の内戦で両岸を結ぶ橋が爆破された。最近この橋が復元され、ユネスコ文化遺産に登録されている。市民が死亡すると、街角の塀に、葬儀日時や葬儀場が公示される。

セルビア人やクロアチア人にとっては死者が出ると死後の翌日に葬儀を営む。死後は通常、一週間、四十日、六カ月、一年後に追悼行事を行う。

㉜ ポルトガル共和国

南欧の大西洋に面し、スペインと隣接するポルトガルは、単調な海岸線が続き、メキシコ湾流の影響を受けて気候は比較的温暖である。住民はクロマニョン、イベリア、ケルトなど多くの人種の混血であるポルトガル人が大半で、ポルトガル語を国語とし、その大部分がカトリックを信奉している。首都はリスボン。

死者が出ると、医師の死亡診断書とともに役所に死亡届を提出するのは、ほかの文明国と同じである。そして、喪家で通夜を、教会で葬儀を営んだ後に墓地に埋葬する。通常は土葬だが、リスボンに火葬場が一カ所ある。

隣国のスペインとは葬送慣習でも共通することが多いが、埋葬はスペインで死後四十八時間以内と規定されているのに対し、ポルトガルではそれ以後になるのがふつうだ。著名人や遠隔地への移送等を除いて、一般に遺体保存術が用いられるのはまれである。

首都には七つの市営墓地があるが、狭隘になっているために埋葬後五年を経過した遺骨は地上の壁龕墓か地上墓に合葬される。金持ちの墓は霊廟式になっていて、古いものが多い。

棺は葬儀社の専用工場で作っているが、たいていマホガニーかカシ、マツ材などを用い、なかには彫刻をほどこした立派なものもある。通夜用に貸し出される十字架や燭台、棺台一式、祭壇も金色に縁取られた金属製のものを用い、棺覆いも黒か紫のベルベット製で、いずれも豪華だ。

通夜の際、部屋の中の掛け物がすべて上下、表裏逆に吊るされるのは珍しい。

葬列に並ぶ霊柩車もかつては八頭立ての馬に引かれた豪華な馬車であったが、今は自動車で、十字架や司祭を先頭に、霊柩車や黒の喪服をまとった遺族が続く。葬儀や埋葬の折にはキクの花輪や花束が捧げられるが、毎年十一月一日の万聖節にはこうした花を携えた墓参の人でにぎわう。

ポルトガル人はお祭り好きで、各地に伝統的な宗教行事が残っている。特に北部ミーニョ地方では八月末に聖母アゴニアの巡礼祭が催され、色鮮やかに着飾った女性のパレードや花火大会が開かれる。また、リスボン北方のファティマは南仏のルルドと並んで、聖母マリアの出現した聖地として知られ、毎年五月十三日と十月十三日には数十万人の信者がロウソクを手にして、教会前の広場を埋めつくす。

冠婚葬祭は地方では村総出の重要な通過儀礼で、死者が出ると教会の鐘が鳴り響き、近隣の人に悲報を知らせる。喪家では玄関の入口が開けられ、近親者は遺体の傍らで泣く。各村には互助団体（コンフラリアス）があり、葬儀の費用を負担する。未亡人は終生、黒の喪服を身にまとう習慣もある。

マディラ島では人々は一般にローマ・カトリックの慣習に従い、葬儀は教会で営む。かつて未亡人は終生、黒い喪服を着て再婚しなかったが、今日この習慣はすたれている。

㉝ マケドニア共和国

旧ユーゴスラビア連邦の一員で、語義は古ギリシャ語で「高原の人」の意。一九九一年九月に独立を宣言したが、「マケドニア」というギリシャ由来の国名の使用をギリシャが強硬に反対したために国連への加盟が遅れ、暫定的に「旧ユーゴスラビア・マケドニア共和国」と名乗って

マケドニア
スコピエ市郊外の公営墓地

いた。首都はスコピエで、住民の大部分がマケドニア正教徒である。

現地人が亡くなると、遺族はその知らせを最寄りの役所（オプステナ）の葬儀係プログレブに届け出る。都市部において、遺族は専門の葬儀社（ジール・フューネラル）に葬儀の手配を依頼する。葬儀は喪家か墓地で営まれ、遺族は四十日か一年のあいだ服喪する。遺体を埋葬した後、遺族は喪家で、丸いパンをそなえロウソクをたてて、故人の冥福を祈り、会葬者に軽食を振る舞う習慣がある。会葬者は香典を包むか、飲食代を払う。

首都スコピエの郊外には、同市最大のブッテル共同墓地（グロビスタ）がある。この共同墓地は、マケドニア正教（キリスト教）とイスラム教の墓地に区別されている。一般的に言って、十字架を立てたキリスト教徒の墓は豪華で、月や星のマークをつけたイスラム教徒の墓は簡素である。またユダヤ教徒の墓地も、その共同墓地の一角にある。同地域において少数派であることから、ユダヤ人は強い結束力をもち、伝統的慣習を保持する。墓碑には、供花の代わりに小石を置く慣習がある。隣国ブルガリアの一部では、火葬も行われているが、ここでは土葬が行われている。

スラブ系マケドニア人は、死者の霊魂はクリスマスから一月七日の主顕祭まで、この世に帰ってくると信じられ、その折、悪霊を払うダンス（ザマラ）を踊る。

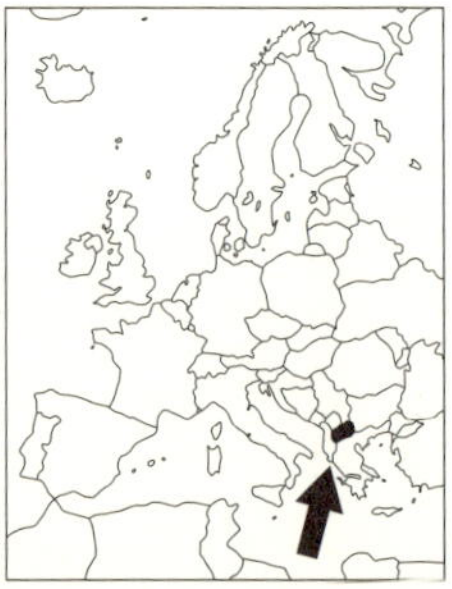

34 マルタ共和国

マルタは地中海のほぼ中央に位置する岩石の島で、一九六四年以来、英連邦の独立国になっている。首都はバレッタ。住民の大部分はイタリア人で、カトリックの信奉者が多く、国の人口約三十七万人に対して、カトリック教会がなんと三百六十五もある。一般にはイタリア語で話しているが、

マルタ
バレッタの公営墓地

公用語は英語とマルタ語である。

かつては大英帝国の植民地であったが第二次世界大戦後独立し、地中海に浮かぶ小さな国ながら軍事上重要な位置を占めており、バレッタの湾内で一九八九年十二月、米国のブッシュ大統領とソ連のゴルバチョフ大統領が東西冷戦終結のきっかけを作った最初の会談地になったことで有名だ。地理的にもここはイタリアや北アフリカ諸国、中近東諸国に近く、古くからそれら地域の文化的影響を受け、戦争や貿易の中継地になってきた。したがって、葬送慣習にもヨーロッパやアラブの影響がみられ、人が亡くなると近親者は三日間、家に閉じこもって火をいっさい使わず、食事は外から運んでもらったり、泣き女を雇う習慣があった。また、遺体の目を閉じさせ、お腹の上に塩を盛った皿を置くなどの習慣も近年まで維持されていた。特に近親者の女性は四十日間、男性は七日間喪にふして外出を控え、その間、髪は梳かさず、寝室の火を点灯したままにしておく習慣があったが、最近では簡素化されつつある。

死者が出ると医師と警察に通知し、葬儀の告示を街角に貼ったり、新聞に広告を出す。こうした業務は葬儀社（レヒーナ）が取り仕切り、葬儀は教会で営む。公共墓地は街外れにあり、カトリック教徒墓地以外にもプロテスタントやイスラム墓地がある。十一月一日の万聖節に多くの人が墓参りをする。

バレッタ市郊外のカルカラにある軍人墓地には、第一次世界大戦当時、英国と同盟関係にあったわが国は要請を受けてドイツ海軍を破るために軍艦八隻を地中海に派遣し、その中の駆逐艦「榊」は、敵の魚雷攻撃によって損傷して乗組員五十九名が死亡し、その忠霊碑がたっている。そうしたこともあってこの国の人々はわが国に対して好意的だ。

㉟ モナコ公国

モナコはフランスの東南部、イタリア国境に近い地中海に面した観光都市国家だが、一八六一年以来、フランスの保護下の王国として成立し、カトリックを国教としている。首都は国名と同じモナコ。四季を通じて温暖な気候と、税金がかからないところから、世界各国の金持ちが集まり、首都の中心部には有名なカジノがある。

死者が出ると、葬儀の手配は私営の葬儀社が行い、葬儀は教会で営まれる。一九八二年九月十四日にモナコの王妃で元女優のグレース・ケリーが自動車事故で死亡した際には、レーニエ国王と結婚式を挙げた同じモナコ大聖堂で国葬が営まれた。王妃の遺体は王立墓地に埋葬されている。

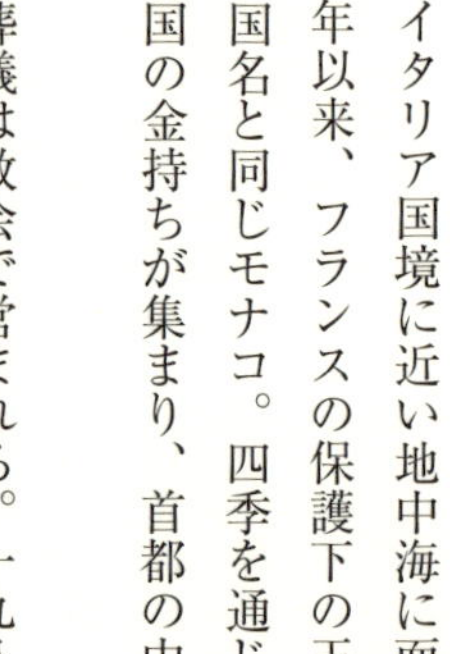

㊱ モンテネグロ共和国

かつてユーゴスラビア共和国（セルビア・モンテネグロ）として存在していた同国は、住民の約半数がモンテネグロ人であるところから、分離独立を希望し、国連の調停を受けて、二〇〇六年六月に独立を果たした。首都は内陸部のポドゴリカ。

住民の多くは、ギリシャ正教、ローマ・カトリック教やイスラム教を信奉し、保守的な伝統を重んじる。人が死亡すると、遺族は、それを最寄りの役所に届け出て、それぞれが属する宗教に則って葬儀を営み、遺体を共同墓地に埋葬する。アドリア海に面した城砦都市コトル近郊にある共同墓地においては、ギリシャ正教徒とローマ・カトリック教徒の墓地が隣接する。イスラム教徒の墓地は郊外にある。今のところ火葬施設はない。

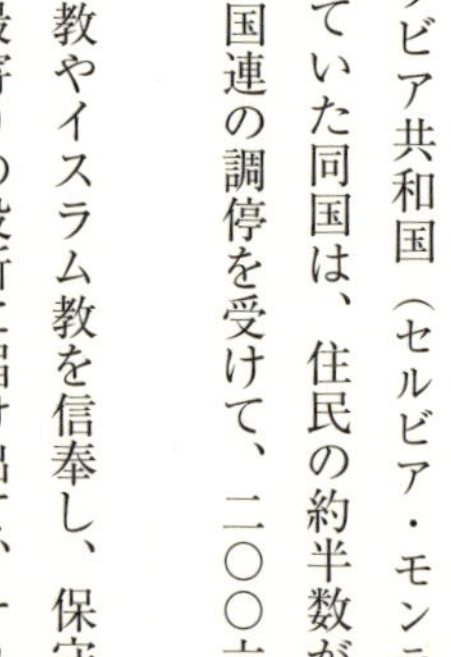

㊲ ラトビア共和国

先住民族ラトビア人の名にちなみ、語義は「ラブ」（低地の意）の転訛したものといわれる。一九九一年八月にソ連から完全独立し、同九月に国連に加盟。首都はリガ。

リトアニア　ビリニュスの公営墓地

ラトビア　リガの公営墓地

バルト三国では一番の工業国で、首都には煙突が林立している。戦前からドイツやポーランドの影響が強く、住民の多くはルーテル派福音教会やカトリック教会に属していた。しかし、ソ連に合併されていたため若者の間には宗教に関心をもつ人は少ない。葬儀はたいてい、墓地で営まれる。

バルト海に面する首都の郊外五、六カ所に大小さまざまな共同墓地が散在し、その中で最大のものはライナとメザ墓地で、隣接している。たいていの墓地の脇にはベンチがしつらえられ、ここでゆっくり故人を偲ぶよすがとする習慣がある。墓碑には故人の肖像が彫られたり、遺影として陶板に写され、その前には夏の間、きれいに刈り込まれた芝生に花が植えられて墓参が絶えない。最近、火葬にする習慣も根づき、ライナ墓地には火葬施設がある。

㊳ リトアニア共和国

バルト三国の中では最南端に位置し、一九九一年九月に独立した新興国で、首都はビリニュス。第二次世界大戦中に、旧リトアニア領事館の杉原千畝領事代理がナチス追害によるユダヤ人の国外脱出に尽力したという理由で、同国カウナス市の旧領事館前はスギハラ通りと命名されたように親日的だ。

ソ連に合併されていた期間中、信教の自由は阻害され、多くのキリスト教会は閉鎖されていたが、一九八八年にリトアニア改革運動の開始とともに再開され、カトリック教会を中心に復興しつつある。葬儀はたいてい自分の属する宗教の葬儀によって営まれる。

リヒテンシュタイン
ファドゥーツの公営墓地

田園都市の趣のある首都には周辺に共同墓地があるが、その中で最古のものは中央駅南部にあるラッス墓地で、ここには著名人の墓が散在する。その他、セントポール教会近くにアンタカイニョ墓地が山の中腹にあり、さまざまな形の墓碑がたっている。概して信心深い人の墓碑にはカトリックやロシア正教独特の十字架がたてられ、戦没者の墓碑にはオベリスク型のものが多い。また市内中心部のパメンカルニョ街には第二次世界大戦中に当地のユダヤ人がドイツ軍に虐待された資料を展示する記念館があり、その傍らに杉原千畝の記念碑がたっている。

㊴ リヒテンシュタイン公国

スイスとオーストリアにはさまれた小国で、一八六七年、永世中立国を宣言して今日に至っている。首都はファドゥーツ。住民の大部分はゲルマン系のリヒテンシュタイン人で、ほかにイタリア人やスペイン人もいるが、カトリック教徒が圧倒的に多い。

公共病院は一カ所しかないので、重病患者は隣国のスイスやオーストリアの病院に委託され、そこで死亡する場合が多い。死者が出ると最寄りの役所（ラートハウス）に届け出、教会で葬儀が営まれるが、葬儀社も一カ所あり、葬儀万端を取り仕切る。遺族が火葬を希望する場合には、遺体は葬儀後、隣国のスイスに移送されて荼毘にふされる。

かつては、近隣で死者が出ると、村総出で葬儀を手伝い、仕事を休んだものである。しかし、今日ではそういうことはなく、葬儀に参列する場合でも、遺族以外で黒の喪服を着る者は少なくなった。

㊵ ルーマニア

東欧のルーマニアはバルカン半島の北東部に位置する。国土は変化に富んだ地形で、住民の大部分をラテン系のルーマニア人が占めるが、ほかにはマジャール人やドイツ人も住んでいる。

ルーマニア
マラムレシュ地方の墓地

首都はブカレスト。

かつてはギリシャ正教の分派であるルーマニア正教の信奉者が多く、伝統的な風習、習慣を保持していたが、社会主義国家となってからはそれらもしだいに薄れてきている。一九八九年、東欧激変の中で起きた反政府デモは全国に広がり、チャウシェスク体制は崩壊し、救国戦線評議会が実権を握った。

首都で死亡した場合は、役所関係の法的手続きは公営の葬儀社や親類縁者が代行してくれ、一方、中央墓地内の葬儀場での葬儀の準備にとりかかる。地方では隣人たちが手伝うが、一部には遺体を湯灌した後に最上の服を着せ、ロウソクやキリストの聖像（イコン）を死者の手にもたせ、足を玄関口に向けて通夜を営むところもある。

葬儀の当日は、たいてい司祭や堂役、朗唱者（カントール）を教会から招いて喪家の中庭で葬儀を営んだ後、会葬者は民族色豊かな服装で、墓地まで同行する。葬列は弔旗や花輪を先頭に、ロウソク立てや棺を担いで、ときにはロマ人のヴァイオリン、ギター、シンバルの楽隊の伴奏で葬送歌を歌いながら進む。

土葬にした土の上には木製の十字架をたてて、葬儀後には喪家で会葬者にリング型のパンを振る舞う。遠隔地で死亡した人の詣り墓を故郷の墓地につくったり、交通事故死の場合には事故現場に十字架をたてる習慣もあったが、今日ではあまりみられなくなった。ところで、北部辺境のマラムレシュ地方のサプンツァ村にはスタン・バトラシュという人物が、独特な墓標を彫り続けている。色彩豊かな墓標で、故人の職業が一目瞭然にわかるというものだが、かれの独力で、一九三五年以来、続けられている。

地方では一般に死者が出るとこの世と同様の生活を死後も送ると考え、日用品や金銭を埋葬の時に添える習慣がある。墓地を大切にし、墓標にも生前中の職業や生活ぶりを刻みつけ

るところもある。

[41] ルクセンブルク大公国

フランス、ドイツ、ベルギーに囲まれた小国で、住民のルクセンブルク人の公用語はルクセンブルク語、ドイツ語、フランス語で、通貨はルクセンブルク・フランを用いている。ほとんどカトリック教徒だが、労働力不足のため外国人労働者の移入も多く、かれらの間にはイスラム教徒も存在する。首都は国名と同じくルクセンブルク。

葬儀は教会で行い、近くの公共墓地に埋葬するが、私営の葬儀社を利用すれば、このような手配も代行してくれる。一九九五年には市郊外のハム地区に火葬場も開設された。

ルクセンブルク
公営墓地

また、郊外には第二次世界大戦のときに戦死した米軍の軍人戦没者墓地があり、碁盤の目のように整然と並んだ墓地の前には、当時、欧州連合軍総司令官だったアイゼンハワーが英国ロンドンの聖パウロ教会で詠んだという次の文が石板に刻まれてある。

これから自由に生きるすべての人々は
ここに自らの犠牲と決意をもって
そのいのちを捧げ亡くなった
人々の代償を償い、その偉業を
永遠に生かそう

ルクセンブルクから一〇〇キロ北方のクレヴォにも、第二次世界大戦当時、連合軍とナチス・ドイツ軍との間で最も壮絶な戦闘が繰り広げられたといわれる、アルデンネの戦いで戦死した米軍戦没者の慰霊碑がたっている。

第六章　独立国家共同体（旧ソ連邦地域）

アゼルバイジャン
バクーの戦没者墓地

1　アゼルバイジャン共和国

アゼルバイジャン人の多くはトルコ系イスラム教徒で、十八世紀にロシアに支配され二十世紀にソ連に併合されたが一九九一年に独立した。首都はカスピ海に面するバクーで「風の町」という意味の通り、四六時中風が絶えない。近くの油田から石油を産出し、一時期活況を呈したが、最近では枯渇の危機に瀕し、経済も停滞気味である。

死者が出ると医師からの死亡診断書をもらうだけで役所への届け出は必要ない。遺体を死衣で包み、ただちに近親者や友人に通知をし、庭にテントを張って椅子を並べ、司祭者（モラ）を招いて葬儀を行う。その折、葬儀は葬儀社（ダフィン・ビュロス）が取り仕切り、司祭者の発声で会葬者は「アラー・ラフマット・エラシン」と唱えて神アッラーへの感謝の祈りをし、ただちに女性を除き男性は埋葬のため墓地（マザール・ガビール）に向かう。そして帰宅後、喪家かレストランで会葬者をもてなす。墓参は死亡三日目、七日目、四十日目に行い、その折、供花と好物の菓子を持参する。そして四十日目には墓碑をたてる。墓碑には故人の遺影を刻む習慣があり、この点、ほかのイスラム教国と異なる。

首都を見下ろす高台のマーチン・アベニューには、独立のために戦ったアゼルバイジャン人の記念墓地（シャヒドラー・ジャバーニ）が道の両側に整然とたてられ、その奥には記念塔がそびえ、その中心基台には永遠の灯火が燃えている。そして今もってここを訪れて献花す

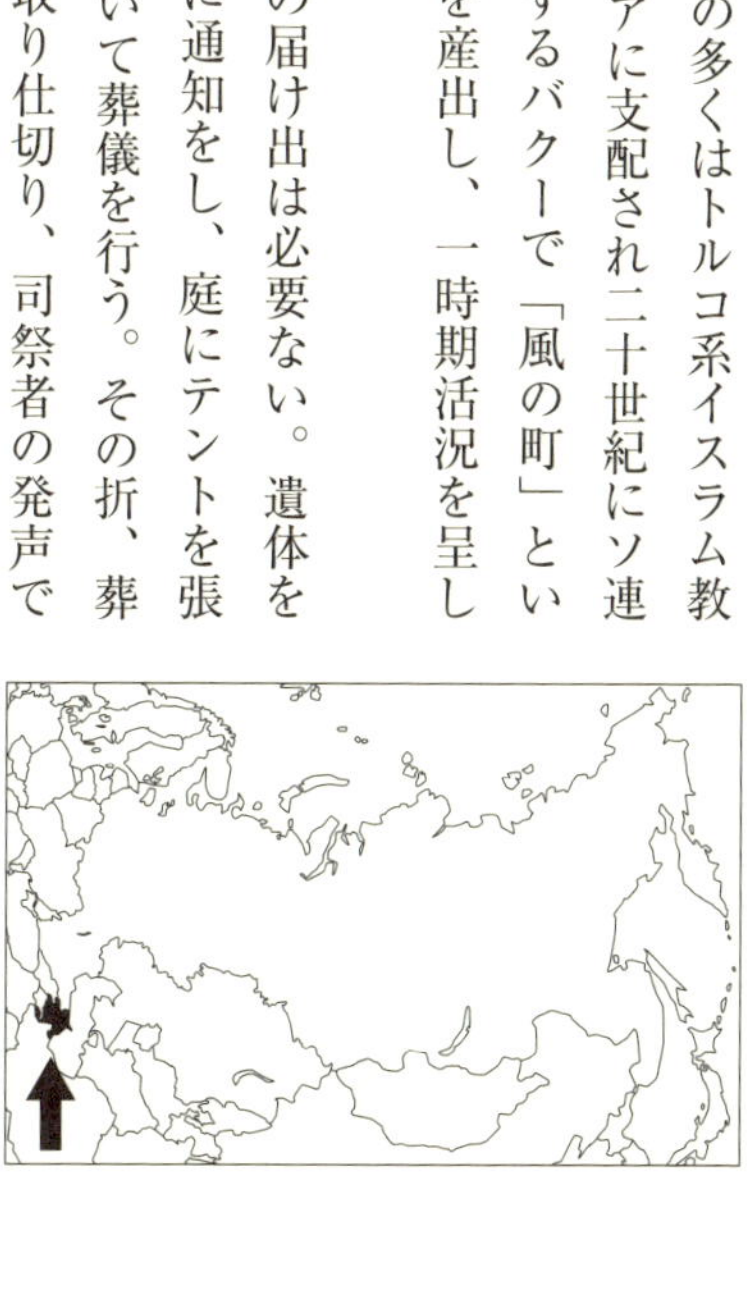

アルメニア
エレバン郊外の墓地

る人が絶えない。なお、バクー郊外二〇キロのところにゾロアスター寺院があり、堂内に火が燃え盛っている。現在、信者はほとんどいないが、隣国のイランやパキスタン方面から信者が訪れている。

② アルメニア共和国

当国は旧ソ連のヨーロッパ部分の最南端にあるコーカサス地方にあり、一九九一年に独立した。南はトルコ、イランに接し、東はアゼルバイジャン、北はグルジア、西は黒海に面した独立国家共同体の最小国で、歴史上、たえず外敵の侵略を受けている。したがってアルメニア人は愛国心が旺盛で、外国への移住者も多く、ユダヤ人同様、商才に長けて成功した者が多い。国民の大部分は古くからキリスト教に改宗し、今日でも東側のナゴルノ・カラバフ地方は隣国アゼルバイジャンとの確執があり、国交断絶の状態にある。首都はエレバン。

政治の中心はエレバンにあるが、西暦三世紀以降から伝わった東方正統教会の亜流であるアルメニア正教の本山は隣接する旧首都エチミアジンにあり、国内各地にその教会が散在している。教会堂の特徴は尖塔が八角形、内部が十字形でその中心に十字架を置き、内陣は必ず東側を向いている。外陣に椅子はなく、礼拝は立ったまま行い、讃美歌を歌うときには楽器を用いない。聖職者が死亡すると教会内外か玄関口に顔を西向きに埋葬し、その上に石板を埋め込む。教会に詣でた篤信者は後づさりに教会から退出する。

死者が出ると医師の死亡診断書をもらい、最寄りの役所に届け出る。喪家では関係者に電話などで通知をし、応接間のソファに最上の服を着せた遺体を横たえ、死亡後二日目の夜に近親者や聖職者、友人を招いて通夜を営む。その時、その周囲を三回右回りに回る。翌日、多くの会葬者は、棺を先頭に最寄りの共同墓地に向かい埋葬する。男性は

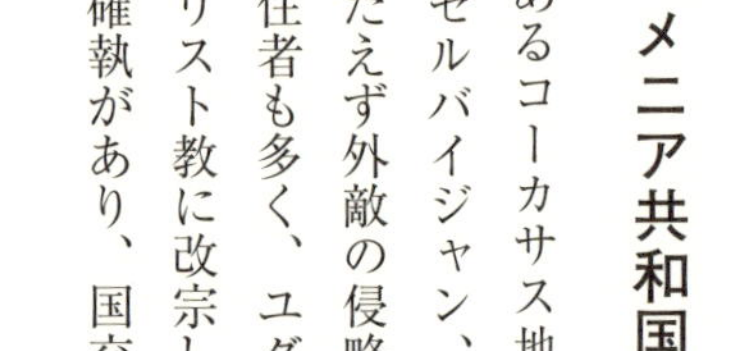

洋服、女性は黒い喪服にベールで顔を覆う。埋葬後、喪家に戻った会葬者は水で清め、羊や鶏肉のご馳走を振る舞われ、鳩を放つ。死後七日目と四十日目に教会に詣で、その後、墓参するが、その折、教会から頂いたお香を枯れ草で燃やし、花を供える。一年後に石碑をたて、その後、毎年九月十二、十三日の祝聖日に墓参する。墓碑には故人の遺影を刻むことが多い。地方ではよく常緑樹に布切れを結んで故人の冥福や無病息災を祈願する姿をみかける。

少数民族であるクルド人の墓地は、アルメニア人とほぼ同様であるが、たいてい山上にあり、屋根つきの鉄柵で囲まれているのが特徴だ。それだけ外敵の脅威にさらされて、墓地まで荒らされないように自衛本能が働いているのかもしれない。現地人は墓地に遺体を埋葬する折、三回深く頭を下げる習慣がある。遺体は自然の土に帰ると信じられている。

ウクライナ
リボフのウクライナ正教会内部

③ ウクライナ

一九九一年十二月のソ連の解体の後に独立国家共同体に加盟し、ロシアと共にそのリーダー格になっている。首都はキエフ。住民の大部分はウクライナ人で、ウクライナ正教を信奉し、その他、ロシア正教やカトリックを信奉している。

キエフ市内を流れるドニエプル川河畔には東スラブ地方で最古の歴史を誇るベチェールスカ修道院がある。広大な敷地を擁する境内の一角には地下墓地があり、そこで死亡した修道僧たちのミイラ化した遺体が葬られている。遺体はたいていガラス張りの棺の中に聖衣を身につけて納められ、上部には肖像画と名前の入ったプレートが掛けられ、信仰深い信者たちがガラス越しに接吻している。首都には十カ所の公営墓地と中央墓地に一カ所の火葬場がある。

最もウクライナらしい都市はポーランド国境に近いリボフで、ここではウクライナ語を話す人が圧倒的に多く、ロシアの影響を排除してウクライナ民族独立の牽引力となったウクライナ・カトリックの本山がある。この教派は「ギリシャ・カトリック」とも「ユニエイト」とも呼ばれ、ギリシャ正教の典礼を用いながらローマ・カトリック教会に属し、ソ連時代には非合法化されてロシア正教に併合されていたが、ペレストロイカ以降の一九九〇年にその軛《くびき》から脱して独立した。この大聖堂裏手の墓地には、ハンガリー商人のボウイム家の霊廟があり外壁は聖書物語のレリーフが刻まれ、内部にも立派な彫刻があって一見の価値がある。また、市内にあるリチャキフ墓地は鬱蒼とした森の中にあり、東欧で最も美しい墓地のひとつである。

葬式はたいてい、人が死亡してから三日後、所属する教会か墓地に付属する礼拝所で行われる。宗教葬の場合には、司祭する聖職者が招かれる。現在、キエフ市内には十カ所の公営墓地があり、その中央墓地のなかには、火葬場が一カ所ある。埋葬については、土葬が一般的である。

墓地から帰宅すると、居間にある遺影を飾った祭壇に、ブドウ酒や黒パンが供えられる。会葬者はその前でウォッカによる献杯をする習慣がある。

死後、九日および四十日後に、花やロウソクを持参して墓参りを行い、その後、家庭やレストランで会食する。墓碑は千差万別である。宗教信者であれば、十字架やマリア像などの石碑をたてる。一般的には板碑が多く、その表面には故人の遺影を移した陶板がはめ込まれている。ウクライナ正教徒やロシア正教徒は、イースターの時期に墓参りをするが、カトリック教徒はクリスマスに墓参りをする。

ウクライナ人は、一般に死を自然現象と受け止め、死者が出ると遺体に最上の服装を着せ、正教徒はイコンをその脇に置き、未婚の女性の場合には結婚衣装を着せる。通常、三日目の葬儀の折には白い布を家具に被せ、女性は髪を下ろす習慣もある。

④ ウズベキスタン共和国

ソ連の解体後、独立国家共同体に加盟し、首都はタシケント。住民の大部分はウズベク人で、イスラム教スンニ派に属している。かつてはシルクロードの交易

ウズベキスタン
サマルカンドの公営墓地

路として栄え、サマルカンドやブハラなどイスラム文明の遺産を残す都市が散在している。

ウズベク人は、共産党政権時代の反宗教的政策の影響であまり宗教的ではないが、冠婚葬祭には伝統的なイスラム教の慣習に従っている。しかし一九九一年のソ連邦からの独立後はイスラム教復興のきざしがあり、葬儀も盛大に営むようになった。聖者の霊廟崇拝（マザール）も盛んで、その傍らに埋葬されることを希望している。

現地人が死亡すると、医師の死亡診断書を添付してザックスと呼ばれる役所に届け出、関係者への死亡通知は口伝えされる。遺体は都市部では専門の遺体処理人によって洗われ、七メートルの長さの白布で覆い、成人ならば白布、子供ならば赤い布で包まれた担架で墓地に運ばれる。死亡が午後四時以前ならば当日、それ以降なら翌朝、最寄りの墓地に遺体を埋葬する。そのとき立ち会うのは男性だけで、女性は喪家に留まる。葬儀はたいてい、三日後、隣家で営まれるが、隣組のようなマハラーと呼ばれる共同体組織によって取り仕切られ、イマームによって司祭される。そのとき遺族の女性は号泣し、泣き女が雇われることもある。会葬者にはパンや菓子、卵などが引き出物として配られる。服喪は男性は三日間、女性は一年間で、その間、女性は青い服で頭に白いベールをかけているので一見してわかる。その後、遺体の霊魂は昇天してしまったと信じられているので、墓参はほとんどしない。墓地には土中に頭をメッカの方向にして埋葬し、聖人の墓以外はその上に土を盛るだけの簡素なもので、墓碑らしいものはたてない。

アムダリヤ流域のウルゲンチ地方では土の塩分が多いせいか、遺体は土中に埋めず地上に置き、カマボコ形のコンクリートの墓室に納めている。

カザフスタン　アルマトイ郊外の墓

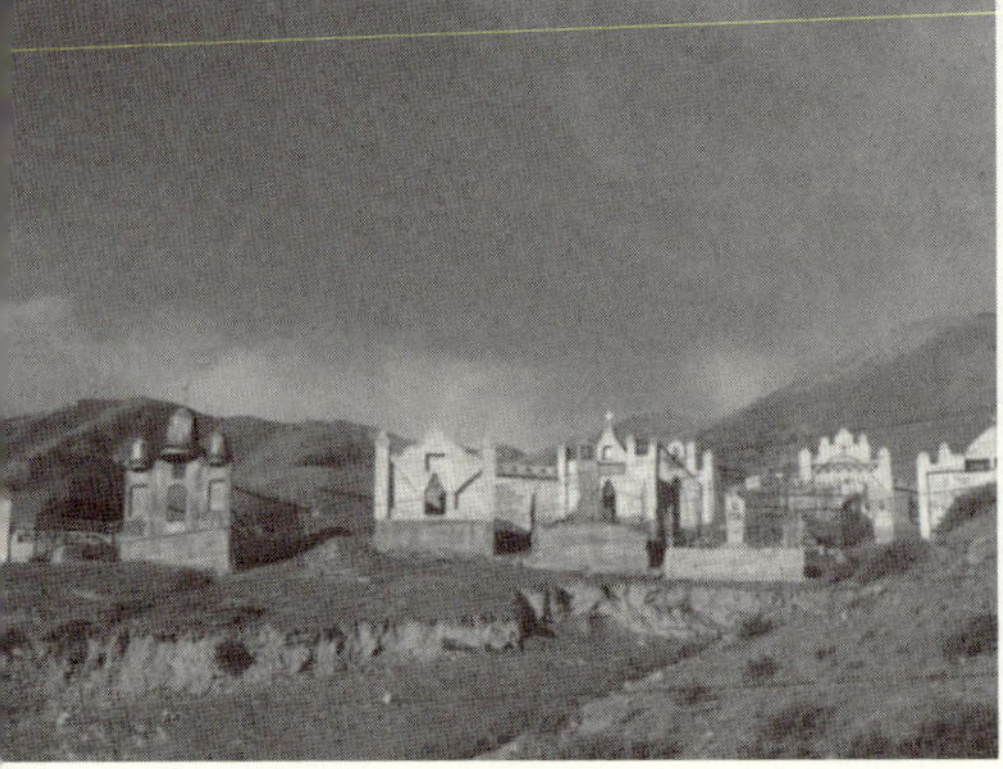

キルギス　ビシケク郊外の墓

⑤ カザフスタン共和国

中央アジアの北半分を占める内陸国で、ソ連の解体後、一九九一年十二月に独立国家共同体に加盟し、首都はかつてアルマトイ、現在はアスタナに移転した。住民はロシア人とカザフ人が多く、ロシア正教やイスラム教スンニ派を信奉している。

カザフ人は死者が出ると、遺体は洗浄して白い死衣に包み、特別にたてた「ユル」（小屋）に安置する。埋葬には女性は立ち会わず、男性のみで棺を運ぶ。その後、喪家では清めの儀式をして遺品を関係者に配り、会食する。小屋には死者が未成年の場合は赤、成人の場合は黒、老人の場合は白の弔旗を服喪期間である一年間たてる。一年後の忌明けには多くの関係者を招き、馬を屠殺して盛大な饗宴を開く。

⑥ キルギス共和国

中央アジア南部の山岳国家で、ソ連の解体後、独立国家共同体に加盟し、首都はビシケク。住民はキルギス人とロシア人が多く、イスラム教スンニ派やロシア正教を信奉している。

首都は東西交通の要衝で、かつてはシルクロードの中継地にあたり、この付近には玄奘三蔵もインドへ行く途中、立ち寄ったという。現在、同市の博物館には当時の人々の遺品や骨壷が陳列されている。

キルギス人は死者が出ると、イスラム教の慣習に従って遺体を

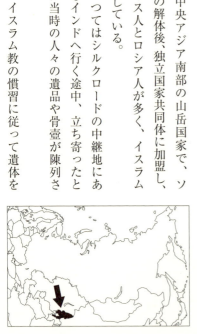

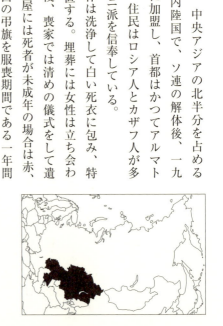

洗浄し、白い死衣に包み、イスラム教徒墓地に埋葬する。聖人が尊崇され、できればその傍らに埋葬されたいと願っている。

グルジア
トビリシ郊外の墓

7 グルジア共和国

東西の十字路に位置するグルジアは古代から交易の中心地で、絶えず異民族の侵略にさらされ、国民は独立心と愛国心が旺盛だ。四世紀にはキリスト教が伝来し、今も古い教会が各地に散在する。首都トビリシは風光明媚なクラ川の流域にあり、かつてここを訪れたマルコポーロは「絵に描いたように美しい街」と讃えている。

死者が出ると医師から死亡診断書を発行してもらい、役所に届け出る。死亡直後、親戚や関係知己にそのむね通知をするとお金をもって駆けつける。遺体はバルザン香油を塗って清め、最上の洋服を着せて居間のソファに寝かせる。こうしたことはかつては公営の葬儀社が存在したが、最近では私営の葬儀社（ミツバレブルタ・ガスベネビス・ビュロー）が葬儀の手配をするようになった。死後二日目に多くの弔問客を集めて自宅で通夜を営み、納棺する。翌日、自宅で葬儀を行い、その後、棺や司祭者を先頭に会葬者は墓地に向かい、時計回りに墓地の周囲を一回巡り（パナジビデイ）、埋葬する。西部の田舎では今もって女性は会葬者の面前で号泣する。

埋葬後、会葬者は喪家に帰り精進落としをする。これを「ケレヒ」（テーブル・セティング）といい、そこでは約二時間、「タマダ」という幹事役が司会をして肉抜きの野菜いためやワインのご馳走を振る舞う。そして七日目か九日目に教会で追悼ミサを上げ、四十日目に墓参をする。その折、教会からの聖水を混ぜたワインと家庭からのワインの二瓶を墓地に持参し、パンや塩

タジキスタン
ドゥシャンベ郊外の墓

とともに墓碑に供える。その後、毎年、イースターの二日目に花やご馳走やワインを携えて墓参をする。その時、ワインの半分は墓地に撒き、後の半分は各自が飲み干す。墓地は野犬に荒らされないようにたいてい鉄柵で囲まれ、墓碑には故人の遺影が刻まれている。

アブハジア人は死者が出ると、喪家に最低一週間安置して通夜を営む。その後、葬儀は黒衣に身を包んだ近隣の会葬者の下、午後行われ、軽食が供される。死後、四十日間、近親者の男性は髭を剃らず、女性は黒衣で服喪し、一年後に追悼式を行う。

⑧ タジキスタン共和国

「世界の屋根」と呼ばれるパミール高原が続くこの国の大部分が山岳地帯で、ソ連の解体後、一九九一年十二月に独立国家共同体に加盟したがその中での最貧国。首都はドゥシャンベ。住民の大部分はタジク人で、その他、ウズベク人などが住む。イスラム教スンニ派を信奉している人が多い。

タジク人は、死者が出るとイスラム教や無宗教葬を営み、遺体はイスラム教徒墓地に埋葬する。かれらにとっては死後の世界は神アッラーの審判を受けて、生前の行いの度合いによって天国か地獄に再生すると信じられている。

人が死亡すると、その死は親戚知己に伝達され、また医師の死亡診断書を添付して役所に届け出がなされる。イスラム教徒の男性にとっては、一生涯に七回、葬儀の手伝いや遺体運びをすることが善行であるため、誰かが亡くなると、近隣の人々が遺体を洗い、墓地を掘る。このようにして遺体は、なるべく早く、最寄りの墓地に埋葬される。葬儀はたいてい隣家で、死亡者が独身の場合はモスクで営まれる。男性は三日、女性は一年間服喪する。その後、墓参りはほとんどしない。

トルクメニスタン
アシガバード郊外の墓

⑨ トルクメニスタン

中央アジア南西部に位置し、西側はカスピ海に臨む平坦地である。トルクメン人とペルシャ語の「スタン」(国の意)の合成語で、一九九一年十二月のソ連の解体後、独立国家共同体に加盟。首都はアシガバード。住民の大部分はトルクメン人で、次にロシア人からなり、イスラム教スンニ派やロシア正教を信奉している。

現地人の死亡は、医師の死亡診断書と共に役所に届け出られる。遺体はなるべく早く最寄りの墓地に埋葬される。葬儀は死亡三日後に隣家で営まれる。死亡者が独身の場合、葬儀はモスクで行われる。

無宗教者にとってもイスラム教の習慣に従って葬儀を営む。遺体はイスラム教徒墓地に埋葬され、死後の生活を守護するイスラム教聖者かオーラッド人の墓の傍らに埋葬されることを希望している。

男性は三日、女性は一年のあいだ服喪する。墓地はほとんど土を盛っただけのもの、あるいは、せいぜい日干し煉瓦で囲っただけの簡素なもので、墓碑はたてられない。墓参りはほとんどしない。

しかしながら、ロシア系の人々に固有の習慣もある。誰かが死亡すると、その通夜に、かれらは喪家に集まって会食をする。食卓には、ウォッカが注がれた一個余分のコップとパンとが、死亡者の分の食事として並べられる。遺体はモジルシックと呼ばれる専門業者のもと、はじめロシア正教の教会に、次いで墓地に運ばれ、葬儀の後に埋葬される。会葬者には、スプーンやハンカチやタオルや靴下などが配られる。なお、葬儀は、死後三日、七日、四十日後に行われる。墓地には、遺影が写った陶板をはめ込んだ角碑がたてられ、鉄柵で囲まれる。

首都アシガバード市内においては、ロシア系の墓地が、東方ロシア教会の隣りにある。人が死ぬと、遺族は一週間後、四十日後、一年後に墓参りをする習慣がある。一九四八年十月六日に起きた大地震によって、当地はほとんど壊滅し、多くの犠牲者が出たが、その記念碑が市内各所に残っている。ちなみに、中央公園（かつてのレーニン公園）にたっているレーニン像は、前ソヴィエト政権の唯一の残滓である。また、中央アジア一帯にみられる風習―神聖とされるある特定の木に、とくに中年以上の女性が布きれなどを枝に結び、祈願するという風習―がここにもみられる。

⑩ ベラルーシ共和国

ロシア平原にある平坦な国で、国名はスラブ語の「ベラ」（白いの意）に由来する。ソ連の解体した一九九一年八月に、はじめ「白ロシア共和国」として独立したが、同九月にベラルーシ共和国と改称。首都はミンスク。住民の大部分はベラルーシ人で、ロシア正教やカトリックを信奉する人が多い。

ミンスクは第二次世界大戦中、四人に一人はナチス・ドイツ軍によって虐殺されたという痛ましい歴史を抱えている。当時、ミンスク郊外にポーランドのアウシュヴィッツなどに次ぐ第三の捕虜収容所があり、市内にある独ソ戦国立博物館には、そこでの遺品類が生々しく展示されている。一九八六年に起きたウクライナのチェルノブイリ原発事故により、国境から一二キロしか離れていない同国にむしろ甚大な被害がもたらされた。

死者が出ると、三日目に埋葬し、その折、棺の中に塩、パイプ、銅貨を入れる。死後、六日目、九日目、四十日目に追悼式を行い、その時にはオートミール（クツァ）を参列者に供する習慣がある。

その後、故人の命日か日曜日、およびロシア正教徒はイースター、カトリック教徒はクリスマスに墓参する。

⑪ モルドバ共和国

ウクライナとルーマニアに囲まれた内陸国で、国名はルーマニア東部を流れるモルドバ川に由来する。首都はキシニョフ。ルーマニアに親近感を抱き、先住民族の間には反ロシア意識が強く、一九九一年八月に独立を宣言した。ロシア正教を信奉する人が多い。

公用語はラテン語系のモルドバ語でルーマニア語に極めて近いが、文字はローマ字ではなくキリル文字を用いている。旧ソ連時代に人口の六分の一が粛清され、現在、住民の大部分はロシア系人であり、先住民族は少数派となってしまったからである。したがって葬送慣習もロシアのそれとほとんど変わらない。

死者が出ると、遺体に最上の衣服を着せ、未婚の女性には結婚衣装を着せる。遺体にはあの世への旅立ちに銀貨を手にもたせ、喪家では三日三晩、寝ずに番をする。葬儀の折には「コリバ」と称するレモン入りのパンを供し、墓地では赤ワインを埋葬の折に飲み干す。死後九日目、四十日目、半年後、一年後に追悼式を行う。

⑫ ロシア連邦

ロシア連邦は、ヨーロッパからアジアにかけてユーラシア大陸の半分を占める。広い国土には大小百以上の民族が住むが、人口の多いのはロシア人、ウクライナ人、ウズベク人、白ロシア人などで、東洋系の少数民族も数多く、共通語はロシア語であるが、連邦を構成する各共和国においては、その主民族の言葉が公用語になっている。首都はモスクワ。

過去における共産党政府の反宗教的政策により宗教信者は激減しているが、高齢者の中にはロシア正教やイスラム教を信奉する人もかなり残っている。信仰に関するデータをあげるなら、「積極的信者数は成人人口の九～一〇パーセント、その半数はロシア正教」と、クロエドフ宗教問題評議会議長が当地の『文学新聞』(一九八二年七月七日)で語っている。

旧ソ連の崩壊後、ロシア連邦では今まで物心両面の希望の星であった共産党の失政によって人心が動揺し、それにとって代わって、かつての精神的支柱であったロシア正教の復権が顕著である。

ロシア
モスクワのノボデビチ修道院墓地

死者が出ると、医師の死亡診断書を添えて最寄りの役所のバホロンノエ・ビユロー（葬儀係）に届け出るが、ここが国営の葬儀社も兼ねていて、葬儀に関する手配をしてくれる。ついでながら役所の壁には葬儀料金表が貼ってあり、費用には棺代、運送代、火葬代、骨壺代、埋葬代が含まれている。

棺の周囲に燭台を置いてロウソクを灯し、近親者や友人が遺体に接吻する姿がよくみられる。一般に火葬よりも土葬のほうが格式が上で、ロシア正教の習慣によると、死後七日目、四十日目、一年目に関係者が集まり、追悼会を開いて故人のコップにウォッカを注ぎ、参会者一同も同じくウォッカで献杯をし、黒パンを食べる。墓地には野犬などに荒らされないように鉄の柵が張りめぐらされ、墓参の折にロウソクを灯す。最近では墓も簡素化されてロッカー式の納骨堂も各地にたてられるようになった。

通常は喪家で近親者のみの通夜を行い、モスクワなどの都市ではほとんど公営墓地付属の火葬場兼葬儀場で葬儀を営む。葬儀は一般に無宗教で、故人の属した組合の上司が弔辞を読み、遺族代表が会葬者に謝辞を述べるという簡単なものだが、葬送曲を奏する楽士を雇うこともできる。曲目はグリークの「ペールギュント」やショパンの「葬送行進曲」が一般的だ。葬儀は、費用によって上中下の三段階ぐらいに分かれ、楽士の数や棺などの材質が違ってくる。

ここに、ロシアで最先端といえるシステマティックな葬儀のようすを記してみよう。関係者が並ぶ中、棺は葬儀場中央の台座に安置され、葬送曲が奏されている間に静々とエレベーター式に地下の焼却炉に送られ、数時間後には遺灰となって骨壺に納められ、遺族に引き渡される。その後に墓地に埋葬するという段取りだが、このような火葬場は、かつてロシア正教の修道院であったドンスコイ礼拝堂や、郊外にあるニコリスコ・アルハンゲルスコイ公営墓地やミーチロ公営墓地内にある。

一方、先年死亡した元首ブレジネフのように国家や共産党の重要人物ともなれば、赤の広場で大々的な葬儀をした後、レーニン廟裏の特別墓地に埋葬され、その上には胸像がたてられる。重要人物であれば国家への貢献度に応じて、

ロシア
ノボデビチ墓地のフルシチョフの墓

ノボデビチ修道院付属墓地など歴史的にも由緒ある墓地に埋葬され、立派な墓碑がたてられるが、一般人の墓は概して簡素である。

モスクワでは土地取得難のため、特定の人を除いて火葬が進んでいる。既成の墓地が満杯になったこともあって、郊外には新たにプレオブランジェンスカ、ハーバンスカ、カリーニン、スターリン、ワガンコフスコイ公営墓地などが増設された。ここには、同一規格の地下墓や納骨堂が整然と並んでいるが、墓地の入口の花屋から花束を買って、墓参する人を多くみかける。特に四月から五月にかけてのロシア正教の「パスハ」(復活祭)の日曜日には「クリーチ」という円形の特製パンや色つき卵、花束などをもって人々は墓参する。一九九三年十月のモスクワでのクーデターで死亡した三人の犠牲者の遺体はワガンコフスコイ墓地に埋葬された。

モスクワから東北に七〇キロの郊外、ザゴルスクにはロシア正教の本山であるトロイツ・セルゲイ修道院などがあり、復活祭などには近郊から多くの信者が集まる。一九九〇年秋には『信仰の自由と宗教団体に関する法』が施行され、名実ともに信教の自由が実現し、復活祭は年々盛大に行われるようになった。

ロシアの墓で特筆すべきことは、どこの都市を訪ねても、たいていその中心部か墓地の一角に、第二次世界大戦中に散った無名戦士の墓があることだ。大部分はオベリスク型の墓碑で、その前には永遠の火が灯され、色とりどりの花輪が捧げられている。役所で結婚式をあげた新婚カップルが無名戦士の墓に詣でることは一種の慣例になっている。モスクワでは国際空港近くの、ドイツ軍の首都侵攻を阻止した地点にたてられた記念碑や、クレムリンの城壁近くに無名戦士の墓があるが、近くの赤の広場にあるレーニン廟とともに、これらの場所には白いベールに花束をかかえた新郎新婦の姿をよくみかける。

ロシア第二の都市、旧レニングラードは、ソ連崩壊後、かつての都市名サンクト・ペテルブルグに改名し、ロマソフ王朝時代の栄華を今なお残すヨーロッパ的な芸術の都である。ここにはパリのルーブル博物館に匹敵する有名なエルミタージュ美術館あり、ヨーロッパ各国の代表的な美術品を所蔵、公開している。第二次世界大戦中の一九四一年から四三年にかけてドイツ軍の砲撃を受け、市内の全域が壊滅状態になり、その折、街を死守した軍人や市民約五十万人が死亡した。その遺体を戦後、一九六〇年に市の北郊に新設した広大なピスカリオフ墓地に合葬し、中央祭壇にはタウリト作の女性像がたち、犠牲者に捧げたオリガ・ベルゴリッツの「誰一人忘れまい、何一つ忘れまい」と書かれた墓碑銘が刻まれている。

現地人や外国人が死亡すると普通、「ザクス」と呼ばれる役所に医師の死亡診断書を添付した死亡届を提出する。当地にはポモシュ葬儀社があり、葬儀や遺体移送の手続きや手配をしてくれる。市内各所には戦前から市民のための共同墓地があり、その代表的なものとしてスモーレンスコエ墓地がロシア正教教会に隣接している。これまで土葬が伝統的な埋葬方法であったが、墓地難や経済的理由から最近では火葬も増加の傾向にある。市内の目抜き通りネフスキー通りに面するバチカンのピエトロ寺院に似たカザン寺院は、旧ソ連時代の反宗教博物館になっていたが、最近、廃止された。

前記のネフスキー通りの終点にあるアレキサンドル・ネフスキー修道院の両側には、作家のドストエフスキーや作曲家のチャイコフスキー、リムスキー・コルサコフなど著名な芸術家や政治家などの墓があり、多くの見学者が訪れている。

ロシア滞在中に死亡した場合には、ロシア政府観光局インツーリストやわが国の在外公館に連絡されるとともに、病死・事故死のいずれを問わず、ロシアの法律によって遺体は解剖にふされた後に送還さることになる。

ドン・コサック人は死者が出ると、キリスト教の慣習に従って葬儀を営むが、遺体の頭部は東に向けて安置する。農家の子供の死には小さな棺が用意され、儀式もなく木の下に埋葬される。葬儀当日ミサが行われ、九日後に神父や友人を招いて会食する。

○ロシアの辺境地帯

中央アジア地方には約五千万人のイスラム教徒がおり、かれらは今までの国家体制下にあっても、ほかのスラブ系

ロシア
ハバロフスクの共同墓地

のロシア人と一線を画して独自の信仰や慣習を保持していた。信心深いイスラム教徒が死亡すると、モスクでの葬儀後、かれらの専用墓地に葬られることを望む。かつてアフガニスタンで死亡したカザフ人兵士を政府がアルマアタの共同墓地に埋葬しようとしたところ住民が反対し、危うく暴動が起きかけたことがある。ユダヤ教徒や仏教徒もそれぞれの慣習を守っている。ユダヤ教徒は主にロシアの西部地方に散在するが、シベリアにも第二次世界大戦後、西部から集団移住したユダヤ人のためにユダヤ自治州があり、民族的共同体を維持している。また、仏教徒もウラン・ウデを中心とするブリヤート共和国などにおり、独特の信仰や慣習を保持している。

南シベリアのアルタイ山脈地方に住むトルコ系のアルタイ人は、死者が出ると近親者の女性は伝統的な衣装で身を包み、死後七日目と四十日目にシャーマンが故霊を呼び寄せる儀式を行う。

カルマック人は、死は霊魂が肉体から去った時であると考え、遺体はステップに放置して軀を野獣に食べさせる。ラマ僧が招かれ、数日間『死者の書』が読まれ、灯火によって死者は覚醒し、真如と合体すると信じられている。

ロシアの東端、日本海に面するナホトカのシニャービン街の丘の中腹には、第二次世界大戦後に病死した日本軍捕虜五百十六体の墓地があり、毎年八月十五日には日本総領事館主催の墓参が行われている。ロシア国内には、こうした日本人抑留者の死者六万二千人（ロシア側発表）が三百四十一カ所の墓地に葬られている。

シベリア北辺に住むヤクート人は、死者が出ると霊魂は肉体から離れると信じられ、死後三日目に近くの墓地に埋葬する。その折、馬や雄牛、トナカイなどの家畜を屠殺して道連れにする習慣もある。故霊の一部は昇天し、天上の緑野に住むと信じられている。

辺境のシベリア地方には多くの東洋系少数民族が散在するが、その葬送慣習も多種多様で、一律に述べることは不可能だ。しかし、そこは古くからシャーマニズムやアニミズムの温床といわれ、今日でもその影響を受けた習俗が色濃く残っている。一例としてサハリン北部やアムール河流域に住むニウフ人の慣習を取り上げてみる。死者が出ると、喪家では火を絶やさず、近親者や隣人が集まって通夜を営み、通常、男性が亡くなれば三日、女性が亡くなれば四日、眠らずに遺体のそばに付き添う。その後、遺体は足を前にして家から野天火葬場にソリで運び出され、その途中で男性であれば三回、女性であれば四回立ち止まる。火葬場では遺体を東から西に向かって三回担いで回り、薪の山に載せる。そこで遺体を荼毘にふし、犬を生贄にしてから殺してその肉を焼き、粥と一緒に会葬者一同が食べる。

その後、遺骨は共同墓地の祠に遺品とともに故人のシンボルともいうべき木像をたてて葬る。遺品はそこですべて打ち砕かれるが、そうすることによって死者はあの世で遺品を使うことができると信じられている。

その他、少数民族の葬送儀礼は多岐にわたり、そこには各部族間の遺体処理の共通性がない。たとえばサモエード人、チュクチ人、イヌイット人は、ツンドラの僻地に遺体を遺棄し、ツングース人は、遺体を台上に載せ、中央および東イヌイト人は、石棺に収め、サモエード人やオスチャク人は、埋葬し、コリヤク人は、火葬にするなど、地域の風土条件によってさまざまである。

ロシア最北端のフランツ・ヨシフ諸島が北極点に一番近い島で、ここにロシア人が上陸しているが、当地で死亡して埋葬された形跡はない。

第七章　北・中央アメリカ地域

1 アメリカ合衆国

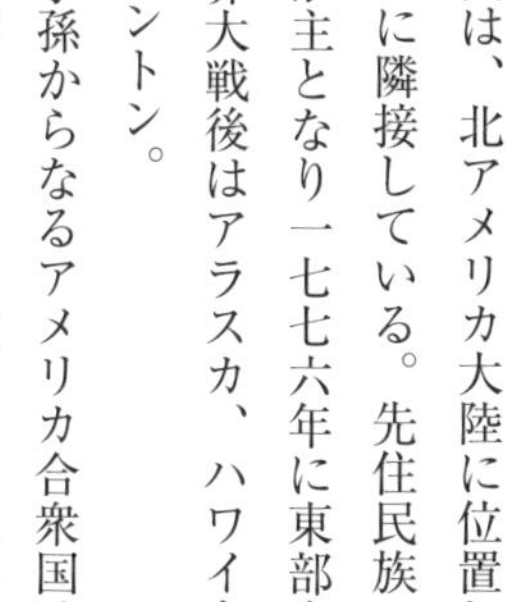

アメリカ合衆国は、北アメリカ大陸に位置し、北にカナダ、南はメキシコに隣接している。先住民族であるインディアンを駆逐して、当初、英国からの移住者が主となり一七七六年に東部十三州が独立したが、順次、西部に版図を拡げ、第二次世界大戦後はアラスカ、ハワイを加えて五十州となった。多人種からなる国家。首都はワシントン。

土着のインディアンを除いて、移民とその子孫からなるアメリカ合衆国は、自由な新天地でそれぞれの祖先が培った旧来の伝統を保持し、あるいは異質な文化と競合しながら独自の新しい生活様式を生み出してきた。今日、移民の門戸が狭められ、定着期に入った米国社会ではあるが、新しい時代に適応すべくダイナミックな新陳代謝が展開されていることは想像に難くない。特に豊富な資源と富の蓄積、高度な科学技術をバックに、常によりよき生活を求める未来指向の国民性をもつ米国人が、旧来の伝統をいかに保持し、変容させてゆくのか、その帰趨には関心を払わざるをえない。

十九世紀から二十世紀にかけて、その版図は太平洋沿岸地方に拡大され、二つの世界大戦を経るころには人口の急増と都市を中心とする工業化が進み、通信運輸機関の発達はさらに国内人口の流動化をもたらした。それらは必然的に従来の人種、宗教、社会階層による閉鎖的、並列的なタテ社会を内部から自然崩壊させ、ヨコ社会への移行を余儀なくさせた。すなわち独立以来、白人、アングロサクソン、新教徒を中核とする米国人は軍事的、経済的優位を背景に世界の指導国家として君臨し、各宗教教団もこれに呼応して理想主義的教えを内外に鼓舞してきたが、折からの移民の増加やベトナム戦争での敗戦を契機として、黒人、少数民族、女性解放運動などが台頭し、従来、国家やキリス

米国
フロリダ州キーウエストの公営墓地

ト教会が主張してきた既成秩序や道徳に反発するようになった。また、激しい個人主義と競争によって疎外された人々には虚脱感や不満が鬱積し、国家への信頼や忠誠心、キリスト教の説く同胞愛、地域社会や親族間の連帯感が薄れ、その孤独感を和らげるため新しい規準を求めるヒッピー運動やカルト集団も台頭してきた。これに連動する形で、社会的、地理的移動の激しい米国人の既存教団離れが著しく、葬送慣習においてもこの傾向がみられ、フィラデルフィアでの調査によると、教会での葬儀は全体の五パーセント以下になっている。また、移住の歴史の浅い太平洋沿岸のカリフォルニア州では、三十年前には葬儀の折に約五〇パーセントの喪家では何らかの宗教的儀式を行ってきたが、現在では二〇パーセント以下に低下しているという。

　このように、最近の米国人の宗教離れが顕著にもかかわらず、わが国以上に数多くの宗教教団が葬送に携わり、死生観から遺体処理法、霊魂観、来世観に至るまで、何らかの公式見解や儀礼を説き、それぞれの教団員に対してそれに基づいた生き方をするよう指導している。また、こうした教団に属していない一般の米国人や無神論者がはたしてどのような死生観を抱いているのかよくわからないが、かれらの多様化した考え方にもかかわらず、メトカーフとハンティントン（参考文献参照のこと）が述べているように、一億人以上の人口を擁する米国人の葬送慣習は、ボルネオのたった千六百人しかいないベラワン人にみられる多様性と比較して驚くほど一様である。すなわち、大多数の人の病院での孤独死から葬儀社采配の葬儀兼告別式の執行、記念公園墓地での埋葬と、まるでベルトコンベヤーに載せられたような均質的な葬送慣習が、一部例外を除き、北はアラスカ州から南はテキサス州、東はメーン州から西はハワイ州まで行われていることである。こうした現象は、米国人の経済的、社会的、心理的要因が教団や個人の個別的要因を上回る結果がそうさせたのかもしれない。すなわち、米国において圧倒的多数を占めるプロテスタントは、従来の教団側からの押しつけがましい権威主義的教義や儀礼への従順を好まず、こうした葬儀社主導の合理的、効率的な一様の葬送慣習を誘発したと考えられよう。その点、いまだに伝統的な葬送慣習に固執しているのは、カトリックやユダヤ教の保守派やイスラム教徒などである。

米国の建国当初、人々は死者が出ると喪家や近隣住民が協力し合って葬儀から埋葬に至るまで取り仕切っていた。当時、葬儀屋といえば、わが国同様、死者の出た喪家に近隣の葬儀や埋葬の手助けをする大工や墓掘り人にすぎなかった。遺体を入れる棺の製作や入棺、墓掘りの手伝いをするうちに、人口が増加して地域社会自体が出入りの激しい都市化をし、職業も分業化するにつれて次第に専門家として葬儀一般を取り扱う葬儀屋を必要とした。これに拍車をかけたのが教会隣接墓地から郊外の共同墓地への移転で、葬儀屋は教会での葬儀を済ませた遺体を共同墓地に運ぶ賃貸しの馬車を調達した貸し馬車業を営むかたわら、工場生産の棺を自宅に陳列して販売し、葬儀一般を取り仕切るようになった。

特筆すべきことは、南北戦争の折、多くの兵士が戦場で死傷し、遺体を長時間かけて故郷に運ぶ必要から「エンバーミング」と呼ばれる遺体保存術が発達した。その後、従来のキリスト教の伝統によって火葬を嫌う多くの人々は、移動の増加と人口の拡散に伴い、近親者が遺体を遠隔の地から故郷の墓地に運んで埋葬する必要から、エンバーミングを施した遺体を密閉棺に納め、葬儀屋に運搬を委託した。

こうして当初、中小企業として出発した葬儀屋は、次第に医学的専門技術を習得して各州の衛生局からエンバーマーとしての資格を取得しなければ開業できないことになり、こうした法的規制もあいまって、第二次世界大戦後はより洗練されたサービス業務に携わる専門職に昇格させ、名称も「葬儀社」と改めて、自社に荘厳な葬儀用具の陳列室や葬儀場を設け、かれら自身も「葬儀社員」と称するようになった（最近、わが国でもこの例にならい、全国葬祭業連合会では組合員の資質向上のため私的な資格制度を導入している）。その業務内容も多岐をきわめ、二十四時間体制で近親者から死亡通知があり次第、喪家と連絡し、遺体の整形保存から棺の調達、通夜や葬儀の手配から埋葬手続き、墓地の手配や死にまつわるあらゆるサービスを提供している。今日では米国全域に約二万三千五百の葬儀社が存在し、五万人の有資格社員が勤務し、年間約二百二十万人におよぶ死者のほとんどを世話している。このように、戦後、葬儀産業が急成長した陰には、「生涯に一回限りの葬儀」に費用をかけるのを惜しまない喪家の心理に悪乗りして高額な葬儀費用を請求する業者の存在や、その費用の不透明さ、それに必ずしも法的、宗教的強制力のない高価なエンバーミングや棺代による葬儀産業の純益が馬鹿にならないことを見過ごすことはできない。一九八四年以来、米国公正取引委員会の介入により、公正な費用の算出を義務づけされているが、こうして絶えることのない需要を満たす葬儀産業に大資本が目をつけないわけがなく、特に最近では中小葬儀社の買収による統廃合が急ピッチで、その中で最大の葬儀社はサービス・コーポレーション・インタナショナル社で、八百カ所以上のチェーン店を擁している。ここ十年間、こうした葬儀社に生前中に前払い式の葬儀契約を結ぶ人が増え、葬儀を準備した人は成人人口の三三パーセント、葬儀費用を前払いした人は一〇パーセントになっているという。最近の世論調査によると、米国人の埋葬に至る九〇パーセントは、これら葬儀社の葬儀場から直接行われており、教会や喪家を使用する者は至って少ない。しかし、これは聖職者が葬儀や埋葬に携わらないということではなく、宗教的儀式は聖職者に依頼し、その設営や進行を葬儀社が取り仕切るという業務の棲み分けが完全に行われていることを示している。その理由は、従来、教会や聖職者が葬送慣習に積極的に関与していなかったヨーロッパからの伝統によるところが多いようだ。

ここ十数年来、米国の葬祭慣習に顕著な変化がみられる。伝統的宗教の衰退、それに取って代わった企業体による葬儀産業への進出、戦後の移民の増加に伴う葬祭慣習の多様化、衛生的・経済的見地からの火葬の普及、消費者運動による葬儀の簡素化などよって、人々の死生観が変わりつつあるからである。

埋葬方法の変化と記念公園墓地の造成

前世紀までのヨーロッパからの移住者の葬送慣習は、一様に整形保存術を施した遺体を棺に納め、葬儀後、墓地に運んで土中深く埋葬し、その上に大小さまざまな墓碑をたてていた。ここでの埋葬方法は、従来のユダヤ教、キリスト教の伝統により土葬が圧倒的に多く、一九七五年の火葬率は年間死亡者数の四パーセント以下、九〇年には一六パーセントに過ぎなかったものが、東洋からの影響もあってカリフォルニア州では六二パーセント（二〇〇六年）にも上り、人口の大半を東洋系で占めるハワイ州が最も多い。このように、遺体の移動や墓地取得難や衛生上から火葬を希望する者がカトリックやイスラム教徒を除いて漸次増加の傾向にある。現在、約二百の火葬場が全米に分布するが、大部分は私的な墓地管理組合が経営しており、ふつう遺族や弔問者の控え室、遺体対面室、葬儀場、火葬庫、事務室、骨壺陳列室、納骨堂からなっている。

火葬は今後ますます増加する傾向にある。火葬設備をもたず、遺体整形保存や密閉棺の販売を主要な収入源とする葬儀社は、遺族が特に火葬を希望しないかぎりは奨励も拒否もしないが、確実に経済的打撃を被っている。世界中をみても、遺体の整形保存を慣習化しているところは少なく、米国でも必ずしも義務づけられているわけではない。死後二十四時間経過した遺体を遠隔地に移送する場合に遺体保存術の実施を義務づけ、伝染病死、民間航空機で遠隔地へ移送する場合は、さらに厳重な密閉棺に収納することが定められている。

土葬の利点としては、死者との訣別に際する心のけじめ、肉体の腐敗が自然の理にかない、肉体の復活など宗教的理由でこれに固執するところもある。米国の宗教別火葬許容度を次にあげる（デール・ハート『死』参照）。

①アッセンブリー・オブ・ゴッド（任意）、②バプテスト（任意）、③米国仏教団（了承）、④クライスト教会（了承）、⑤クリスチャン・アンド・アライアン教会（消極的）、⑥クリスチャン・サイエンティスト（了承）、⑦兄弟教会（了承）、⑧モルモン教会（消極的）、⑨ナザレ教会（許可）、⑩エピスコパル（許可）、⑪米国福音教団（任意）、⑫ギリシャ正教（不賛成）、⑬ヒンズー教（賛成）、⑭イスラム教（不許可）、⑮ものみの塔（任意）、⑯ユダヤ教（違法）、⑰米国ルーテル教会（了承）、⑱ミゾリー・ルーテル教会（任意）、⑲ウィスコンシン福音的ルーテル派（不賛成）、⑳メノナイト教会（任意）、米国改革教会（任意）、ローマ・カトリック教会（任意）、救世軍（了承）、セブンスデイ・アドベンチスト教会（任意）、ユニテリアン統一教会（土葬優先）、キリスト連合教会（了承）、連合メソジスト教会（了承）、連合長老教会（了承）

宗教別にみると二三パーセントが反対、七パーセントが土葬を優先し、七〇パーセントはなんらかの形で火葬を許容している。また、人口の自然増に伴う死亡者の増加は墓地の拡張を余儀なくさせ、最近では都市計画法や自然環境保護令によって教会地内での墓地の新・増設が禁止ないし規制された結果、用地代や墓石代の高騰のために場所や費用負担が軽い郊外記念墓地への納骨が普及をみせている。

一九一七年にヒューバート・イートン博士がロサンゼルス郊外、グレンデールにフォーレストローン記念公園墓地を造成して以来、全米の各都市近郊に公園墓地が開発された。ゴルフ場と間違えるような広大な敷地には芝生が敷きつめられ、碁盤の目のように整然と区画された墓所には、従来の立碑に代わって整地に便利な青銅製の墓碑板をはめこんだ地平面型墓碑が並んでいる。墓地の一角には納骨堂形式の霊廟もたてられ、地下納骨堂の整ったところもある。葬儀場や火葬場も併設され、これらを管理運営する記念公園墓地管理事務会社は、従来の葬儀社に取って代わって（従来の葬儀社でもこの種の経営に乗り出している）、葬儀から埋・火葬までいっさいの業務を行う。最新の設備や環境の下で、需要者への精神的慰安を図っている。

埋葬場所としての墓地も、従来は教会隣接墓地から郊外の共同墓地へ移転し、各宗教別に区分けされたところが大部分であったが、戦後、高速道路が整備されるにつれて、大手資本による記念公園墓地が郊外の広大な山林地域に造成されるのが一般的になっている。なかでも人気が高いのがニューヨーク郊外のウードローン記念墓地やジョージタウン記念墓地、ロスアンゼルス郊外のフォーレストローン記念墓地、ウエストウード記念墓地などで、わが国と異なりこれら私営の記念公園墓地では墓所の所有権の譲渡が可能なところもあり、投資を目的として購入する人もいる。最近では火葬の増加により、墓所を購入する代わりに墓地の一角にある納骨堂（コロンバリウム）に遺灰壺を納める人が増加し、常時冷暖房された豪華な納骨堂に故人名や死亡年月日が刻まれた主に青銅製の壺が整然と安置されている。

ロサンゼルスのウエストウード地区にある記念墓地には、有名な俳優が埋葬されている。たとえば、納骨堂には、マリリン・モンローの遺体が収められている。彼女の大ファンであるリチャード・ポンシェ氏は、自らの死後、モンローの遺体のそばに寄り添いたいと遺言を残したため、彼の遺体は、彼女の真上に腹這いの格好で埋葬された。ちなみにわが国でも、モンローのファンが、東京の大吉寺で彼女の追善供養を行い、彼女に「毬利院不滅美色悶浪大姉」という戒名を与えた。

一方、このような私的企業体による営利本位の葬儀産業に批判的な人々の間には、遺体を火葬した後に空葬や水葬

米国
ロサンゼルス・ウエストウード地区記念墓地のマリリン・モンローの墓

を希望する人も現れている。

一九六五年、カリフォルニア州で陸地から三マイル（約五キロ）以上離れた公海上の飛行機による遺灰の撒布が合法化されて以来、サンフランシスコのグレイ葬儀社だけでも、たとえば一九七二年一年間で、事前に公衆衛生局の許可をとった空葬を四千件も扱ったという。また、水葬は主に遠洋航海途上の船死者に行われてきたが、遺灰の海上撒布が許可されて以来、カリフォルニア州では、テロフェーズ協会（一九七一年設立）やネプチューン協会（一九七三年設立）が会員や希望者に水葬を代行している。あるいはまた、故人や遺族の希望で遺体を医学研究機関に献体したり、冷凍保存を依頼する者もいる。かれらは従来の形式的で華美な葬儀や、費用のかかる埋葬を拒否したり、火葬した後に関係者同士で故人の追悼会を行っている。

アフリカ系黒人は、たいてい死者は埋葬され、葬儀は一種のお祭りといってよく、ニューオリンズ地方では葬儀の折にはよく、この世の苦しみから開放される喜びを表す『聖者の行進』が歌われる。

ペンシルバニア州に住むドイツから移住したアーミッシュは、ヨーロッパでの伝統的なキリスト教の慣習を固執し、今もって文明の利器を拒絶した簡素な生活を送っている。死者は通常、喪家で特別な死衣を着せ、教会で葬儀を営み、死亡三日後に墓地に埋葬される。

アラブ人の大部分はイスラム教を信奉し、その他、東方教会系のキリスト教徒がおり、それぞれ母国の慣習を踏襲している。

ユダヤ人は、ユダヤ教の法によると死者は二十四時間以内に埋葬すべきとされており、一部、改革派の人々の間では火葬も行われている。近親者は七日間、世俗的な活動から離れて服喪する。

インディアンは主に米国の北西部辺境に住む先住民族で、多くの部族は各地に散在し、その葬送慣習は多岐をきわめる。

アラスカ州に住むタナイナ人は、キリスト教に改宗以前は遺体を火葬にし、遺灰を小屋の

米国
ロサンゼルス郊外のユダヤ人墓地（葬儀場）

中に埋葬する習慣があった。そして死後、四十日から一年の間に葬儀を行い、故人の遺品はそれに協力したほかの部族に贈与した。

コロラド平原に住むナバホ人は、死を恐れてあまり語りたがらず、遺体は即刻埋葬し、葬儀には多くのタブーがある。

アリゾナ州に住むホピ人は、年配者の死は自然と受け止め、そのほかの死は悪魔の仕業と信じている。遺体は近親者によってただちに埋葬されるが、死者が生者を呼び込まないよう呪術をかける習慣がある。

ニューメキシコ州に住むメスカレロ・アパッチ人は、現世は仮の世であり、死後に真実の世があると信じられている。死後、四日間、霊魂はその住所に留まり、葬儀や埋葬が適切になされて初めて解放されるという。

オクラホマ州に住むマイアミ人は、死者が出ると近親者は号泣し、未亡人には厳格なタブーがある。遺体は洗浄して革衣に包まれ、屋台や樹上に放置されて、そこへの墓参の習慣はない。

パユート人はオレゴン州からカリフォルニア州にかけて住み、魔物に取りつかれた死者のみ火葬にされる。葬儀は盛大をきわめ、そこで故人の所持品は燃やされ、会葬者は踊りを披露する。

オビジャ系インディアンは北米からカナダにかけての五大湖付近に住み、死者は四日間、西方に旅した後に昇天すると信じられている。遺体は洗浄され、樹皮の衣に包まれてテント小屋に移され、盛大な葬儀が営まれる。その折、遺体にタバコをくわえさせる習慣がある。その後は近くの墓所に所持品と共に埋葬され、その上に切妻形の小屋をたてる。

オザック系インディアンはミズーリ州からアーカンソー州にかけて住み、死者が出ると喪家で葬儀が営まれる。最近では葬儀はほとんど葬儀社の手によって準備されるが、かつては隣人たちによって手配され、未亡人は一年間、再婚を禁じられていた。

テワ・ペブロ・インディアンはニューメキシコ州に住み、死者が出るといち早く葬儀や埋葬の準備にとりかかる。葬儀はカトリックと伝統的な儀式が混在し、死後四日間、死霊は喪家の周囲を彷徨すると信じられ、厄払いの儀式を経て四散するという。

ウテ・インディアンはユタ州に住み、死者が出るとその周囲に死霊が数日間彷徨すると信じられ、その家屋や所持品を燃やす習慣がある。遺体は山地の岩屋の中に埋葬される。

ワショー・インディアンはカリフォルニア州からネバダ州にかけて住み、死者の霊を恐れ、厄払いの儀式を手厚く行う。遺体は火葬にされ僻地の原野に埋葬される。

ズニ・インディアンはニューメキシコ州からアリゾナ州にかけて住み、死者が出ると、喪家で女性によって洗浄され、二十四時間以内に埋葬される。死霊は喪家に四日間留まると信じられ、葬儀の折には厄払いにカチナダンスが披露される。

○アラスカ州

もともと原住民であるエスキモー（イヌイット）やインディアンが住んでいたアラスカは、十八世紀にロシアによって征服されるが、一八六七年に七二〇万ドルでアメリカ合衆国政府に売却された。それ以来、アラスカは、アメリカ合衆国の準州として位置づけられ、石油開発の拠点となった。一九五九年には四十九州目の独立州となる。アリューシャン、シツカ、内陸、北極地方の部族に大別される原住民は、それぞれ個別の部族慣習を保持してきたが、そこに多くの白人が移住してきて、アンカレッジやフェアバンクスといった人口密集地をつくった。

キリスト教が伝わる以前、原住民は火葬、土葬、曝葬、樹上葬などを行っていた。そのなかでも、とりわけ火葬が一般的であった。死後、遺体は新しい布に包まれ、毛皮の靴を履かせられた後、喪家の裏から外に運び出され、その悪霊が戻らないよう僻地に放置された。未亡人や親族の女性は、数日のあいだ喪家で、死を悼み泣き叫んだという。シャーマン（巫女）の占いによって葬儀の日取りが決められると、遺体は荼毘にふされ、箱に納められた骨灰が墓地に埋葬された。原住民は、魂の輪廻を信じ、墓地の上にトーテムを立て、供物を捧げた。死者の霊は、樹の上に登っ

米国
アラスカ州アンカレッジ郊外のロシア正教徒の墓

て梟のようにとどまり、やがて天に昇ると信じられていたからである。こうした背景があったため、キリスト教が伝えられると、彼らはすぐに「キリストの復活」という発想を受け入れた。

都市の生活は米国本土と少しも変わらず、死者が出ると医師の死亡診断書を添えて役所に死亡届を提出する。各地に葬儀社があって、手続きも葬儀も代行してくれる。

葬儀はたいてい葬儀社の葬儀会場で営まれるが、年間を通じて墓地の凍結期間が長いため、その間葬儀社内の納棺室に保管し、雪解けを待って埋葬することが多い。最近は火葬も増えている。

エクルートナは、アンカレッジ市の北方約三〇キロにあるアタパスカン人が多数を占める村で、そこには、ロシア正教の聖ニコラス教会と付属墓地がある。この教会は、当初クニックにあったが、十八世紀の後半エクルートナに移された。この教会はまた、アンカレッジ地方で最古である（現在の建物は一九七六年に再建された）。村民の多くはこの教会に属し、死亡すると、教会に通知をする。葬儀はイクルタート葬儀社が手配し、遺体は教会が経営する付属墓地に埋葬される。この墓地には約十の墓所がある。赤や青のペンキで塗られた木製の屋根付き家が、埋葬された墓所の上に置かれ、その前に、ロシア正教特有の十字架が立てられている。この墓所は「魂の家」と呼ばれ、最近まで、埋葬後四十日間、毛布をその上にかける習慣があった。毛布の色は赤が最高である。村民の身分によって、毛布の色は決まっている。またこの場所に三度の食事を供える習慣がかつてあった。

バーローは北極海に面したアラスカ最北の町で、現在約四千人の人口を擁する。その多くはイヌピアット人で占められる。かれらの現地名は「真正なる民」という意味をもつ。かれらは、大家族主義を維持し、両親や年長者の権威を絶対的であるとする。周囲の土地は、一本の樹木もない、殺伐とした凍土で、夏でも北極海の流氷が流れ着く。鯨とアザラシ、北極熊、オーロラをみることもできる。東西冷戦時代以降になると、米国はパラボナアンテナを張りめぐらして、ロシアからの通信を傍受した。

原住民は死後の輪廻を信じ、他の動物との共生を重んじる。親が亡くなると、原住民は一族の存続を願って、子孫に同じ名前をつける。人が亡くなると、それを所属の教会に通知し、教会で葬儀を営む。冬期には気温が零下四、五十度まで下がることもある。そのあいだ、埋葬が不可能になるため、遺体は安置所に保存される。雪解けが始まると、近くの公共墓地に遺体を埋葬する。冠婚葬祭は、シャーマンの託宣に従い、キリスト教と伝統的宗教の両方に従って行われる。現在、同地には、アセンブリー・オブ・ゴッド教会、聖パウロ教会、バプテスト教会、終末教会、プレズビテリアン教会、バハイ教会という六つの教会があり、住民のほとんどがこのいずれかの教会に属している。町のニュースは、週一回発行の『アースティック・サウンダー』（北極の響き）紙がアンカレッジで編集・印刷され、空輪の上毎週水曜に配達される。

北アラスカのイヌイット人は、死者が出ると、その所持品はあの世で使うよう墓地に一緒に埋められる。しかし、故霊は後世、子供となってこの世に戻ると信じられている。最近ではキリスト教の慣習が浸透しているが、伝統的には葬儀よりも各種のタブーの実行が重要視されている。

タナイナ人はアラスカ州西部に住む先住民族で、死者が出ると今日ではキリスト教の影響で土葬にするが、かつては火葬にしていた。葬儀は別の部族によって取り仕切られ、墓地には小屋をたて、そこに所持品と共に埋葬される。

コパー人は、遺体は女性で三日、男性で四日間喪家に安置し、その後に人里離れた埋葬地に運ぶ。土中深く穴を掘って、太陽の昇る方向に顔を向けて遺体を埋め、その上から土をかけて石を敷きつめる。人々は死霊を信じていて、崇りのないように呪術師に祈禱してもらうことがある。
○ハワイ州
「太平洋のかけ橋」として知られるハワイは、一九五九年三月十二日にアメリカ合衆国五十番目の州に加わった。

東西交通の要衝として、また世界有数の観光地としてにぎわっている。州都ホノルルのあるオワフ島をはじめカウアイ島、モロカイ島、マウイ島、ハワイ島には白人や日系人、中国系人、フィリピン系人、土着のカナカ系人など多

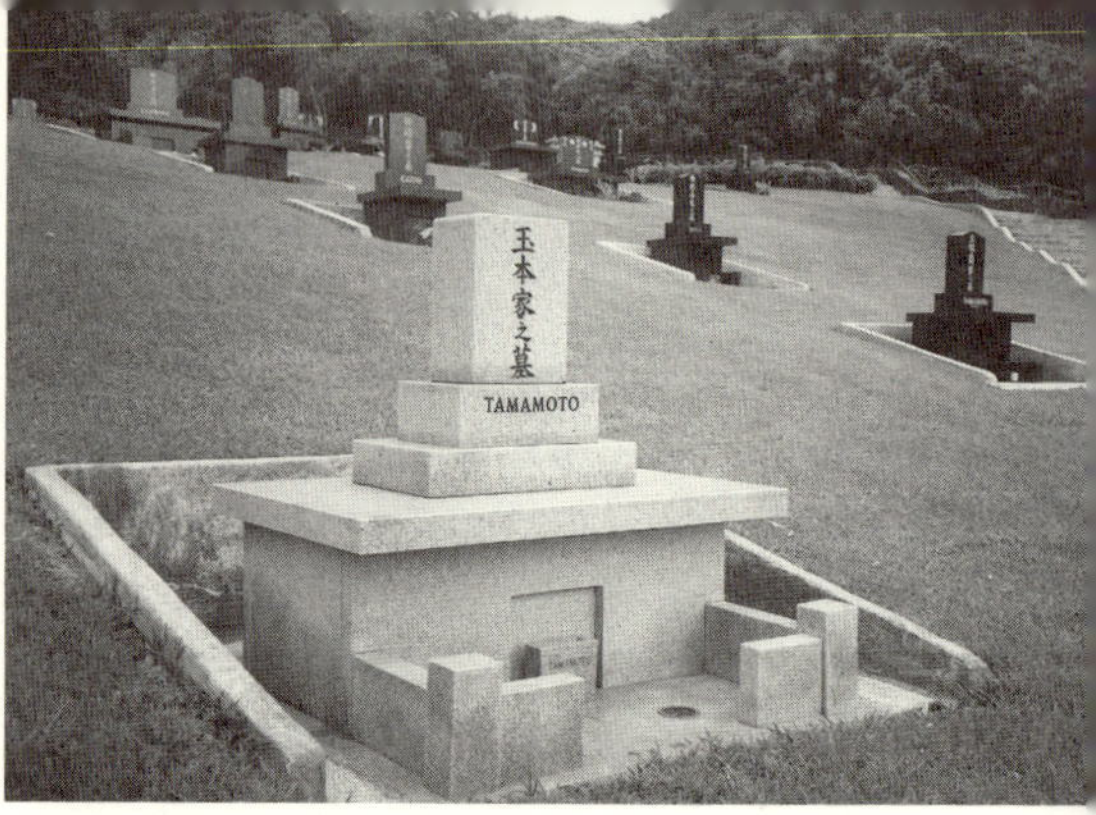

米国
ハワイ・オアフ島裏オアフの日系人墓地

人種が融合して住み、気候温暖で生活水準も高く、まさにこの世の桃源郷といってよい。
しかし、よいことずくめではあっても、死を免れるわけではない。死者が出ると、医師の死亡診断書を添えて役所に届け出る。

各島に私営の葬儀社があり、その業務内容は米国本土と変わらず、葬儀は喪家の都合に合わせ葬儀社の采配で準備が進められる。各宗派の司祭者は葬儀社からの連絡によって、一般に葬儀の営まれる葬儀社内の礼拝堂に赴くことが多い。教会の礼拝堂で葬儀が行われることは、一部の例外を除いてはめったにない。葬儀社のパンフレットには宗派別に司祭者や僧侶の顔写真が載せられ、喪家の希望の葬儀に対応できるようになっている。葬儀社内の礼拝堂には、各宗教の礼拝対象物が安置されている。たとえば阿弥陀如来像が内陣に安置され、その前扉を閉じて十字架をたてればキリスト教、ダビデの星を掲げればユダヤ教の葬儀ができるしくみになっている。葬儀社はたいてい棺展示室、遺体処理室のほかに火葬設備や納骨堂、食堂、公園墓地などが付属している。

葬儀社に運ばれた遺体は処理室の台に載せられ、遺体整形保存術の免許をもった社員が血液を抜いて、赤色の防腐液を動脈内に注入する。ゆがんだ顔や手足は美容整形をほどこした後に納棺されて、会葬者との対面に備える。じきに火葬にすることが多い仏教徒やプロテスタント教徒のもので、しかもたった十分の別れの対面のためであっても、豪華な棺の購入や遺体保存術は疑義をさしはさむことなく行われている。

近ごろの葬儀にはアロハシャツなどの軽装で参列する者もみかけ、喪家側で供花を辞退する者が増えている。葬儀が終わると警官のパトカーに先導されて霊柩車や会葬者の車がそれに続いて墓地に向かう。かつて墓地は白人、日系、中国系と別々に分かれていたが、戦後に新設された記念公園墓地では人種の別なく、喪家の好みや予算に応じて分譲形式の墓所や納骨堂の一角を購入する者が増加している。オアフ島では近郊の広大な土地を造成したこの種の墓地が数カ所ある。その一つ、谷間の寺記念公園は宇治の平等院鳳凰堂をそっくり模した建物を中心に配している。ミリラニ記念公園も有名である。

従来、葬儀や墓地の運営は教会や寺院の占有領域であったが、戦後は葬儀社や記念公園企業体がこれに代わった。結果的に宗教団体の経営的基盤は浸食され、教会・寺院は追悼式や年回法要、結婚式、日曜礼拝の場でしかなくなりつつある。軍人およびその遺族は軍人墓地に埋葬され、官費で維持してもらえる。

ホノルル市内のビショップ博物館の前庭には、華美に走った葬儀や墓所を戒めるように、約一坪の人類に捧げる簡素な墓があった。その墓碑には「西暦前二〇〇万年から西暦二〇三〇年までに生存せる人類は、かつてこの地球を支配し、その廃棄物と人口増加によりて自滅せり」と刻まれてあったが、先年、撤去された。

従来の米国の葬送慣習は幾多の曲折を経ながらも時代や地域、人種、所属宗派や信仰、経済的・社会的地位、個人の趣向などを反映させつつ、さまざまの形で今日まで存続してきた。しかし、そこに表層部分の違いはあるが、時代の変遷とともに生活様式や死生観も徐々に画一的な方向に変化しているように見受けられる。

葬送慣習も一部の人種や特定の信条を抱く人々を除いて簡素化され、喪服、喪帽、喪章、黒枠の便箋の使用や、長期間の服喪はいまや過去のものとなった。葬送儀礼もかつての地域社会や教会主導から専門的な葬儀社に委ねられ、土葬から火葬へと移行し、墓碑も簡略化された。死そのものが畏怖すべき神聖なものから、フランスの社会学者ロジェ・カイヨワがいうところの「死の聖性の否定」にまで進んだかの観がある。

特に効率性や進取性を好む米国人は、都市のスプロール化現象のために郊外の住宅地に移住するようになった結果、万事、車に乗ったまま用を足す傾向にある。レストラン、映画館、銀行、教会から葬儀場までドライブインやドライブスルーをするところも現れた。一例をあげれば、ジョージア州アトランタのハーシェル・ソーントンという葬儀社の考案になる式場では、側面が大きなガラス張りになっていて、一般会葬者は自動車に乗ったままガラス越しに遺体を眺め、最後の告別ができるようになっている。そのうちに、葬儀の模様をテレビでみただけで済ませる横着者も出てくるようになるのではないだろうか。

現在、一般の米国人が自宅で近親者に看取られて死亡するのはまれであり、大半は病院か老人ホームで寂しく死を迎える。しかも、その多くは肉体の死を迎える以前にすでに精神が死んでいるという。かれらの不安や恐怖は誰にも知られないままに、しばらくして現実の死を迎え、遺体は葬儀社の処理室へ移されて美しく整形保存された後で遺族や弔問者に対面する。

米国のキリスト教徒においては、教会葬が減少の一途を辿っている。通夜や葬儀は、遺族や関係者が、葬儀社や記念公園墓地に付随した葬儀ホールに集って行い、その後、遺体を墓地に埋葬するのが一般的である。カトリック教徒は神父を招いてミサを行い、プロテスタント教徒は牧師を招いて神を祝福する記念礼拝を行うが、いずれも最近はあまり「肉体の復活」を説かない。葬儀は生者を重視した儀式になりつつある。つまり、宗教的な祈禱や礼拝が後退し、生前の故人を追憶する世俗的な弔辞や、遺族への慰めや励ましといった精神的な癒しが、葬儀の中心になっているようである。

記念公園墓地に墓碑はなく、ゴルフ場のような芝生に覆われている。遺骨や遺灰は、ちょうどチェスボードのように区切られた地面の下に収められており、それぞれの区分の上には、故人の名前や生没年が刻まれているだけの銅板が立てられている。ここは外見だけでは墓地と思われない。

高度に文明化した米国社会では、悲惨な死の現実は忌避すべきものとして取り除かれ、死因が老衰であれ、あるいは病死、変死であっても、すべて一律的な死として受け止められ、死の意味づけがなされないままに、美しく明るい葬儀が営まれ、風光明媚な公園墓地に葬られる。このような不死の文化は、教会や司祭者の説く死者の復活、およびそれを美しく具象化した葬儀社の企業精神と、理想的未来指向の米国人のメンタリティとがうまく合致した産物といえよう。けれども、悲惨な死から目をそらし、死の現実をどんなに美化したところで、死の事実そのものがなくなるわけではない。

この風潮に反発して、一九六〇年代から一九七〇年代にかけて、心ある人々の間に現実的に考える動きが出てきた。一方では「神の死」の神学論争や開拓初期のピューリタン精神を再起させるようなジーザス運動、東洋宗教への傾倒となって現れ、他方ではサナトロジイ（死学）の流行となって全米の大学や高校で教科書に採用され、死や葬送に関する書籍が相次いで出版された。実利的個人主義の中には、形式的な葬儀や整形保存された遺体との対面、墓碑の建立などは今日的な意味や価値をもたず、過去の遺物であり、時代遅れの無駄かつ不必要で空虚なものにすぎないと主張する人もいる。今後、こうした人々の間から教会や葬儀社ぬきの仲間同士の手づくりの葬儀が営まれるであろうことは想像に難くない。

しかし、いずれの時代でも死がある以上、その遺体処理は行われねばならず、フロイトも「潜在的に人間は自分の死を認めたがらず、無意識の中にも自分の永世を願っている」と述べている。

今日の米国人はかつてのピューリタンが神の下に契約したように、世界に対して模範的な選民意識をもつ伝統的な啓示宗教と、手段の合理化と技術的理性に基づく実利的個人主義のはざまにあって、どう生きていったらよいかを暗中模索しているかのようである。成功した文明社会は、伝統と近代社会の均衡がとれているといわれるが、米国人が今後、果してこの均衡をどうとってゆくのか。特にその葬送慣習にまつわる変遷の帰趨は、われわれの生活様式にも幾多の示唆を与えるものといえよう。

② アンティグア・バーブーダ

カリブ海に浮かぶ西インド諸島の一国で、人口約八万四千人の半数以上がアングリカン（英国国教会）に属しているが、最近はアフロ・アメリカ黒人の新興宗教である、魔術的なラスタファリ（アフリカ復帰）信仰が盛んである。首都はセントジョンズ。

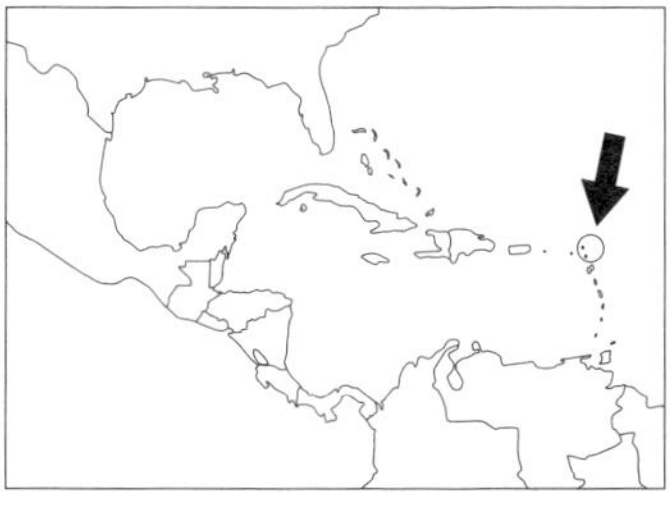

死者が出ると、たとえば首都では遺体の処理は葬儀社が取り扱い、金持ちの間では遺体の整形保存の希望者もあるが、あまり一般的ではない。葬儀の後に墓地に埋葬するが、このときには会葬者が讃美歌を歌って、供花するのが習慣になっている。

住民の多くは大家族主義をとっており、親類縁者の同志的結束力が強く、冠婚葬祭などは一家総出で行う。近親者の死亡の際には、大勢の会葬者のいる前で女性の号泣する姿がみられる。

③ エルサルバドル共和国

中米の太平洋に面するエルサルバドルは、地理的には熱帯地方に属するが、首都サンサルバドルは海抜六八二メートルの高地にあり、年間を通じて高温低湿である。国土が狭く、貧弱な資源と人口過剰に悩まされ、極左ゲリラや過激派の非合法活動が活発である。住民は土着のインディオやメスチソが大部分で、一九六二年発布の憲法によって信教の自由は認められているが、カトリックが国教に指定されている。

死者が出ると、医師の死亡診断書をもらって役所に届け出、死亡証明書の交付を受けるのは一般の文明国と同様である。葬儀の手配は葬儀社を利用することが多く、棺も材質別に、安いものはマツ材、高いものはマホガニー製とそろっている。高温地帯のため、死後二十四時間経過した遺体で、防腐処置を施していないものの通夜や葬儀は許可していない。

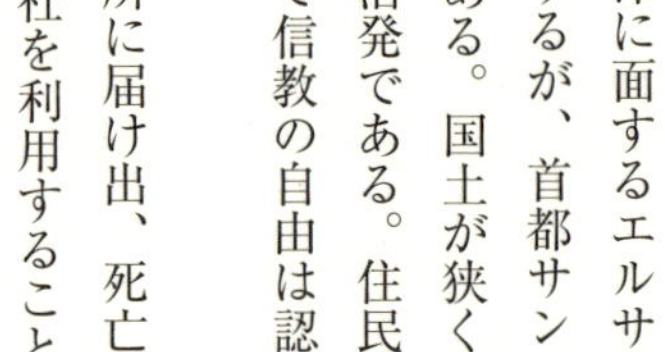

カトリック教徒の葬儀は喪家か所属する教会で営まれる。したがって、火葬の習慣や設備はない。喪家では、居間に納棺した遺体を安置し、その両側を燭台や友人や関係者などからの供花で飾る。司祭を招いて祈禱してもらい、遺族はロザリオをくりながら夜明かしをする。葬儀は、通夜の翌朝に喪家を出棺して、司祭を先頭に墓地へ続き、約六フィート（一・八メートル）の深さに掘られた墓所に埋葬し、その上を花束や花輪で飾る。

墓地はメキシコやキューバなど、ほかのラテン・アメリカ諸国と同様に、公営の墓地を購入するか、七年間の賃貸方式を選ぶことになるが、賃貸方式は一区画に三遺体が収納できる。数カ月から一年後に墓碑をたてるが、これが立碑や霊廟型の立派なものをつくるので葬儀の費用の大部分は墓碑代金にかかるという。

死後九日間は毎日のように教会に詣でて祈り、毎年十一月二日の万霊節になると、人々は花をもって墓参する。

カナダ
カルガリーの公営墓地

④ カナダ

太平洋から大西洋にまたがる北米大陸のカナダは、ロシアに次いで世界第二の面積を有する。総人口の八割が南部のアメリカ合衆国に隣接する地帯に居住しているが、住民の約半数は英国系人でオンタリオ州に集中し、次にフランス系人がケベック州に集中していて、プロテスタント諸派やカトリックを信奉する人が多い。首都はオタワ。

カナダ人は一部の例外を除いて、その人種構成や生活習慣など米国と共通しているが、米国独立戦争のときに英国に忠誠を尽くす人々が東部十三州からカナダに移住したいきさつにみられるように、米国人よりも保守的といえよう。

死者が出ると、遺族は遺体の処理や葬儀の手配を葬儀社に依頼する。医師の死亡診断書に基づいて州政府から遺体処理の許可をとって、葬儀社に遺体を運ぶ。そこで整形保存術を施して、葬儀社内の葬儀場で通夜や葬儀を営むのがふつうだ（変死の場合には、警察側の司法解剖が必要）。これは第二次世界大戦後、全国的に都市部で行われる慣行であり、地方では教会で通夜や葬儀を営むこともある。プロテスタント教徒の会葬者は通夜か葬儀、埋葬式のいずれかに出席することが多いので、教会よりも葬儀社での葬儀を好む傾向にあり、特に厳冬の期間は教会内は暖房設備の不備なところが多く費用もかかるため、葬儀社を利用するようだ。

太平洋沿岸のバンクーバーや中央部のトロント郊外には日系人や在留邦人が多く居住するが、仏教徒の場合、一般に枕経は病院で行い、通夜は遺体のない喪家に近親者や友人などが集まって行われるが、夜の十時から十一時ごろ散会となる。葬儀は通常死後二、三日後に営まれ、仏教寺院を利用している。葬儀を終えて墓地へ向かう葬列は、かつては馬車やソリを用いていたが、現在では道路事情が許すかぎり霊柩車を用いている。

墓地はたいてい教会付属か公営だが、一部に私営のものもあって、こちらは営利本位にならないように法律で規定されている。これらの墓地は、従来、カトリック教徒、プロテスタント教徒、ユダヤ教徒用に区画されていたが、最近、新設された公営墓地は共用のところが多い。墓所は家族や個人単位の買い取り式が一般的だ。昔は、カトリック教徒は霊廟式や納骨堂形式を、プロテスタント教徒やユダヤ教徒は立碑形式の墓石をたてていたが。最近、米国の記念公園墓地のように平碑形式のものが増えている。冬の凍結や積雪期間の長い地方では埋葬が不可能なため、春が訪れるまで墓地内の遺体安置所に一時保管している。

カナダでは死者の八五パーセント程度が土葬で、残りが火葬だが、プロテスタント教徒や仏教徒、無宗教の人々の間では火葬が好まれる傾向にある。都市近郊の墓地にはたいてい火葬場が付属していて、ふつう死後四十八時間経過してから荼毘にふしている。

ケベック州以東ではカトリック教徒が圧倒的に多いため、火葬は一般的でなく、火葬場はモントリオールとニューブランズウイックに各一カ所あるにすぎない。フランスからの移住者の多いケベック州は、英語とともにフランス語が公用語になっているが、葬儀にもフランスの伝統的な慣習が色濃く残っている。英語の「霊柩車」を意味する言葉はフランス語の農具「まぐわ」に由来するが、このまぐわを逆さにするとちょうど枝つき飾り燭台に似ているところから、フランスのカトリック教会では棺の上に置くようになり、ケベック州の教会では今もってこれを用いているところもある。ところで、カトリック教徒の葬儀はたいてい午前中に行われ、プロテスタント教徒の葬儀は午後行われることが多い。

文化人類学者の原ひろ子『ヘヤー・インディアンとその世界』(平凡社刊)によれば、ヘヤー・インディアンが何のために生きているかといえば、美しい顔で死ぬために生きているのだという。よい顔で死んだ者は再生できる、と信じられているからだ。

カナダ南部に広く散在するモンタネ・ナスカピ人は、死者が出ると遺体は死衣や樹皮に包まれて、所持品と共に埋葬される。冬期に死亡すると屋外の台座の上に安置され、埋葬は後刻に延期される。遺体の頭は死の世界がある西の空に向け、死霊はそこへ旅立つと信じられている。

先住民であるイヌイット人（エスキモーは差別用語）は、一般に人が亡くなると気と性格と霊と名前が腐敗した身体から解放されて、新しい肉体に生まれ変わるまで生きながらえると信じられている。東部極北地方では夏に亡くなった人の遺体は葬儀後直接地面に安置され石塚が築かれるが、冬の期間には雪上にそのまま放置される。また、地方によっては胎児の姿で屈葬にして副葬品と共に棺に入れ、それを台の上に載せるところもある。キリスト教化された人々の間にも、死者の魂は神に裁かれて召天するというより、再びこの世に再生すると信じている者が多い。人間だけでなく動物などの獲物にも霊が宿り、それを人間が仕留めるのではなく、獲物が人間を選んでとらせてくれると考えられ、その霊を慰める必要から祭りを行う。カナダ北西部の内陸の町ドーソンシティから北極海沿岸のイヌビックの町まで七五〇キロの中間地、イーグルプレーン村では（途中は無人のツンドラ地帯）人口わずか十八人の家族が仲良く暮らし、一生涯をそこで終える予定だという（二〇〇五年現在）。

かつてカナダの国民の大部分は、原住民、アングロサクソン人、ラテン人によって占められていたが、最近になって、アジアや東欧からの移民が増えたため、同国は多民族国家になりつつある。トロントでは、人口の四〇パーセントが英国系、一五パーセントが中国系、一〇パーセントが韓国系、一〇パーセントがイタリア系である。こうした変化に伴い、葬祭慣習も、それぞれの民族的、宗教的、文化的背景にもとづいて多様化している。

キューバ
ハバナのクリストバル・コロン墓地

5 キューバ共和国

カリブ海に浮かぶ西インド諸島最大の島キューバは、一九五九年のフィデル・カストロが率いる革命組織によって独立して以来、ラテン・アメリカ最初の社会主義国家を樹立して今日に至っている。首都はハバナ。住民の大部分はスペイン系白人で、ほかに黒人や混血人種が住むが、スペイン語を公用語とし、人々の同志的結合が強い。かつてスペインの統治下にあったため、ほかのラテン・アメリカ諸国と同様にカトリックを広く信奉している。政教の完全分離と革命政府の反宗教的政策によって新憲法で信教の自由が保障されているものの、特に若い世代は宗教に関心が薄い。

死者が出ると、医師から死亡診断書をもらって役所の手続きをし、葬儀の手配は葬儀社員に依頼することになるが、かれらはすべて国家公務員となっている。

現在、首都には各地区に十八カ所の公営葬儀社（フューネラリア）があり、近親者の死亡の際は電話一本で社員が駆けつける。そして棺や葬儀や墓地の手配いっさいを取り仕切る。墓地はすべて公営で、ハバナ市内には一八七一年にスペインの建築家カリスト・ド・ロヨラによって造成されたキューバ最大のクリストバル・コロン墓地があり、中央にパンテオン（ガレリア・ド・トビアス）がそびえ、一九九二年に死亡したかれ自身もここに埋葬されている。墓地内は碁盤の目のように整然と区画され、大理石造りの壮大な霊廟が道路沿いに林立している。ここには日本人の墓地もあり、また、隣接した中国人専用墓地には戦前から移住した中国人のための墓碑もたっている。市民の大部分は社会主義下にあっても慣習としてカトリックを奉じ、喪家に司祭者を招いて通夜を営んだ後、翌日墓地に行って埋葬する。その後、レストランなどで精進落としをし、九日間服喪する。最近は墓碑も簡素化し、火葬も増えつつある。

島の反対側にあるサンチャゴ・ド・クーバ市内にはサンタ・エフゲニア墓地があり、ここには建国の父ホセ・マルチンの墓がある。また、市の北西二〇キロの郊外には霊験あらたかなキューバの聖地とされるエル・コブレ教会があり、カストロ首相の母もここの信者であったところから、かれ自身もここに参詣している。

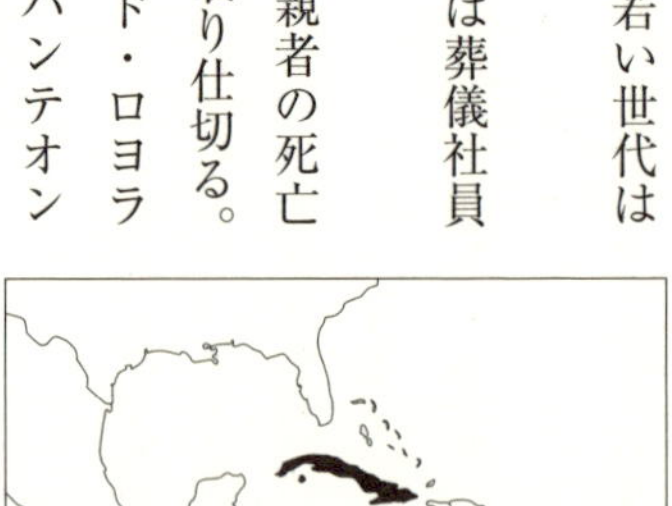

6 グアテマラ共和国

中米の太平洋とカリブ海にまたがる高原の国グアテマラは、他のラテン・アメリカ諸国と共通する面をもつ一方、先住民族のインディオが半数以上を占め、先祖伝来のマヤ文化の生活習慣を保持している点で、ユニークな存在となっている。首都はグアテマラ・シティ。カトリッ

グアテマラ
グアテマラ市内の公営墓地

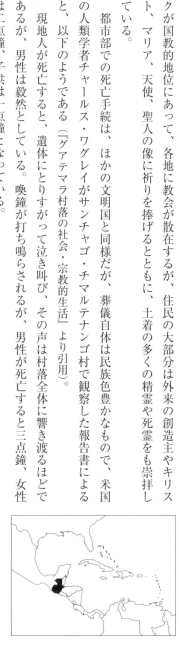

クが国教的地位にあって、各地に教会が散在するが、住民の大部分は外来の創造主やキリスト、マリア、天使、聖人の像に祈りを捧げるとともに、土着の多くの精霊や死霊をも崇拝している。

都市部での死亡手続は、ほかの文明国と同様だが、葬儀自体は民族色豊かなもので、米国の人類学者チャールス・ワグレイがサンチャゴ・チマルテナンゴ村で観察した報告書によると、以下のようである（『グアテマラ村落の社会・宗教的生活』より引用）。

現地人が死亡すると、遺体にとりすがって泣き叫び、その声は村落全体に響き渡るほどであるが、男性は毅然としている。喚鐘が打ち鳴らされるが、男性が死亡すると三点鐘、女性は二点鐘、子供は一点鐘となっている。

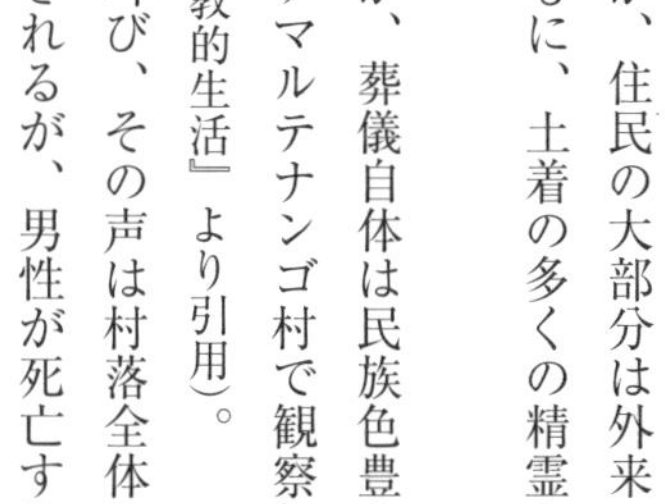

遺体には喪衣が着せられて、毛布の敷かれたベンチに横たえられ、その頭部の周囲にはロウソクがともされ、わきには花や聖人像が葉書大の写真で飾られる。通夜には親しい人が集まり、トウモロコシや砂糖キビを蒸留した酒がふるまわれ、マリンバの喪歌をかなでる。一般の弔問客も続々駆けつけて遺体と対面し、コーヒーや軽食が振る舞われるが、長居すると死霊にとりつかれるというので、早めに立ち去る。

翌朝、マリンバの楽隊が先頭に立って棺台にのせられた遺体の葬列が村落近くの墓地へ向かうが、時折立ち止まり、女性は遺体にとりすがって号泣する。墓所では歌手がラテン語で喪歌を歌い、ヴァイオリンやギターの伴奏がつき、酒がここでも振る舞われ、調子にのった歌手の声が周囲にこだまする。埋葬の翌日や十二日目にもこの歌手を雇い、墓所で歌ってもらうが、そうすることによって故人の死霊は孤独を免れるのだという。その後の一カ月間は五日目ごとに歌手を雇うことがある。

十一月二日の万霊節には死者の日として、キンセンカの花を喪家の玄関に飾り、供物や花

コスタリカ
サンホセの公営墓地

を持参して墓参をし、その夜、マリンバの音楽で宴会がくり広げられる。チェジ人は、死者が出ると近隣総出で葬儀の準備をする。死後の世界はこの世の世界の連続と考えられ、十一月一日の万聖節には墓地には花や供物を捧げ、マリンバの音楽で故霊を慰める習慣がある。

イッツア人は、喪家の女性は半年から一年間服喪し、その間、慶事から遠ざかり、一年後に追悼ミサを行う。

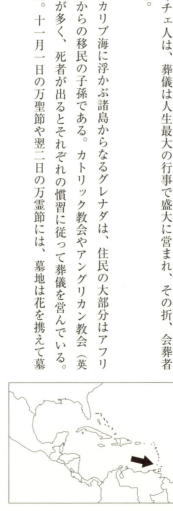

中央高原地帯に住むキチェ人は、葬儀は人生最大の行事で盛大に営まれ、その折、会葬者が飲酒をする習慣がある。

7 グレナダ

カリブ海に浮かぶ諸島からなるグレナダは、住民の大部分はアフリカからの移民の子孫である。カトリック教会やアングリカン教会（英国国教会）に所属する人が多く、死者が出るとそれぞれの慣習に従って葬儀を営んでいる。首都はセントジョージズ。十一月一日の万聖節や翌二日の万霊節には、墓地は花を携えて墓参をする人でにぎわう。

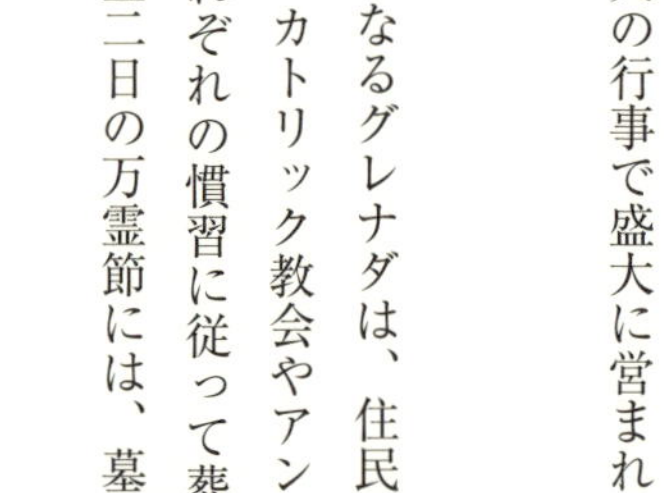

8 コスタリカ共和国

「ラテン・アメリカのスイス」といわれるコスタリカは、西側は太平洋、東側はカリブ海に面し、温暖な気候に恵まれた土地柄で、人口の大部分はスペイン系白人が占める。首都はサンホセ。スペイン語が公用語だが、中米では比較的識字率が高い。信教の自由は認められているが、一九四九年発布の憲法でカトリックが国教として規定されており、大統領就任式などの公式行事はみなカトリックに基づいて行われる。

死者が出ると、喪家では電話や新聞で死亡を関係者に通知し、通常死後の翌日、葬儀を教会で営み、葬列を組んで

ジャマイカ
モンテゴベイの公営墓地

墓地に向かい埋葬する。その後、九日間祈りを捧げ、一年後に追悼ミサを公式に行うことがある。十一月二日の万霊節には花を持参して墓参する。

医師の死亡診断書をもらって役所に届け出るのは文明国一般に同じである。葬儀社に依頼し、弔問客はふつうは花輪や花束を届け、香典を贈ることはしない。最大手の葬儀社はローエン社で、百三十一のチェーン店を持っている。

ここでは葬列に加わって、墓地まで赴いて葬儀に立ち会うのはごく親しい人に限られるようだ。火葬の習慣はなく、土葬にするが、数年経ってから遺骨をとり出して納骨堂に納めることもある。死亡一週間後に教会で追悼ミサをあげ、十一月一日の万聖節にはこぞって墓参する。

首都には国立体育館近くに共同墓地があって、ここに埋葬することが多い。

スペイン植民地時代の首都カルタゴにはカトリックの本山バシリカ寺院があり、ここには全中米諸国から参詣者が集まり、一年中にぎわっている。

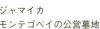

ボルカ人は、喪家では遺体を白い敷布で巻き、通夜が営まれる。会葬者は葬儀の足しに金品を持参する習慣があり、墓地に埋葬する折に神父によるミサが行われる。

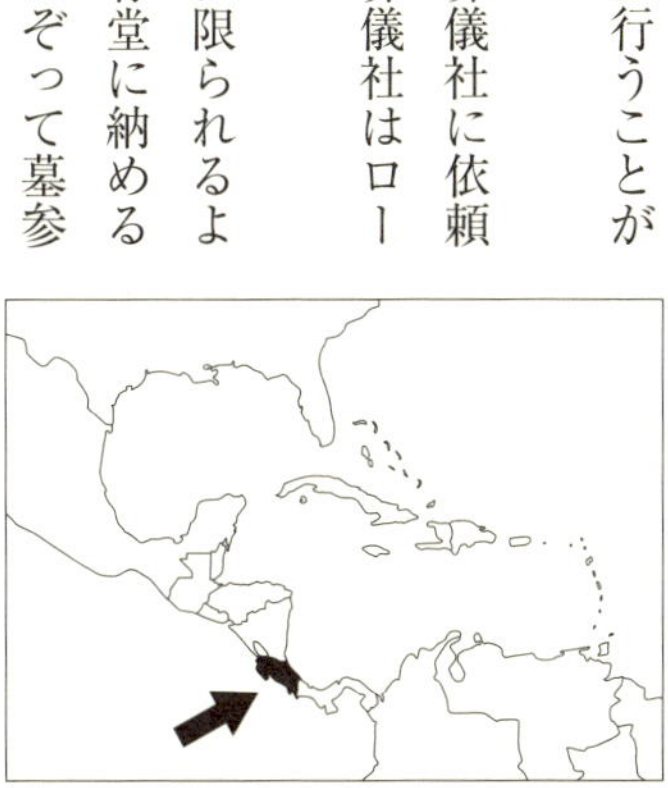

9 ジャマイカ

西インド諸島の島ジャマイカは観光と砂糖キビで知られるが、一九六二年に英連邦自治領として独立した新興国家である。首都はキングストン。住民の大半はアフリカ系の黒人で、ほかには白人との混血やインド系や中国系の人々が住んでいる。

常夏の国で、人々は陽気なわりには敬虔なキリスト教徒が多く、アングリカン教会、バプテスト教会、メソジスト教会、カトリック教会などに属し、また、アフリカの伝統と混淆したポコマニア教やシオン復興派など土着宗教の信徒も存在する。

特にポコマニア教は聖書の朗読と解釈を重視し、シオン復興派は儀礼や呪術的治療、集団的憑依を強調するが、ともに聖水を使ったバプテスマ（洗礼）を行って、反西洋的な土着民をひきつけている。おそらく土着の黒人はスペインや英国などの旧植民地時代に苛酷な宗教的迫害を受けていて、多分その間の反動としてこのような宗教に走ったものと考えられる。

住民はそれぞれの宗教慣習に則って葬儀を行っているが、都市部では葬儀社が準備を手伝う。最近は葬儀社内のホールで葬儀を営むことが多い。葬儀の後に墓地に埋葬するが、その後は毎年十一月一日から二日の万聖節、万霊節にかけて墓参するならわしがある。人々は死霊を恐れ、地方では死後九日間、綿の木に彷徨すると信じられている。したがって、死者が出ると、「ザ・ナイン・ナイト」と呼ばれる死後九日間の儀式を行っている。これはアフリカから伝わった、死者の魂が生者に祟らないように九日間の通夜を行う儀式である。その間、弔問客は決して遺族に別れの挨拶をしてはならない。母系社会のジャマイカでは、葬儀には「ナナ」と呼ばれる老婆が采配を振るって死衣を縫い、ほかの女性は喪家で大声で泣く。死体は棺の中に収められ、炒った豆とトウモロコシとコーヒー豆を入れた枕が遺体の頭の下に置かれる。そして「コンペランス」と呼ばれる粉を混ぜた塩が棺の中に振り撒かれ、棺の蓋がクギで閉じられる。葬儀は喪家の庭で行われ、墓は白骨化するまで掘ってはならないという掟がある。死にあたっては地域の人全体が葬儀に参列するというしきたりがあり、墓地まで葬列を組んで、歌を歌って送る。墓掘り人にはラム酒が振る舞われ、また墓地にも撒かれる。ときには墓地で遺体につきまとう幽霊（ダビー）を癒すためにラム酒に酔って踊り狂い、生贄の山羊を殺して捧げることもある。

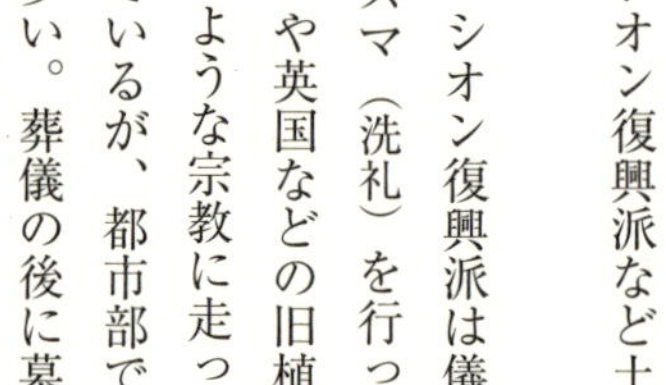

⑩ セントクリストファー・ネイビス

カリブ海に浮かぶセントクリストファー島とネビス島からなり、一九八三年に英国の植民地から独立した。首都はバステール。住民の大部分はアフリカからの移民の子孫で、キリスト教を信奉している。死者が出るとそれぞれの慣習に従って教会で葬儀を営み、墓地に埋葬する。十一月一日の万聖節には墓地に花やロウソクを持参して墓参する。

一部には、インド、パキスタン系の住民もおり、それぞれヒンズー教やイスラム教の宗教慣習を保持している。

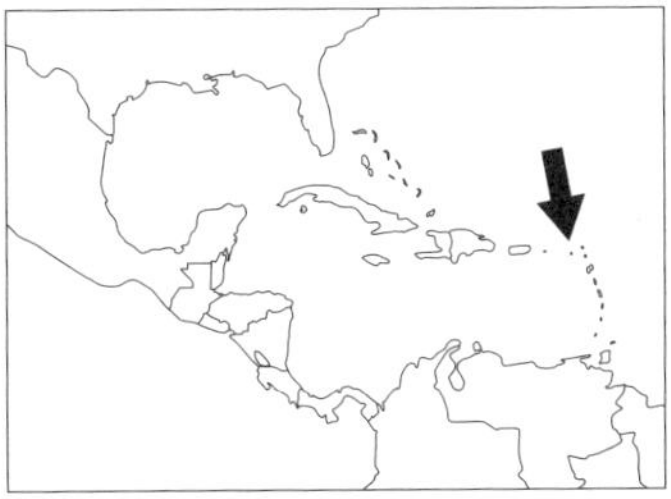

⑪ セントビンセント・グレナディーン

カリブ海に浮かぶセントビンセント島とグレナディーン諸島からなり、住民の大部分はアフリカからの移民の子孫や混血である。首都はキングズタウン。住民の大部分はカトリック教会とアングリカン教会に所属し、死者が出るとそれぞれの慣習に従って葬儀を営み、遺体を墓地に埋葬する。

毎年十一月二日の万霊節には、家族揃って花を持参して墓参する。

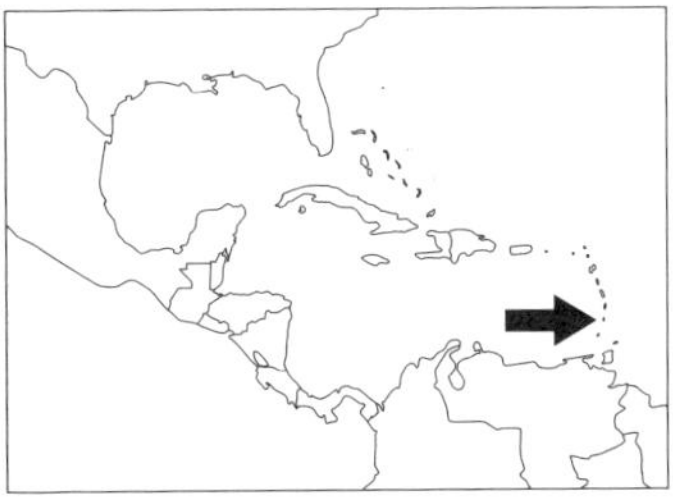

⑫ セントルシア

同国は、カリブ海地方で最も美しい島といわれている。スフリエール市近郊には、かつて活火山で海に突き出ている有名なグロ・ス トン山がある。首都はカストリーズ。近郊の山頂にある大学には、近隣の島から多くの学生が留学している。住民の大部分はアフリカからの移民の子孫や混血（ムラート）で、カトリック教会やアングリカン教会に所属している。

死者が出ると関係者は喪家にコーヒー、砂糖、ラム酒、ジュースなどを持ち寄り、通夜を行う。翌日、教会で葬儀が営まれ、遺体を墓地に埋葬する。その後、地方では喪家に語り部が招かれ、数日間にわたって酒宴が繰り広げられ

ドミニカ
サントドミンゴの公営墓地

る。

少数民族のインド人社会では、ヒンズー教徒とイスラム教徒に二分されていて、それぞれの宗教慣習を保持している。

⑬　ドミニカ共和国

大西洋とカリブ海を画しているアンチル諸島の中央にあるイスパニオラ島の東部三分の二を占めるドミニカは、その名のように一四九二年のコロンブスの新大陸発見以来、スペイン文化の名残を多くとどめる。首都はサントドミンゴ。住民の大部分はスペイン系白人と黒人の混血で占める。人々はスペイン語を用い、大部分がカトリック教徒であるが、若年層の日曜日の教会出席率は減る一方である。

公益に反しないかぎり信教の自由は保障されているが、一九六六年発布の憲法によってカトリック教会は国家の支援を受けている。

現地のカトリック教徒の活動は、隣国のハイチのそれに比べると、あまり活発でない。それは主に、社会奉仕活動に終始している。地方では、ハイチのブードー教の影響を受けて、葬儀で死者に祈祷を捧げる際、会葬者が熱狂的に騒ぐこともあるが、都市部ではこうした風景は見られない。最近では、プロテスタント系の新宗教団体の活動が活発である。またユダヤ教やイスラム教、仏教などの活動も行われるようになった。

死者が出ると医師の死亡診断書を添えて役所に届け出、都市部では私営の葬儀社に葬儀の手配を依頼する。通夜は喪家で行われるが、葬儀はたいてい所属の教会で営まれる。首都内には二十数軒の葬儀社があり、大手のブランディノ葬儀社などには礼拝堂があり、そこで葬儀を営むこともできる。その後、埋葬のため霊柩車に載せ、葬列を組んで

墓地に向かう。市内には数カ所の公営墓地があり、その中、旧市内の国立墓地のほか、第二次世界大戦後、郊外西北部の広大な敷地に新しく設立された「救世主キリスト墓地」がある。墓地は霊廟スタイルと埋め墓に板碑をたてたものが整然と立ち並び、十一月二日の万霊節には墓参でにぎわう。

首都にはユネスコの世界遺産に指定されている、植民地時代の面影の残る旧市街地の一角に国立霊廟（パンテオン）があり、歴代の国家の功労者の遺体が壁龕に埋葬されている。また、旧市内を見下ろす丘の上には、一九九二年に、コロンブスのアメリカ大陸発見五百年を記念してたてられたコロンブス記念灯台博物館がある。この長方形の巨大な建物は、真上から見ると十字架にかたどられ、夜には明かりが灯されて灯台になるという。ここの中心部にかれの遺骨が安置され、四六時中、衛兵に守られている。コロンブスの航海の最終目的地は東洋だったといわれるところから、わが国や韓国、中国からの展示品も館内に陳列されている。

カトリック以外、住民はプロテスタントの「神の集団」やセブンスデイ・アドベンチスト、そしてハイチから伝わったアフリカのブードー教などを信奉している。

⑭ トリニダードトバゴ共和国

陽気なカリプソの歌で知られるこの国は、西インド諸島の最南端に位置する。首都はポートオブスペイン。住民の大半は黒人やインド系人で占められるが、人々はカトリックをはじめアングリカンやヒンズー教を信奉している。

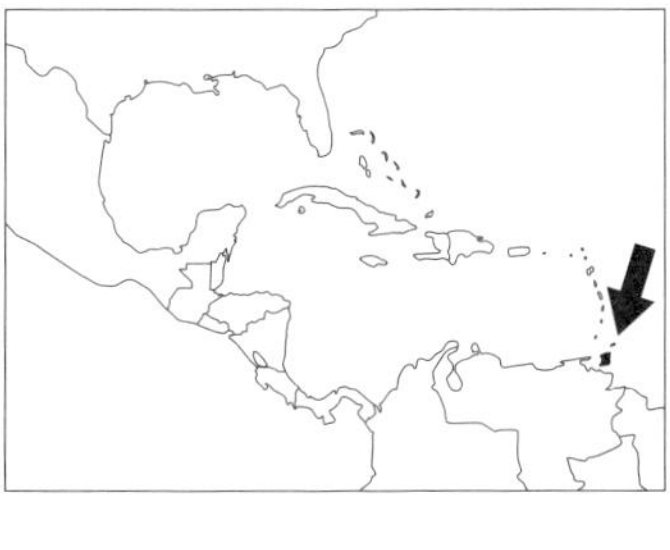

死者が出ると、それぞれの宗教慣習に則って葬儀を営み、葬列には鳴り物入りのにぎやかな楽隊が付き添う。

現地に移住したインド人は、かつては死者が出ると祖国の慣習である火葬にして遺骨を海に流していたが、最近は墓地に遺骨を埋葬し墓参りをする。

⑮ ニカラグア共和国

中米の中央部に位置する太平洋とカリブ海にはさまれたニカラグアは、北はホンジュラス、南はコスタリカに接し、国の全域にわたって山岳地帯の原始林におおわれ、一般に高温多湿の気候である。首都はマナグア。住民の大部分は土着のインディオと、かれらと白人との混血であるメスチソからなり、ほかに白人や黒人、インディアンも混在しており、その大半はカトリックを信奉している。

一九七九年に革命政権が誕生した新興国で、治安が不安定で、首都の空港や周辺地域には武装した男女兵士をみかける。この国の人々は一般に社交的で人なつこく、にぎやかな音楽を伴うお祭りが各地で行われ、招待されたときにはプレゼントを交換する習慣がある。

死者が出ると、通常は近隣の人々が喪家に集まってロザリオの祈りを捧げて通夜をし、翌朝教会で葬儀ミサをあげて墓地に埋葬するが、貧富の差が甚だしく、喪家が低所得者層の場合は、直接に墓地に行って埋葬する場合もある。

クレオール人は死者が出るとその死霊（ドピ）を恐れ、慰霊の儀式を死後九日間行い、その間、踊る習慣がある。ニカラグアからホンジュラスにかけて住むスム人は、死者が出ると、かつては悪魔の仕業であると信じていた。未亡人は髪を切って服喪する習慣は今日でも続いているが、キリスト教の影響で遺体は居住地の近くの墓地に埋葬している。

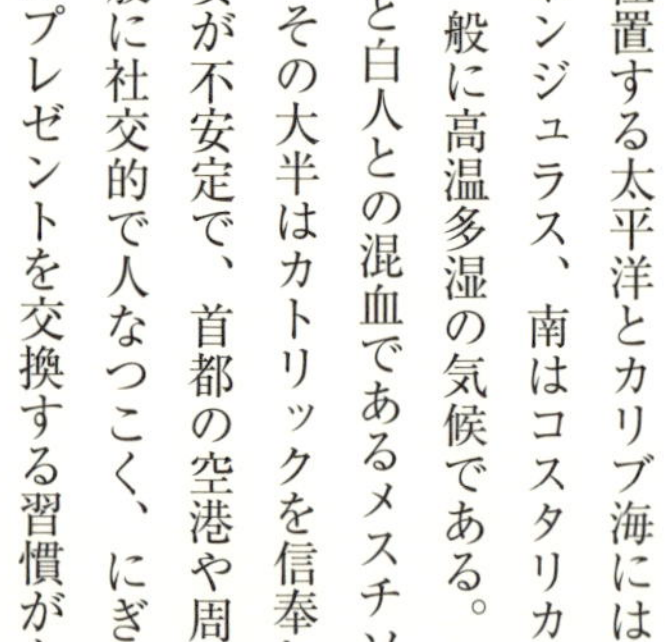

⑯ ハイチ共和国

カリブ海に浮かぶイスパニオラ島の西三分の一を占めるハイチは、ドミニカ共和国に隣接しており、住民の大部分は黒人で、次にフランス系白人との混血であるムラートが多く住む。熱帯地方特有の明るい太陽と貿易風によって、気候は好適である。首都はポルトープランス。この国はフランス風の生活様式とアフリカの伝統が混じり合って一種独特の社会慣習を形成している。

カトリックが国教で、住民の大多数が洗礼を受けているが、アフリカの新興宗教であるブードー教を信奉している人も多い。ハイチは南北アメリカ中で経済的にいちばん貧しく、識字率も低いところから、このような宗教が盛んになる素地があったといえるだろう。

ブードー教は十八世紀に、マカンダネル（アフリカから買われてきた元奴隷のイスラム教徒）が起こした新興宗教で、白人の専制打倒と奴隷解放を旗印に生まれた。そして、マカンダネルが北部ハイチのリンベで逮捕、処刑されると、かえって英雄視されるようになり、信者たちは、マカンダネルが預言した神霊ロアの加護に救いを求めて、熱狂的に踊り、集団的なポゼション（憑霊現象）を起こす。ブードー教の信者が死亡すると、ブードー教の祭司を招いて死と再生の秘儀を受けた後、遺体を墓地に土葬にする。

一般的な葬儀の手配は、都市部においては公営・私営の葬儀社を利用して、葬儀社の葬儀場か教会で行う。この折、赤いバラを供花するならわしがある。

墓地のほとんどは公営か教会付属のものだが、ここでは遺体整形や保存術はしないで、葬儀後にただちに埋葬される。国内には火葬の施設や骨壺がないので、外国人が当地で死亡し、本国への遺体の移送を希望する場合は、特別の許可を申請し、病院で防腐処理を施してもらわなければならない。

一般にハイチの人びとは、墓場の古い土には毒素が充満し、それを掘り出して飲み物などに混ぜ、憎い相手を毒殺することに用いたりするという。ハイチから米国に移住した黒人仲間ではこれを「グーファー・ダスト」と呼び、人々から恐れられている。リオデジャネイロのドミンゴ・フォリエロ博士は「それぞれの死体が、何百万もの病原体の温床であるとするなら、それぞれの死体の周りに新たな病巣を形成している墓地とはどういうものかを想像してほしい」と言及している。また、死後二十年以上も経った死体に、シェインは、「黄熱病、しょうこう熱、チフスその他の伝染病の菌を発見した」と述べ、パスツールは、「病原菌を含有する土が及ぼす可能性ある影響と、墓地の土がおそらくもつであろう危険性について考えると、慄然たる思いが心に広がる！」と語っているところから、まんざら根拠がないわけではない。ハイチのブードー教の呪術師たちはこの毒を儀式に用いたりするようだ。ハイチでは毒殺

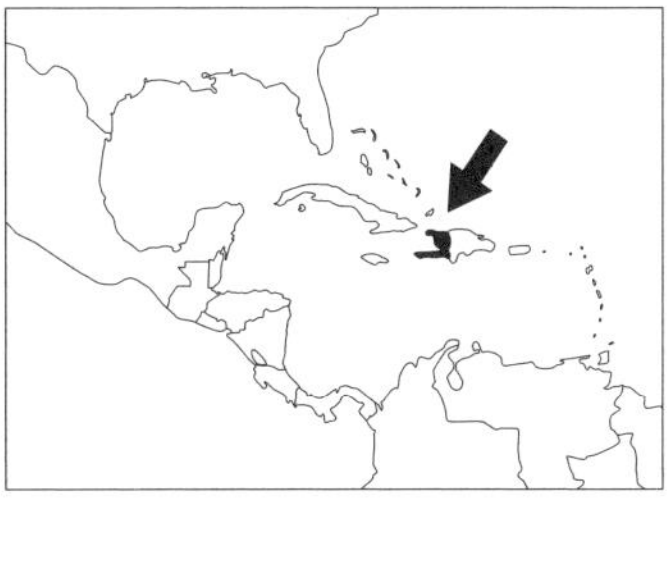

に加えて、死者をゾンビに変えてしまったり、死者をソシエテ・ジェ・ルージュ（赤い目の集団）から守るために、死体に毒を盛ることもあるという。

⑰ パナマ共和国

北米と南米大陸を結ぶ接点に位置するパナマは、東西に長くのびる地峡国で、気候は年間を通じて高温多湿。不快指数の高さは中南米第一である。パナマ運河は太平洋から大西洋に通過する海運の要路で、わが国の利用度は米国に次いで高く、日本からの企業進出も急増している。首都はパナマ・シティ。住民はスペイン系白人と、インディオと黒人の混血が大部分で、ほかにもさまざまな人種が居住し、国民の多くはカトリックを信奉している。

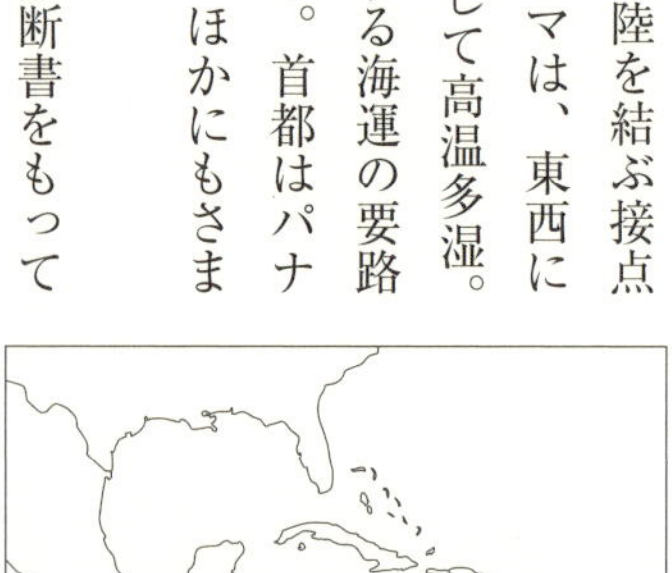

首都などには大小さまざまな私営葬儀社があって、依頼すれば医師の死亡診断書をもって衛生局から埋葬許可書をとって葬儀の手配まで代行してくれる。

喪家では遺体を湯灌して納棺する一方、居間の壁には白布を掛けてその前に十字架や聖画を飾って通夜を営む。地方ではこのときに飲食を供し、ドミノ遊びをすることもある。通夜には葬儀社の霊安室を利用する場合もあるが、いずれも司祭を招いてロザリオの祈りを捧げ、翌朝に出棺して教会で葬儀、ミサをあげた後に埋葬墓地に向かう。女性は埋葬には立ち会わないで教会から帰宅する。

著名人の葬儀にはたくさんの供花があり、霊柩車に続いて花輪を飾った車が何十台も葬列に連なることがあって壮観である。

パナマ
公営墓地

墓地には地下に埋葬するものと、地上の霊廟や納棺室に祀る方法があるが、ふつうは死後十八カ月目に改葬する。

埋葬後は喪家に戻って、九日間服喪し、期間中は毎日ロザリオの祈りを続け、最後の日に教会でミサをあげる。その後は一年目に墓参をするが、毎年十一月一日の万聖節には花をもって墓参する人が多い。

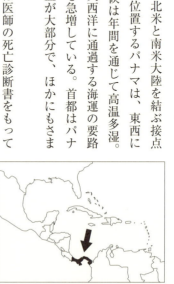

パナマにはインディオの先住民族としてクナ人、チョコ人、グァイミー人などがいるが、特にクナ人はカリブ海にサンブラス諸島と呼ばれる自治区を有している。ここでは人の臨終の際には、呪術師を招いて死にゆく人をココア豆やコショウをいぶした煙の中で禊《みそぎ》の儀式を行う。死後は湯灌して服を着せ、ハンモックの中に横たえる。葬儀の際は詠歌隊が参列して弔歌を歌い、翌朝二人の棺担ぎがカヌーに載せて本土に渡る。遺体は夕刻になってから、人里離れた墓地に埋葬するが、埋葬した後は、なるべく早く故人の死を忘れようと心がけるという。

パナマには中国系人も居住していて、市内には中国人専用の納棺所がある。ゆくゆくは故郷の墓地に埋葬するように仮安置されているわけだ。

最近、パナマの新市街地にできた共同墓地には、米国の影響があってか、地上に墓碑をたてない地平面形式のものがみられる。

北西部に住むブグル人では、死者が出るとその所持品を死後の用途に埋葬する習慣がある。

⑱ バハマ国

バハマ諸島は西インド諸島北部、米国のフロリダ半島沖合に位置し、大小七百以上の島と多くの岩礁からなる。バハマ国は温暖な気候に恵まれているところから、海外からの観光客も多く、冬の保養地ともなっている。首都はナッソー。住民のほとんどは、十六世紀以来、アフリカからやってきた黒人や彼らと白人との混血であるクレオール人である。英語を公用語とし、熱心なキリスト教徒が多い。

現地人が死亡すると、葬儀社や親類縁者によって、葬儀が行われる。遺体は、教会で葬儀が行われた後、共同墓地には葬列を組んで向かい、土葬される。日曜日になると、商店は一部を除いて完全に閉店し、多くの信者が教会に出かける。

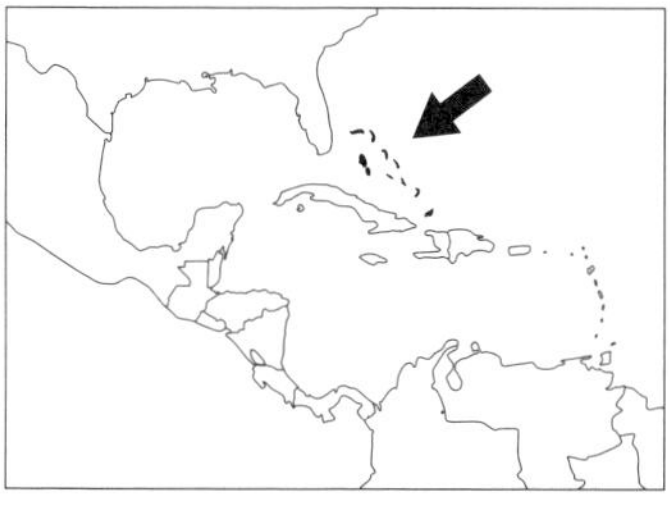

⑲ バルバドス

西インド諸島の最東端に位置する島で、かつては英国の植民地であったが、一九六六年に独立する。首都はブリッジタウン。住民の大部分はアフリカからの移民の子孫で、プロテスタントの信者が多い。かつては聖公会が国教的存在であったが、今日では政教の分離を厳守している。死などの災難は悪魔の仕業と信じる人も多く、呪術による悪魔払いも行われている。

美しい浜辺と海水浴と快適な気候に恵まれているところから、欧米からの観光客で四六時中にぎわっている。年間を通じ、雨量が多いせいか、墓地は地上墓と共に壁龕（コロンバリウム）が多い。

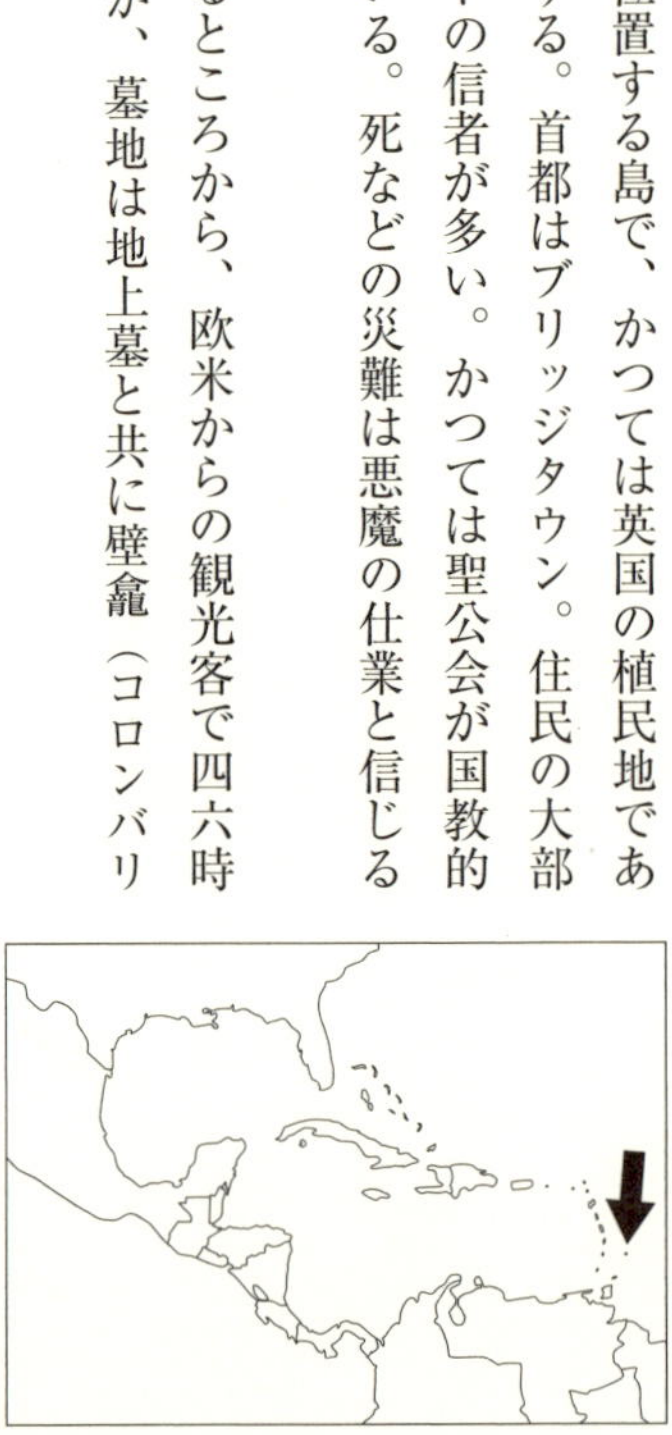

⑳ ベリーズ

かつては英領ホンジュラスと称していたが一九八一年に英国の植民地から独立した。首都はベルモパン。住民の大部分が黒人や先住民と白人の混血であるメスチソで、カトリックを信奉している。したがって死者が出ると所属の教会で葬儀を営み、共同墓地に埋葬する。しかし貧困者は葬儀の費用が賄えないので、遺族のみの簡素な葬儀を行って、最寄りの墓地に遺体をそのまま埋葬する。

ベリーズ市には二カ所私営墓地があり、コンクリート製の墓碑をたてて十一月二日の万霊節に墓参する。

最近では、中国系、インド系、シリア・レバノン系などの住民もおり、それぞれの宗教慣習を保持している。

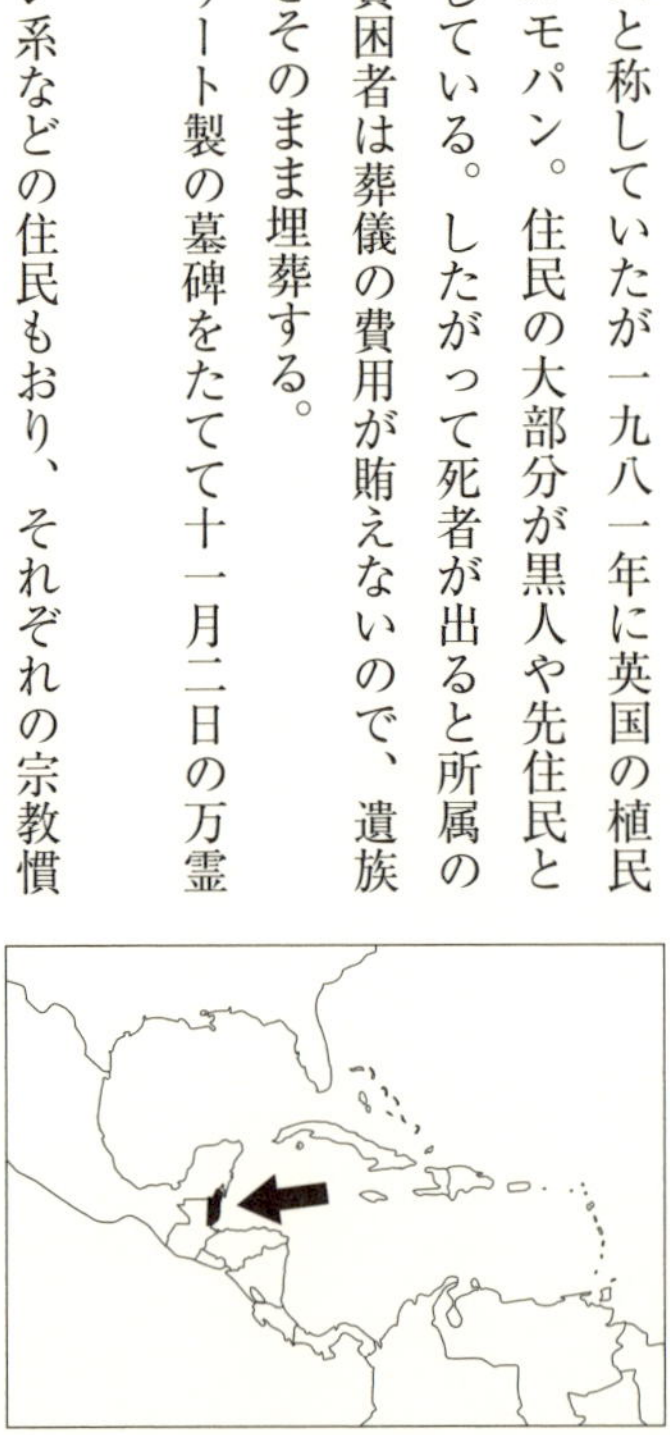

㉑ ホンジュラス共和国

中米で最も山地の多いホンジュラスは、スペイン系白人と土着のインディオの混血であるメスチソが住民の大部分を占め、スペイン語を公用語としている。首都は

ホンジュラス
テグシガルパの公営墓地

テグシガルパ。住民のほとんどがカトリック教徒である。

死者が出ると、医師の死亡診断書をもらって、私営の葬儀社に大方の手続きや葬儀の手配を依頼する。遺体は整形保存をしないのがふつうで、葬儀社のホールで葬儀を営んだ後に、墓地に埋葬する。子女の死には没後のみなし結婚を行う。貧困家庭に対しては、政府が無料の棺を支給している。喪服は黒を原則とするが、華美でなければ平服でもよい。火葬の習慣も施設もない。

墓地はたいていカトリック教会に付属しているが、一般に十字架をたてただけの質素なものが多い。人々は毎年、十一月一日から二日にかけての万聖節や万霊節には花を携えて墓参する。

グアテマラとの国境に近い山地内のコパンには、古代マヤ文明の遺跡の中でも最大最古のものが残っていて、考古学上重要な場所であるが、交通が不便なため訪れる人は少ない。

コパンに住むミスキト人は、今日ではキリスト教の慣習に従っているが、死の予告は夢などに現れると信じられている。

㉒ メキシコ合衆国

中米最大の国メキシコは、スペイン系白人と土着民インディオとの混血であるメスチソが住民の大部分を占め、スペイン語が公用語で、ほとんどがカトリック教徒である。しかし、早くから政教分離政策がとられたため、政治や教育、労働、社会生活にわたる教会の影響は少なく、宗教的な行事にも異教的な要素が混じっているものも少なくない。首都はメキシコシティ。

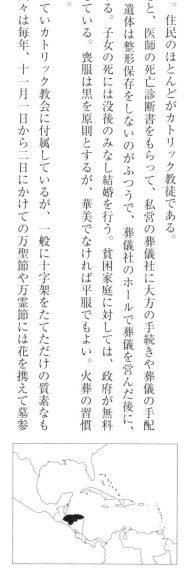

メキシコ
メキシコシティ市内の公営墓地

都市部で死亡すると、ほかの文明国同様、医師の死亡診断書をもって役所に死亡届をすることに変わりはない。各都市にある公営、私営の葬儀社を利用すれば、こうした手続きや葬儀の手配なども代行してくれるが、一般に公営のものは低所得者に利用されているようだ。私営の葬儀社は、首都ではガヨッソ葬儀社は規模が大きく、年間五、六千件を取り扱っている。依頼を受けると、遺体はただちに葬儀社内の霊安室に運ばれ、ここで通夜をした後に葬儀社内の会場か墓地に司祭を招いて葬儀を行うことが多い。埋葬方法はほとんど土葬だが、喪家の希望があれば火葬も可能である。死後二十四時間以内に公営墓地に埋葬されるが、いずれも七年間の契約で、その後に更新しなければ無縁墓地に改葬される。

他国と同様、メキシコでも地方には伝統的な慣習も残っている。たとえば中部メキシコのナワ人は、子供が死亡した場合、それは天使の誕生で悲しむべきことではないとしており、遺体は花で飾って白や赤、金色に塗った棺に納める。喪家の前では陽気な音楽が奏でられ、宴会を催すこともある。大人の葬儀には花は飾らず、棺もロウソクと黒ずくめのものを用いる。

オトミ人は、喪家の前を動物が通り過ぎるまで、埋葬をしないしきたりがあるが、なぜならこの動物が天使の到着を意味し、死者の霊を天国に導いてくれるものと信じているからだ。

タラウマラ人は、死者の魂は死後一年以内に喪家に戻って病気を蔓延させ、家畜を殺して生存者の生活を脅かすと信じられているため、その祟りから免れようと、死後数日間に調理した肉を入れた容器を牡牛の皮の上に置いて、死者がそれを食べるようにと、呪術者が呼びかける儀式が行われる。

毎年十一月二日の万霊節には、ほかのカトリック国と同様に故人を追悼する習慣があり、この日を「ディア・デ・ムエルトス」（死者の日）といって、墓参はもちろん古いアズテック・マヤ文化の伝統で、骸骨の形をした砂糖菓子の額に受取主の名前を刻んで贈るならわしがある。この骸骨は「フーダス」といって、キリストに背いたユダをスペイン語読みした名前だ。この日の行事によって、メキシコ人は死を想うという。骸骨をかたどった人形による劇なども各地で行われる。

メキシコシティから北西三五〇キロのグァナファートにあるパンテオンには、洞穴の両側にミイラ化した遺骸二百体以上が立ち並んでおり、ここは「死人の家」として奇観である。高所にあるせいか、天然の防腐作用がはたらいたのであろう。

イタリア系メキシコ人の大部分はカトリックを信奉し、死者が出ると教会で葬儀を営み、墓地（キャンポサント）に埋葬するが、ほかのメキシコ人と異なる点は、十一月一日の万聖節ではなく死者の一周忌にロザリオの追悼会を開く。

アムズゴ人は死者が出ると、主にカトリックと伝統的慣習に従って葬儀を営むが、既婚者の遺体の頭部を西向きに、独身者や子供は東向きにする習慣がある。埋葬後、九日間、その故霊は墓所に彷徨すると信じられている。

北部に住むピマ・バヨ人は、死後の世界を信じて、墓には供物を捧げる。葬儀は教会ではなく喪家で営み、その折に家畜を犠牲にする習慣がある。

ナヤリット州に住むコラ人は、死者が出ると遺体の足を故霊が外出するように喪家の玄関に向けて寝かせる。シャーマン（呪術師）が招かれて故霊の昇天を祈り、死後五日間服喪する。

オアハカ州に住むチャテノ人は、死者が出ると通夜の翌日に埋葬し、九日間の祈りの儀式（ノベナ）を行う習慣がある。一年後、次の祈りの儀式を行った後、正式に墓所に十字架をたてる。

オアハカ州に住むミクセ人は、かつて死者が出ると遺体は原野に放置し、遺骨は後に籠に入れて木にぶら下げていたが、今日ではカトリックの習慣に従って葬儀を営み、墓地に埋葬している。しかし死霊を恐れ、死霊はしばらく喪家の周囲を彷徨して生者に危害を加えると信じられている。

オアハカ州に住むザポテック人は、死者が出ると自然死と事故死とを区別し、後者の場合には天国へ昇天しないと信じている。

北東部山岳地帯に住むゾク人は、死者が出ると丁重に埋葬し、十一月一日から二日にかけての「死者の日」（トドス・サントス）には花や好物をもって墓参し、そこで会食する習慣がある。

㉓ セントマーチン

この小さな島は、珍しいことに、一六四八年以来、オランダ領とフランス領の二つに分かれている。いずれも観光地として栄え、自由に行き来できる。オランダ領の最大都市はフィリップスバーグ、フランス領の最大都市はマリゴである。どちらかというと、オランダ領にはプロテスタント教徒が、フランス領にはカトリック教徒が多い。

現地人が死亡すると、葬儀社のもと、葬儀が教会で営まれ、遺体が共同墓地に埋葬される。墓地は買い取り式である。墓碑には、英語、オランダ語、フランス語の碑文が刻まれている。

セントマーチン
マリゴ市内の共同墓地

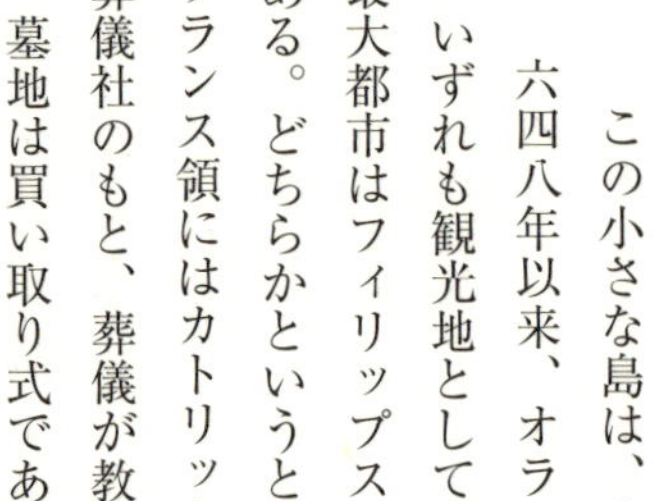

㉔ プエルトリコ

プエルトリコの面積はわが国の四国の半分くらいで、カリブ海諸島の中心にあり、一八九八年の米西戦争の結果、米国に併合され、以来、準州としての地位を保っている。夏期のハリケーンの襲来を除き、四季を通じて、気候は温暖で、主に米国大陸から多くの観光客が訪れる。首都はサンファン。人種はさまざまで、ヨーロッパやアフリカ、そして米国大陸から移住した人々からなり、その混血人種が多く、スペイン語を話す。住民の大部分は敬虔なカトリック教徒で日曜日の教会への礼拝を欠かさない。

一九九八年には米国五十一番目の州に昇格するかどうかの住民投票をしたところ、僅少差で現状維持を希望する人が多かった。したがって政治、経済的には米国的であるが、心情的

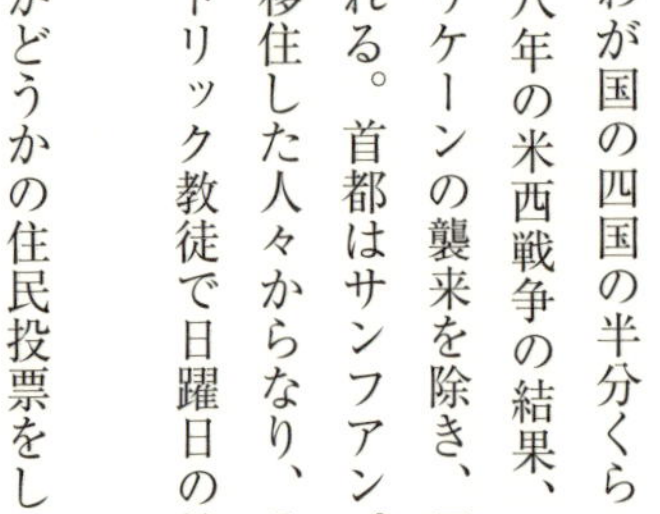

プエルトリコ
サンファンの海岸墓地

にはスペイン語を主体とする伝統的文化を保持することを希望している。

死者が出ると、ほかの米国各地の手続きと同様、医師の死亡診断書をもって最寄りの役所内衛生課「レジストロ・シビル」に届け出る。これはたいてい葬儀の手配をしてくれる私営の葬儀社が取り仕切ってくれる。葬儀は教会や葬儀社のホールで営むのが一般的で、その後、カトリック教徒は「ノベナス」という九日間の服喪期間がある。葬儀は聖職者を招いて司式してもらい、近親者以外の会葬者はたいてい平服で参列する。三十日後に教会でミサをあげ、墓参する。一年後には関係者を招いて記念祭を行う人が多い。

首都の旧市街地区は城壁に囲まれ、スペインの植民地時代の古い家並みが続き、ユネスコの世界遺産に指定されているが、ここの海岸沿いにサンタマリア共同墓地がある。そこにはスペインから移住した富裕な市民の墓石が立ち並び、なかには大理石のキリストや天使像や霊廟スタイルの墓が明るい陽光に照らされている。その近くにあるカルテル・デ・バラハの建物の二階には一九九三年に開館した「ラス・アメリカ博物館」があり、プエルトリコの聖母や頭蓋骨姿をかたどった人形などが陳列されている。新市街にはラス・アメリカ高速道路わきの中央病院隣りに広大な市営墓地があり、簡素な墓石が立ち並んでいる。葬儀社は首都圏だけでも二十数カ所あり、火葬設備のあるものも最近できた。

㉕ マルティニーク

休火山のモンペレ山を抱くこの島は、クリストファー・コロンブスによって「世界で最も美しい国」と呼ばれたといわれている。ときどきハリケーンの被害を被る。県庁所在地はフォール・ド・フランスで、フランスの海外県である。

カトリック教信徒が多く、最大都市カストリーズ市近郊の山頂に

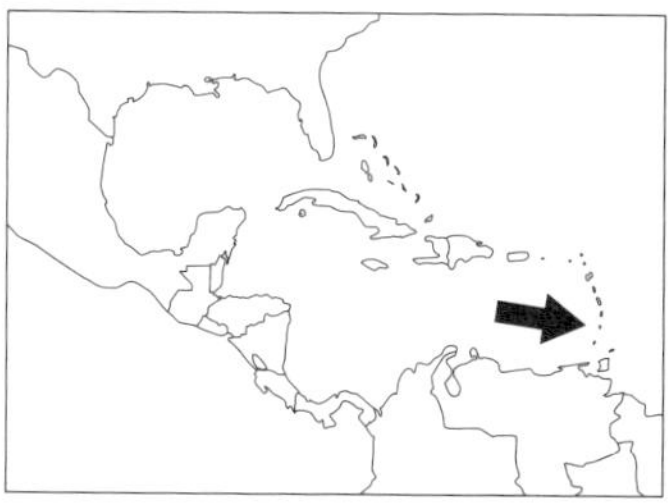

は、パリのサクレクール寺院を模した教会がたつ。現地人が死亡すると、葬儀社や親類縁者によって葬儀が行われる。遺体は、近隣にある霊廟スタイルの墓地に埋葬する。

第八章　南アメリカ地域

アルゼンチン
ブエノスアイレスのレコレタ墓地

1　アルゼンチン共和国

南米の最南端に位置するアルゼンチンは、その人口の大部分をイタリア、スペイン系の白人で占め、中南米では最もヨーロッパ的であるといわれる。カトリックが国教で教会の政治、経済、社会一般に及ぼす影響力が強い。首都はブエノスアイレス。

死者が出ると、医師の死亡証明書をもらって役所に届け出をする。喪家では葬儀の準備にかかるが、ふつう遺体処理や葬儀の手配は葬儀社を使っている。死亡当夜か翌夜に喪家で通夜を営み、花自動車か霊柩車を先頭に葬列を組んで墓地に行き、墓地内の礼拝堂で葬儀を行った後に埋葬となる。

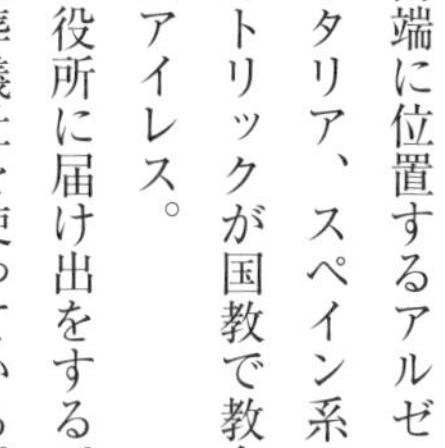

地方によっては昔の慣習が残っていて、たとえば、子供が死亡したときは嘆き悲しんではいけないという。子供は死ぬと天使になり、周囲の人々が泣いて涙を流しては天使の翼がぬれて天国に行けなくなるからだという。

火葬場は首都北西部のチャカリータ墓地内に一カ所だけある。火葬はまれで、故人の遺言や遺族の申し出が認められた場合に限られる。この墓地には大理石仕立ての霊廟形の豪壮な家族墓が多く、なかには人が住めるほどの大きなものもある。首都に全人口の約一割が集中しているせいか、市内にはこのほかにも二十三カ所の墓地が散在している。古い墓地は宗教別、人種別に区画されている。

人目を引く変わったものに、チャカリータ墓地内に団地形式のコロンバリウム（地下納骨

アルバ
オランヘスタードの共同墓地

堂）がある。そこの地表は平坦で、草花や樹木が植えられているが、地下は二階建てになっていて棚で仕切られ、各扉には氏名、番号、死亡年月日が刻まれ、花たてがつけられ、その中に骨壺が納められてある。

生前、金持ちや高位顕職であった人の葬儀は盛大で、死後五十日目や毎年命日ごとに追悼式が行われるが、ふつうは遺族が命日に墓参するか、教会でミサをあげ、十一月二日にカトリック教徒が祝う万霊節の前後に花を携えて墓参する。親の墓参はこれらの日に限らず「父の日」や「母の日」にも行う人が多い。多くの現地人が、先祖との再会を祝うために、花や供物を持参して墓参りに行く。特に原住民は晴れ着をまとい、食べ物や飲み物をたずさえて墓地に行く。彼らはまるでピクニックに出かける人たちのようにみえる。

最近では徐々に火葬希望者も増え、墓地も墓石の高さを八〇センチに規定した一般向けのものが新設されている。

ブエノスアイレスの中心部には、独立の功労者や富豪の眠るレコレタ墓地があり、その豪壮な霊廟には目を見張らされる。

アルゼンチンからボリビア、パラグアイにかけて住むマカ人は、死者が出ると遺体を叩いたり踏みつけたりして悪霊を払う。その後、故霊は昇天して天国に住むと信じられている。

アルゼンチンからボリビアにかけて住むマタコ人は、死者が出ると遺体は砂漠の旅に不可欠な水差しと一緒に埋葬される。故霊はこの世と同様のあの世の世界で生きると信じられている。

② アルバ国

オランダ領カリブの中で最も小さいアルバは、南米ベネズエラの沖二五キロのところに位置し、一九八六年にオランダ領アンチイルから独立した。かつてはベネズエラで産出される石油の精製基地として栄えたが、最近では観光業が盛んである。首都はオランヘスタードである。ここにある埠頭の傍らには、故マリオ・オドール氏が世界中から収集した約四万点のコインを展示する「ヌマスマテコ博物館」がある。

現地人の多くはカトリック教徒である。死亡すると、遺族は葬儀社をわずらわして所属する教会で葬儀を営み、島内の共同墓地に遺体を埋葬する。墓地は大理石かコンクリート製である。コンクリート製の墓地は、家屋の壁と同じように、カラフルな色に塗られ、ときどき塗り替えられる。

同島のアルバンス人は、死者が出ると八日間（オーチョ・デアス）服喪し、その間、喪家ではすべての窓を閉め、祈りと踊りが死者に捧げられる。その後、家の窓を開けると故霊が外出すると信じられている。

③ ウルグアイ東方共和国

アルゼンチンとブラジルに隣接し大西洋に面するこの国は、ラプラタ川河口の丘陵地帯にある。

首都はモンテビデオ。

スペインやイタリア系の白人が人口の九〇パーセントを占め、カトリック教徒が大半だが、国家、教会は完全に分離されて信教の自由は保障されている。クリスマスは「家族の日」、イースターは「観光週間」と呼ばれるほどだ。ウルグアイは、南米では最も宗教色の薄い国である。

死者が出ると、医師の死亡診断書を役所に届け出ることは文明国一般と同じであり、葬儀も葬儀社を利用するのが通例だ。たいてい喪家で通夜を行い、公営墓地に埋葬している。墓所はほとんどが賃貸式となっている。カトリック教徒の場合は、埋葬から一週間の間に教会で追悼ミサをしてもらう。

エクアドル
キトの公営墓地

4 エクアドル共和国

南米アンデス山脈中にあるエクアドルは、長い間スペインの植民地であったせいか、スペイン系白人と土着インディオの混血であるメスチソが人口の約半数を占めており、ほかにインディオやスペイン系白人、黒人とインディオの混血であるムラートからなる。

一九七二年に再発布された新憲法では、第一四一条に信教の自由が明記されているが、カトリックが支配的で、準国教的存在となっている。首都はキト。

エクアドルの都市部で死亡したときには、葬儀の手配等はたいてい葬儀社を利用する。

しかし、首都から七〇マイル（約一一〇キロ）離れたオタヴァロなどでは、昔ながらの風習が残っている。死者が出ると、町の棺桶屋から墓標用の十字架と、子供の場合は白色、成人はオレンジや深紅色に塗った棺を購入する。喪家では遺体を湯灌した後で白い木綿布で包んで納棺し、頭部に食べ物、足のほうに花やマンネンロウの若木をつめる。そして、通夜の翌日、葬列を組んで葬歌を奏でながら、墓地に向かうが、ときには教会に立ち寄ることもある。

墓地は白人用と黒人用に高い塀で区切られ、中央に十字架の塔のある場所に棺を置いて蓋を開け、用意した燭台に火を灯し、会葬の老女たちが「私たちは友だちよ。苦楽を分かちあい、共に生きてよかったわ」と詠唱する。哀歌は泣き声となって和す。その後に棺の蓋を閉じて埋葬するが、祈りの言葉を口ずさむ間、聖水が棺に振り掛けられ、その上に土を掛ける。棺の位置は必ず南北の方向に置き、頭が南に向けられる。土饅頭に盛られた土の上には故人の名や死亡年月日の刻まれた十字架をたて、その前にゆでたジャガイモやトウモロコシなどの食べ物を供え、会葬者の男女が輪になって墓所の周囲を回る。

このような習慣は場所によって異なるが、毎年十一月二日の万霊節の日にはエクアドル中の墓地が人々でにぎわう。

山岳地帯に住むヒバロ人は、獰猛《どうもう》な首狩り族として知られるが、近隣の他部族を襲って殺し、その首を戦利品として持ち帰る。首は煮沸して乾燥させた後、祭りの折に自分の首の周りに干し首をぶら下げるという奇習がある。その持ち主が死ぬと、干し首は副葬品として共に埋葬されるが、ときには街の商人によって土産物として売られていた。もちろん、これは現在、法律で禁じられている。

サラサカ人は、宇宙には三種類、すなわちこの世とイエス・キリストの住む世界と悪霊の住む世界があるという。死後、まずイエスの世界に生まれて裁判を受け、善人ならばそこに留まり、悪人ならば悪霊の住む世界に移ると信じられている。

森林地帯に住むワオラニ人は、死者が出ると頭にある霊は昇天し、胸部にある霊は動物霊となって森林を徘徊すると信じられている。遺体は簡単な儀式の後に埋葬される。

エクアドルやコロンビアに住むエンペラ人は、死者が出ると遺体は樹皮に包まれ喪家の床下に埋葬される。通夜にはそこで女性たちは哀歌をうたって故人の遺徳を偲び、それが数日間続く。シャーマン（呪術師）が死亡すると半人間、半野獣となって生者を脅かすと恐れられている。

⑤ ガイアナ協同共和国

「水の地」として知られる南米北部のガイアナは、大西洋に面し、海岸沿いは平野で、その南には全土の四分の三を占める森林地帯が続く。ガイアナは古くから移住を奨励し、南米にありながら人口の約半数はインド人が占め、次に黒人が続くという珍しい国である。首都はジョージタウン。英語が公用語だが、インド人が多いのを反映してヒンズー語が広く用いられている。宗教はキリスト教徒に次いでヒンズー教を信奉している人が多く、火葬も広く行われている。

ガイアナは一九七八年十一月に首都近郊で、米国の狂信的な新興宗教「人民寺院」の教祖ジム・ジョーンズに率いられた信者九一四名の集団自殺があったことで有名である。

ところで、人民寺院の事件に際しては、犠牲者の遺体は死後一週間を経過していたにもかかわらず、火葬にはされなかった。米国空軍の手で腐乱防止を施されて、本国在住の近親者の遺体確認と引き取りのために米国デラウエア州ドーバー空軍基地に空輸されたのである。その後、教祖ジョーンズや引き取り手のない遺体は火葬にされたのだが、米国の場合、費用がかかっても近親者の遺体確認などの希望を優先するらしい。

キリスト教徒の教会やヒンズー教徒の寺院は、各地に散在する。人が死亡すると、葬儀社や親類縁者によって葬儀が営まれる。その後、遺体が共同墓地に埋葬されるか、骨灰が公海に撒かれる。

沿岸地帯に住むワラオ人は、死者が出ると死者の生命力は遺体から抜けて母体に帰り故霊になると信じられている。男性の遺体のみ埋葬される。

フランス領ギアナからベネズエラにかけて住むインディアン系のアカワイオ人は、死者が出ると遺体はハンモックに包まれ、頭部は東に向けて埋葬される。故霊は遺族の肉体に再生して宿ると信じられている。

ガイアナからブラジルにかけて住むワイワイ人は、死者が出ると死因は悪霊や悪魔や病気やタブーを犯した罪と考える。かつて遺体は火葬にしていたが、今日では、土葬にしている。葬儀には男女共に号泣し、故霊は多くの霊魂に分散して生き残ると信じられている。

⑥ コロンビア共和国

コロンビアは、南米大陸の北端に位置し、西は太平洋に北はカリブ海に面し、パナマ地峡によって中米につながっている。一四九九年、コロンブスの第三回目の航海に同道したアロンソ・デ・オヘーダによって発見されて以来、スペインが征服して植民地化してきたが、かつてはインカ系文化の影響を継ぐ土着のチブチャ人を主体とするインディオの国であった。支配者に対抗して民衆の独立運動が激化し、一八一九年八月七日のボヤカ戦争でシモン・

コロンビア
サンタフェボゴタの公営墓地

ボリーバルの軍隊がスペイン軍を破って独立を達成した。首都はサンタフェデボゴタ。

人口の半数以上はスペイン系白人と土着民との混血で、ほかに白人や黒人、土着民が混在している。信教の自由は認められているものの、住民の大部分はカトリックを信奉し、これは事実上、国教的存在になっている。

首都では、死者が出ると役所に死亡届を提出し、葬儀の手配にかかる。葬儀社を利用することが多く、ふつう通夜は葬儀社で営み、翌日、教会で葬儀を営んだ後に墓地に埋葬するのが一般的だ。弔問者は花輪や盛り花を贈る習慣があり、親しい人は埋葬まで立ち会う。

火葬の習慣はなく、いったん埋葬されると最低三年から五年経たないと、改葬することはできない。

アマゾン川上流に住むクベオ人は、死者が出ると、かつては厳格な葬儀の規制があったが、今日ではすたれている。遺体は喪家の床下に日頃使っていた日用品と共に埋葬され、その故霊は祖霊となって一族を守護すると信じられている。

グアンビアノ人は、死者が出ると汚れを払う清めの儀式を必ず行う。死亡した場所にはシャーマン（呪術師）や多くの会葬者が招かれ、酒やコカが飲まれ、タバコの煙で浄化される。

かつては食人族として知られていたヒバロ人は、山岳地帯に住み、死者が出ると遺体は特別にしつらえた墓屋に寝かされ、二年間飲食物を供えられる。その後、霊は動物や鳥に転生すると信じられている。子供の遺骨は骨壺に納められる。

アマゾン川上流に住むカリホナ人は、死者が出ると喪家は焼かれ、死霊（イオ）が生者を脅かすと恐れられている。男性と女性では死後の世界が別で、ちょうどこの世と同じような生活をすると信じられている。

クイクル人は、死者が出ると遺体はハンモックに包まれ、喪家から村の広場に移され、そこの円筒形の墓地に埋葬される。故霊は真上の空に昇天し、そこでの幸福な生活が約束されるという。

アマゾン川上流に住むマクナ人は、死者が出ると、その故霊はしばらく昇天するか地下に留まり、後に先祖の墓に留まると信じられている。葬儀は誕生と同様に個人的な行事で簡素であり、長い墓屋の中に埋葬し、シャーマンが蜂蜜の油を燃やして霊魂を払う。

奥地に住むオタバロ人は、カトリックの影響を受けているが、死者が出ると遺体を埋葬の折に副葬品を添える習慣が残っている。洗礼を受けた子供の霊は、天国に直行し天使になると信じている。十一月二日の万霊節には、墓地に花や供物を持参して墓参する。

ユクナ人は、死者が出ると死因は何者かの仕業ととらえ、ときには西洋的薬物の祟りと信じている。葬儀の折に所持品はすべて焼却され、ハンモックに包まれた遺体の頭部は東に向けて埋葬される。死後、一年経って喪が明け、儀式が営まれる。

コロンビアからベネズエラにかけてのオリノコ川河畔に住むクイバ人は、死者が出ると遺体は火葬にし、その霊魂は昇天すると信じられている。魂は夜の銀河の流れとなり、いつかは新しい生命になってこの世に帰るという。

7 スリナム共和国

ガイアナとフランス領ギアナにはさまれた大西洋岸のスリナムは、わが国の本州の三分の二にも満たない国だが、黒人系混血であるムラートをはじめ、インド人やインドネシア人が移住した複合民族国家で、オランダ語を公用語としている。首都はパラマリボ。かつてオランダ領であっただけに、労働移民として同じくオランダ領であったインドネシアからの集団移住者が多く、隣りのガイアナとともに、ヒンズー教徒やイスラム教徒がキリスト教徒やユダヤ教徒と共に存在する。人種別に信奉する宗教が異なっていて、南米では珍しいケースといえよう。

首都の目抜き通りの交差点には、インドの平和運動家マハトマ・ガンジーの銅像が祀られている。同国の人々がいかに諸民族の平和共存を望んでいるかが、ここからうかがえる。

死者が出ると、葬儀は首都以外では親類縁者が取り仕切る。年間を通じて暑い土地だけに、遺体は早めに埋葬しなければならないが、葬儀等については、宗教や各民族の慣習に沿って行われる。キリスト教徒やイスラム教徒、ユダヤ教徒においては、土葬が一般的である。ヒンズー教徒は遺体を火葬にし、公海上に骨灰を流す。墓地はカトリック教徒以外は簡素だ。ブラジル国境に近い山岳地帯にはアメリカインディアンが住み、原始的な葬送慣習もみられる。マカ人は、死者が出ると喪家を中心に葬儀が一週間から数カ月にわたって丁重に営まれ、所持品と共に墓地に埋葬される。そこでは音楽と踊りと物語が披露される。その後、二度目の葬儀が営まれ、同様の音楽と踊りなどが繰り広げられ、故霊は祖霊となると信じられている。

スリナムからフランス領ギアナにかけて住むトリオ人は、死者が出ると死因は自然ではなく人為的か何かの仕業と受け止め、仕返しをしなければならないと考える。遺体は喪家の床下に埋葬され、その後、家は廃墟にされ、故霊は東方に向けて旅立つという。

⑧ チリ共和国

南米大陸の西岸に細長くのびたチリの北部は荒涼たる砂漠地帯であり、南部は寒冷地帯なので、人口の大部分は国の中央部に位置する首都サンティアゴに集中している。

かつては土着のアラウカーノ人が全国的に居住していたが、年々減少して現在は南部諸州に二十万人程度住むのみだ。スペイン系白人との混血であるメスチソが住民の大半を占めている。

住民はチリ独特のなまりのあるスペイン語を用い、カトリック教徒が圧倒的に多いが、政治と宗教の分離、そして信教の自由は保障されている。近年、ヨーロッパ各地から移住した人々の間にはプロテスタント教徒、ギリシャ正教徒、ユダヤ教徒、イスラム教徒なども存在する。

死者が出ると、医師の死亡診断書をもって最寄りの役所（レジストロ・シビル）に死亡届をする。死後、二十四時

チリ
サンティアゴの公営墓地

間から三十六時間以内に埋葬するため、通夜や葬儀は死亡翌日か翌々日に墓地の集会所で営む。チリ人は誕生の時にはたいてい、カトリック教会で洗礼を受けるが、その後は結婚式や葬式を除き、あまり教会に詣でない。通夜や葬儀、告別式は墓地まで喪家から徒歩か車で行列して赴き、神父の司祭による儀式を営む。首都には前世紀から設立された公営の総合墓地（セメンテリオ・ジェネラル）があり、歴代大統領の霊廟が林立する。ここには火葬場もあり、希望者は火葬も可能だ。その他、カトリック墓地やユダヤ人専用墓地もあり塀に囲まれている。最近、首都郊外に私営の記念公園墓地が造成され、主に金持ちがアメリカンスタイルの平面墓地を購入している。その一つ、パルク・デル・レクエルド記念公園墓地には、火葬設備も設置された。墓地はたいてい、四人から六人の遺体を入れた棺を立体式に埋葬することが可能で、私営のものは購入した空地の転売も可能で、墓地を投資の対象にする人もいる。

⑨ パラグアイ共和国

南米の内陸国パラグアイは、国土の中央を流れるパラグアイ川によって東西に分かれ、東部は森林の多い丘陵地帯で、西部は地形の変化に乏しい大平原になっている。首都はアスンシオン。住民の大部分はスペイン系白人と土着のグアラニー人との混血で、ほかにヨーロッパ人や東洋人も存在する。スペイン語が公用語で、カトリック教徒が多く、「フィエスタ」という祭りが盛んで、このときばかりは老若男女、人種の別もなくカトリックの聖人の復活を祝う。

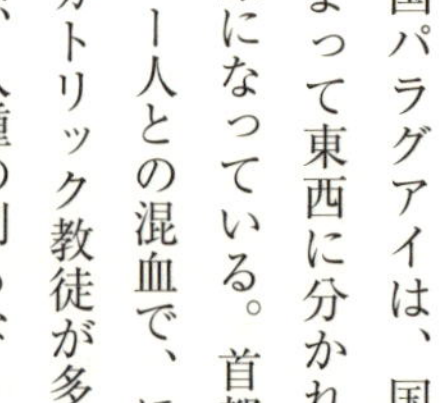

死者が出ると、自然死であれば医師の死亡診断書をもって役所に死亡届を出し、埋葬許可書をもらって葬儀の準備にかかるが、このような手続きは葬儀社が代行するので、葬儀と一括で依頼することも多い。また、地方では、届け出は判事にするだけでよいことになっている。

喪家では遺体を湯灌した後に納棺し、頭部に十字架や燭台を飾って通夜をし、翌朝、霊柩車で教会に運び、葬儀を終えた後に埋葬する。

この国は貧富の差が甚だしく、一般に金持ちは棺を地上の霊廟に納め、ふつうの層は地下や壁龕に納めて、一定の期間（五年間程度）がくると改葬することがある。スペイン人は地上墓に、ドイツやロシア、ユダヤ人は地下墓に埋葬されるのを好む傾向がある。

供花は白い花を好み、多くの花輪を葬儀のときに贈るが、遺族は黒い喪服を着用する。かつてこの国に火葬の習慣がなく、遺族が特に火葬を希望する場合には、隣国のアルゼンチンまで移送したものだが、最近、首都のマリスカル・ロペス大通りに面した共同墓地内に火葬場が設置され、火葬率も徐々に上がっている。米国式の近代的な設備をもった葬儀社も出現し、教会で葬儀を営むかわりに司祭者を墓地内の礼拝堂に招いて、そこで葬儀を行うケースも増えてきている。会葬者は近親者を除き、普段着で参列する。

東部に住むアチェ人は、死者が出ると死霊が死亡場所に彷徨すると信じられている。ふつう遺体は僻地に埋葬し、その上に小屋をたてるが、老人や権力者の場合には死霊の祟りを恐れて火葬にすることもある。

トバ人は、死者が出ると遺体は異体のものとして恐れられ、所持品は死んだ家と共にすべて焼却され、別の家が新築される。遺体の頭部は死の世界である西の方向に向けて埋葬する。

⑩ ブラジル連邦共和国

南米で最大の国土をもち、日系移民とその子孫も約百万人を数えるブラジルは、ヨーロッパから移住した白人系が人口の半数以上を占めるが、土着のインディオや白人との混血カボクロなどがこれに続く多人種国家だ。首都はブラジリア。カトリックが国教になっていて、どんな僻地のコロニア（入植地）へ行っても家の中にはイエス・キリストやマリアの像を祀る祭壇があり、朝夕灯明をあげて祈る人々の姿がみられる。その一方で悪魔の呪いや祟り

を恐れる「ウンバンダ」や「カンドンブレイ」という民間信仰が盛んである。

死者が出ると医師の死亡診断書を添付して最寄りの役所（レジストロド・オビト）に死亡届を提出する。たいてい葬儀社が棺や墓地での埋葬の手続きをしてくれ、通夜や葬儀、告別式は有名人や金持ちを除き、教会ではなく墓地の集会所で営む。通知は電話か新聞に死亡広告を出し、当日は近親者を除き、たいてい普段着で参列する。現在、サンパウロ市には公営が二十二カ所、私営が十七カ所の墓地があり、その中で最大のものがビル・ホルモーザ墓地、豪華なものがコンソラッソン墓地だ。火葬の場合は医師二名の死亡診断の署名が必要で、サンパウロにはイタペセリカ墓地に火葬場があり、リオデジャネイロ市にも最近、火葬場が設置された。しかし圧倒的にカトリック教徒の多いブラジルでは土葬が伝統的な埋葬方法で、最近、サンパウロ市郊外に広大な私営の記念公園墓地が造成され、同一規格の石碑が地面に碁盤の目のように埋め込まれ、周囲には芝生が張りめぐらしてあり、ゴルフ場のようだ。

ブラジル
サンパウロ市内の公営墓地

サンパウロを中心とした日系移民の活躍にはめざましいものがあり、外国にあって古い日本の伝統を保持している。かつて、評論家の大宅壮一はブラジルを訪れて、「古い日本の残りカスを見るには、ブラジルに来れば全部わかる」と言って、日系移民の顰蹙《ひんしゅく》を買ったほどである。

ブラジルに永住権をもつ在留邦人が死亡した場合は、医師の死亡診断書をもって居住地の登記所で死亡登録を行う。この際は二名の証人とともに、死者の身分、遺産、遺族などを申し出、遺体の埋葬地や埋葬時間を申請して、死亡証明書の交付を受けて埋葬の運びとなる。

日系移民の間には仏教や日本の新興宗教の信奉者が多い。かれらの仏式の葬儀には枕経や通夜に開教使（仏教伝道のため海外に派遣された僧侶）が立ち会い、出棺前や墓地にも同行し、埋葬の折にも読経する。

通夜はたいてい喪家で行い、私営または公営の葬儀社を利用し、葬儀もふつう喪家で行うが、場合によっては病院や墓地の遺体安置所で営む。一般には死後二十四時間以上三十六時間以内に埋葬するが、在留邦人の場合は、一九七四年に新設されたサンパウロ市内のビルアルヒーナ・サンペードロ墓地の火葬場で火葬・埋葬できる。月間百体程度が火葬で、漸増傾向にある。

カトリック教徒の葬儀はわりに簡単で、通夜や葬儀の折に神父が立ち会って祈禱するが、葬列や埋葬にはほとんど関わらない。弔問者は故人と比較的関係の薄い人でも参列することが多く、霊柩車の通る道筋では、一般市民でも立ち止まって脱帽するし、地方では霊柩車の通るときに商店は店を閉めて弔意を表すという。

カトリック教徒は、ふつう埋葬してから七日後に教会でミサをあげ、毎年十一月二日の万霊節には盛大に墓参をする。遺体は墓石の下の地下棚にコンクリート詰めにして納められるが、埋葬してから四、五年後には収骨されて、納骨堂に改葬している。

事故死の場合は、遺体は検視官の立ち会いの下、法医学院に収容されて解剖され、遺族に引き渡されるが、遺体の海外移送を希望する場合は解剖後に防腐処理を施したうえで、①官憲発給の遺体移送許可証、②防腐処理証明書、③官憲発給の死亡証明書、以上のほか、英文の遺体証明書などを添付しなければならない。棺は領事官立ち会いの下に密閉される。

墓地は国内各都市の近郊に散在するが、そのほとんどは私営で、都市部に政府管理の小規模なものもある。国内最大の墓地はリオデジャネイロの中心にあるサンジオアン・バプテセア墓地だ。ここは四方を山に囲まれ、長い塀に仕切られ、総面積は約二〇〇〇万平方メートルある。霊廟形の墓は少なく、大理石や御影石の敷き石の上には天使の胸像やギリシャ女神をかたどった彫像が並んでいる。作家水上勉は「墓について」(『ミセス』一九八〇年十月号)という随想で、「サンパウロではブラジル人の墓と日本人の墓とを見比べた。ブラジル人の墓は、かなり豪華で、石碑のようなものを建て、そこに生前の写真をはめこむ習慣がおもしろかった。大理石のもあるし、御影石のもある。おおむね私の背丈より高い。石碑のまわりは、四角く敷地が区切られて、四季の花が植えられている。そんな無数の墓石が林立している」と述べている。

アナンベ人は、死者が出ると、かつては遺体を木製の棺に入れて僻地に放置していたが、今日ではほかのブラジル人同様に最寄りの共同墓地に埋葬している。

アパライ人は、死者が出ると、かつては一般的には遺体を喪家の床下に埋葬し、シャーマン（呪術師）の場合には森の中に埋葬していた。しかし今日ではキリスト教の影響を受けて最寄りの共同墓地に埋葬している。

アピアカ人は、死者が出ると、かつては未亡人は亡き夫の遺骨が白骨化するまで顔を黒く塗り、頭髪を切って墓の傍らのハンモックに横たわっていたという。しかし今日ではこの慣習はすたれ、ただ、死者の名前を呼ぶことを禁忌《タブー》としている。

クラホ人は、死者が出ると、かつては埋葬後、数年経ってから発掘して洗骨し、色を塗って再埋葬していたが、今日では一回限りで村の西方の墓地に埋葬し、一、二週間後に故霊へ供物を捧げる。クラホ人は、すべての生物に霊魂が宿り、再生すると信じている。

クリナ人は、死者が出るとシャーマンが招かれ、その魂を地下の世界に導く。魂は生け捕りにした猪に乗り移り、それを会葬者一同が煮て食べ、新しい生命となって復活すると信じている。ただし魔女の霊は地下の世界に導かれず、再生もしない。

アマゾン川河畔に住むマルボ人は、死者が出ると遺体を火葬にして整骨していたが、今日では埋葬している。同族の規則を遵守した人は死後、天国に行くと信じられ、神秘的な動物に再生すると信じられている。

アマゾン川河口北部に住むパリクル人は、死者が出ると遺体の頭部を東に向けて埋葬する。ただし、シャーマンの遺体は西に向ける。故霊はちょうど生前の寿命と同じ期間、冥界に留まり、その後昇天すると信じられている。

テレナ人は、死者が出ると遺体の頭部を西に向けて埋葬する。故霊は死の国に旅立ち、死人の出た家を燃やしたり、入口の戸を取り替えて再び帰ってこないようにしている。

スヤ人は、死者が出ると喪家で遺体に色を塗って飾りつけ、近親者が号泣する。故霊は東方に去って木に登り、昇天すると信じられ、服喪期間中、喪家ではいっさいの慶事を避ける。葬儀の日には村総出で広場に集まり、会葬者は同じく体に色を塗って歌い踊る。

ベネズエラ
グィヤナの公営墓地

⑪ ベネズエラ共和国

南米大陸の北端にあり、カリブ海に面するベネズエラは、南米でも最も貧しい農牧国から産油国となって、首都カラカスを中心に急激に近代化した国で、その発展ぶりには目を見張るものがある。ベネズエラとはイタリアの「小さなベネチア」のことで、ヨーロッパからの移住者がこの近辺の町マラカイボをみて、「ここはちょうど水の都ベネチアみたいだ」と言ったのが始まりといわれる。

住民の半数以上がスペイン系白人とインディオまたは黒人との混血で、カトリックを信奉する人も多く、スペイン語を公用語とし、ラテン民族特有の楽天的な国民性で、生活をエンジョイしている。

内陸部の奥地では土着の未開人種的生活を営む人々もいるが、都市部近郊ではほかの文明国と同様、死者が出ると医師の死亡診断書をもって葬儀社に依頼するのが通例である。葬儀社は役所への死亡届などを含めて、葬儀から埋葬に至るまでの諸手続きを代行してくれる。

家が広い場合は喪家で葬儀を営むこともあるが、ふつうは葬儀社の葬儀場を用いて、午前十時から午後四時の間に行う。遺体は死亡確認から二十四時間経た後に埋葬するが、伝染病などで死亡した場合はただちに埋葬することになっている。

ベネズエラはカトリックが優勢な国で、火葬は法律で禁じられている。墓地に埋葬した遺体について、外国の遺族から要求があった場合、埋葬から五年を経過していれば所定の手続きをしたうえで国外に運び出すことは可能である。また、死亡後すぐに遺体を移送する場合は七十二時間経過した遺体を樹脂でバルサム漬けにして送還する。

ベネズエラからコロンビアにかけて住むグアジロ人は、死者が出ると遺体は故霊となって昇天し、銀河になって死の国に至ると信じられている。埋葬した遺骨は後に洗骨し、家族統合の象徴として第二の葬儀を盛大に営む。

オリノコ川河畔に住むパナレ人は、死者が出ると死霊は遺体から離れて生者に害を及ぼすと恐れられている。それは葬儀の折に舞い戻って踊りを共にし、その後あの世に去ると信じられている。

ピアロア人は、死者が出ると、かつては遺体をミイラにして岩山の洞窟に放置していたが、今日、キリスト教徒のピアロア人は、墓地に埋葬している。

プメ人は、死者が出ると死そのものは悲しい出来事ではあるが、霊は先祖と一体になると信じられている。遺体は、右に屈折されて埋葬し、一メートルほどの墓標が置かれる。

⑫ ペルー共和国

南米中部の太平洋に面したペルーは、熱帯地方にありながら、フンボルト海流の影響でそれほど気温が上昇せず、特にアンデス山脈が貫く山岳地帯では雪に見舞われることもある。住民はスペイン系白人とインディオとの混血や、インカ文明を築きあげたケチャ人などが大部分を占め、人々はスペイン語やケチュア語を用いている。

ペルーはメキシコとともにスペインの中南米植民地化の拠点とされたため、その役割の一端を担ったカトリックの宣教師によって、未信者は宗教裁判にかけられ、徹底的に弾圧された歴史をもつ。したがって、スペイン植民地時代から住民の大半はカトリックを信奉し、さらに首都リマを中心とする海岸地方では西欧的な風俗、習慣を維持している。首都のキリスト教徒は、かつて市の中心地、サンフランシスコ教会の地下墓地に埋葬されたが、その数六、七万体になるという。

ふつう都市部では、死亡すると医師の死亡診断書をもって役所に届け出ることは文明国一般と同様で、これらの手続きなどは葬儀社を利用すれば代行してくれる。喪家では通夜の後、葬列を組んで墓地に向かうが、そこに司祭者を招いて簡単な葬儀を営んだ後に、伝染病による死者を除いてはほとんどその場で埋葬する。

現地人が死亡すると、日系人以外の遺体は、ほとんど土葬にされる。喪家では、通夜に、親族が弔問に訪れて、遺

ペルー
リマ市内の公営墓地

族に軽食や酒を差し入れ、一緒に過ごす。葬儀が行われる翌日には、遺体が霊柩車で運ばれ、地上墓や「ニチョ」と呼ばれる壁面墓に納棺される。かつて葬儀は、神父の司祭のもと、カトリック教会で行われていたが、最近では簡素化し、ふつう八日、一カ月、一年後にミサが行われる

首都最大の墓地は北東部十区にあり、新旧二カ所に分かれているが、旧墓地には歴代大統領の墓をはじめ豪壮なものが多い。道一つを隔てた新墓地にはペルーのサッカー界生みの親、加藤あきらの墓が門前近くにある。

地方における葬儀は部族によって異なるが、山岳地帯に住む人々の間では通夜の弔問に駆けつけた女性たちが慟哭し、終夜遺体を見守る習慣がある。彼女たちがかぶる山高帽は、悪病や霊が入るのを防ぐ魔除けであるところから、あまり脱ごうとしない。帽子の色は種族によって異なり、たとえば黒色はアエマラ人、白色はキチュア人といった具合だ。住民は信仰深く、クスコ近郊のたいていの家の屋根には魔除けの十字架や動物の飾りがたっている。

北部地方では一般に服喪期間が長く、混血（チョラス）人種が最後のインカ人の死を悼んで、いまも黒い服を着ている。

山岳地帯に住むアムエシャ人は、死者が出ると故霊は昇天し、陰魂は喪家か墓地に彷徨すると信じられている。葬儀は簡単で、死亡の翌日に墓地に埋葬する。

アンデス山中に住むピロ人は、死者が出ると遺体はマットに包まれ、墓所の二メートル下に埋葬している。一般的に呪術師の霊は昇天して神になり、そのほかの霊は住み慣れた場所を彷徨し、パパイアを食べると信じられている。

奥地に住むヤグア人は、死者が出ると死霊を恐れ、かつては死んだ家を焼却して廃墟にし、遺体は村の広場に埋葬した。今日、文明化したヤグア人は、近くの共同墓地に埋葬している。

ペルーからブラジルにかけて住むアマハカ人は、死者が出ると関係者が出そろうまで喪家の床下に仮に埋葬するが、その後、火葬にして遺灰は近くの川に流し、残った歯や骨片は砕いてスープに入れ、近親者が飲み干す習慣があった。

ボリビア
ラパスの公営墓地

⑬ ボリビア共和国

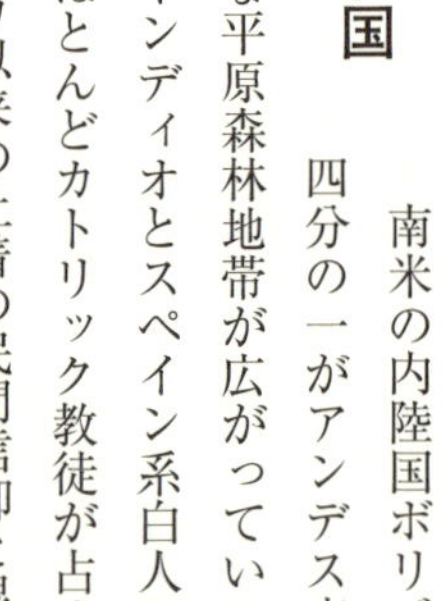

　南米の内陸国ボリビアは国土の四分の一がアンデス高原で、アマゾン川流域には広大な平原森林地帯が広がっている。首都はラパス。住民は土着のインディオとスペイン系白人やその混血のメスチソからなり、ほとんどカトリック教徒が占めている。しかし、習俗面ではインカ以来の土着の民間信仰と混淆しており、さまざまな魔神などを信奉している。

　死者が出ると、死亡診断書をもって役所に届け出るが、遺体の処理はほとんど葬儀社に依頼することが多い。一般に葬儀は喪家で行われ、墓地に埋葬した後に、カトリック教会で慰霊の追悼式を行っている。

　首都は海抜三六〇〇メートル地点に位置し、世界一高い首都だが、ほかの中南米諸国と異なって、先住民族や白人との混血人種が混然一体となった一種独特の風俗習慣を誇っている。

　ここは高地のせいか、「泥棒も歩いて逃げ、そのあとから警官も歩いて追いかける」といわれるほど酸素が稀薄で、人々の行動も緩慢にならざるをえない。

　首都の西方郊外のチチカカ湖岸近くには、紀元前から栄えたインカ文明発祥の地といわれる石造建築、ティアワナコ遺跡が残っており、巨石の太陽神モノリット（神像）が住民の信仰の対象になっている。

　アフリカから移住した黒人の間では、死者が出ると埋葬後、墓地で男性が手を取り合って輪を作り、アフリカからの伝統的なマウチ音楽を奏する。

　シリオノ人は、死者が出ると遺体の処理から埋葬まで適切な方法を用いないとその霊が祟ると信じられている。今日ではカトリックの影響を受けて次第に伝統的慣習がすたれつつある。

　高原地帯に住むチパヤ人は、死者が出ると故霊の祟りを恐れて丁重に通夜や葬儀を営む。遺体は盛り土の中に埋葬し、入口に供物を供える。遺骨が風化すると骨塚に収骨し、特に死後三年間は故霊が生者に危害を与えないように追悼の儀式を行う。

西方の低地地帯に住むユクイ人は、死者が出ると故霊は口から出ると信じられているので、危篤の折には息を吹きつけたり、痰を飲み込ませたりする。故人の所持品は焼却され、遺骨は後に拾骨し、漆で赤く塗って安置する。今日ではキリスト教の影響で墓地に埋葬するが、そこには故人の名を刻まず、名を口にすることを禁忌《タブー》としている。

⑭ フランス領ギアナ

フランスの海外県である同国は、かつて、フランスでの犯罪者が流刑で追いやられる地であった。スリナムと接するマロニ川沿岸のサンローラン市や大西洋に浮かぶ悪魔の島には、今も刑務所の跡地が保存されている。クールー市郊外には、欧州連合（ＥＵ）の宇宙基地がある。近代的な設備をそなえたその環境は、近隣に住む先住民の生活環境と大きく異なっている。

現地人の大部分はキリスト教徒である。県庁所在地カイエンヌには、フランスの海外県らしく、白亜の立派な墓地もある。人が死亡すると、葬儀社によって葬儀が手配され、遺体が埋葬される。

付　世界の葬送慣習を展望する

一九五〇〜六〇年代に米国の人類学者ラルフ・ソレッキーがイラクのシャニダール洞窟内で今から五万年前に死んだと推定される八人のネアンデルタール人の遺骨を発掘し、その周辺には群生植物でない、アザミ、タチアオイ、ヤグルマギクの花粉を発見した。このように遺体を丁重に葬った事実は、これが人類最初の埋葬の起源であり、同時に宗教の起源であると考えられる。

宗教心は、人々が自然および超自然的現象の激変に直面して驚異や恐怖心を起こし、それに対して何らかのとりなしの気持ちをもつところから生じると考えられる。特に、最愛の人の死は最大の関心事で、その死に直面した場合、故人から生前受けた恩恵への感謝の念と、それに報いえない罪障感への代償行為として、何らかの儀礼を行って故人の冥福を祈り、あの世での永生を願ってきた。そうした願いをもつ同族や同信の人々が次第に定型化した慣習を保持するようになり、宗教はそうした人々に安心立命を与え、その願望に応じる形で生まれ、それが次第に教義や聖職者、施設、儀礼、制度などを組織化して行ったと考えられる。したがって人々の宗教心に立脚した慣習は当初、自然発生的に生じたものであるが、組織化され制度化された宗教教団が生まれるにつれて、その聖職者が人々を教化する立場に立ち、人々は教化される立場に置かれるようになった。

特に、関係者の死に直面して行われる葬送慣習は、世界各地の地域によって異なっていたが、宗教教団が発展するにつれて、その慣習は次第に特定の宗教教団の説く死生観や来世観、そしてその儀礼に収斂され、その影響が周辺地区にも及び、一種独特の宗教文化圏を形成して今日に至っている。

それ以来、交通・通信網が発達していない近世期までは、それぞれの地域内で死者を出した場合は、関係者同士が集まって何らかの儀礼を行い、遺体の処理をし、喪に服した。これに関し、フランスの人類学者アーノルド・ファン・ヘネップは次の如く述べている。

はじめ私は喪というものを、実在する実質的な要素とみなされる死によって神聖かつ不浄な状態に置かれた者を、一般社会から隔離することを目的とする、一連のタブーと消極的な慣行からなるものと考えていた。しかし今ではもっと複雑な現象のように思われる。実際には喪は遺された者たちのための過渡期であって、彼らは分離儀礼によって過渡期に入り、この期間の終わりに再統合の儀礼を行って（喪明けの儀礼）一般社会に戻るのである。場合によっては、遺族の方の過渡期が死者の過渡期と表裏一体をなしており、遺族の過渡期が終わると同時に死者の過渡期も終わり、死者が死者の世界に統合される。

いくら昨今、一般人の宗教教団離れが顕著であるとはいえ、葬送慣習においては宗教の役割は依然として重要視されており、二〇〇〇年七月二十五日、フランスのドゴール国際空港近くで離陸直後、コンコルド超音速旅客機が墜落して百十四人の犠牲者を出し、その翌日、各宗教合同の慰霊祭が墜落現場のゴネス市公民館で行われた。そこでは犠牲者やその遺族の信奉するカトリック、プロテスタント、ユダヤ、イスラム教の聖職者が合計三十分にわたりそれぞれの祈りを捧げ、引き続きパリのローマ・カトリックのマドレーヌ寺院でも、共産党を含む政治家が参列して宗教色豊かな慰霊祭を盛大に行ったと報じている。

同様に、二〇〇〇年八月十二日、かつて旧ソ連時代は反宗教国であったロシアで、海軍の原子力潜水艦「クルスク」がバレンツ海で沈没し、乗組員百十八名の全員が死亡したが、同年八月二十三日、近くの原潜基地内の礼拝堂でロシア正教に基づく追悼ミサが行われたという。

わが国でも、国民の大多数は普段、宗教にはあまり関心をもたずに過ごし、最近、いくら無宗教葬とか友人葬とかがマスコミなどで取り上げられているとはいえ、いざ、近親者が亡くなると何らかの宗教的儀式を行わないと故人の霊は浮かばれないと考え、たいてい仏式による葬儀を営んでいる。

このように、葬送慣習に限って言えば、特定の宗教を好むと好まざるとにかかわらず、死という危機的状況に直面したときには、近親者は藁をもつかむ思いで何らかの宗教的手立てを求め、厳粛な葬送儀礼を営むことによって故人を追悼し、一般の人々もその死を認知、納得するのではなかろうか。そうした意味で、葬送慣習とは、関係者の死に直面した個人および社会の人々の恐怖と追慕の念という内発的な感情を癒すために、その死の意味づけをして救済の手助けをする外発的な宗教との間の暗黙の了解の下で生まれたものと言えるであろう。

一　二人称の死としての葬送慣習

かつてフランスの宗教学者ジャンケレヴィッチは『死』の中で、われわれが死を考える際の態度として、「一人称の死」と「二人称の死」と「三人称の死」を区別している。すなわち「一人称の死」とは自分の死を指し、それはほかに転嫁できない人生上最大の危機であるが、ギリシャの哲学者エピクロスは『メノイケウス宛の手紙』の一節で、「われわれが存在するかぎり、死は現に存在せず、死が現に存在するときには、われわれは存在しない」と喝破したように、死そのものは自分が認識することはできない性質のものである。また、「三人称の死」とは自分に直接関係ない人々の一般的な死を指し、マスコミなどで報道される有名人をはじめ、毎日のように死亡している多くの人を指している。これに対して、「二人称の死」は自分の身近に関係する人の死で、最愛の両親や伴侶や恋人や兄弟や子供や友人知己などの死を指し、そうした死に遭遇したとき、今までの故人との精神的結びつきを絶たれた別離の悲しさと、遺体が腐敗してゆく姿への恐怖心というアンビバレントな気持ちを止揚する象徴的行為として葬送慣習を行ってきたと考えられる。

この二人称としての人の死に直面して、その直後から一通りの葬送慣習が終了する喪明けまでの身近な関係者のたどる心理的過程は、死者のたどる過程と同様、一人称の自分の死に直面し、その死に至るまでの心理的過程と表裏一体の関係にもあるように見受けられる。

たとえば米国の臨床心理学者キュブラー・ロス博士の末期患者の観察・研究によれば、「昔は無条件に神を信じた人が多かった。人々は来世を信じた。来世は彼らを苦しみと痛みから救ってくれると信じていた。天国には報償があり、たとえ地上で苦しむことが多くても、死後に報いられることができた。報いは生の重荷を耐えていく勇気、優雅さ、忍耐、威厳に応じて保証されていた」といい、「地上での苦しみが天国で報いられるという信仰はとっくに死滅した。（中略）死後の生を期待できないとすれば、われわれは死を悩まなければならない」と述べている。死が間近に迫った末期症状の患者の死までの心理的葛藤とその変化の過程を実際に観察してきた博士によれば、患者はまず第一段階として自分の死を否認し、第二段階として周囲のすべてのものに対して怒りを感じ、第三段階において死が何とかならないかあらゆる救済の手立てに対して取引し、第四段階としてそれがかなわないと抑鬱した状態に陥り、第五段階として不可避的な死を諦めて受容するに至り、来世に希望を抱いて死を迎えるという。こうした死に至る末期患者の、精神医学用語でいう「防御機制」は、あらゆる手段を用いて死から逃れようと働くが、それでも刻一刻と死に近づいて行くことが自覚されると、心理的葛藤に見舞われるが、それに至る段階や、これらの手段が持続する時間は人によって一定せず、ときには交替し、ときには併存するといわれる。

二人称としての身近な人の死が迫った時も、同様に、ステレオタイプ化することは避けなければならないが、同様の段階を踏むのではなかろうか。すなわち、第一段階としては「そんなことがあるものか」と驚愕し、拒否反応が起こるが、第二段階として「そんなことがあってはならない」と怒りを感じ、第三段階として「どうにか助けてあげたい」という気持ちが湧いて最善を尽くす。しかし、第四段階として「にもかかわらず助けてあげられない」という現実に悲観し、第五段階として実際に死んだ事実を知って「諦め」てその死を受容し、それなら「せめて死後の世界を安らかに」と冥福を祈るということである。

こうした二人称としての関係者の危篤の状態から実際の死に直面した場合、その後の葬送慣習に移行する段階で、世界各国で死を看取る人の心理的葛藤とその癒されてゆく過程は、たとえ宗教的、文化的に異なった慣習の中にある人々であっても、ある種の共通した心理過程を踏むようだ。

こうして、「二人称の死」という身近かな人の死から喪明けに至る関係者の葬送慣習を行う動機は、内発的なもの（下位体系）と、その属する宗教や社会の影響を受けた外発的なもの（上位体系）との二極構造からなるようだ。すなわち、前者は個人的感情や情緒に基づき、後者は宗教や社会の要請する規範や伝統に基づくもので、この両者の絡み合いによってそれぞれの葬送慣習の意味づけや実践内容を豊かにしている。

このように二人称の死に直面して、従来、各地で行われている葬送慣習は、その宗教的、社会的儀礼を通じて、お互いが死者に対する感情を共有し、その集団を再統合する役割を果たしてきた。そこでは、教義をたてて制度化された宗教的伝統の影響力は無視できないものがある。すなわち、従来の葬送慣習は、それぞれの属する宗教やその文化圏の聖職者や長老たちの主導の下に持続され、何らかの宗教的意味づけがなされてきたからである。もちろん、そこには当然、制度化されないマイナーな宗教や疑似宗教が存在しているが、それらを含めて、一つの大きな宗教文化圏を形成し、ほかにみられない独自の慣習を維持して今日に至っている。

そうした宗教文化圏を形成し、今日、世界各国で影響力をもつ主要宗教として、仏教、キリスト教、儒教、ヒンズー教、イスラム教、ユダヤ教（アルファベット順）が挙げられよう。これらいずれの宗教文化圏にも属さないか、属していても一国内での民族宗教についてはここでは紙数の関係で省略したい。

二　世界的宗教の死生観と来世観

ここではまず、世界の主要な宗教の説く死生観や来世観の特徴を略述し、その直接的、間接的影響を受けた世界各国の葬送慣習の実情との関連の下に比較検討し、今後の葬送慣習の行方について展望してみたい。

(一)　仏教

仏教の開祖・釈迦は、人間の存在はほかの事物と同様に無常・無我なものであり、「生者必滅《しょうじゃひつめつ》」の理法に基づく因縁によって生起して消滅し、いかなる存在もその轍《てつ》から逃れることができないと説いている。しかし、人間特有の欲望（エゴ）があるがゆえに、この理法に逆らって生き延びようとし、それがかなえられずに「苦」を感じる存在でもあると言う。したがって、その「苦」から解放されるには無常・無我の理法を悟り、自我を超克することをすすめている。

その教えは自利利他といって、苦しむ自分がそうした悟りを求めるだけでなく、同じく苦しむ人々を救済しようとする慈悲の精神から、人の死にまつわる葬送慣習にも携わり、その折には出家・僧侶は、この世の無常・無我なることを人々に説き、同じ悟りの彼岸に達することを願う儀礼を司祭している。その折に、出家・僧侶は在家信者に対して自分たちと同様の戒律を守って同様の修行をするように、「没後作僧《もつごさそう》」といって僧侶と同等の能力や資格を与えて彼岸に達するよう「引導《いんどう》」を渡す。これについて米国の仏教学者フランク・レイノーズは次のように述べている。

> 普通の仏教徒にとって、死は最終的な救済に一歩でも近づくための機会（この意味で、彼らの死も一つの達成となる）を提供している。これは、何も、当の死者に限ったことではない。たしかに、死者は（そうした儀礼によって）より良い再生を保証される。しかし同時に、それに正しい態度で参加した共同体の人々もまた、自分自身の救済に一歩近づいたことになる。なぜならこうした儀礼に参加した人々はみな、直接、身をもって仏教の基本となる真理を体験することになるからである。その真理とは、形あるものはすべて滅びる定めにあること、そして単なる現世的な価値や快楽はすべてはかないものに過ぎないということに他ならない。

人の死後の問題に関して釈迦は、生前に弟子から「死後の世界があるか」という質問に対して「無記《むき》」（わからない）と答えている。生きている間は死は存在せず、死んだ後のことは語り伝えることができないからである。

初期仏教教団の伝統を忠実に守っているとされる上座部仏教は、信者は仏（覚者）の次のランクにある阿羅漢（アラハット）になるとされ、タイ王国などでは、在俗の人でも一度は比丘《びく》（僧）になる国民皆僧の伝統があり、ここで戒律を守った者は、死後は輪廻転生し極楽に往生するとされている。

チベットに伝わる密教は、人間の死は「生老病死《しょうろうびょうし》」という苦からの解放であるとし、死後その新生のために経典『死者の書』が読まれる。

同じく、北方に伝わった大乗仏教の教えは、死後の四十九日間を「中有《ちゅうう》」あるいは「中陰《ちゅういん》」といい、故人があの世に至るまでの不安定な存在で、七日ごとに冥界の王の審判を受け、最後に極楽か地獄へ行く決定がされるという。その後、五十六億七千万年後に万人への救済の手を差し延べる弥勒菩薩の到来まで、地蔵菩薩が救済をつかさどると信じられている。特にわが国では、「没後作僧」といって、葬儀の折に遅ればせながら未信者に仏戒を授けて信者にし、

「ほとけ」としてすべての人を救済する作法を行い、故人の死後、一周忌、三回忌、七回忌、十三回忌、三十三回忌の追善供養が関係者によって営まれる。仏教ではこれを「回向《えこう》」といい、故人に手向けられる追善供養の功徳がそれを行う人々に還元されて共々往生するという。このように大乗仏教では、「悉皆成仏《しっかいじょうぶつ》」の教えに基づき、仏陀（開祖）と仏（象徴的仏陀）と「ほとけ」（人が亡くなり仏界に至る引導を渡せば仏となる）の三種の「仏」を尊崇している。また、死後に「極楽・浄土」を想定しているが、これは死を恐れる人々を救済し、安心立命を与える実存的な表現であると考えられる。

(二) キリスト教

キリスト教における葬送慣習は、開祖イエス・キリストの死と復活をおいて語ることはできない。すなわち、人間の罪を一身に贖《あがな》ってゴルゴダで十字架上の磔《はりつけ》になり、死後、信者の間に復活したといわれる。人間にとって死は避けられない運命にあることを知ると同時に、その死はイエスの死とその復活によって新しい生命をえられるという。そこでは、中風の者がその友人たちの志のゆえに癒されたと同じように（マルコ二・一～一二）「彼らの信仰を見て」よみがえりの生命を与えられるという。

新約聖書では、「しかし、事実、キリストは眠っている者の初穂として、死人の中からよみがえったのである。それは、死が一人の人によって来たのだから、死人の復活もまた、一人の人によって来なければならない。アダムにあってすべての人が死んでいるのと同じように、キリストにあってすべての人は生かされるのである」（第一コリント一五・二〇～二二）。誰もが死を迎えるときに絶対者の審判を受け、滅びざるをえない。しかし、「神は、わたしたちを責めて不利に陥れる証書を、その規定もろともぬり消し、これを取り除いて、十字架につけてしまわれた」（コロサイ二・一四）。したがって、律法ではなく、自らの罪を悔い改め、自らの罪の贖いとしてイエス・キリストを受け入れて信じることによって永遠の生命をうることができるのだという。

この世の終末が近づき、永遠の生命を信じるということは、信仰それ自体が「救済と言う出来事の一部であり、終末の出来事である」と近代の神学者ルドルフ・ブルトマンは述べている。また同じく神学者パウル・ティリッヒはその信仰を「永遠の今」ととらえ、次のように述べている。「過去と未来は現在において出会う。過去と現在はともに、永遠の〝今〟を内に含んでいる。だからと言って、過去や未来が現在に飲み込まれてしまうわけでなく、過去は過去として、未来は未来として、それぞれ独自の働きをもっている。（中略）私たちは今、永遠なるものに面して立っている。しかしながら、私たちは、歴史の終わりを前に見ながら、永遠なるものに包まれたすべての時間的なものの終わりを前に見ながら、そうしているのである。」このように、現代の神学者たちは（特にプロテスタントの）、信仰を歴史を前に進める力として、現在において感じ取ることに力点を置き、死後の世界については、かつての神学者のようにあまり語っていないようである。

しかし、カトリックでは、人の死後、その肉体から離れた霊魂は各自の生前の行為に応じて中間的な煉獄を経て、最終的には天国か地獄のいずれかにたどり着くと説いている。そして、それはダンテの『神曲』やミルトンの『失楽園』に描かれているように、天国では至福の生活が約束され、地獄では永遠の苦しみが与えられるといって、人々に信仰や悔い改めを促している。また、中間的存在の煉獄においては「免償《めんしょう》」といって、些細な罪に対する償いとして課せられる罰が免除されるという考えが導入され、祈りや告解《こくげ》（懺悔）、功徳や善行が勧められている。

このように、カトリックでは教会の権威を重視し、信仰や儀礼は統一的で、信者の死が近づくと神父が招かれて終油の秘蹟を行い、罪の告白を受ける。葬儀にはミサが行われ、聖体拝領がなされる。遺体は原則として納棺後、墓地に埋葬されるが、一九六三年以降は火葬も許されるようになった。

東方教会はカトリックと同様に、信者の死が近づくと神品（聖職者）によって病の癒しを行い、死後は『ダビデの詩編』を読んで霊の昇天を祈る。そして、ほかのキリスト教徒同様に葬儀の前日に通夜を行い、「パニヒダ」という故人の安息を祈る祈禱を行い、最後の別れをする。葬儀および埋葬式には『ヨハネの福音書』が読まれ、「ステヒラ」が歌われる。その後、三日、八日、四十日目に追悼式（パニヒデ）が行われる。

プロテスタントはカトリックや東方教会と異なり、教会の伝統よりも個人の信仰や同志的結束を重視し、葬儀式も各教派によってバラエティーに富んでいる。

(三) 儒教

中国の民族宗教である儒教は、宗教というより文化といったほうが適切かもしれない。よく儒教の死生観を問うときに、開祖・孔子の言葉として伝えられている、「いまだ生を知らず、いずくんぞ死を知らんや」（『論語・先進篇』）が引用され、ふつう、この言葉は、「生のことが分かっていないのに、どうして死のことが分かろうか」と解釈され、儒教の現世主義の特徴とされて、儒教はその現世の社会規範や倫理・道徳の体系であるというのが通説である。しかし、それは一面的な解釈で、人生の最大の関心事である「死」についての宗教的意味づけがなされていることを忘れてはならない。

誰しも長生きすることを望んで死を忌み嫌うが、それが避けられないとなると「永遠の生」を考えるようになる。その「永遠の生」を得るためには、自分が死んだ暁には子孫から崇拝されるために、まず率先して先祖を崇拝し、現在の父母を大切にしなければならない。そして、自分は子孫を産むことによって一族の存続が不可欠となる。ここに過去の祖先との関係や現在の父母と自分との関係、未来の子孫・一族が連続し、それを統合する行為として「孝」が重要視されている。すなわち、孝の行いを通じて、自分の生命が永遠に続くことが可能となるのである。

儒教では、人間を精神と肉体とに分け、精神の主宰者を「魂《こん》」といい、肉体の主宰者を「魄《はく》」といっており、この「魂」と「魄」が一致しているときが生きている状態であり、分離するときが死の状態であるという。そして、死をもって「魂」は天上に、「魄」は地下に行くと考えられているがゆえに、命日の日には「魂」と「魄」を一致させる場（形代《かたしろ》）として招魂儀礼を行う。招魂儀礼とはそうした祖先の祭祀と父母への敬愛、子孫の養育という過去・現在・未来の三世の連続的行為としての「孝」を重要視したのである。

冒頭の句「いまだ生を知らず、いずくんぞ死を知らんや」は、孔子の弟子・子路が鬼神（先祖）に仕える方法を師に尋ねたとき、孔子はまず「いまだ人に事《つか》うる能わず、いずくんぞ能く鬼神に事えん」と答えてから、その直後に子路が「敢《あえ》て死を問う」と尋ねたときに答えた言葉である。すなわち、「現在生きている親に対してよく仕えることができなくて、どうして鬼神となった祖先に対して仕えることができようか」という意味であると解釈される。「生には、これに事うるに礼をもってし、死には、これを葬むるに礼をもってし、これ〔鬼神〕を祭るに礼をもってす」（『論語・為政篇』）というように、けっして死後の祖先への祭事をおろそかにしたわけではないと考えられる。

㈣ ヒンズー教

インド人の民族宗教であるヒンズー教は、人間を含む自然の生活のすべてが「ダルマ」（法・宇宙の秩序）によって調和が保たれるとしている。それはまた、道徳的、社会的義務を含み、「カルマ」（業《ごう》）や「サンサーラ」（輪廻《りんね》）や「モークシャ」（解脱《げだつ》）の諸説と密接に関連している。すなわち「ダルマ」の働きによって、人間の行為（カルマ）は過去・現在・未来と連続して続き、前世においてよい行い（原因）をした者は現世においてよい生活（結果）を送り、現世においてよい行為（原因）をした者は来世においてよい生活（結果）を送ることができるといい、その逆の生き方をすれば悪い結果を生んで苦しまなければならないと説いている。

こうした連続（サンサーラ）の世界から人間は逃れられないという教えは、人々になぜ現世において異なった生活状態があるかを説明し、人々に倫理的行動を促す結果にもなっている。また、この「輪廻転生」から解放されるために、人々のこの世の条件つきの一時的生存からの解放として「モークシャ」の行をすすめている。特に個人が究極実在と一体化した状態、すなわち「梵我一如《ぼんがいちにょ》」の状態を身をもって体験しようとする。そこでは生死を離れ、苦から解放された状態になるといわれている。

人が死ぬと遺体を火葬にするのは、肉体が聖火アグニに捧げられる最後の献供とされ、遺体は火によって焼き尽くされて魂は煙とともに天に昇り、遺灰は近くの川に流されて自然に還り、新しい生存として生まれ変わって、先祖の魂と一体となるのだと信じられている。火葬にされた後、故人は一定期間中（死後十二日から一年間）は亡者として危険な存在とされ、故人が無事に先祖のところにたどり着くまで服喪し、祖先祭（シュラーッダ）を行う。この期間中、遺族は汚れた存在とされて俗事を離れ、故人のために水と食物が供えられる。

ヒンズー教は、人々に唯一絶対の神に同じ信仰をもつことをすすめない。というのは人々の生まれや資質はそれぞれ異なるものであり、その故にすべての人が同じ宗教的要求や関心をもつわけではないとするからである。したがって、救済されるには、それらに応じて三つの道が（マールガ）、すなわち「儀礼の道」と、「知識の道」と、「信愛の道」が用意され、このいずれを選んで実践してもよいとされている。ここに寛容性のある多神教的ヒンズー教の生まれる理由があり、一神教の信仰とは異質的なものである。

(五)　イスラム教

イスラム教は人の死は人生の最終点ではなく、ただ愛するものとの一時的な別離であり、神アッラーの最終的な審判の日によみがえり、もし神に許されるなら、再び家族と巡り会うことができると説いている。『コーラン』第二雌牛章百五十六に、「まことに私たちは神アッラーのもの、かれにわれらは帰るのだ」とあり、また第五十五仁慈者章二十六〜二十七に、「地上にあるよろずのものは消滅する。だが永遠に変わらぬものは、尊厳と栄誉に満ちた汝の主の慈顔である」とあるように、人々のすべては神によって創造され、死は神の御許に帰ることを意味する。したがって、近親者や関係者の死は悲しいことではあるが、深く嘆き悲しんだり、大声で泣きわめき取り乱す行為は神の意思に反することだとされる。

人が死ぬと近隣の人々にその死を知らせ、多くの人が喪家に集まって遺族を慰める。その折、導師イマームの先導によって『コーラン』を唱え、死者のために神の許しと慈悲を祈る。遺体は白い死衣で包み、担架に載せて、ただちにモスクか墓地に運ばれて埋葬される。そこではイスラム教徒の日常の礼拝（ファルド・キファヤ）と異なり、会葬者一同が埋葬の礼拝（サラート・アル・ジャナーザ）を行う。すなわち、死者は神ではないので、神に対する礼拝である頭を深く垂れたり（ルクー）、平伏（ザジダ）をしない。そして『コーラン』第三十六ヤ・シーン章にある次の句を斉唱する。

天と地を創造された方がかれらと同じものを作れないことがありましょうか
そうですとも、創りだされる方なのです。すべてを知る方なのです
望みのものがあれば、命令は一言、「あれ」と、そうすれば成るのです
すべてに及ぶ力を手にする方の名を唱えなさい
あなたがたはその許に帰されるのです

礼拝の最後には、平安のための挨拶「アッサラーム・アライクム・ワラハマトゥルラー」を唱える。これはイスラム教徒にとって世界各国共通に唱えられるアラビア語の章句である。遺体は神の再臨に備えて、預言者モハメットの埋葬地であるメッカの方向に向けて埋葬される。しかし死者の霊は他界しているので、肉体は単なるむくろにすぎず、その後あまり墓参をしない。一般的には、遺族は死後四十二日間服喪し、金曜日にはモスクに詣で、日常生活の中では、「六信五行」の戒律を守っている。

イスラム教では、人が死んだ後にたどる変化の過程に三段階あるという。第一段階が地中界で過ごす期間で、死んでからこの世の終わりに訪れる神の復活の日までを指す。第二段階が神の復活の時で、ここで人々は今までの行為に照らし合わせて楽園行きと地獄行きとに振り分けられ、前者は至福の日々をそこで送り、後者はそこでの責め苦に遇うという。そして最後の第三段階では、楽園界行きの人と同様、地獄界行きの人もその責め苦が次第に消え失せ、神の慈悲はそれらの人々にも及ぶという。イスラム教徒にとっては地獄界での責め苦に遇う恐怖心から逃れ、楽園への再生のため、神の加護と救済を祈る。

(六)　ユダヤ教

ユダヤ人の民族宗教であるユダヤ教は、肉体は死によって土に還り、霊魂はそれを与えた神の許に戻ると説いている。遺体は無地の白衣に包まれて棺に納められ、なるべく早い機会に墓地に埋葬される。葬儀は安息日および贖罪日を除いた日を選び、「ヘブラ・カディシャ」と呼ばれる聖なる組合によって取り仕切られ、聖職者や会葬者の参列の

下で詩篇の朗読、追悼の言葉、追悼の祈りから成り立っている。墓地に向かう葬列では、会葬者は「詩篇」（九十一）が朗読される間、七回足を止め、棺が墓穴に降ろされると土がかぶせられる。そこでは「ツイドゥーク・ハ・デーン」（神の正義の同意）の朗誦、追悼の祈り、「カディッシ」（神の支配と人間の最終的な運命を神の御手に委ねる祈り）の朗誦がなされる。埋葬式が終わると会葬者は遺族に対して、「神の慰めがありますように」と言葉をかける。

ユダヤ人の死者は非ユダヤ人の墓地に簡単に葬ることができず、「ハラハー」に従って聖別された地に埋葬されねばならない。正統派ユダヤ人は火葬を行わない。さらにおおかたの正統派ラビ（聖職者）は、遺骨が棺の中に納められるとしても火葬をつかさどることを快しとしない。改革派は火葬に反対しない。火葬が、メシア時代に肉体をもって復活するという信仰の否定であると受け止める正統派の見解に与しないのである。

伝統的なユダヤ教徒の服喪は三つの期間に分けられる。最初は「アニヌート」といい、死から埋葬の間で、この期間中、遺族は自分の着ている服や付けた黒い布切れを引き裂いて深い悲しみを表す。そして肉食や飲酒や性交を避ける。第二の期間を「シヴァー」といい、人間の霊魂を象徴する火を七日間灯し続け、葬儀から戻った遺族は友人や親族が用意した「慰めの食事」をとる。第三の期間を「シェロシーム」といい、七日目の終わりから三十日までで、この期間中は社会的な活動を行わない。また、一周忌にはロウソクに火を灯し続け、故人の名で施しをし、礼拝に出席する。この服喪期間は、故人との関係の深さによって異なり、両親の喪が一番厳格である。その間、「カデッシュ」という神を讃美するアラム語の祈りを捧げる。

墓石は旧約聖書の創世紀にあるヤコブが愛妻ラケルのためにたてたことにちなんで、死後一年以内にたてるのが一般的であるが、イスラエルでは一カ月以内にたてる。墓参はふつう墓碑に花を供えず、小石を置く習慣がある。また、墓地に樹木を植えることもなく、いたって殺風景である。しかし墓碑そのものは立派なものが多い。

三　世界各国の葬送慣習の現状

こうした歴史的な所産である宗教も、当初は一定の地域内での同信者間での宗教文化体系にすぎなかったものが、次第に同一地域内の未信者間にも伝播し、その体系が何らかの影響を及ぼすようになり、相互作用により一種独特の宗教文化圏を形成するようになった。このようにして世界の主要な宗教は発展を遂げ、通信・運輸機関の未発達な十九世紀までは世界各地でそれぞれ独特の宗教文化圏を形成してきた。しかし、二十世紀後半の第二次世界大戦および引き続く東西冷戦の終結の結果、世界各地で独立した近代国家群が成立し、コンピューターや通信・運輸機関などの発達により、政治、経済面での国家間の交流が活発化し、ひと・モノ・情報の交流が短時間の間に可能になると、各国民の生活の基層をなす宗教、文化面での伝統的慣習の変容が迫られるようになる。その結果、世界各地に散在する独特の宗教文化圏にもその影響が及び、葬送慣習にも如実に現れるようになる。特にその変容が著しいのが、欧米先進諸国やわが国などの近代国家群である。すなわち、宗教文化圏内で行われてきた伝統的慣習が、近代国家の法律による規制力や商業主義の影響力のゆえに、従来の慣習がすたれてしまうという現象が起きている。

たとえば、近代国家であるデンマークでは、憲法で信教の自由を認めながらも、宗教施設の管理・維持費や聖職者の俸給は、国家が国民からの税金を「教会税」という形で徴収して配分する方法をとる。したがって、納税者はどこの施設を使ってもよい権利があり、異教徒がキリスト教会を使用して葬式をしたいと希望した場合、教会側はそれを拒否できないしくみになっている。また、スウェーデンでは、従来、ルーテル派福音教会がほとんどの火葬施設を保有しており、異教徒もそこを使わざるをえない。わが国でもカトリック教会が公式に火葬を公認する以前に、教徒はわが国の法律に従い、遺体の埋葬を従来の土葬から火葬にしていた（ただし、イスラム教徒は土葬に固執し、特別に山梨県塩山市郊外にイスラム教徒専用の埋葬墓地を保有している）。このように、近代国家においては、国家が制定する法律が優先し、従来の慣習法がそれに準拠せざるをえない状況になっている。

最近、欧米諸国などで行われている葬送慣習では、人々が自分の関係する人の死の意味を個人的、現在的に理解するのみで、自分の属する集団と空間的、時間的に関連づけた共同の儀礼や社会的慣習を軽視しがちである。この点で、米国の宗教学者リチャード・コムストックは次のように述べている。

儀礼は、宗教的文化的諸現象の中でも特に強調すべきものであり、その重要性を低くする誤りよりは、むしろ儀礼を過大評価する誤りのほうが好ましいくらいなのである。西洋の知識人は、文化や生活の中の観念的要素を重く考える習慣の中で育っているので、儀礼という現象を軽視する傾向が極めて強い。したがって、宗教現象を考察するときにも、まず第一に宗教の思想的内容を重視し、その民族ないし宗教集団の「信仰」を知ろうとする傾きがある。

科学文明のいまだ行き渡らない発展途上国や未開民族においては、どちらかというと近親者の死およびそれにまつわる葬送慣習は、遺族にとっての個人的なものではなく、その個人が周囲の地域社会と不可分の関係にあり、惜別の感情を表す社会的な機会でもある。そこでは家族の手厚い看護を受け、死に行く人の最後を見届ける。そして死に及んでは、悲嘆にくれて公衆の面前で周囲に見境なく髪をかきむしり号泣する姿が見受けられ、ときにはそれが精神的下剤ないしは治療の役割を果たす。そして葬儀は遺族や近親者は言うに及ばず、地域社会全員の社会的行事で盛大に行い、それが成員に課せられた秩序の再統合や相互扶助の規範にもなっている。

こうして生活の中で人の死に直面することは日常茶飯事で、インドなどではしばしば死や来世に対する議論が人々の間で交わされ、そうすることによって死から逃れる魔除けとなり、また、死に対する準備ができるとされている。また、それぞれの地域の慣習によってバラエティーに富んだ儀式やタブーを伴う葬送慣習を展開している。

ところが北ヨーロッパのプロテスタント諸国では、近親者の死は個人的なものであり、葬儀は近親者や友人などでしめやかに行われるのが通例である。そこでは公衆の面前で自分の悲痛な感情や態度を露《あらわ》にすることは好まれず、葬儀は控えめに厳粛に行われる。葬儀の通知を受けない人々は知人の死を知っても悔やみの手紙を遺族に送る程度で、香典や生花は福祉団体や病院などに贈っている。したがって、遺族はその悲しみを孤独の中で噛みしめなければならない。

そのほかの欧米諸国やわが国などを含めて、文明国では医療技術や施設の普及に伴い、人々の平均寿命が伸び、末期患者に対して延命措置がとられ、いつまでも長生きできるという錯覚を人々に植えつけ、自分や自分の関係する人の死に対するインパクトが薄れ、あたかもこの世に死が存在しないかのように考えられがちである。すなわち、抽象的に死を知覚するのみで、実際上、死の実態を体験しない。末期患者はほとんど病院で死を迎え、遺族が死を看取ることもなく、医師や看護師の手で最後の医療措置を施されて、死後ただちに葬儀社に手渡される。こうして自分たちの手をわずらわせることなく死後の処理を第三人者である病院や葬儀社に委ねて、後は葬儀や埋葬の当日、会葬者の弔問を受けるだけとなる。

欧米諸国では、人々は死をある程度手なずけ、死の恐怖から目をそらすことに成功したかに見受けられる。そこでは人の死は遠ざけられ美化され、特に米国では遺体は土葬と火葬とにかかわらず、ライセンスをもった葬儀社員の手によって遺体整形（エンバーミング）され、宝石箱のような豪華な箱に納められて病院の霊安室から教会や葬儀社のホールに運ばれ、通夜や葬儀の折に会葬者に最後の別れに展示される。こうした手なずけられた死は、人々に死はあたかも存在せず、天国に行ったかのような錯覚を起こさせ、永遠の死が約束されたかのように取り扱われる。しかし、いくらそうした技術や演出によって死が隠蔽されたとしても、死があることには変わりはない。人々はそうした二人称の死が美化され、だまされ続けていても、いざ自分が死の宣告を受けて死が間近に迫ったときにはその落差に唖然とし、泣き叫んで、なかには半狂乱状態に陥る人が生まれるのも当然であろう。

また、死の現実が隔離されるだけでなく、テレビや映画の普及によって、それがカリカチュア化され、画面の上でもてあそばれて、現実と疑似現象（バーチャル）の区別のつかない人々（特に未成年者）に残虐な殺傷シーンが放映され、いつのまにかそれに洗脳されて、人は簡単に死んで行けるものと錯覚を起こさせている。その結果、自殺や殺人などの凶悪犯罪が増加していることはご承知の通りである。

四　世界各国の葬送慣習の将来

日進月歩の科学技術の恩恵をこうむるわれわれは、かつて人々の想像もつかない早さで地球上のどんな僻地へもたどり着くことができ、世界各地で頻発しているいろいろな事件も、人工衛星のおかげでほとんど同時に見聞きできるようになった。こうして空間的、時間的に圧縮された世界に住む現代人の行動様式は、おのずと変わらざるをえなくなってきている。はたしてその趨勢がどういう形で収斂されるか予断を許さないが、すでに変化の兆しは徐々にではあるが世界各地でみられる。すなわち、近代化、都市化現象は世界のあらゆる国でみられ、そこで現在行われている葬送慣習もその影響は避けられなくなりつつある。人々は一部の例外を除いて、次第に自宅で死亡するのはまれになり、病院で近親者に看取られることもなく息を引き取る。遺体はただちに専門の葬儀社の係員によって葬儀場に運ばれ、関係者が集まって何らかの葬儀を営む。その後墓地などに葬られ、墓碑などがたてられる。こうした一連の儀礼の形式や規模は、地域によって政治的、経済的、民族的、宗教的、風土的な理由による差異はあるものの、死後の手順は類似してきつつある。

近代化の遅れた地域であればあるほど、その地特有の伝統的慣習が温存されているが、それも時間の問題で、外部から情報が入ってくるにつれ、近代化、都市化現象は避けられず、次第に地域的特質は失われてしまう。こうした地域社会の文化的伝承や遺産が、いずれは、消滅してしまうであろうことを懸念して、民俗学者などがその資料収集に躍起となっているのは無理もない。

今後しばらくの間は、世界各国の葬送慣習は、一つに弔問外交や政治的取り引きに利用される国家や組織体功労者の絢爛豪華な公的葬儀と、もう一つに一般人の簡略化した私的葬儀という両極化が進むと考えられる。特にわが国の葬送慣習はますます形骸化の道をたどることが予想される。こうした非人間化現象は、科学文明の高度に発達した国の人々には避けられない宿命なのかもしれない。が、われわれは、この世に生きた有形、無形の証《あかし》を何も残さず、老後は邪魔者扱いされ、死に際しても誰にも悲しんでもらえないとすれば、いったいこれから何のために生きて行くのだろうか。

科学文明がますます発展して世界の国々の障壁が取り払われ、各民族が同化した暁には、ワンパターン化した葬送慣習になるか、人間自体が思惟することを止め、悲哀の感情を失って物質のような存在となる可能性もある。そのときには、ちょうどロシアの作家ドストエフスキーが『カラマーゾフの兄弟』で、父フョードルに向かって無神論者イワンに「もし（人間が）神を考えださなかったとしたら、文明も全然なかったでしょうね」と語らしめたように、葬送慣習は無意味なものとなり、人間の歴史は終焉を迎えることになろう。

従来、「宗教」とは、欧米の一神教的キリスト教の土壌から生まれた、比較宗教学の狭義の概念規定に基づき、「特定の神仏や絶対者に対する信仰体系とその組織」とされ、それに値しないものは無宗教あるいは前近代的宗教とされてきた。しかし最近は、欧米以外の国々との交流が広まり、欧米を中心とする近代主義に翳《かげ》りが出てきた今日、この概念規定を幅広く捉え直す必要が出てきた。すなわち、欧米以外の国々での「宗教」とは、律法《りっぽう》や慣習であり、科学であり、呪術であり、健康法であるといった、それらを行う個人的、社会的生活全体を包括する言葉として受け取られてきており、その意味内容を含めないかぎり、「宗教」の全体像は把握できないという考え方が支配的になったからである。

したがって、葬送慣習も、狭義では、死後の通夜や葬儀、埋葬など一連の葬送慣習からせいぜい数週間の服喪で終了すると考えられるが、広義には時には数年後に最終的な葬送慣習が終了するといったものまであり、死後の癒しにはこうした長期間にわたるものも勘案しなければならない。また、近代の管理化社会において、いくら葬儀や葬送慣習の簡素化が進んでいるとはいえ、非人間的な生活を強いられ、疎外されていることへの反動からか、あるいはマスコミによる喧伝のせいか、たとえば先頃の英国のダイアナ元妃やわが国の人気歌手ＨＩＤＥの葬儀や、米国のエルビス・プレスリーや石原裕次郎の追悼式の時のように、多数のファンが参列して熱狂ぶりをみせることもあり、人々の感情を一概に割り切ることはできない。それらを含めて、われわれは人間であるかぎり、二人称である関係者の死に対して何らかの形の葬送の取りなしをせざるをえない必然性をもっているといえるであろう。

遺体や遺骨（遺灰）の埋葬方法についても、かつてはその地域の宗教的、文化的、地理風土的環境により、土葬、火葬、風葬、水葬、鳥葬などさまざまな葬法が採用されてきたが、今日、先進諸国では、経済的、衛生的、効率的な（土地難や人口移動や時間的制約など）見地から次第に火葬に移行する傾向にある。特にわが国や英国やスカンジナビア諸国では顕著である。また、米国ではかつてのように地域の共同墓地や教会の付属墓地から次第に都市郊外の広い緑地に私営の記念公園墓地を造成し、遺体や遺骨を密閉したボールト（密閉棺）に納棺して埋め込み、その上に墓碑銘を刻む墓所が碁盤の目のように整然と並び、一見ゴルフ場か森林公園のような錯覚を起こさせる。また、それ以外にも簡素化した壁龕《へきがん》や骨壺を飾る納骨堂形式のものもみられるようになった。

先進諸国では都市化現象が進み、地域社会の成員や家族、親戚、友人間の連帯感が希薄になり、国家や企業主催の葬儀を除いた葬送慣習は次第に簡素化し、後に残るのは遺族への個人的なグリーフ・ワーク（喪の介護）くらいになったという。また身寄りのない独居老人が増加して、自分の死を看取る遺族もおらず、病院や老人ホームで孤独な死を迎える場合が多い。したがってこうした人の死は、遺族や関係者の間でその死を悼む葬儀を行うことや、遺骨（遺灰）を納める追憶の場を設ける必要もなくなり、死後は故人のこの世に生きてきた何の痕跡も留めずに忘れ去られてしまう運命にある。そこでは、万一、自分が死亡した場合には後顧の憂いがないように、葬儀や墓を生前予約するプレ・ニード・プランを保険会社や葬儀社が扱い、わが国では宗教抜きの生前葬や友人葬を計画したり、友人同士が合祀墓や永代供養墓を作ったり、自分の好む山や海に遺灰を撒いてもらう散葬（自然葬）を希望する人もいる。

こうした現象について米国の宗教学者ピッツ・ラウンガニ博士は次のように述べている。

多くの西洋社会では、人道主義や世俗主義が蔓延した結果、制度的宗教の人々に対する影響力が衰退し、心理学上において、来世観、再生、死後の天国や地獄の存在が信じられなくなった。また、宗教的構造や地域社会の紐帯が崩壊するにつれて、従来、近親者の死に遭遇して遺族の心情を支えてきた家族や友人の慰めや励ましもえられなくなった、それで、故人の死後の運命を考えるよりも、自分自身の死と死後の運命をより痛切に考えるようになった。

という。したがって、かつて米国では教会の権威や聖職者の霊力によって死者をあの世に送ってきたが、今日では、地方自治体が行政の一端として遺族の福祉に関与し、教会は病院や葬儀社のホールに、神学は生態学に、聖職者は医師やカウンセラーやセラピストに、霊魂は肉体に、天国は地上に取って代わられつつあるという。

最近、米国ヒューストンのセレチック社では遺体一体につき四千五百万ドルで希望者を募り、遺骨をスペインのペガサス型人工衛星に載せて、カナリア諸島から宇宙に打ち上げたと発表した。その衛星は地球の周りを十八カ月から十年間周回し、後に空中爆発して自然消滅するという。わが国のある会社でも、月世界に遺骨を載せたロケットを打ち上げる計画だという。

こうした事実上、天にも届けとばかり遺骨を天空に打ち上げる試みにもかかわらず、オクラホマ大学のエリノア・ピーネル准教授は、米国内各地で墓地事情を調査した結果、「いくら死後の霊の昇天を望んでいるとはいえ、人々の真意は、身近なところで故人を偲ぶ場を必要としていることには変わりはない」と述べている。「したがって、物質的な遺体や遺骨の所在が奈辺にあるかが問題なのではない」と言い、その解決策としてインターネットでのホームページに故人の来歴、写真、作品を掲載することもひとつの方法であると勧めている。

むすび

かつて多くの宗教は人々に対して、それぞれの礼拝する神仏を信じる者は救われ、信じない者は断罪されると説き、信じる者へは天国や極楽への永生を約束してきた。また、日常生活においても、この世において善行や悪行をなす者は善因善果、悪因悪果で、かならずその賞罰を此世、あるいは来世で受けるであろうと、勧善懲悪の教えを説いてきた。しかし人知が進んで人工衛星が地球上空を飛び交い、天空もその実態が解明されるに至って、人々は来世での天国や地獄の存在を字句通りに信じられなくなったようだ。現代社会においては、宗教に取って代わり、近代合理主義が覇権を握り、物質万能の時代を現出させた。その科学、技術の飛躍的な発展によって、世界各国、特に先進諸国は経済成長し、その進歩主義や資本主義は人々を競争や戦争に駆りたて、相互不信や自然環境の破壊にまで至っている。このまま放置したなら、はたして人類の未来に希望がもてるのかどうか、有識者の間に疑念が湧いている。そこでは従来、喧伝されてきた自由、平等、正義、秩序といった理念や、抗争や戦争による不正行為も相対化されて責任の所在が曖昧になり、複雑かつ多元的なイデオロギーが並立し、何が善であり何が悪であるかが不明になりつつある。したがって、前述のごとき宗教的規制や道徳的慣習は、現代人に実効力をもちえなくなるのは当然であろう。

特にわが国においては、オーム真理教のような疑似宗教が出現し、人々を救済すべき宗教団体がサリンによる大量殺傷事件を引き起こすに至って、宗教一般に対する反感や偏見を増幅させている。折からの政治不信や経済不振に拍車をかけて、宗教や科学技術も頼りにならない存在となれば、後は自分自身にしか頼らざるをえないわけであるが、その自分に頼り甲斐があるかといえば、物質的にも精神的にも不安定なアノミー状態（精神的無秩序）にあり、人々はますますデカダンになりつつあるようだ。

こうした人間不信の時代にあって、人々の価値観はますます多様化し、それぞれ身勝手な行動を起こしているが、これは産業革命以来、欧米やわが国などの先進諸国に急速に発展した近代化、都市化現象と密接な関係がある。そこでは、持てる者と持たざる者との貧富の差が拡大し、当初、利益共同体として出発した国家や宗教や民族や企業体の成員が次第に運命共同体化し、従来、運命共同体として存在してきた地域社会や家族の成員も孤立化し、覇を競ってその間の争いを激化させているといってよいであろう。それと同時に、戦争や犯罪や交通事故に巻き込まれての事故死や、フロンガスやダイオキシンなどの環境汚染による災害死も増加の一途をたどり、また、医療技術の発達により臓器移植による延命が可能になったとしても、人は植物人間と化し、ただ生きているだけの状態となろう。

分子生物学の発達の結果、最近では遺伝子の組み替えで動物のクローン化に成功し、遅かれ早かれ人間のクローン化も実現されることになろう。また、人体を機械と融合させるサイボーグ技術の導入によって、人間の性格や能力を変えることも可能になろう。そうした暁には、はたして人権とか個性的とか人間的なるものとは何かが問われ、人間の一生は単に一時期、この地球上に生息する動物のごとく、ただ成長し死滅して行くだけの運命にある。したがって、それを誰に悲しんでもらったり追憶してもらう必要もなく、ただちに忘却の彼方に押し流され、葬送慣習も、過去の遺産と化すことになろう。したがって「死に甲斐」の喪失は、「生き甲斐」の喪失にもなるのではなかろうか。

二十一世紀を迎えて、通信・運輸機関の飛躍的発達にともない、今日、人々はもはや、一地域、一国内の宗教圏・社会圏に留まることを許されず、政治、経済は言うに及ばず、生活上でもグローバルな影響を直接的、間接的に国内外から受けざるをえない状況にある。このような時代にあって、前世紀以来の科学技術や国家、宗教、民族を単位とした社会や個人では、もはや、立ち行かないところにまできているのではなかろうか。

今日では、いずれの国家にあっても、それぞれが閉じられた社会に留まることは許されず、そこでの社会の成員がほかの社会集団と時には協調し、時には妥協して相互交流を図って行くであろうことは予想される。と同時に、同じ言語や慣習を共有する人々が、自らのアイデンティティーを求めて同一歩調をとって時には孤立、並立し、それ以外の集団と時には対立して抗争することも考えられる。前者を強調すると進歩的な「文化交流主義、歴史主義」となり、後者を重視すると保守的な「文化相対主義、秩序重視主義」となり、欧米先進諸国にあっては前者に、イスラム教諸国や発達途上国にあっては後者に、そしてわが国はその中間に位置するといってよいであろう。

かつて、識者の間で取り沙汰されたピーター・ドラッカー『断絶の時代』(ダイヤモンド社)、フランシス・フクヤマ『歴史の終わり』(三笠書房)、レスター・サロー『資本主義の未来』(TBSブリタニカ)、サミュエル・ハンチントン『文明の衝突』(集英社)などは、これら二つの流れを世界の政治や経済の現状から分析したものである。世界の宗教および葬送慣習という文化面においても同様の二つの流れがみられるが、その去就が注目される。

ところがイスラム教諸国や開発途上国では、どちらかというと後者の保守的傾向が強く、近代化のテンポが緩慢で、いまだに伝統的な慣習が色濃く残り、近代化による様々な被害や後遺症に対する関心や対策が十分になされているとは言いがたい。また、そこでの経済的貧困とは裏腹に、最愛の者を失った遺族にとっては悲嘆の極みで、それを癒す手段として葬送儀礼に時間をかけ、葬儀の際には遺族と会葬者間の相互扶助の精神も失われておらず、地域社会の情報交換の場としても大いに活用されている。これらの国々でも工業化や都市化が進み、地域民の経済的自立が可能になった暁には先進諸国がたどったのと同じ道を歩むのか、それともイスラム教原理主義者のように西洋の進歩的近代主義に反発する形で、伝統的慣習に固執するのか予断を許さない。

いずれにせよ、今やこの地球上で生きるとは、先進諸国と開発途上国とにかかわらず、それぞれの地域で生活する人々が、自分の属する国家や宗教や民族の醸しだす社会環境や文化的風土が、たとえほかと異なっていたとしても共存共生するために相互理解し、異郷の相手とも仲良くして行かなければならない時代が到来しているようだ。それには新しい全人類的な基盤に立つ理念や社会を実現して行かなければ、人類はいつかは共倒れし、破滅の道を歩むことになる。そうならないためにも、二十一世紀の新しい時代を迎えて、はたしてわれわれがそうした行き詰まった世界の突破口を開き、次の世代へ向けて、人類蘇生の解決策を提示できるかどうかにかかっていよう。

あとがき

とかく学問の世界では、その発達にしたがって研究分野が専門的に細分化され、「木多くして森見えず」になりがちである。葬送慣習に関する調査、研究においてもその傾向がみられ、既成の宗教的立場にある学者はとかく過去に遡り、人類の死にまつわる霊魂観や来世観を基に、宗教的葬礼の起源論や本質論を重視しがちであり、世俗的立場にある学者は現実の問題として、一般的な葬送慣習の社会的意味や機能を問題としているようだ。いずれも葬送慣習の必然性や存在価値について重要な指摘をしているが、その実態を説明する必要条件であっても十分条件にはならないのではないかと考える。

たとえばわが国で、人々に「なぜ縁者の死に際して、葬式や埋葬の準備をしたり会葬をするのか」といった質問を発して、㈠「霊魂や死後の世界があると思うから」や、㈡「そうせざるをえないから」や、㈢「社会的慣習だから」といった答えの中から任意に選択させるとしたなら、多分㈡か㈢を選ぶのではなかろうか。しかし、どうもこの設問には落とし穴があるようだ。すなわち、もしあなたが死に直面している当事者であるとしたなら、おそらく㈠を、近親者なら㈡を、他人の死なら㈢を選ぶのではなかろうか。いずれにせよ葬送慣習を問題にする場合、葬式や埋葬がまったく不必要というのではなく、宗教的意味のない虚礼化した葬礼に対して批判的であるにすぎないようだ。

ところが、高度に発達した情報社会や都市化現象の中にあって、文明国ではおしなべて人々の運命共同体としての地縁、血縁関係が薄れ、離婚や別居、少産・少子化や生涯独身者が増加するにつれて、葬式や埋葬に関する意識も変化してきており、こうした現象は特に欧米各国やわが国で顕著である。もしこれが事実であるとするならば、従来行われてきた葬送慣習や祖先祭祀も形骸化し、人々は今後、上記の「そうせざるをえないから」どころか、「社会的慣習だから」といった理由も遅かれ早かれ有名無実になるかもしれない。

こうした現代人の死に対する風化現象や葬送慣習に対する心理的、社会的変化を敏感に察知して、欧米ではすでに三十年ほど前からその現代的位置づけを試みる著作が輩出している。たとえば米国のジェシーカ・ミッドフォードの『アメリカ式死に方』や英国のジェフリー・ゴーラーの『死のポルノグラフィー』、フランスのフィリップ・アリエスの『死と歴史』などである。特にアリエスは、ヨーロッパにおける人々の死生観の変遷を歴史的にたどり、ルネッサンスを契機として死の個別性が主張され（自己の死）、現代になると家族の死（他者の死）が問題視されるようになり、今日の高度に文明化した社会では、死の現実が人々の目から隠蔽され、虚礼のみが先行するようになったという。ほとんどの人は病院で息を引き取るので、その死の苦しさや悲惨さを垣間見る機会がなく、近親者にとっては目の前にした遺体には不気味さと汚さだけが残り、会葬者にとってはすでにそれは綺麗に整形され花に飾られているので、死は他人事にすぎなくなったという。わが国でも遅まきながらこうした死の風化現象や散葬などの葬送慣習の現代的状況が、マスコミや人々の間でも取り上げられるようになったことはご承知のとおりである。

しかし現実には、死は間近にあり、いつ襲ってきても不思議ではないのである。それを知らずにわれわれは皆、いつまでも生きている気の顔をしており、江戸時代の蜀山人が道歌で、「死ぬるとはひとの事とか思いしに、おれが死ぬとはこいつはたまらん」と詠んでいるように、いざ死ぬ間際になってあわてふためく人が多い。そのようなわれわれに、ドイツの詩人ライナー・リルケは一九一〇年刊の『マルテの手記』で次のように述べている。

今の世に入念な死などあこがれる者があるだろうか。そういう者は一人もあるまい。その余裕のある金持ちでさえあれ、このごろは死に対して無頓着に、冷淡になり始めた。もうしばらくすると、個性に富む死は、個性に富む生活と同じくらいにまれになるだろう。ああ、今はなにもかも既成品で間に合う時代である。この世に生れ出て、既製品の生活を見つけ、それをからだにつけさえすればいいのだ。そしてこの世から出てゆく日——出て行かなければならない日が来ると、御心配なさいますな、これがあなたの死です、お客様、というようなわけである。

なんと現在のわれわれの生活ぶりを暗示していることか。

最近、世界各地で頻発する天災地変や自然災害により、一瞬のうちに数十万の死傷者が続出している。そこでの事後処理や復興事業には国際的な膨大な資金援助や人材派遣の支援が要請されている。
それにもまして死傷者やその遺族への民族的、宗教的、精神的心情を無視することは許されず、こうしたときこそ、本書のような学際的な各国の葬祭慣習の比較研究や事後処理の方策が必要不可欠になるのではなかろうか。

はたしてこうした現代的状況の中にあって、われわれは今後、どうしたならば人間らしい生き方、死に方ができるのであろうか。どうも死の軽視は生の軽視につながるような気がしてならない。この書ではその結論を出していないが、読者の皆さんには今日、世界各国で営まれているいろいろな葬送慣習の中から、人間らしい生き方や死に方の行方を見極めていただきたいと念願している。

和文参考文献

綾部恒雄監修『世界民族事典』弘文堂　二〇〇〇年
フィリップ・アリエス『図説　死の文化史』日本エディタースクール出版部　一九九〇年
井門富二夫『比較文化序説』玉川大学出版部　一九九一年
池上良正『死者の救済史』角川書店　二〇〇三年
石川栄吉他『生と死の人類学』講談社　一九八五年
内堀基光『死の人類学』弘文堂　一九八六年
宇都宮輝夫『生と死の宗教社会学』ヨルダン社　一九八九年
梅棹忠夫他『宗教の比較文明学』春秋社　一九九三年
梅棹忠夫監修『世界民族問題事典』平凡社　一九九五年
梅原伸太郎『「他界」論　死生観の比較宗教学』春秋社　一九九五年
太田宏人『逝く人・送る人　葬送を考える』三一書房　二〇〇八年
大林太良『葬制の起源』角川書店　一九七七年
加地伸行『沈黙の宗教—儒教』筑摩書房　一九九四年
梶村昇編『アジア人の見た霊魂の行方』大東出版社一九九五年
樺島次郎『神の比較社会学』弘文堂　一九八七年
久野昭『葬送の論理』紀伊國屋書店　一九六九年
講談社編『二十一世紀のお墓事情』講談社　一九九七年
小島麗逸編著『アジア墳墓考』勁草書房　一九九四年
W・R・コムストック『宗教』東京大学出版会　一九七六年
近藤功行・小松和彦編著『死の儀法』ミネルヴァ書房　二〇〇八年
佐々木宏幹他編『宗教人類学』新曜社　一九九六年
佐藤幸治『生と死の現在』晃洋書房　二〇〇七年
鯖田豊之『火葬の文化』新潮社　一九九〇年
新谷尚紀『「お葬式」の日本史』青春出版社　二〇〇三年

末木文美士『他者、死者、私』岩波書店　二〇〇七年
葬送文化研究会編『葬送文化論』古今書院　一九九三年
高井寿雄『ギリシア正教入門』教文館　一九七八年
竹内整一『日本人はなぜ「さようなら」と別れるのか』筑摩書房　二〇〇九年
立川良司『宗教・世界地図』新潮社　二〇〇二年
田中久夫編『渡船祭祀の歴史と民俗』弘文堂　一九九六年
D・J・デイヴィス『死の文化史』教文館　二〇〇七年
東京大学公開講座編『生と死』東京大学出版会　一九九二年
日本基督教団編『死と葬儀』日本基督教団出版局　一九七四年
野田正彰編『あの世とこの世』小学館　一九九六年
碑文谷創『死に方を忘れた日本人』大東出版社　二〇〇三年
藤井正雄監修『葬儀大事典』鎌倉新書　一九八〇年
ヴェルナー・フックス『現代社会における死の諸像』誠信書房　一九七五年
松濤弘道『世界の葬式』新潮社　一九九一年
ピーター・メトカーフ『死の儀礼』未來社　一九九六年
本山博他監修『世界の諸宗教における死後の世界』宗教心理出版　一九八五年
森謙二『墓と葬送の現在』東京堂出版　二〇〇〇年
森茂『世界の葬送・墓地』法律文化社、二〇〇九年
柳沢桂子『われわれはなぜ死ぬのか』草思社　一九九七年
山下晋司『死の人類学』弘文堂　一九八六年
山田慎也『現代日本の死と葬儀』東京大学出版会　二〇〇七年
吉原浩人『東洋における死の思想』春秋社　二〇〇六年
吉見崇一『ユダヤの祭りと通過儀礼』リトン社　一九九四年
脇本平也『死の比較宗教学』現代の宗教（三）　岩波書店　一九九七年

Walter, T., FUNERAL：HOW TO IMPROVE THEM, London, Hodder and Stoghton, 1990.
Walter, T., ON BEREAVEMENT, THE CULTURE OF GRIEF, Milton Keynes, Open University Press, 1999.
Wilcox, Sandra G. and Marilyn Stutton, UNDERSTANDING DEATH AND DYING, California State University Press, Dominguez Hills, 1981

1967.
Markham, Ian S., A WORLD RELIGIONS READER, Blackwell Publishers, Cambridge, 1996.
Matsunami, Kodo, INTERNATIONAL HANDBOOK OF FUNERAL CUSTOMS, Greenwood Publishing Co., Westport, Conn., 1998.
Miller, Sukie, AFTER DEATH, Touchstone, New York, 1997.
Mitford, Jessica, THE AMERICAN WAY OF DEATH REVISITED, Vintage Books, New York, 2000.
Obayashi, Hiroshi, ed., DEATH AND AFTERLIFE, Praeger, New York, 1992.
Parker, Philip M., RELIGIOUS CULTURES OF THE WORLD. Greenwood Publishing Co., Westport, Conn., 1997.
Parkes, Collin M., ed., DEATH AND BEREAVEMENT ACROSS CULTURES, Routledge, London, 1997.
Parry, Jonathan P., DEATH IN BANARAS, Cambridge University Press, Cambridge, 1994.
Picart, Bernard, ENCYCLOPEDIA OF RELIGIOUS RITES AND CEREMONIES OF ALL NATIONS, 3 vols., Delhi, India, Caxton Publishers, Reprint 1992.
Pine, Vanderlyn R., CARETAKER OF THE DEAD, Irvington Publishers, New York, 1975.
Polson, C. J. and T. K. Marshall, THE DISPOSAL OF THE DEAD, The English University Press, London, 1953.
Puckle, Bertram S., FUNERAL CUSTOMS, T. Werner Laurie Ltd., London, 1975.
Reynords, Frank E. and Waugh, RELIGIOUS ENCOUNTERS WITH DEATH, University Park and London, The Pennsylvania University Press, 1977.
Riggs, Thomas, ed., ENCYCLOPEDIA OF RELIGIOUS PRACTICES, 2 vols., New York, Thomson Gale, 2006.
Shneidman, Edwin S., DEATH : Current Perspective, Mayfield Publishing Co., Palo Alto, 1984.
Singer, Peter, RETHINKING LIFE AND DEATH, The Text Publishing Co., London, 1991.
Singh, N. K., DEATH AND DISPOSAL OF DEAD, 2 vols., Delhi, India, Global Vision Publishing House, 2004.
Smart, Ninian, THE WORLD'S RELIGIONS, Cambridge University Press, Cambridge, 1989.
Stone, Jacqueline I., Walter, Mariko Namba, DEATH AND THE AFTERLIFE IN JAPANESE BUDDHISM, Honolulu, University of Hawai'i Press, 2008.
Stuckrad, Kocku, THE BRILL DICTIONARY OF RELIGION, 4 vols., Leiden and Boston, Brill., 2006.
Vovelle, Michel, L'HEURE DU GRAND PASSAGE, Gallimard, Paris. 1993.

Golden Charter, SUMMARY OF THE UK FUNERAL PROFESSION, London, Golden Charter, 1999.

Grainger, Roger, THE SOCIAL SYMBOLISM OF GRIEF AND MOURNING, Jessica Kingsley Publishers, London, 1998.

Grollman, Earl A., CONCERNING DEATH, Beacon Press, Boston, 1974.

Hammerton, J. A., MANNERS AND CUSTOMS OF MANKIND, 3 vols., New Delhi, Caxton Publications, 1992 Reprint.

Hardt, Dale V., DEATH, Prentice-Hall, Englewood, 1979.

Harbenstein and Lamers, FUNERAL CUSTOMS THE WORLD OVER, Bulfin Printers, Milwaukee, 1974.

Hick, John, DEATH AND ETERNAL LIFE, Westminster and John Knox Press, Louisville, 1994.

Holm, Jean, ed., RITES OF PASSAGE, Pinter Publishers, London, 1994.

Humphreys, S. C. and Helen King, ed., MORTALITY AND IMMORTALITY, London and New York, Academic Press, 1981.

Hungtington, Richard and Peter Metcalf, CELEBRATIONS OF DEATH, Cambridge University Press, Cambridge, 1979.

Huntington, Samuel P., THE CLASH OF CIVILIZATIONS AND THE REMAKING OF WORLD ORDER, Simon & Schuster, New York, 1996.

Irion, Paul E., THE FUNERAL, VESTIGE OR VALUE ?, The Parthenon Press, Nashville, 1966.

Jankelevitch, Vladimir, LA MORT, Flammarion Editeur, Paris, 1966.

Jones, Constance, R. I. P., Harper Collins Publishers, New York, 1997.

Kastenbaum, Robert and Beatrice, ENCYCLOPEDIA OF DEATH, Avon Books, New York, 1989.

Kastenbaum, Robert, ed., MACMILLAN ENCYCLOPEDIA OF DEATH AND DYING, 2 vols., New York, Thomson Gale, 2003.

Kurian, George Thomas, ed., THE WORLD'S NATIONS, 3 vols., New York, Facts on File, 2002.

Langer, Rita, BUDDHIST RITUALS OF DEATH AND REBIRTH, London, Routledge, 2007.

Levinson, David, RELIGION, ABC-CLIO, Santa Barbara, 1996.

Lewis, James R., ENCYCLOPEDIA OF AFTERLIFE BELIEFS AND PHENOMENA, Gale Research Inc., Detroit, 1994.

Luckmann, Thomas, THE INVISIBLE RELIGION, The Macmillan Company., New York,

欧文参考文献

Aiken, Lewis R., DYING, DEATH, AND BEREAVEMENT, Allyn and Bacon, Boston, 1985.

Albery, N. and Weinrich, S., THE NATURAL DEAH HANDBOOK, London, Rider, 2000.

Anderson, Ray S., THEOLOGY, DEATH AND DYING, Basil Blackwell, Oxford, 1986.

Aries, Philip, WESTERN ATTITUDES TOWARD DEATH, Tr. by Patricia Ranum, The Johns Hopkins University Press, Baltimore, 1974.

Bendann, E., DEATH CUSTOMS, Dawsons of Pall Mall, London, 1930.

Bowen, John R., MUSLIMS THROUGH DISCOURSE, Princeton University Press, Princeton, 1993.

Bowker, John, THE MEANINGS OF DEATH, Cambridge University Press, London, 1991.

Bradbury, Mary, REPRESENTATIONS OF DEATH, Routledge, London, 1999.

Bryant, Clifton D., HANDBOOK OF DEATH AND DYING, 2 vols., Thousand Oaks, Sage Publications, 2003.

Buswell, Robert E., ed., ENCYCLOPEDIA OF BUDDHISM, 2 vols., New York, Thomson Gale, 2004.

Carces-Foley, Kathleen, ed., DEATH AND RELIGION IN A CHANGING WORLD, London, M. E. Sharpe, 2006.

Cassell, Dana and others, ed., DEATH AND DYING, New York, Fact on File, Inc., 2005.

Choron, Jacques, DEATH AND WESTERN THOUGHT, The Macmillan Company, New York, 1963.

Coogan, Michael D., ed., WORLD RELIGIONS, Oxford University Press, Oxford, 1998.

Cox, Harvey, RELIGION IN THE SECULAR SOCIETY, Simon & Schuster, New York, 1984.

Dana, K. Cassell, ENCYCLOPEDIA OF DEATH AND DYING, New York, Fact on File, Inc., 2005.

Davies, Douglas J., DEATH, RITUAL AND BELIEF, The Rhetoric of Funerary Rites, London and Washington, Cassell, 1997.

Doniger, Wendy, ed., ENCYCLOPEDIA OF WORLD RELIGIONS, Merriam-Webster, Springfield, 1999.

Edwards, David L., AFTER DEATH ?, Cassell, London, 1999.

Ember, Melvin, ed., CULTURES OF THE WORLD, Macmillan Library Reference, New York, 1996.

Field, D., J. Hockey, and N. Small, ed., DEATH GENDER AND ETHNICITY, London, Routledge, 1997.

Gennep, Arnord van, LES RITES DE PASSAGE, Emile Nourry, Paris, 1909.

【メ】

【モ】

【ヨ】

【ラ】

【リ】

【ル】

【レ】

【ロ】

索　　引

■著者紹介

松濤弘道（まつなみ こうどう　Kodo Matsunami）

昭和 8 年　栃木県に生まれる。
昭和 36 年　米国ハーバード大学大学院卒業（最終学歴）
　　同　　マスター・オブ・アーツ

ハワイ浄土宗別院開教使を経て、帰国後、近龍寺住職および上野学園大学国際文化学部教授・全日本仏教会国際交流審議会委員長。世界仏教徒連盟（WFB）副会長。藍綬褒章受章。平成 23 年逝去。

主な著書

『世界の葬式』（新潮選書）、『仏教名言三六五日』、『仏教名言百八の知恵』（日本文芸社）、『人生に勝つ』（三笠書房）、『仏教のわかる本・正続二巻』、『お経のわかる本』（広済堂）、『お経の意味がよくわかるハンドブック』（PHP 研究所）、『名僧に学ぶ百八の知恵』（山海堂）、『日本仏教改革論』（雄山閣）その他多数。
【共　著】『最新法話データ大辞典』（雄山閣）、『最新仏教情報大事典』（法藏館）
【英　文】BUDDHIST ESSENTIAL SERIES, 5 Vols, Omega-Com, INTERNATIONAL HANDBOOK OF FUNERAL CUSTOMS, Greenwood Publishing Co.
【フランス語】LE BONHEUR EST ENTRE VOS MAINS（Buddhist Searchlight Center）
【ポルトガル語】A CONQUISTA DA FELICIDADE, Editora Feosophica.
【中国語】『世界喪禮大観』、『佛学的安心立命』、『円融人生智慧禅』（大展出版社）その他多数。

平成 31 年（2019 年）2 月 25 日　普及版発行　　《検印省略》

世界葬祭事典《せかいそうさいじてん》【普及版】

著　者　松濤弘道
発行者　宮田哲男
発行所　株式会社 雄山閣
　東京都千代田区富士見 2-6-9
　TEL　03-3262-3231 / FAX　03-3262-6938
　URL　http: //www.yuzankaku.co.jp
　e-mail　info@yuzankaku.co.jp
　振　替：00130-5-1685

印刷・製本　株式会社ティーケー出版印刷

ISBN978-4-639-02632-7 C0014
N.D.C.385　352p　21cm